山口智哉
李宗翰
刘祥光
陈韵如　编著

五代在碑志

五代的
文武僧庶

广西师范大学出版社
GUANGXI NORMAL UNIVERSITY PRESS

·桂林·

五代的文武僧庶
WUDAI DE WENWUSENGSHU

图书在版编目（CIP）数据

五代的文武僧庶 / 李宗翰等编著. --桂林：广西
师范大学出版社，2022.3
（五代在碑志）
ISBN 978-7-5598-4584-9

Ⅰ. ①五… Ⅱ. ①李… Ⅲ. ①阶层－分析－中国－
五代（907-960） Ⅳ. ①D691.71

中国版本图书馆 CIP 数据核字（2022）第 007185 号

广西师范大学出版社出版发行

（广西桂林市五里店路 9 号 邮政编码：541004）
（网址：http://www.bbtpress.com）
出版人：黄轩庄
全国新华书店经销
湖南省众鑫印务有限公司印刷
（长沙县榔梨镇保家村 邮政编码：410000）
开本：710 mm×1 010 mm 1/16
印张：31 插页：2 字数：360 千
2022 年 3 月第 1 版 2022 年 3 月第 1 次印刷
定价：118.00 元

如发现印装质量问题，影响阅读，请与出版社发行部门联系调换。

编著者简介

山口智哉

大阪市立大学大学院文学研究科博士，现任台北大学历史系助理教授。

代表作

《宋代における紹興新昌縣社會の變容と地域史の紡がれかた——「石家風水」傳承を手がかりとして》，伊原弘、市来津由彦、須江隆（編）《中國宋代の地域像——比較史からみた專制國家と地域》（东京：岩田书院，2013 年），111-142 页。

《宋代先賢祠考》，《大阪市立大學東洋史論叢》（大阪：大阪市立大学东洋史研究室）第 15 号（2006 年），89-111 页。

《宋代鄉飲酒禮考——儀禮空間としてみた人的結合の〈場〉——》，《史学研究》（广岛：广岛史学研究会）241（2003 年），66-96 页。

李宗翰

美国哈佛大学东亚语言与文明系博士，现任台湾师范大学历史系副教授。

代表作

"Here We Are as Literati: The Chang Family and the Compilation of the 1258 *Ganshui Gazetteer*," *Journal of Song-Yuan Studies*, No.48（2019）。

《马端临之封建论与郡县国家观》，《新史学》，22.4（2011），5-53 页。

"Making Moral Decisions: *The Outline and Details of the Comprehensive Mirror for Aid in Government*," *Journal of Sung-Yuan Studies*, No. 39（2009），pp.43-84.

刘祥光

美国哥伦比亚大学东亚系博士，现任台湾政治大学历史系
教授。

代表作

《宋元徽州教官》，李达嘉主编《近代史释论：多元探索与
思考》（台北：东华书局，2017 年），47-87 页。

《宋代日常生活中的卜算与鬼怪》，台北：政大出版社，
2013 年。

《宋代的时文刊本与考试文化》，《台大文史哲学报》45
（2010）。

陈韵如

英国牛津大学东方研究系博士，现任"中研院"史语所助研
究员。

代表作

"The Quest for Efficiency: Knowledge Management in Medical
Formularies," *Harvard Journal of Asiatic Studies*, 80.2（2021）。

《宋代士大夫参与地方医书刊印之新探》，《"中央研究院"
历史语言研究所集刊》，92.3（2021）。

前　言

这套书源自柳立言老师于 2015 年发起的读书班，与山口智哉、李宗翰、陈韵如（2018 年加入）、刘祥光四位老师一起带领同学精读五代墓志。柳老师于 2019 年二月荣退后，由四位老师继续带领同学精读墓志。我们秉承读书班成立之初所定下的九个议题：（1）社会流动；（2）文武交流；（3）业绩；（4）品德；（5）家庭或家族型态；（6）婚姻；（7）丧与葬；（8）妇女角色；（9）墓志笔法与史学方法。让老师与同学各自从墓志中找出相关议题进行分析，并发展撰成提要。大约半年后李如钧加入，2020 年郑丞良也加入，为读书班的讨论增加了不少广度与深度。在研读与讨论的过程中，我们每个人都获益良多。然而受限于能力与兴趣，讨论的重点主要集中在（1）社会流动、（2）文武交流、（3）业绩、（4）品德，以及（9）墓志笔法与史学方法等五项。其余四项在提要中虽然也会论及，但更深入的分析讨论，只能留待来日。

本册收录不同阶级与阶层的墓志，分为文、武、僧、庶四类，希望藉此看到五代人群更全面的面貌，并观察墓志格套在五代的发展概况。受限于种种因素，五代史向来较少受到学者重视。虽然过去几十年间屡有新作出版，涵盖范围包括通论、政治、制度、经济、军事等各方面，[1] 但与其他时代相较，五代所获得的关注不免仍显不足。职是之故，一般对五代的印象仍留在以战乱频繁、政治败坏、民生困苦为主。然而现有研究已表明，自五代中期开始，中央集权逐步强化，藩镇权力受到削弱，而五十三年间，民间亦未见重大叛乱，当时的政治社会秩序似乎并不如一般所想象得坏。若当时的政治动荡主要发生在政治高层，则其对一般社会与平民所产生的影响几何，或有重新评估的空间。本册转换视角，以墓志为基础，将个人作为历史分析的基本单位，观察文、武官员在中央与地方的各自实际业绩，以及他们黜陟迁转的原因；同时也考察僧、庶等平民群体，理解他们的宗教活动与社会生活，及其个人与家庭的社会流动。易言之，我们不从国家、制度、社会、经济或思想等宏观的大单位出发，而希望立基于个别人物的具体事迹，观察单位个体在其位置上对时代的冲击（正面或负面），聚树成林，考察五代的整体政治社会概况与演变。从这个角度出发，我们希望可以观察到一些与过去不同或被忽略的景象。例如，不论官庶，个人品德的重要性凸显。

---

[1] 通论性专著如：陶懋炳《五代史略》（北京：人民出版社，1985 年）；郑学檬《五代十国史研究》（上海：上海人民出版社，1991 年）。专史如：张其凡《五代禁军初探》（广州：暨南大学出版社，1993 年）；赵雨乐《唐宋变革期之军政制度：官僚机构与等级之编成》（台北：文史哲出版社，1994 年）；杜文玉《五代十国制度研究》（北京：人民出版社，2006 年）；李全德《唐宋变革期枢密院研究》（北京：国家图书馆出版社，2009 年）；等等。西文也不乏新作，但主要集中于国史与个别人物，如 Johannes L. Kurz, *China's Southern Tang Dynasty*, 937-976 (New York: Routledge, 2011); Wang Hongjie, *Power and Politics in 10th-century China: The Former Shu Regime* (Amherst, New York: Cambria Press, 2011); Richard Davis, *Fire and Ice: Li Cunxu and the Founding of the Later Tang* (Hong Kong: Hong Kong University Press, 2016). 此外，王赓武修订其 1963 年名著 *The Structure of Power in North China During the Five Dynasties*，更名为 Wang Gungwu, *Divided China: Preparing for Reunification*, 883-947 (Singapore: World Scientific Publishing Co., 2007)，但主要论点不变。

编者注：脚注中若出现相同的参考文献，只在首次出现时标明详细版本信息，再次出现时，省略出版地、出版社与出版年；常见史料，作者亦省略，比如《宋史》《旧五代史新辑会证》等；补充说明性质的脚注中若出现参考文献，为了使说明文字语句连贯，采用括注的形式注明出版地、出版社、出版年。

当然这并不是指五代满街都是圣人，但一定程度上反映出品德对五代人仍有不可忽视的重要性，而其发挥的功能与意义有待进一步探究。需要重申的是，我们的主要目的并非为五代翻案、将之描绘成太平盛世，而是希望在现有研究成果的基础上，透过以个体为基础的多元视角，补充某些过去尚未描绘清楚的面向，探索构成五代特色的诸多历史动力，同时也对唐末至宋的历史演变过程，提供一些新的线索。

众所周知，墓志具有隐恶扬善的特点，因此研究上不能不讲求方法。我们阅读墓志，延续前两册的分析方法，包括标点分段、数馒头法、史学六问、五鬼搬运、制作表格等，我们从中受益无穷。这些方法的相关讨论已详见第一、二册，此处不再赘述。稍加补充说明的是，柳老师同样强调的另一方法——竭泽而渔：从现存史料中，尽其所能将相关史料搜罗殆尽，并列表排比。这在史学研究中本属常识，但对阅读墓志却格外重要。过去曾经发生的人事浩瀚无涯，流存至今的史料，不论文字或非文字，都只是历史长河中的雪泥鸿爪。然而后人只能以这些有限的史料为线索，探寻通往过去实相的幽径，其间曲折重重。其实何止研究古代史是如此，即使研究当代史者，又有谁敢宣称自己已掌握或能掌握当代人事活动的所有实相？面对浩瀚无涯的过去与有限的史料，讲求史学方法就很重要，墓志尤其如此。将墓志与现存相关史料对读，首先可以让我们分辨墓志之扬善是否属实，同时也可发现墓志是否有隐恶，藉此了解撰者的墓志笔法。其次，墓志中经常可以发现能够补充现存史料欠缺之处，例如官员较完整的仕宦经历等。最后，也许更重要的是，透过墓志与相关史料相互对读所建构的历史脉络，我们常可观察到不少原本隐而不显的各种现象与议题。例如将庞令图墓志与《册府元龟》《旧五代史》对读，我们发现五代时鸿胪少卿并非全属虚衔，有时应该属于实职，庞令图即因担任其职而真地从地方被调至朝廷，由此提醒我们应该进一步探讨九卿制度自唐末至宋初的演变。又如将魏延福墓志与正史对读，我们发现宋初对于新占领区，除了会从中央派出官员到其地担任知州与知县外，也会从中央派遣吏员到新统治区较次要之地担任知县，层层掌控，手段可谓细腻，由此或可进一步探讨宋初巩固其地方统治的方法，以及中央吏员在其中所扮演的角色。类此种种，不一而足。总之，墓志除了众所周知的诸如仕历、婚姻、子女等极具价值的信息外，还含藏许多通往过去的线索，有待深入开发，而这些都需要透过对史料进行细读与比对才能发现。

在本书付梓之际，获知陈智超教授主编《辑补旧五代史》的出版消息，[1] 令人兴奋，可惜已不及利用。聊堪自解的是，本书的主要目的是利用史学方法，从墓志材料中发掘新议题，以待未来进一步开拓。若本书对此稍有可取之处，则读者当可进一步善加利用旧籍，对五代史乃至中国史研究，做出新贡献。

在读书班讨论的过程中，我们时常对一些新发现感到欣喜，即使再细微，都足以让我们喜悦终日。但我们更常产生的感慨，是深感自身对五代史认识的不足。在五代史研究的辽阔天地中，我们其实都是刚起步的学生，有待继续努力。

---

[1] 陈智超：《辑补旧五代史》，成都：巴蜀书社，2021年。

目　录

第三编　武官群像与文武交流

第一编

格套下的文武僧庶

墓志发展至五代，已建立起一套相当稳定的格套，其约束力之强大，常使读者不免感到墓志中千人一面。这种作法固然有其限制，然其长处在于将墓主资料按项目填入，保留时人重视的信息，不易漏失，今日研究者自可据此特点善加利用，进行有意义的研究。不仅如此，前两册已经表明，只要善用传统史学方法，仍可从千篇一律的墓志中，发现墓主的殊相，乃至时代的特色。在此基础上，我们想进一步观察，以男性统治阶级为主的墓志格套，在男女、阶级、阶层、僧俗、胡汉等不同群体上，是否会出现变化。我们发现，面对不同的群体，墓志格套无可避免地需要做出一定程度的调整，例如男性官员的业绩以仕历为主，女性事迹则改以为女、为媳、为妻、为母等人生不同阶段的表现为主。然而就整体而言，在格套的强大影响下，不同群体的墓志仍呈现出大同小异的面貌。由此或可进一步探讨五代时期大传统与小传统之间的互动关系。[1]

---

[1]　参 Robert Redfield, *Peasant Society and Culture：An Anthropological Approach to Civilization*（Chicago：Chicago University Press, 1956）.

男女有别?

（罗周敬、王万荣之妻关氏）

李宗翰

一、基本资料（见本册《魏博的黄昏》、第一册《世变下的五代女性》之《虚实王妃》）

二、释文（同上）

三、个案研究

在中国传统文化中，一般观念多认为男尊女卑，这样的观念是否也反映在五代墓志中？我们选择格套较具代表性的男女墓志各一篇，比较其异同。男性取罗周敬，女性则取王万荣妻关氏。前者为节度使，后者为节度使之妻，二人都属高层统治阶级成员，具有一定的比较基础。由于二志均已在他处讨论过（罗周敬见本册《魏博的黄昏》，关氏见第一册《世变下的五代女性》之《虚实王妃》），具体细节此处不再赘论，只集中分析其格套，以及从格套所见的志文重点。

众所周知，墓志至五代已发展为具有固定格套的书写模式。首先将二志按格套分段，并计算其字数，列表如下。

格套	罗周敬墓志 共 1858 字（100%）	关氏墓志 共 1180 字（100%）
序	1st：58 字（3%）	1st：77 字（7%）
先世	2nd：35 字（2%）	2nd：78 字（7%） 父家先世
上三代	3rd：392 字（21%） 上三代直系父祖任官职务、婚姻 224 字 兄弟四人与母教 168 字	3rd：92 字（8%） 只有父母一代
事迹	4th：790 字（43%） 后梁仕宦事迹 417 字 后唐仕宦事迹 303 字 后晋仕宦事迹 36 字 总述生平事迹 34 字	4th：共 513 字（43%） （扣除丈夫与子女事迹，共 142 字） 为女及出嫁 66 字 丈夫事迹 89 字 女儿事迹 143 字 儿子事迹 139 字 持家 76 字
死亡与葬	5th：93 字（5%） （葬 65 字，移至 7th 撰志原委及铭）	5th：188 字（16%）
家庭	6th：217 字（12%）	（移至 4th 事迹）
撰志原委及铭	7th：273 字（15%） （扣除葬共 208 字）	6th：232 字（20%）

从结构上来看，二墓志基本上大同小异，均以"（1）序（2）先世（3）上三代（4）事迹（5）死亡与葬（6）家庭（7）撰志原委"为主要项目，顺序虽有小异，但基本上也都相同，各项目所占的比例多数也差不多。可见不分男女，墓志的架构基本上是固定的。若稍微比较一下细部内容，则不难发现，其中差异较大的是"事迹"。罗周敬墓志的事迹项目共 790 字，关氏墓志的事迹共 513 字，就比例而言，各占墓志的43%，两者刚好相同。但若细看内容，便会发现，罗周敬的事迹都是他本人的仕宦经历。而关氏的事迹中，除了关氏本人事迹（为女及出嫁、

持家）外，还包括丈夫、女儿、儿子的事迹共 371 字，占关氏事迹 513 字的 72%。易言之，关氏本人事迹只有 142 字，占其墓志事迹的 28%，或整体墓志 1180 字的 12%。与罗周敬事迹的 43% 相比，显然有明显差距。这是否呈现墓志传统的男女有别且重男轻女呢？

我们从三个角度分析，发现关氏墓志的事迹其实并无重男轻女。首先从篇幅来看，虽然事迹中包含了丈夫、女儿、儿子，然而若分人来看，丈夫 89 字，女儿 143 字，儿子 139 字，除了女儿较关氏多 1 字外，其他二人篇幅都不如关氏。若再加上墓志的其他项目，例如丧与葬，关氏所占的分量更多。易言之，关氏仍是主角。其次，从墓志格套来看，叙述女性事迹的项目，通常包括为女、为媳、为妻、为母等四个不同阶段所具备的品德与表现。关氏墓志则与此稍异，仅有为女、持家二项，中间插进丈夫、女儿、儿子的事迹。撰者如此安排的目的，应该是要把丈夫、女儿、儿子的成就，归功于关氏，作为她的事迹之一部分，等于补齐为妻、为母两阶段的表现。例如叙述完丈夫事迹后，墓志随即加上一句："凡于著美，悉自家肥。""家肥"二字出自《礼记》："父子笃，兄弟睦，夫妇和，家之肥也"，此处主要自是取第四句之义。墓志在关氏持家事迹也说："郡夫人理家之要，布惠之余，训子义方，则卜邻截发"，以训子作为其重要事迹。故墓志中所述丈夫、女儿、儿子的事迹，同时具有两种作用，一是记载关氏之家庭成员，二是以他们的成就作为关氏之事迹。就此而论，关氏事迹的分量，与罗周敬事迹的分量，其实相同。最后，铭文共分五则，每则都以关氏为主角。其中第二、三则，分别称述关氏为妻、为母与持家的成就，墓志事迹的叙事相呼应。

然罗周敬事迹均为仕宦，而关氏事迹均为家庭，在今日看来似乎难免男主外事、女主内事之讥，这是否反映了重男轻女的观念呢？从墓志叙事来看，外事与内事由男女分主，与其说是男尊女卑的反映，不如说应视为家庭的分工与互助。例如墓志即将关氏丈夫的仕宦成就归功于"悉自家肥"，女儿与儿子的成就也与关氏"训子义方"有关。易言之，即使是内事，在撰者的眼中，也不易与外事截然二分，两者颇有重叠之处。其实五代女性墓志中，也不乏女性从事外事的记载（见第一册《世变下的五代女性》之《五鬼搬运夫死从妻》），然由于墓志所记外事通常以仕宦为主，故她们所从事之外事较不易被写进墓志中。就墓志写作而言，不论女性所从事的是外事或内事，只要能促进家庭的社会流动，就是好事，应该被写进墓志。可以说，决定墓志中篇幅多寡的主要因素，不是男女性别，而是家庭成员对促进其家社会流动的贡献，贡献大者篇幅就较多，反之亦然。以关氏墓志为例，除关氏之外，出现在墓志中的几位人物，篇幅最多的是女儿，甚至胜过丈夫与儿子，然读者岂能据此说撰者重女儿轻父亲？究其原因，自是女儿曾贵为唐明宗王妃，为家庭带来的荣耀，胜过父亲与儿子。又如《马文操神道碑》，叙述其事迹之字数共 398 字，而叙述其子马全节事迹之字数却高达 1008 字，自然也是因为马全节战功彪炳且位至节度使，成就与荣耀比其父更高，然而我们不能据此推论撰者抱持重子轻父的价值观。（见第二册《五代武人之文》之《英雄难过美魂关》）

墓志的其他部分，主要也是根据此一标准决定篇幅多寡。例如上三代，占罗周敬墓志的 21%，而在关氏墓志中则只占 8%。造成两者差异的主要因素，显然是仕宦成就。罗周敬出身于武官世家，其家族至少已五代在魏博任职，其祖与父更位至天雄军节度使，墓志花费较多篇幅称述二人事迹，自是可以理解。相对于此，关氏上三代事迹则较无可述，曾祖、祖父都不载，应该都是平民，父亲最高官职则仅为同州司马，因此关氏墓志对上三代的叙事篇幅自然较为简短。

总之，五代男女性墓志基本上遵守相同的格套，主要的差别在于，男性事迹以仕宦为主，女性事迹则以为女、为媳、为妻、为母等不同阶段之角色为主。此一格套传统保障了女墓主的主角地位，即使撰者为男性，也不易重男轻女。决定墓志中出场人物篇幅多寡的主要因素，应该为其人对家庭之社会流动的贡献，能替家庭带来荣耀的人最尊，篇幅也较长，不论男女长幼皆然。此外，从关氏墓志也可看到，若墓志出现与典型格套有异的情况，很可能是反映撰者的特殊用心，读者对此应特别留意，从志文整体的布局来了解撰者旨意所在，而不应断章取义、轻下定论，指说墓志重男轻女。

（执笔者：李宗翰）

中层平民的墓志与丧葬

（张敬德）

王子涵、林明

北宋平民张敬德墓志铭并序

一、基本资料

1 性质	墓志
2 题名	新题：北宋平民张敬德墓志铭并序 首题：故张府君墓志铭并序
3 时间	死亡、下葬或立石时间 死亡：不详 下葬：北宋雍熙二年（985）十月
4 地点	死亡、下葬或立石地点 死亡：不详 下葬：孙绪庄南二里
5 人物	
墓主	张敬德（？—约985）
6 关键词	社会流动、品德、丧与葬、妇女角色、墓志笔法与史学方法

（责任者：王子涵）

二、释文[1]

故张府君墓志铭并序

府君讳敬德，乃是清河郡之苗裔，胤绪于兹郡。

（以上是序，18 字）

府君行同金玉，德契芳兰，处公□□，颇历岁华，秉忠故□，咸推盛美，不期夜月收光，命忽掩于泉夜。

（以上是事迹，38 字）

府君有嗣子四人，见今存焉。长曰绍晖、次曰绍斌、绍□、绍伦。姓惟敦□，克己恭勤，每思罔极之□〔恩〕，何报劬劳之德。

（以上是子嗣，43 字）

遂去村西北五里已来，于兔势岗南，于□巳地内拨地二亩，□和村人孙绪充修坟阙；□于孙绪庄南二里，在村西南，去村二里□□〔已来〕拨得地二亩对换。各充坟茔，乃□和村人也。□〔维〕雍熙

---

[1] 释文原则：为求释文之内容接近原拓，尽量利用傅斯年图书馆之拓片原件，核对较重要之拓片复制本、录文本、断句本及标点本等。具体有以下几种情况：

a 拓片残缺处：一至数字，示以□□□□；多字，示以□□……□□。

b 拓片留空处：示以○○或○○……○○。若不影响文意，不留空，如原文"左右拱○圣军"，释文径作"左右拱圣军"；若影响文意，留空，如"公讳丰，字○○"。

c 拓片错字或避讳字：示以〔 〕，如"检校国子祭酒兼御史中丞〔丞〕"。

d 拓片漏字：示以△，如"温良自牧，未见其△"。

e 补字：原拓片漫漶不清的补字，示以〔 〕，但不为求备而补。补之无大用，不补不影响研究论点，则不补，如"□夫三才设位"，无需补上"若"。为增加理解而补充的必要语词，示以（ ）；

f 尽量用通用字以利检索。

□〔二〕年岁次乙酉十月辛丑朔九日己酉□□□立安厝尊灵，备已窀穸，构施葬礼。恐□□有改，土地更移，乃勒名石，记于他日。

慎终追远，君子孝成。欲报劬劳，□建坟茔。

玄堂已立，安厝先灵。保魂魄兮，永安金□。

记此地兮，千载不移。

（以上是葬与铭，159字）

（责任者：王子涵、林明）

（指导者：刘祥光）

三、个案研究

墓主张敬德（？—约985）葬于宋太宗雍熙二年（985），本人与四子均无一官半职，为五代宋初之平民。志中"颇历岁华"四字反映墓主死时有一定年纪，从"乃□和村人也"则可知其居于村落。就墓志内容看来，墓主之家有一定财力和文化水平，并往文人行为和价值观靠拢，应属中产；此外，墓志述墓主事迹，称其"行同金玉，德契芳兰，处公□□，颇历岁华，秉忠故□，咸推盛美"，由此或可推测墓主当为有一定声望的地方乡绅。且就墓主之子取名"绍晖，绍斌、绍□、绍伦"来看，可知应有辈分观念，足见墓主这辈已有一定文化水平，或许还有一定家族规模。本提要重点为：（一）比较中层平民与中层统治阶级墓志格套和内容异同；（二）观察平民的价值观念和丧葬习俗，及与统治阶级之异同；（三）就京都大学"宋史二哥坟"墓志，比较中层平民与下层平民差异。

（一）统治阶级墓志与平民墓志之异同

若要比较平民与统治阶级的墓志格套，应以同层相比为佳。墓主当为有一定财力的地方乡绅，属中层平民，证据有五：（1）家有墓地二亩可供交换；（2）聘请文人写墓志；（3）子辈按辈分取名且用字文雅；（4）重视礼法德行；（5）颇为乡里推崇。而纪丰上三代与本人官职均不出军将及虞候系统，为中层统治阶级，与墓主比较应属适当。

两者比对（见本篇末附表一），可知纪丰与墓主的志文格套大致相似，皆有序、事迹、子女、葬及铭，应是平民阶级模仿统治阶级的墓志格套。以序为例，纪丰与墓主之志皆论及先世，纪丰墓志言其籍贯，并引历史名人以为纪氏祖先；墓主之墓志则称张氏为"清河郡之苗裔"，亦即以郡望荣耀其先世。两者用以称颂祖先的方式虽有小异，但都是唐代墓志常见的格套。易言之，墓主之墓志撰者应是刻意套用统治阶级的序文格套。

然而纪丰与墓主之志在格套上亦有小异，分列如下：

1. 上三代祖先及家属：墓志中记载上三代祖先本为常见格套，如纪丰墓志即上推至曾祖三代，然未记曾祖母、祖母与母，或与无封赠有关。与此相对，墓主之墓志则未提及墓主上三代，可能是反映当时一般基层平民家庭组织状况，亦即家无谱牒，故虽上三代之名讳亦已无可追述；而墓志既然不载父系先世，母系先世自然更无望被载录。

2. 事迹：两人墓志均载生平事迹，纪丰之事迹主要为仕宦，如墓志载其任官至"正将兼讨击副使，奏银青光禄大夫检校太子宾客兼殿中侍御史"，并强调其德行，如言其"恭勤奉上，节操弥高""益弘严谨，慎保初终"等。墓主之志则无职业记载，仅以其德行作为主要事迹，如称赞墓主"行同金玉，德契芳兰，处公□□，颇历岁华，秉忠故□，咸推盛美"，然而张家既然至少为中产之家，我们很难想象墓主真只是一位怀有美德而全无事业表现的人。两墓志记载事迹之异同，一方面可见"忠"等德行同时受统治阶级和平民之重视，一方面亦可见当时墓志有一通行格套，亦即以记载统治阶级成员之生命历程为标准，在此格套外的项目较难被加载墓志。在此标准下，墓主真正从事的职业自然就不易被写入墓志了。

3. 家庭成员：纪丰墓志详述其妻与子；墓主之志仅记四子而未言其妻，不知何故。纪丰墓志载其二子，并对已任官之长子记载最详，而对无官职之次子则赞其德行。墓主有四子，墓志仅称其德行，可见均无任官。然限于墓志格套，墓志中均不载这些未任官之子的实际职业。

4. 葬：纪丰与墓主之志皆载葬事，并强调其子之孝与遵守礼法，故墓志称纪丰嗣子等"孝资天纵""礼过常情"；墓主之子则"每思罔极之恩，何报劬劳之德""立安厝尊灵，备已窀穸，构施葬礼"。然而两者相较，墓主之墓志尚有一特殊处，即详载葬地之换地经过，一方面可能反映风水之说对平民丧葬的影响（详后），另一方面可能也反映平民葬地买卖时有纠纷，故墓主之子特别将交易经过载于墓志以为凭证。无论如何，这笔交易显然是张家特别重视之事。由此亦可知，平民撰写墓志，虽然主要是仿效统治阶级之丧葬文化，但也会根据他们特别看重的事务对其进行创造性调整。

5. 铭：两者皆有铭文，但纪丰铭文是总结墓志，上溯先世再言本人、后代与葬；墓主铭文仅提后代与葬，未提先世和本人。此二铭文相较而言，纪丰铭文最后祝福其家世世代代能秉家风；墓主铭文最后只以"千载不移"表达永保墓地之心，或反映统治阶级与平民阶级重视的观念仍有些微差异。

（二）从墓志观察平民的价值观念和丧葬习俗

从张敬德墓志，可观察到以下两方面的特点：

1. 平民之价值观念：主要是德行，包含忠、敦、恭、勤、孝等，其中尤重孝行。如其称墓主"行同金玉，德契芳兰，处公□□，颇历岁华，秉忠故□，咸推盛美"；其子"姓惟敦□，克己恭勤"，处理墓主后事时亦"慎终追远""君子孝成，欲报劬劳"。虽然墓志所述均乏实例，无法判断所言之虚实，然至少可知这些都是平民同样提倡的德行。

2. 丧葬习俗：从墓志择地、换地、葬礼的过程，可看出张氏应为具一定经济能力的家族，且重视孝道和风水观念。

2.1 换地：志中"去村西北五里已来，于兔势岗南，于□巳地内拨地二亩，□和村人孙绪充修坟阙；□于孙绪庄南二里，在村西南，去村二里已来拨得地二亩对换"，表示择地、换地情形。所换葬地达两亩，反映墓主家族具有一定的经济基础，且不太可能只葬一人，不排除作为族墓的可能性。若然，则反映张家已有一定家族规模。张、孙两家之所以交换葬地，据端方所述，应是出于风水的考虑："右志不著郡县，其大略敬德之子，以地二亩，换孙绪庄前西南二亩，各充坟茔，当是徇形家言，互占其利，故交相易。其文几似卖地莂，又似墓地之楬，所云拨地对授，皆与今市井语无异，亦为志铭中之一体。"[1] 所论可备一说。若然，则此墓志亦可用以探讨当时平民之风水观。

2.2 葬礼：将墓志中与葬礼相关叙述重新排列，可知平民葬礼程序如下："备已窀穸""□建坟茔/玄堂巳立""构施葬礼""安厝先灵/安厝尊灵"。从准备墓地、建墓、下葬、安厝死者等作法和顺序看来，平民葬礼与士大夫丧葬程序相似，亦守一定安葬程序。

由德行之价值观念和谨守礼法的丧葬习俗，可知当时中层平民虽不完全与统治阶级相仿，但整体价值观念与丧葬习俗确有向统治阶级靠拢的倾向。

（三）与京都大学"宋史二哥坟"墓志比较

"宋史二哥坟"墓志如下：

> 史二哥坟
>
> 青州□〔市〕东界往〔住〕人阿王□〔子〕，姓史，二子，临朐往〔住〕。二哥身故，今葬在封家地内，永记。元符二年□□□五日，母、孙女一娘同立石。[2]

---

[1] 见不著人《张敬德墓志》第 8380—8381 页中《陶斋藏石记》中端方所注。

[2] 不著人：《宋史二哥坟》，京都大学人文科学研究所所藏石刻拓本资料，2021.1.17。

史二哥墓志篇幅短小，本人与母（阿王）、孙女（一娘）之名皆通俗，志中亦未见私宅田土之相关记述，应是下层平民。将中层平民（墓主）与下层平民（史二哥）墓志对比，便可从此二志文的长短、格套与内容等方面，观察平民内部的阶层差异。

透过墓志格套比对（见本篇末附表一），可知墓主之墓志除未记上三代外，其余记载皆较为详尽，用字遣词亦更具文化素养；史二哥墓志欠缺项目较多，包括序、上三代（仅记其母）、事迹（连德行亦不记）、妻、铭等五项，分述如下。

1. 序：墓主之志不仅有序，亦记籍贯及先氏；史二哥墓志则无序。由此或可看出二家的文化基础有所差异。

2. 上三代：墓主之志未记上代家属，连父亲也只字未提；史二哥墓志未记其父，却记母亲"阿王"，不知是否与其家庭之特殊遭遇有关，如其父不详之类。

3. 事迹：墓主之墓志虽未载其具体事迹，但至少对其德行多有描述；史二哥墓志则连德行之描述亦缺。两相对照，可知墓主之家应较具文化水平。

4. 家庭成员：墓主之墓志载其有子四人，并称其德行；史二哥墓志虽提到他有二子，却不载其名，亦未参与他的丧葬仪式，反而是由其母与孙女筹办，不知是否反映了史家另一段悲伤故事。

5. 葬：墓主之志除葬礼及立石时间外，另有较为完整的择地与换地过程；史二哥墓志只有简单的葬地、立石时间和立石者信息，且无葬礼、私宅和田土之相关记述，其经济状况应属下层平民。

6. 铭：墓主之墓志有铭，具备较完整的墓志格套；史二哥墓志则无铭文。由此亦可反映两家的文化水平。

从平民与统治阶级墓志比较中，可看出当时中上层平民具有一定经济与文化水平，在价值观念、文化礼俗等各方面向统治阶级靠拢。相较墓主这类有财产亦有文化的中层平民家族，下层平民史二哥则明显缺乏经济与文化资本，此点亦反映于墓志之短小简略。若能广集更多平民墓志并进行比较分析，当能对平民阶级的生活状态有更深入的认识。

（执笔者：王子涵、林明）

（指导者：刘祥光）

附表一：纪丰、张敬德、史二哥墓志比较表

	纪丰墓志	张敬德墓志	史二哥墓志
序	夫代有奇人，世袭荣爵，史册详备，美焕古今者，唯纪氏之有焉。公讳丰，字〇〇，家世镇府房山人也。昔鲁春秋纪侯以国让弟，携入于齐，子孙因以为氏焉。信立节于汉初，灵振名于汉末，忠烈之道，千古一人。纪氏之先，其来盛矣！	府君讳敬德，乃是清河郡之苗裔，胤绪于兹郡。	
上三代	曾祖讳奏，皇唐镇州讨击副使兼冀州马步虞候。 祖讳晏，皇深州饶阳镇遏都将银青光禄大夫检校太子宾客兼殿中侍御史。 考讳审，皇步军左建武将。 并忠孝传家，谦恭著誉，岁寒之操，时论卓然。		青州□〔市〕东界往〔住〕人阿王□〔子〕，姓史。

		纪丰墓志	张敬德墓志	史二哥墓志
事迹		公即侍御之令子也。 光承家范，显焕门风；才略绝伦，名华出众。 元戎□〔闻〕之，擢授侠马副将。 公恭勤奉上，节操弥高，又加散将知将事。 □〔公〕益弘严谨，慎保初终，又加正将兼讨击副使，奏银青光禄大夫检校太子宾客兼殿中侍御史。 公荣高三命，职重偏裨，遄加奏绪之荣，显列□僚之右。方全壮节，以赞盛时，岂谓吉人，奄斯短寿。 以乾符二年二月□□〔十八〕，遘疾终于镇府真定县亲事营之官舍，享年三十有八，时曰惜哉！	府君行同金玉，德契芳兰，处公□□，颇历岁华，秉忠故□，咸推盛美，不期夜月收光，命忽掩于泉夜。	二哥身故。
妻		□□〔夫人〕陇西牛氏，四德兼备，三从俨然。内外协和，远迩咸敬。於戏！青松既折，芳□□萎，北堂之爱虽深，大夜之期俄迫。不幸以天祐三年二月十四日，遘疾□□〔终于〕镇府北马军营之官舍，享年六十有二。		
子女		有子二人：长曰爽，承家以孝，奉□〔国〕以忠，韬铃之数在心，谋勇之奇指掌。上台嘉之，署衙前兵马使左亲骑指挥使银青光禄大夫检校右散骑常侍左武卫上将军兼御史大夫上柱国，试其能也。 次曰琼，谦和保道，游艺依仁；光禀家声，不逾懿范。	府君有嗣子四人，见今存焉。长曰绍晖、次曰绍斌、绍□、绍伦。姓惟敦□，克己恭勤，每思罔极之□〔恩〕，何报劬劳之德。	二子，临朐往〔住〕。

	纪丰墓志	张敬德墓志	史二哥墓志
葬	嗣子等孝资天纵，礼过常情，奉先才免于虑〔庐〕居，哀毁仅招于灭性，以开平四年十一月四日，启先君之玄寝而合祔焉，礼也。	遂去村西北五里已来，于兔势岗南，于□巳地内拨地二亩，□和村人孙绪充修坟阙；□于孙绪庄南二里，在村西南去村二里□□〔已来〕拨得地二亩对换。各充坟茔，乃□和村人也。□〔维〕雍熙□〔二〕年岁次乙酉十月辛丑朔九日己酉□□□立安厝尊灵，备已窀穸，构施葬礼。	今葬在封家地内，永记。元符二年□□□五日，母、孙女一娘同立石。
铭	恐□□代易，陵变谷迁，故刊贞珉，用期不朽。铭曰： 纪公之先，受氏以国。代有英贤，世高勋德。 □□〔至〕于公，克承□〔懿〕则。□〔既〕领亲军，荣膺显职。 剑镜斯沉，□□难测。令□承家，忠孝为式。 年代绵邈，陵谷迁易。□□垂文，风猷不忒。	恐□□有改，土地更移，乃勒名石，记于他日。慎终追远，君子孝成。欲报劬劳，□建坟茔。玄堂已立，安厝先灵。保魂魄兮，永安金□。记此地兮，千载不移。	
祔葬者	公之弟昌，同日葬于甲穴；任文建、新妇天水赵氏，同日合葬于附甲之穴，故于公之侧，□之云耳。		

参考资料：

一、墓志碑文

1. 不著人：《张敬德墓志》，端方辑《陶斋藏石记》卷三十九，新文丰出版编辑部《石刻史料新编》第一辑第 11 册（台北：新文丰出版社，1982 年，第二版），第 8380—8381 页。

2. 不著人：《宋史二哥坟》，京都大学人文科学研究所所藏石刻拓本资料，2021．1．17。

编者注：本书篇末参考资料中若出现相同的参考文献，只在第一次出现时标明详细版本信息，再次出现时，省略出版地、出版社与出版年；析出文献的出处，采用括注的形式注明出版地、出版社、出版年。

唐末晋北商人

（张宗谏）

李如钧

后梁平民商人张宗谏墓志铭并序

一、基本资料

1 性质	墓志
2 题名	新题：后梁平民商人张宗谏墓志铭并序 首题：唐故南阳郡张府君墓志之铭并序
3 时间	死亡、下葬或立石时间 死亡：后梁乾化三年（唐天祐十年，913）正月十九日 下葬：后梁贞明二年（唐天祐十三年，916）四月一日
4 地点	死亡、下葬或立石地点 死亡：天宁私室 下葬：朔州（山西朔州）马邑县殄胡乡
6 人物	
墓主	张宗谏（约852—913）
撰者	不详
7 关键词	墓志笔法与史学方法、业绩、家庭或家族、妇女角色

（责任者：王子涵）

二、释文

唐故南阳郡张府君墓志之铭并序

　　夫戴天履□〔地〕，暮息晨趋，曜昃川流，朝□〔荣〕夕落，恓想人世，瞬息光阴而矣。

（以上是序，27字）

　　府君讳宗谏，字仁谠，河内修武人也。其先寔轩辕之胤绪，凉主之遗苗。济汉□〔毗〕吴，恢梁翼晋，股肱帝业，柱石皇猷，将相公卿，备昭图谍。晋司徒华公九世孙待问，长庆中，爰自宪府，问俗平城，因为马邑人也。祖祢以河洛间睽，罔知宦序。父兴顺王，母河东贾氏，志态闲逸，不事公王，遁迹丘园，早沉幽壤。

（以上是先世，114字）

　　府君幼而令黠，长亦谦恭，孝敬敦淳，和协忠信，勤劬生务，基业丰余。往复关河，溃运资货，时冲炎涝，疾瘵萦缠，虽召秦医，难逃晋竖。以天祐十年正月十九日终于天宁私室，春秋六十有□。亲戚哀□〔恸〕，行路伤嗟。

（以上是事迹及卒，80字）

　　夫人天水赵氏，含辛抚幼，忍楚持生。
长子吴十七，早年殇逝；
□〔次〕子敬习，始娶太原王氏，顷掩泉冥，继迎邯郸□〔赵〕氏。
孙男三人：
首曰十六，□〔捧〕□缁门，未登戒品；

次曰常住、曰僧住，并扬扬惠黠，落落通灵。

一女适济阴董氏，幼承风教，怡顺舅姑，礼敬齐眉，名闻乡邑。

（以上是妻、子女、媳、孙男，98字）

府君之嗣子敬习，宽舒南北，俭素居家，追远之情，祭葬事切，器玩华丽，衾□〔椁〕鲜明。以天祐十三年□□□□〔岁次丙子〕四月乙酉朔日，葬于军城之西北□〔隅〕五里马邑县殄胡乡和戎里息马之□□〔原〕。前临秦垒，后倚桑乾，东□□〔浚长〕川，西瞻广陌，茔兆□列，父祖咸迁。□□□〔既卜佳〕城，旋临窀穸，亲眷悲悼，礼事爰终。

（以上是葬，111字）

□〔恐〕时代迁□〔移〕，陵谷更变，刊□贞石，纪勒铭焉。其词曰：

□□□□，三光迅流。人生瞬息，荣耀□□〔何求〕。

太行有路，巫峡□□。经营□〔未〕遂，衰耄将秋。

二竖见逼，百味难瘳。寂然沉默，悄尔冥幽。

青山戢戢，白水攸攸。枌榆森森，松柏飕飕。

（以上是撰志原委与铭，84字）

（责任者：王子涵）

（指导者：刘祥光）

三、个案研究

墓主出生与成长都在山西晋北地区，祖籍是黄河北岸的修武，墓志宣称张家为西晋张华（232—300）之后裔，其九世孙张待问"长庆中，爰自宪府，问俗平城，因为马邑人也"。长庆年间为821—824年，若墓志所述属实，则张家可能自墓主之祖或曾祖开始定居马邑。然从年代判断，这段世系应是伪造。唐代有一位张凑（卒于690左右），号称是张华十三世孙，活动于长庆年间的张待问，至少晚于张凑130年，却只是九世孙，世代间隔显然太少。有趣的是，根据张凑墓志，他的长子名为张待问，不知墓主的先世姓名是否即由此抄来。[1] 无论如何，至墓主的时代，张家定居于马邑应该已历数代，而由"祖祢以河洛间暧，罔知宦序"可知，张家已数代不仕，属平民阶级。墓志又称墓主父母为"父兴顺王，母河东贾氏""志态闲逸，不事公王，遁迹丘园，早沉幽壤"，不像仅是农民而已，可能为地方富户，但较早过世，家业可能是在墓主手上扩增。

此墓志的特点，在于记录了墓主的非仕宦事业，所载虽仍嫌过于简略，但已在一定程度上突破了墓志格套的限制，从而能让我们看到唐末五代时期基层社会更丰富多元的动态。根据墓志所述，墓主"勤劬生务，基业丰余。往复关河，渍运资货"，可知是经商致富，最后因"时冲炎涝，疾瘵萦缠"，应是在商贩旅途中染病而亡，时年约六十二岁。墓主商贩活动地区主要为"太行有路，巫峡□□"，大概在山西至四川、湖北一带。

墓主成年不久，庞勋、王仙芝、黄巢接连起事，各方军阀也日益壮大，唐廷走向衰亡。但墓主似未受唐末乱世太大影响，仍可经商致富，安稳发展家庭。原因之一，当是因为他生活在沙陀朱邪赤心（李国昌）、李克用父子的起家根据地。唐武宗会昌年间，朱邪赤心"迁朔州刺史，仍为代北军使"[2]，虽不时与中央关系紧张，但待黄巢有威胁取代唐廷之势，沙陀李氏就受倚重，成为唐末一大势力。之后李克用逐渐在山西中北部站稳脚跟，任河东节度使，封晋王。随着对周边地区控制力增加，

---

[1] 不著人：《故丰州司马张公墓志铭并序》，周绍良、赵超主编《唐代墓志汇编续集》，上海：上海古籍出版社，2001年，第482页。

[2] 欧阳修撰，董家遵等点校：《新唐书》卷218，北京：中华书局，1975年，第6156页。

晋北的振武军节度使也自 893 年起，陆续由李克用麾下的石善友、李克宁、周德威、李嗣本等人出任。以河东、晋北为基地，李克用经略中原虽屡有挫折，但墓主所居之晋北，始终为沙陀李氏掌握。天祐四年（907）朱温称帝，建后梁，改元开平，李克用依旧沿用唐天祐年号，以兴复唐室为名与后梁继续征战。次年（908），克用逝，子李存勖继晋王。912 年朱温被杀，自此李存勖逐渐对后梁战事取得优势，最终灭后梁，建立后唐。故墓主虽生活于唐末五代初期乱世下，比起中原、河北等地的战火连绵，却十分幸运身处相对安定的晋北边区。虽不知他与沙陀李氏的关系，但很有可能是因"晋梁对抗"物资运输的军需生意，往来于诸政权之间，而得以富裕持生。易言之，时局动荡并未对张家的发展造成太大影响，甚至可能正是张家得以致富的条件。墓主死后，墓主之妻赵氏"含辛抚幼，忍楚持生"，看来是在家负起操持家业的主要责任。当时墓主还有一子在世，年纪应已超过三十，他"宽舒南北，俭素居家"，应是继承父亲事业，长年在外奔波。母子分工合作，共同为张家奋斗。五代基层社会的生活状态，实有待更深入的探讨。

赵氏号称郡望天水，但很可能与墓主同样是平民。墓主有二子，长子早逝，次子先娶太原王氏，再娶邯郸赵氏，两家都有郡望。墓主另有一女，嫁给济阴董氏。张家多与郡望之家联姻，虽然恐怕虚多实少，但可见唐末五代初期，郡望对平民同样也有吸引力。墓主还有孙男三人。十六岁的长孙"捧□缁门，未登戒品"，应是有意出家，但尚未受戒；另二孙名常住、曰僧住，其名都与佛教有关。看来张家与佛教关系颇深，不知是否与当地临近佛教四大名山之一的五台山有关。

（执笔者：王子涵、李如钧）

（指导者：刘祥光）

参考资料：

一、墓志碑文

1. 不著人：《唐故南阳郡张府君（宗谏）墓志之铭并序》，吴钢主编《全唐文补遗》第五辑（西安：三秦出版社，1998年），第441—442页。

2. 不著人：《张宗谏墓志》，罗振玉辑《山右冢墓遗文》，新文丰出版编辑部《石刻史料新编》第一辑第21册（台北：新文丰出版社，1977年，初版），第15913页。

3. 不著人撰，周阿根点校：《张宗谏墓志》，周阿根《五代墓志汇考》（合肥：黄山书社，2012年），第63—64页。

4. 不著人撰，章红梅点校：《张宗谏墓志》，章红梅《五代石刻校注》（南京：凤凰出版社，2017），第110—112页。

5. 不著人撰，陈尚君点校：《唐故南阳郡张府君墓志之铭并序》，陈尚君辑校《全唐文补编》（北京：中华书局，2005年）卷156，第1903页。

6. 不著人：《故丰州司马张公墓志铭并序》，周绍良、赵超主编《唐代墓志汇编续集》（上海：上海古籍出版社，2001年），第482页。

二、其他资料

7. 欧阳修撰，董家遵等点校：《新唐书》，北京：中华书局，1975年。

一即一切， 一切即一？

（朗空、智坚、玄寂）

李宗翰、张庭瑀、柳立言

1　后梁时期僧人新罗石南山寺住持朗空大师塔铭并序

一、基本资料

1 性质	墓志
2 题名	新题：后梁时期僧人新罗石南山寺住持朗空大师塔铭并序 首题：新罗国故两朝国师教谥朗空大师白月栖云之塔碑铭并序
3 时间	死亡、下葬或立石时间 死亡：后梁贞明二年（916）二月十二日 下葬：后梁贞明二年（916）二月十七日 改葬：后梁贞明三年（917）十一月
4 地点	死亡、下葬或立石地点 死亡：新罗 下葬：新罗 改葬：新罗
5 人物	
墓主	朗空（833—916）
撰者	门人翰林学士守兵部侍郎知瑞书院事赐金鱼袋臣崔仁渷
书丹者	金生
刻者	□〔嵩〕太尚座、秀规尚座、清直师、惠超师

6 关键词	社会流动、文武交流、业绩、品德、家庭或家族、丧与葬、墓志笔法与史学方法

（责任者：蒋侑伶）

二、释文

新罗国故两朝国师教谥朗空大师白月栖云之塔碑铭并序

门人翰林学士守兵部侍郎知瑞书院事赐金鱼袋臣崔仁滚奉教撰

金生书

释端目集

　　闻夫真境希夷，玄津杳渺，澄如沧海，邈若太虚；智舟何以达其涯，慧驾莫能寻其际。况复去圣逾远，滞凡既深，靡制心猿，难调意马。由是徇虚弃实者，俱怀逐块之情；执有迷空者，尽起趋炎之想。若非哲人出世，开士乘时，高演真宗，广宣善诱，何以爰析重玄之理，□〔得〕归众妙之门？潜认髻珠，密传心印，达斯道者，岂异人乎？大师是也。

（以上是序，184字）

　　大师法讳行寂，俗姓崔氏。其先周朝之尚父□〔遐〕苗，齐国之丁公远裔，其后使乎兔郡，留寓鸡林，今为京万河南人也。

祖讳全，避世辞荣，幽居养志。

父讳佩常，年登九岁，学冠三冬，长牵投笔之心，仍效止戈之艺，所以系名军旅，充职戎行。

母薛氏，梦见僧谓曰："宿因所追，愿为阿娘之子。"觉后感其灵瑞，备启所天，自屏膻腴，勤为胎教，以大和六年十二月三十日诞生。

（以上是先世与上两代，138字）

大师生标奇骨，有异凡流。游戏之时，须为佛事，每聚沙而造塔，常摘叶以为香。爰自青衿，寻师绛帐；请业则都忘寝食，临文则总括宗源。尝以深信□□〔金言〕，□〔志〕遗尘俗，谓父曰："所愿出家修道，以报罔极之恩。"其父知有宿根，合符前梦，不阻其志，爰而许之。遂乃削染披缁，苦求游学，□〔欲〕寻学海，历选名山。至于伽耶海印寺，便谒宗师，精探经论，统□〔类〕花之妙义，说贝叶之真文。师谓学徒曰："释子多闻，颜生好学，昔闻其语，今见其人，岂与青眼赤髭同年而语哉！"大中九年，于福泉寺官坛受其具戒。

（以上是出家，186 字）

既而浮囊志切，系草情深。像教之宗，已劳力学；玄机之旨，盍以心求；所以杖□〔策〕挈瓶，下山寻路。

径诣崛山，谒通晓大师，自投五体，□〔虔〕启衷怀。大师便许升堂，遂令入室，从此服膺数载，勤苦多方。虽至道〇〇，目击磬成山之志，而常齐淡薄，神疲增煮海之劳。则知历试诸难，多能鄙事，每于坐卧，只念游方。

遂于咸通十一年，投入备朝使金公紧荣□□之心，备陈所志。金公情深倾盖，许以同舟。无何，利涉大川，达于西岸；此际不远千里，至于上都。寻蒙有司特具事由，奏闻天听，降敕宜令左街宝堂寺孔雀王院安置。

（以上是出家后修行与游方唐朝，193 字）

大师所喜，神居驻足，胜境栖心。未几，降诞之辰，敕征入内。懿宗皇帝遽弘至化，虔仰□〔玄〕风，问大师曰："远涉沧溟，有何求事？"大师对敕曰："贫道幸获观风上国，问道中华，今日叨沐鸿恩，得窥盛事。所求遍游灵迹，追寻赤水之珠；还耀吾乡，更作青丘之印。"天子厚加宠赉，甚善其言，犹如法秀之逢晋文，昙鸾之对梁武，古今虽异，名德尤同。

以后至五台山，投花严寺，求感于文殊大圣。先上中台，忽遇神人，鬓眉皓尔，叩头作礼，□〔膜〕拜祈恩。谓大师曰："不易远来，善哉佛子！莫淹此地，速向南方，认其五色之霜，必沐昙摩之雨。"大师含悲顶别，渐次南行。

乾符二年，至成都府，巡谒到静众精舍，礼无相大师影堂；大师，新罗人也。因谒写真，具闻遗美，为唐帝导师，玄宗之师。同乡唯恨异其时，后□〔代〕所求追其迹。企闻石霜庆诸和尚，启如来之室，演迦叶之宗，道树之阴，禅流所聚。大师殷勤礼足，曲尽虔诚，仍栖方便之门，果得摩尼之宝。

俄而追游衡岳，参知识之禅居；远至曹溪，礼祖师之宝塔。傍东山之遐秀，采六叶之遗芳，四远参寻，无方不到。虽观空色，岂忘偏陲？

（以上是在唐十六年之事迹，363字）

以中和五年，来归故国。时也至于崛岭，重谒大师；大师云："且喜早归，岂期相见？"后学□〔各〕得□〔其〕赐，念兹在兹，所以再托扉莲，不离左右。

中间忽携瓶钵，重访水云，或锡□〔飞〕于五岳之初，暂栖天柱；或杯渡于三河之后，方住水精。

至文德二年四月中，崛山大师寝疾，便往故山，精勤侍疾，至于归化。付嘱传心者，唯在大师一人而已。

初憩锡于朔州之建子岩。才修茅舍，始启山门，来者如云，朝三暮四。顷岁时当厄运，世属此〔屯〕蒙。灾星长照于三韩，毒露常铺于四郡，况于岩谷，无计□〔潜〕藏。

乾宁初至止王城，熏薝卜于焚香之寺；光化末旋归野郡，植旃檀于薙草之墟。所恨正值魔军，将宣佛道。

孝恭大王骤登宝位，钦重禅宗，以大师独步海东，□〔孤〕标天□〔下〕，□〔特〕遣僧正法贤等聊飞凤笔，征赴皇居。大师谓门人曰：

"自欲安禅，终□〔须〕助化，吾道之流于末代，外护之恩也。" 乃以天祐三年秋九月初，忽出溟郊，方归京邑。

至十六日，引登秘殿，孤□〔坐〕禅床。主□□〔上预〕净宸襟，整其冕服，待以□〔国〕师之礼，虔申钻仰之情。大师辞色从容，神仪自若，尊道说羲、轩之术，治邦谈尧、舜之风。○镜忘疲，洪钟待扣。有亲从上殿者四人，曰□〔行〕谦邃、安信宗、让规、让□〔景〕。行超十哲，名盖三禅，探玄乡之秘宗，论绝境之幽枝。圣人见，频回麈尾，甚悦龙颜。

□〔忽／至〕于明年夏末，乍别京畿，略游海峤。至金海府，苏公忠子知府及第律熙领军，莫不敛祛钦风，开襟慕道，请居名寺，冀福苍生。□□师可以栖迟，暗垂慈化，扫妖烟于塞外，洒甘露于山中。

神德大王光统丕图，宠□〔征〕赴阙。至贞明元年春，大师遽携禅众，来至帝乡，依前命南山实际寺安之。此寺则先是圣上以黄阁潜龙，禅扄附凤，寻付□〔大〕师，永为禅宇。此时□□〔奉迎〕行□〔所／在〕，重谒慈颜，爰开有待之心，再听无为之说。辞还之际，特结良因。

爰有女弟子明瑶夫人，鳌岛宗枝，鸠林冠族，仰止高山，尊崇佛理，以石南山寺请为收领，永以住持。秋七月，大师以甚惬雅□〔怀〕，始谋栖止。此寺也，远连四岳，高□〔压〕南溟；溪涧争流，酷似金与之谷；岩峦斗峻，凝如紫盖之峰；诚招隐之幽居，亦栖禅之佳境者也。大师遍探灵巘，未有定居，初至此山，以为终焉之所。

(以上为返韩后三十二年之业绩，699字)

至明年春二月初，大师觉其不纾，称染微疴。至十二日诘旦，告众曰："生也有涯，吾将行矣；守而勿失，汝等勉旃！" 趺坐绳床，俨然就灭。报龄八十五，僧腊六十一。

于时云雾晦冥，山峦震动。有山下人望山顶者，五色光气冲于空中，中有一物上天，宛然金柱。□□〔岂止〕智顺则天垂花盖，法成则空敛灵棺而已哉！

于是门人等伤割五情，若亡天属。至十七日，敬奉色身，假隶于西峰之麓。圣考大王忽聆迁化，良恻仙襟，特遣中使监护葬仪，仍令吊祭。

至三年十一月中，改葬于东□〔峦〕之顶，去寺三百来步，全身不散，神色如常。门下等重睹慈颜，不胜感慕，仍施石户封闭。

（以上是死亡、下葬与改葬，212 字）

大师资灵河岳，禀气星辰，居缕褐之英，应黄裳之吉，由是早栖禅境，久拂客尘。裨二主于两朝，济群生于三界，邦家安泰，魔贼归□〔降〕；则知大觉真身，观音后体，启玄关而敷扬至理，开慈室而汲引玄流。生命示亡，效鹤树归真之迹；化身如在，追鸡峰住寂之心。存殁化人，始终弘道，可谓定慧无方，神通自在者焉。

（以上是盖棺论定，118 字）

弟子信宗禅师、周解禅师、□〔林〕侃禅师等五百来人，共保一心，皆居上足，常勤守护，永切追攀。每念巨海尘飞，高风电绝，累趋魏阙，请树丰碑。

今上克缵洪基，恭承宝箓，钦崇禅化，不异前朝。赠谥曰朗空大师，塔名白月栖云之塔，爰命微臣，宜修斋臼。仁浇固辞不免，唯命是从，辄课菲词，式扬余烈。譬如提壶酌海，莫知溟渤之深；执管窥天，难测穹苍之阔。然而早蒙慈诲，眷以宗盟，唯以援笔有情，著文无愧，强名玄道，将报法恩。其词曰：

至道无为，犹如大地。万法同归，千门一致。粤惟正觉，诱彼群□〔类〕。圣凡有殊，开悟无异。

懿欤禅伯，生我海东。□〔明〕同日月，量等虚空。

名由德显，智与慈融。去传法要，来化童蒙。

水月澄心，烟霞匿曜。忽飞美誉，频降佳名。

扶替两朝，阐扬玄教。瓶□〔破〕灯明，□〔云〕开月照。

哲人去世，缁素伤心。门徒愿□〔切〕，国主恩深。

塔封峦顶，碑倚溪浔。芥城虽尽，永曜禅林。

（以上是建塔及撰碑原委、铭文，293 字）

（责任者：蒋侑伶）

2　后周僧人千佛禅院住持智坚塔记

一、基本资料

1 性质	墓志
2 题名	新题：后周僧人千佛禅院住持智坚塔记 首题：洛京千佛禅院故院主和尚塔记
3 时间	死亡、下葬或立石时间 死亡：后周显德五年（958）八月十二日 立石：后周显德七年（960）二月九日
4 地点	死亡、下葬或立石地点 死亡：河南洛阳（河南洛阳）
5 人物	
墓主	智坚（880—958）
6 关键词	社会流动、文武交流、业绩、品德、家庭或家族、丧与葬、墓志笔法 与史学方法

（责任者者：蒋侑伶）

二、释文

洛京千佛禅院故院主和尚塔记

噫！生兮究理，殒乎归真，贤圣有以示同，贵贱无以逃此。

（以上是序，34 字）

先和尚讳智坚，姓曹氏，即范阳人也。

志僻好山，云游届洛，慕空门离染，怀只履绝尘，遂礼本院从公以剃发，至同光元年受戒。

（以上是出处与出家，48字）

凡一闻多悟，而内净外严，为处直心，劝人苦口，无私入己，有顺于师，师之师谓以得仁。因付院宇，洎天成初，住修持一院，华丽可观，供养众僧，勤劳莫并，檀越以之沽善，王侯以是钦风。

（以上是修行、出任住持及事迹，70字）

奈何春秋递颜，日月催限，虽一真性立，而四大身非，缘毕东陲，果圆西去。时岁在戊午仲秋月十二日迁化，亨寿七十有九。

（以上是死亡，47字）

徒弟号悲，士庶抵掌，用茶毗之礼也。夏台大王凤仰其风，伤聆掩化，乃蠲俸贿，树雁塔焉。门人法伦等，咸固遗风，共和进道。今云愁水噎，境是送终，地久天长，名传不朽，时庚申岁春二月辛未朔九日己卯叙记。

（以上是火化、建塔及撰记原委，80字）

法眷师叔智悟、智温，小师院主赐紫法伦，赐紫法宽、法照、法光、法朗、法广、法登、法新、法遵、法德、法美、法义。

（以上是法眷，42字）

（责任者：蒋侑伶）

3 南唐僧人龙光禅院玄寂禅师塔碑并序

一、基本资料

1 性质	墓志
2 题名	新题：南唐僧人龙光禅院玄寂禅师塔碑并序 首题：上都右街龙光禅院故玄寂禅师塔碑并序
3 时间	死亡、下葬或立石时间 死亡：南唐显德八年（961）十月二十七日 下葬：南唐显德九年（962）二月六日
4 地点	死亡、下葬或立石地点 死亡：洪州（南昌） 下葬：吉州吉水县（江西吉州）仁寿乡太平里
5 人物	
墓主	玄寂（886—961）
撰者	护军南阳县开国男食邑三百户赐紫金鱼袋韩熙载
书丹者	将仕郎试右千牛卫仓曹参军直尚书礼部张藻
篆额者	朝议郎守中书舍人充集贤殿学士知院事武尉赐紫金鱼袋徐锴
6 关键词	社会流动、文武交流、丧与葬、墓志笔法与史学方法

（责任者：蒋侑伶）

二、释文

上都右街龙光禅院故玄寂禅师塔碑并序

朝议大夫守中书侍郎充光政殿学士承□〔旨〕上护军南阳县开国男食邑
三百户赐紫金鱼袋韩熙载撰

朝议郎守中书舍人充集贤殿学士知院事武骑尉赐紫金鱼袋徐锴显额

将仕郎试右千牛卫仓曹参军直尚书礼部张藻书

□婆迦婆以清净妙心付迦叶波，迦叶而下，以心□□二十八尊，珠联印度，一花五叶，香散支那。降及曹溪，得法者众。然则以一念摄于多法，以一尘统于沙界，此念此尘，彼界彼法，二俱不有，空亦非断。明是法者，于大悲海，运普济舟，开无相门，演不二法，化有情于一旨，获当果于上乘，是之谓大善知识者。玄寂禅师，其人也。

（以上是序，226字）

师名隐微，预〔豫〕章新淦人也。夫其珠生媚泽，玉蕴良山，留润入缠，必归族姓，故有杨氏之托焉。为异人之生，□□奇应，既□□□，亦表厥灵，故有光明鉴室之祥焉。

（以上是出处，57字）

轩冕为累身之资，鼎钟乃爽口之具。孔翠彬蔚，罔罟随之；鸿鹤清素，霄汉自得，故有弃俗之誓焉。开无师智，归不二门；夫为在家，则有师□。

七岁诣□〔本〕邑石□〔头〕院道□〔坚〕禅师□弟子，二十依洪州□〔龙〕光寺智称律师受具戒。既还而叹曰："沙门者，达本识心之谓也，且戒惠之学，未足明也，□灭之宗，方为了义。青山有路，白云无心，我之持行，岂复他日？"遂遍寻名岳，历抵禅林。

顺义中，卷衣南行，遐趋五岭。罗山法宝大师，岩头真子，德岭桂孙，智镜当台，共仰不疲之鉴；鸿钟在虡，咸聆应扣之音。师既解橐云堂，端襟下榻，玉处□〔石〕而光华尚隐，虎□〔在〕山而清啸难藏，扣我机缘，自知时节。

（以上是出家及改依禅宗，216字）

先是，罗山有师子在窟出窟之句，海内风传。一日，法座高登，海徒云萃，师遽前而礼，峻发问端。罗山道眼素明，伟帅嶙崪，抗声酬诘，众莫□〔之〕知。俄于敬诺之间，豁然大悟，自是朝昏随众，语默全真，放旷四仪，盘桓数稔。异日，罗山以师大缘将至，苦讽还乡。

（以上是修行与出山，96 字）

太和中，杖策离群，担簦度岭，渐回江介，涂次龙泉。邑宰李孟俊，一睹道姿，深加凝注。邑有十善兰若，经废时多，愿言葺兴，强师驻锡，冀扬大法，用福蒸民。师具顺随之心，尽檀那之请，玄徒辐凑，净供山储，应接随宜，了无滞碍。有问："如何是十善桥？"云："崄。""过者如何？"云："丧。"参乎祖道，一以贯之；问而数穷，答有余力；达深得妙，斯之谓欤！
时先朝端拱万机，穆清大宝，远怀道德，思结深因。保大元年，始自龙泉诏归凤阙，命住龙光梵刹，赐号觉寂禅师。高阐一音，将逾数岁，改赐奉先禅院，用迩皇居。
辛酉岁春，将有事于省方，利建邦于洪井。千乘万骑，咸从于和銮，奇士高人，必先于行在。师首预清列，简自宸衷，既抵新都，复住大宁禅院，诲人无数，学者有归。

（以上是出任住持及事迹，247 字）

迨于鼎成之期，难预因山之会，言念三世诸佛，皆入涅槃，吾独何人，自甘迟暮。其岁十月，见病者相，卧方丈中。是月二十七日，剃发浴身，升堂别众，勤宣祖意，勉□〔勖〕后流。语讫而□，形留气尽，俗寿七十六，僧腊五十六，谥玄寂禅师，塔名常寂。

（以上是死亡，90 字）

岁在壬戌二月六日，归葬于吉州吉水县仁寿乡太平里之原，遵遗诫也。
今元帅郑王，备尝道味，时任保□〔厘〕，□〔巨〕舍信财，俾营塔庙。

惟师夙弘妙愿，应生像年，道峻德充，名符实备，貌孤神王，语淡气幽，情高而月冷□〔秋〕空，格峭而云生碧峤，以慈音而演法，用实智以化人，故得分契王臣，心归缁素，俄□□〔昏慧〕拒〔炬〕，永绝微言。瞻道貌以长乘，览清徽而徒在。龙泉广福十善禅院嗣法弟子契任、行常，相续住持小师自明、自满七十三人，惧岁时之浸远，恐陵谷之贸迁，愿纪金碑，以旌玄壤。

（以上是归葬、建塔及撰碑原委，182字）

  其辞曰：

   三界茫然兮，四生蠢尔；背觉合尘兮，死此生彼。

   有铄开士兮，乘悲应世；端坐宝床兮，片言折理。

   道价既高兮，回心天子；慈风又扇兮，伏膺多士。

   远近瞻渴兮，慕膻以至；白黑奔札兮，得坻皆止。

   大缘告终兮，魔云忽起；觉日云沉兮，法幢遂靡。

   传心罗山兮，训徒帝里；韬真预〔豫〕章兮，归欤〔舆〕吉水。

   金骨藏山兮，德音无已；宝塔镇地兮，来者斯企。

（以上是铭，131字）

  开宝二年岁次己巳仲夏月建，勾当小师自通、自宝，院主僧弘成、典座僧昙琰，在家弟子张从诲

  镌字姚如宪

（以上是参与者，42字）

（责任者：蒋侑伶）

三、个案研究

  傅斯年图书馆只有三方五代时期的中外僧人塔记，基本资料如下：

简名	五代	撰者	死者、宗派及层级	生卒地
朗空塔碑，约撰于 10 世纪 20 年代	初期	门人新罗国翰林学士守兵部侍郎知端书院事崔仁浣	朗空（833—916），禅门，石南山寺住持；赐谥号、塔名、碑文；顶级	生：新罗，入唐求法 死：新罗
智坚塔记，撰于 960 年	末期	门下，应为僧人	智坚（880—958），禅门，洛阳千佛禅院住持；中级	生：涿州 死：洛阳
玄寂塔碑，撰于 969 年	末期	学士承旨韩熙载	玄寂（886—961），禅门，洪州龙光禅院住持；赐谥号、塔名；高级	生：洪州 死：洪州

那么，在一定程度上，这三位僧人的塔记是否一致？跟俗人的墓志又是否一致？以下分从形式与内容来看。

（一）朗空塔碑

就形式之格套来说，俗人墓志的安排，大多是首题、撰者、书者、序言、墓主出处、祖先、平生事业和品德、死亡、家人、丧葬、撰文原委，最后是作为盖棺论定的铭文。把朗空塔碑一字不漏，依照原文的次序进行分段和分类，结果几与俗人毫无差别：

格套	内容及篇幅
1 首题及撰、书者等	1.1 新罗国故两朝国师（教谥）朗空大师（白月栖云）之塔碑铭并序 1.2 门人翰林学士守兵部侍郎知瑞书院事赐金鱼袋臣崔仁浣奉教撰 1.3 金生书（案：高丽书法名家，已逝） 1.4 释端目集（集金生之字）

格套	内容及篇幅
2 序	闻夫真境希夷，玄津杳渺，澄如沧海，邈若太虚；智舟何以达其涯，慧驾莫能寻其际。况复去圣逾远，滞凡既深，靡制心猿，难调意马。由是徇虚弃实者，俱怀逐块之情；执有迷空者，尽起趋炎之想。若非哲人出世，开士乘时，高演真宗，广宣善诱，何以爰析重玄之理，得归众妙之门？潜认髻珠，密传心印，达斯道者，岂异人乎？大师是也。 约 126 字
3 塔主出处及两代祖先	3.1 大师法讳行寂，俗姓崔氏。其先周朝之尚父遐苗，齐国之丁公远裔，其后使乎兔郡，留寓鸡林，今为京万河南人也。 3.2 祖讳全，避世辞荣，幽居养志。 3.3 父讳佩常，年登九岁，学冠三冬，长牵投笔之心，仍效止戈之艺，所以系名军旅，充职戎行。 3.4 母薛氏，梦见僧谓曰："宿因所追，愿为阿娘之子。"觉后感其灵瑞，备启所天，自屏膻腴，勤为胎教，以大和六年（唐文宗 832—833）十二月三十日诞生。 约 138 字
4 出家	4.1 大师生标奇骨，有异凡流。游戏之时，须为佛事，每聚沙而造塔，常摘叶以为香。爰自青衿，寻师绛帐；请业则都忘寝食，临文则总括宗源。 4.2 尝以深信金言，志遗尘俗，谓父曰："所愿出家修道，以报罔极之恩。"其父知有宿根，合符前梦，不阻其志，爰而许之。 4.3 遂乃削染披缁，苦求游学，欲寻学海，历选名山。至于伽耶海印寺，便谒宗师，精探经论，统类花之妙义，说贝叶之真文。师谓学徒曰："释子多闻，颜生好学，昔闻其语，今见其人，岂与青眼赤髭同年而语哉！"大中九年（唐宣宗 855），于福泉寺官坛受其具戒。 约 186 字
5 出家后之修行及事迹等	5.0 既而浮囊志切，系草情深。像教之宗，已劳力学；玄机之旨，尽以心求；所以杖策挈瓶，下山寻路。 5.1 径诣崛山，谒通晓大师，自投五体，虔启衷怀。大师便许升堂，遂令入室，从此服膺数载，勤苦多方。虽至道〇〇，目击磬成山之志，而常齐淡薄，神疲增煮海之劳。则知历试诸难，多能鄙事，每于坐卧，只念游方。 5.2 遂于咸通十一年（唐懿宗 870），投入备朝使金公紧荣石□之心，备陈所志。金公情深倾盖，许以同舟。无何，利涉大川，达于西岸；此际不远千里，至于上都。寻蒙有司特具事由，奏闻天听，降敕宜令左街宝堂寺孔雀王院安置。 （以上约 193 字） （以下 5.3—5.6 约 363 字，为在唐十六年之业绩，870—885）

格套	内容及篇幅
5 出家后之修行及事迹等	5.3 大师所喜，神居驻足，胜境栖心。未几，降诞之辰，敕征入内。懿宗皇帝遽弘至化，虔仰玄风，问大师曰："远涉沧溟，有何求事？"大师对敕曰："贫道幸获观风上国，问道中华，今日叨沐鸿恩，得窥盛事。所求遍游灵迹，追寻赤水之珠；还耀吾乡，更作青丘之印。"天子厚加宠赉，甚善其言，犹如法秀之逢晋文，昙鸾之对梁武，古今虽异，名德尤同。 5.4 以后至五台山，投花严寺，求感于文殊大圣。先上中台，忽遇神人，鬓眉皓尔，叩头作礼，膜拜祈恩。谓大师曰："不易远来，善哉佛子！莫淹此地，速向南方，认其五色之霜，必沐昙摩之雨。"大师含悲顶别，渐次南行。 5.5 乾符二年（唐僖宗 875），至成都府，巡谒到静众精舍，礼无相大师影堂；大师，新罗人也。因谒写真，具闻遗美，为唐帝导师，玄宗之师。同乡唯恨异其时，后代所求追其迹。企闻石霜庆诸和尚，启如来之室，演迦叶之宗，道树之阴，禅流所聚。大师殷勤礼足，曲尽虔诚，仍栖方便之门，果得摩尼之宝。 5.6 俄而追游衡岳，参知识之禅居；远至曹溪，礼祖师之宝塔。傍东山之遐秀，采六叶之遗芳，四远参寻，无方不到。虽观空色，岂忘偏陲？ （以下 5.7 至 5.15 约 699 字为返韩后三十二年之业绩，885—916） 5.7 以中和五年（唐僖宗 885），来归故国。时也至于崛岭，重谒大师；大师云："且喜早归，岂期相见？"后学各得其赐，念兹在兹，所以再托扉莲，不离左右。 5.8 中间忽携瓶钵，重访水云，或锡飞于五岳之初，暂栖天柱；或杯渡于三河之后，方住水精。 5.9 至文德二年（唐昭宗龙纪元年 889）四月中，崛山大师寝疾，便往故山，精勤侍疾，至于归化。付嘱传心者，唯在大师一人而已。 （以上约 123 字） 5.10 初憩锡于朔州之建子岩。才修茅舍，始启山门，来者如云，朝三暮四。顷岁时当厄运，世属此［屯］蒙。灾星长照于三韩，毒露常铺于四郡，况于岩谷，无计潜藏。乾宁初（昭宗 894—898）至止王城，熏蘐卜于焚香之寺；光化末（昭宗 898—901）旋归野郡，植旃檀于蓐草之墟。所恨正值魔军，将宣佛道。 （以上约 99 字） 5.11 孝恭大王骤登宝位（898—912），钦重禅宗，以大师独步海东，孤标天下，特遣僧正法贤等聊飞凤笔，征赴皇居。大师谓门人曰："自欲安禅，终须助化，吾道之流于末代，外护之恩也。"乃以天祐三年（唐哀帝 906）秋九月初，忽出溟郊，方归京邑。

格套	内容及篇幅
5 出家后之修行及事迹等	5.12 至十六日，引登秘殿，孤坐禅床。主上预净宸襟，整其冕服，待以国师之礼，虔申钻仰之情。大师辞色从容，神仪自若，尊道说义、轩之术，治邦谈尧、舜之风。○镜忘疲，洪钟待扣。有亲从上殿者四人，曰行谦邈、安信宗、让规、让景。行超十哲，名盖三禅，探玄乡之秘宗，论绝境之幽枝。圣人见，频回麈尾，甚悦龙颜。 （以上约197字） 5.13□〔忽／至〕于明年夏末，乍别京畿，略游海峤。至金海府，苏公忠子知府及第律熙领军，莫不敛祛钦风，开襟慕道，请居名寺，冀福苍生。□□师可以栖迟，暗垂慈化，扫妖烟于塞外，洒甘露于山中。 （以上约70字） 5.14 神德大王（912—917）光统丕图，宠征赴阙。至贞明元年春（后梁末帝915），大师遽携禅众，来至帝乡，依前命南山实际寺安之。此寺则先是圣上以黄阁潜龙，禅扃附凤，寻付大师，永为禅宇。此时奉迎行□〔所／在〕，重谒慈颜，爰开有待之心，再听无为之说。辞还之际，特结良因。 （以上约93字） 5.15 爰有女弟子明瑶夫人，鳌岛宗枝，鸠林冠族，仰止高山，尊崇佛理，以石南山寺请为收领，永以住持。秋（915）七月，大师以甚惬雅怀，始谋栖止。此寺也，远连四岳，高压南溟；溪涧争流，酷似金与之谷；岩峦斗峻，凝如紫盖之峰；诚招隐之幽居，亦栖禅之佳境者也。大师遍探灵巘，未有定居，初至此山，以为终焉之所。 （以上约117字） 约1255字
6 死亡及下葬	6.1 至明年（916）春二月初，大师觉其不纾，称染微疴。至十二日诘旦，告众曰："生也有涯，吾将行矣；守而勿失，汝等勉旃!"跏坐绳床，俨然就灭。报龄八十五，僧腊六十一。 6.2 于时云雾晦冥，山峦震动。有山下人望山顶者，五色光气冲于空中，中有一物上天，宛然金柱。岂止智顺则天垂花盖，法成则空敛灵棺而已哉! 6.3 于是门人等伤割五情，若亡天属。至十七日，敬奉色身，假隶于西峰之麓。圣考大王忽聆迁化，良恻仙襟，特遣中使监护葬仪，仍令吊祭。 6.4 至三年（917）十一月中，改葬于东峦之顶，去寺三百来步，全身不散，神色如常。门下等重睹慈颜，不胜感慕，仍施石户封闭。 （约212字）

格套	内容及篇幅
7 盖棺论定	大师资灵河岳，禀气星辰，居缵祸之英，应黄裳之吉，由是早栖禅境，久拂客尘。神二主于两朝，济群生于三界，邦家安泰，魔贼归降；则知大觉真身，观音后体，启玄关而敷扬至理，开慈室而汲引玄流。生命示亡，效鹤树归真之迹；化身如在，追鸡峰住寂之心。存殁化人，始终弘道，可谓定慧无方，神通自在者焉。 （约118字）
8 建塔及撰碑原委、铭文	8.1 弟子信宗禅师、周解禅师、林侃禅师等五百来人，共保一心，皆居上足，常勤守护，永切追攀。每念巨海尘飞，高风电绝，累趋魏阙，请树丰碑。 8.2 今上（景明大王 917—924）克缵洪基，恭承宝箓，钦崇禅化，不异前朝。赠谥曰朗空大师，塔名白月栖云之塔，爰命微臣，宜修斋白。仁浇固辞不免，唯命是从，辄课菲词，式扬余烈。譬如提壶酌海，莫知溟渤之深；执管窥天，难测穹苍之阔。然而早蒙慈诲，眷以宗盟，唯以援笔有情，著文无愧，强名玄道，将报法恩。其词曰： 至道无为，犹如大地。万法同归，千门一致。 粤惟正觉，诱彼群类。圣凡有殊，开悟无异。 懿欤禅伯，生我海东。明同日月，量等虚空。 名由德显，智与慈融。去传法要，来化童蒙。 水月澄心，烟霞匿曜。忽飞美誉，频降佳名。 扶替两朝，阐扬玄教。瓶破灯明，云开月照。 哲人去世，缁素伤心。门徒恳切，国主恩深。 塔封峦顶，碑倚溪浔。芥城虽尽，永曜禅林。 （约293字）
9 参与者	（案：根据碑阴记文） 1. 立碑时间：显德元年（954）七月十五日 2. 立碑参与者： 2.1 生缘眷属，触事因缘：门生金长老允正所修录 2.2 撰碑：门人崔大相仁浇 2.3 国师之门神足国主寺之僧头圣院和者：让景（金举国） 2.4 勾当事僧：迴虚长老 2.5 刻字僧：□〔嵩〕太尚座、秀规尚座、清直师、惠超师 2.6 院主僧：□贤长老；典□僧：清良；维耶僧：秀宗；史僧：日言；直岁僧：规言

现在依次观察塔碑的内容，只问一个问题：塔主朗空被誉为两朝国师，究有何德何能？或者说，他在什么地方超凡入圣，胜过多数僧人和俗人？

首题的亮点自是"两朝国师""教谥"和"臣……奉教撰"，闪耀着朗空（833—916）的尊贵，表示国师的称谓是朝廷认可的。奉敕撰文者崔仁渷自称门人和门下，"早蒙慈诲，眷以宗盟（朗空俗姓崔），……将报法恩"，曾参加朗空的两次葬礼，可见朗空与统治阶级颇有往来。既是如此，自能找到擅书者画丹，现在却由僧人瑞目搜集书法名家金生之遗墨，逐字拼凑而成，实在耗心费时，有可能是为了满足朗空生前之趣志，亦可能为了提高塔碑之可观，令人更为景仰。无论如何，四人都有一定的文化水平。

序言一点都不免俗，将朗空比拟为天将降大任的"哲人"和"异人"。朗空之出处亦然，先记其俗姓，将之上溯至难以考证的圣君贤臣，下及目前之祖籍。然后是家世，共记两代之多：祖父不仕；祖母不记，可能是位低不传；父亲是军人，不记职位，应是不高；母亲有姓氏，梦见一位僧人告知，将投胎了结宿因，这当是复制历代高僧出世的征兆。朗空约二十二岁正式出家，有三个重点：一是本具佛性；二是"所愿出家修道，以报罔极之恩"，是为了孝报父母，实与俗人无异，只是方法不同；三是"释子多闻，颜生好学"，从军人之子出落为文化之士，这可能跟唐宋一样，出家也是一条社会流动的途径。

篇幅最多几占一半的，是修行与事迹。修行的重点，是禅门"像教之宗，已劳力学；玄机之旨，盍以心求"，后者（玄旨）在出家十六年后（855—870），仍无法在本国深入堂奥，于是离乡别井，到大唐取经，时年已三十八岁。之后分为两个阶段：在唐与返国，前者约十六年（870—885），后者约三十二年（885—916）；巧合的是，前者的篇幅约363字也是后者约699字的一半，字数之多寡当可以反映重要性之高低。

在唐共记四事（5.3—5.6）：第一是在长安蒙懿宗召见，留下朗空最长的一段对话，也被获许至各地游方。第二是到佛教名山之首五台山修行，遇到神人，告以"莫淹此地，速向南方"，以此解释朗空为何没有在圣山驻足。第三是行至成都（875），礼拜新罗人无相大师的画像，并在"殷勤礼足，曲尽虔诚"之后，终于得以落脚，"仍栖方便之门，果得摩尼之宝"。第四是离开四川佛国之后，游历多处禅门圣地，如百丈怀海受戒的湖南衡山（南岳）和六祖惠能演法的广东曹溪等，都可以作为建立宗师地位的资本。

四事之中，何者最重要？以篇幅来说，依次是皇帝召见之127字、成都修行之107字、离开五台山之79字和游历四方之50字。毫无疑问，撰者较为重视皇恩，警句当是"天子厚加宠眷，……犹如法秀之逢晋文，昙鸾之对梁武"。即使在成都礼拜无相大师，也不忘强调大师"为唐帝导师，玄宗之师；同乡唯恨异其时，后代所求追其迹"，似指朗空也希望成为帝师。在唐十六年，没有记下半句禅语，朗空得了什么玄旨，就随读者想象吧！

返国后共记九事（5.7—5.15），实则六个阶段，列表以清眉目：

阶段	要事	时间及篇幅
第一（5.7—5.9）约53至57岁	回到当初吃足苦头的崛山通晓大师处，先是教授后学，然后四海云游，曾返中土，最后陪伴生病至死的通晓。	前后约五年（885—889），约123字。
第二（5.10）约57至74岁	朗空开始自立门户，但时当厄运，成就似乎有限。	前后约十七年（889—906），约99字。
第三（5.11—5.12）约74—75岁	孝恭大王召见，在殿上讲法，与两位儒师、两位禅师论道，"甚悦龙颜"，乃留在京师。	为时甚短，不过一年（906九月至907夏末），但篇幅最长，约197字。
第四（5.13）约75—83岁	离开京师，在金海府得到地方官员的邀请，可能曾经担任禅寺住持。	前后约八年（907—915），却只有70字左右。
第五（5.14）约83岁	新皇召见。	前后数月（915春至七月），约93字。

阶段	要事	时间及篇幅
第六（5. 15）约83至84岁	担任石南山寺住持，作为首次也是最后一次的定居之所。	前后数月（915 七月至916 二月），约 117 字。

一看右栏的数目字，便知重点仍在皇恩。首次入朝时（5. 11—12）已七十四岁，朗空说："吾道之流于末代，外护之恩也"，后者包括"待以国师之礼"；再次入朝（5. 14）时已八十三岁，为时更短，仍不忘强调"辞还之际，特结良因"。事实上，朗空返韩时已五十三岁，直到七十四岁的二十一年间，塔文几无具体业绩可言，合计也不过 222 字。在殿上说法，本可留下可供后世传颂之警句，塔文却是"尊道说義、轩之术，治邦谈尧、舜之风"，根本不是禅机，实在令人讶异。

朗空之死，重点在"五色光气冲于空中，中有一物上天，宛然金柱"，显示他出凡入圣，及皇上"特遣中使监护葬仪，仍令吊祭"，再次凸显朝廷的恩惠。改葬时，撰者"重睹慈颜"，可知并无火化。弟子"累趋魏阙，请树丰碑"，实与俗人无异。

要之，朗空为了深造而冒险犯难，远赴中华，其禅学之本体应有可书可言之处，但全然不见于塔文（比较下文之三）。在撰者心中，较重要的应是禅学之实用："禅二主于两朝，济群生于三界，邦家安泰，魔贼归降"和"扶赞两朝，阐扬玄教"，似乎弘扬禅教之目的是扶助王朝，与之相应，便是贯彻塔文的"外护之恩"和"国主恩深"，反映佛教向政权之靠拢，入世匪浅。

（二）智坚塔记

智坚塔记是五代末年北方的禅僧塔记，塔主是后周千佛禅院的住持智坚和尚（880—958），为方便讨论，也将之完全表格化。

格套	内容	篇幅
1 首题及撰、书者等	洛京千佛禅院故院主和尚塔记	
2 序	噫！生兮究理，殒乎归真，贤圣有以示同，贵贱无以逃此。	约 21 字
3 塔主出处	先和尚讳智坚，姓曹氏，即范阳人也。	约 14 字
4 出家	志僻好山，云游届洛，慕空门离染，怀只履绝尘，遂礼本院从公以剃发，至同光元年受戒。	约 34 字
5 修行、出任住持及业绩	5. 1 凡一闻多悟，而内净外严，为处直心，劝人苦口，无私入己，有顺于师。 5. 2 师之师谓以得仁，因付院宇。洎天成初，住修持一院，华丽可观，供养众僧，勤劳莫并；檀越以之沽善，王侯以是钦风。	约 70 字
6 死亡	奈何春秋递颜，日月催限，虽一真性立，而四大身非，缘毕东陲，果圆西去。时岁在戊午仲秋月十二日迁化，亨寿七十有九。	约 47 字
7 火化、建塔及撰记原委	7. 1 徒弟号悲，士庶抵掌，用荼毗之礼也。 7. 2 夏台大王夙仰其风，伤聆掩化，乃蠲俸赙，树雁塔焉。 7. 3 门人法伦等，咸固遗风，共和进道。 7. 4 今云愁水噎，境是送终，地久天长，名传不朽，时庚申岁春二月辛未朔九日己卯叙记。	约 80 字
8 参与者	法眷师叔智悟、智温，小师院主赐紫法伦，赐紫法宽、法照、法光、法朗、法广、法澄、法新、法遵、法德、法美、法义。	

塔文不见撰者，但从“本院”（4）二字及称呼智悟和智温为“师叔”（8），撰者应是塔主智坚（880—958）的弟子。他撰写的塔文，从格套、内容到遣词，都与俗人无异。

就格套来说，塔文完全具备俗人志文的首题、序言、死者出处、平生事业、死亡、丧葬和撰文原委；其修行（5. 1）或等同品德，参与立塔和记的“法眷”（8）或等同家人，故只缺祖先和铭文。

就内容来说，篇幅最多者，首先是丧葬及撰记原委（7），共 80 字，重点应在某位达人出资为其建塔，[1] 门人乃撰记使其名留千古。其次是修行、出任住持及业绩（5），共70字，又以后者之文字较长，重点应在修院、养众，并赢得名声。再次是死亡（6），共47字，重点或在七九高寿。比较看不到的，似是传宣禅道、弘扬佛法的言语和行为。既云"绝尘"，又何必"奈何"于岁月之流逝。所谓一闻多悟、内净外严、为心处直、苦口劝人、无入私己、有顺于师等，用于俗人亦未尝不可。法伦和法宽两僧冠以"赐紫"，亦似俗人之金紫光禄大夫和赐紫金鱼袋等，有时可以反映佛门之内，由白身而至僧官的阶级流动，以及由低级而至高级的阶层流动，如宋代的御赐师号，从生前至死后，凡二字至八字不等。

就遣词来说，撰者配称文化僧，与士大夫往来应如鱼得水，所用文字亦俗到了家，如所建之院"华丽可观"而非庄严可敬，檀越"沽善"而非施善。又如"王侯"钦风、"亨寿"七十九、"名传不朽"等，无一不是世俗标准。即使撰者不是僧人，所撰亦应得到高阶院僧的认可。

（三）玄寂塔碑

北方禅僧的塔记如此入世，同时期的南方又如何？众所周知，南唐顾闳中等人所画《韩熙载夜宴图》有一位僧人，淡淡的服色跟熙载（902—970）相应，目不转睛地看着熙载击鼓，双手打着拍子，有如第一个场景的两位士人。了解佛教俗世史的读者，大抵都会认为这位受邀而来的僧人是参与者而非旁观者；比较吃惊的是，僧人不但在白昼，连在夜里也出现在士大夫的酒池肉林。

南唐僧人玄寂（886—961）由律宗改依当时较为流行的禅宗，最后得到赐号和谥号。韩熙载受其门人等七十三人之请，撰写塔碑，一方面很落俗套，另一方面也表扬他的佛法，反映俗人的价值取舍，下文将之

---

[1] "夏台大王"或泛指当时河南洛阳地区某位拥有王爵头衔的达官贵人，如指狱官则不应用大王；宋时则多指西夏。

比较僧人替玄寂撰写的传记《洪州大宁隐微禅师》，[1] 收入北宋道原和尚编撰的《景德传灯录》，看看俗、僧所撰有何异同：

格套	墓志内容及篇幅	《洪州大宁隐微禅师》
1 首题及撰、书者等	1.1 上都右街龙光禅院故玄寂禅师塔碑并序 1.2 朝议大夫守中书侍郎充光政殿学士承□〔旨〕上护军南阳县开国男食邑三百户赐紫金鱼袋韩熙载撰 1.3 朝议郎守中书舍人充集贤殿学士知院事武骑尉赐紫金鱼袋徐锴显额 1.4 将仕郎试右千牛卫仓曹参军直尚书礼部张藻书	
2 序	□婆迦婆以清净妙心付迦叶波，迦叶而下，以心□□二十八尊，珠联印度，一花五叶，香散支那。降及曹溪，得法者众。然则以一念摄于多法，以一尘统于沙界，此念此尘，彼界彼法，二俱不有，空亦非断。明是法者，于大悲海，运普济舟，开无相门，演不二法，化有情于一旨，获当果于上乘，是之谓大善知识者。玄寂禅师，其人也。 （约121字）	
3 塔主出处	3.1 师名隐微，预〔豫〕章，新淦人也。夫其珠生媚泽，玉蕴良山，留润入缠，必归族姓，故有杨氏之托焉。 3.2 为异人之生，□□奇应，既□□□，亦表厥灵，故有光明鉴室之祥焉。 （约57字）	洪州大宁院隐微禅师，豫章新淦人也，姓杨氏，诞夕有光明贯室。 （案：去虚存实之中，保留诞生之异象。）

---

[1] 道原著，顾宏义注释：《新译景德传灯录》，台北：三民书局，2005 年，第 1703 页。

格套	墓志内容及篇幅	《洪州大宁隐微禅师》
4 出家及由律宗改依禅宗罗山门下	4.1 轩冕为累身之资，鼎钟乃爽口之具。孔翠彬蔚，罔罟随之；鸿鹤清素，霄汉自得，故有弃俗之誓焉。开无师智，归不二门；夫为在家，则有师□。 4.2 七岁诣本邑石头院道坚禅师□弟子，二十依洪州龙光寺智称律师受具戒。既还而叹曰："沙门者，达本识心之谓也，且戒慧之学，未足明也，□灭之宗，方为了义，青山有路，白云无心，我之持行，岂复他日？"遂遍寻名岳，历抵禅林。 4.3 顺义中，卷衣南行，遄趋五岭。罗山法宝大师，岩头真子，德岭桂孙；智镜当台，共仰不疲之鉴；鸿钟在虡，咸聆应扣之音。师既解橐云堂，端襟下榻，玉处石而光华尚隐，虎在山而清啸难藏，扣我机缘，自知时节。 (约216字)	年七岁依本邑石头院道坚禅师出家，二十于开元寺智称律师受具，历参宗匠至罗山。（案：同是指出由禅转律，但没有说明原委，也许是不便批评。）
5 修行与出山	5.1 先是，罗山有师子在窟出窟之句，海内风传。一日，法座高登，海徒云革，师遽前而礼，峻发问端。罗山道眼素明，伟帅嶙峋，抗声酬诘，众莫之知。俄于敬诺之间，豁然大悟，自是朝昏随众，语默全真，放旷四仪，盘桓数稔。异日，罗山以师大缘将至，苦讽还乡。	法宝大师导以师子在窟出窟之要，因之悭悟，盘桓数稔，寻回江表。（案：用"导以……因之"，确立二人之传灯关系。）

格套	墓志内容及篇幅	《洪州大宁隐微禅师》
出任住持及业绩	5.2 太和中，杖策离群，担簦度岭，渐回江介，涂次龙泉。邑宰李孟俊，一睹道姿，深加凝注。邑有十善兰若，经废时多，愿言葺兴，强师驻锡，冀扬大法，用福蒸民。师具顺随之心，尽檀那之请，玄徒辐凑，净供山储，应接随宜，了无滞碍。有问："如何是十善桥？"云："崄"。（问：）"过者如何？"云："丧"。参乎祖道，一以贯之；问而数穷，答有余力；达深得妙，斯之谓欤！ （以上约222字）	会龙泉邑宰李孟俊请居十善道场，始扬宗旨。师上堂谓众曰：还有腾空底么出来？众无出者，师说偈曰：腾空正是时，应须眨上眉；从兹出伦去，莫待白头儿。僧问：如何是十善桥？师曰：险。曰：过者如何？师曰：丧。问：资福和尚迁化向什么处去也？师曰：草鞋破。问：如何是黄梅一句？师曰：即今怎么生。曰：如何通信？师曰：九江路绝。问：初心后学如何是学？师曰：头戴天。曰：毕竟如何？师曰：脚蹋地。问：如何是法王剑？师曰：露。曰：还杀人也无？师曰：作么？！问：如何是龙泉剑？师曰：不出匣。曰：便请出之。师曰：星辰失位。问：国界安宁为什么珠不现？师曰：落在什么处。 （案：大幅增加禅旨。）
	5.3 时先朝端拱万机，穆清大宝，远怀道德，思结深因。保大元年，始自龙泉诏归凤阙，命住龙光梵刹，赐号觉寂禅师。高阐一音，将逾数岁，改赐奉先禅院，用途皇居。	周广顺元年辛亥，金陵李氏向德，召入居龙光禅苑，暑［署］觉寂禅师。
	5.4 辛酉岁春，将有事于省方，利建邦于洪井。千乘万骑，咸从于和銮，奇士高人，必先于行在。师首预清列，简自宸衷，既抵新都，复住大宁禅院，诲人无数，学者有归。 （以上约122字） 约345字	暨建隆二年辛酉，随江南李氏至洪州，住大宁精舍，重敷玄旨。 （案：减少描写皇威皇恩。）

格套	墓志内容及篇幅	《洪州大宁隐微禅师》
6 死亡	迫于鼎成之期，难预因山之会，言念三世诸佛，皆入涅槃，吾独何人，自甘迟暮。其岁十月，见病者相，卧方丈中。是月二十七日，剃发浴身，升堂别众，勤宣祖意，勉勖后流。语讫而□，形留气尽，俗寿七十六，僧腊五十六，谥玄寂禅师，塔名常寂。 （约90字）	其年十月示疾，二十七日剃发澡身，升堂辞众，安坐而逝。
7 归葬、建塔及撰碑原委	7.1 岁在壬戌二月六日，归葬于吉州吉水县仁寿乡太平里之原，遵遗诫也。 7.2 今元帅郑王，备尝道味，时任保厘，巨舍信财，俾营塔庙。 7.3 惟师凤弘妙愿，应生像年，道峻德充，名符实备，貌孤神王，语淡气幽，情高而月冷秋空，格峭而云生碧峤，以慈音而演法，用实智以化人，故得分契王臣，心归缁素，俄昏慧炬，永绝微言。瞻道貌以长乘，览清徽而徒在。 7.4 龙泉广福十善禅院嗣法弟子契任、行常，相续住持小师自明、自满七十三人，惧岁时之浸远，恐陵谷之贸迁，愿纪金碑，以旌玄壤。 （约182字）	明年二月六日，归葬于吉州吉水县，遵遗诫也。寿七十有六，腊五十六；谥玄寂禅师，塔曰常寂。（案：寿数放在归葬之后，是唯一的不同。）
8 铭文	其辞曰： 三界茫然兮，四生蠢尔； 背觉合尘兮，死此生彼。 有铄开士兮，乘悲应世； 端坐宝床兮，片言折理。 道价既高兮，回心天子； 慈风又扇兮，伏膺多士。 远近瞻渴兮，慕膻以至； 白黑奔札兮，得坻皆止。 大缘告终兮，魔云忽起；	

格套	墓志内容及篇幅	《洪州大宁隐微禅师》
	觉日云沉兮，法幢遽靡。 传心罗山兮，训徒帝里； 韬真预 [豫] 章兮，归𬨂 [舆] 吉水。 金骨藏山兮，德音无已； 宝塔镇地兮，来者斯企。 (约131字)	
9 参与者	开宝二年岁次己巳仲夏月建，勾当小师自通、自宝，院主僧弘成、典座僧昙琰，在家弟子张从诲 镌字姚如宪	

只要到各大电子数据库检索塔碑首题（见1）下的三位人物，相信许多士大夫都自愧不如这位高僧的名声、财力和人际关系。序言几乎是士大夫墓志的翻版，只不过死者所要继承和光大的对象不同：塔主是先佛，士大夫是先圣先王。出处的异象（3.2）也是天生圣贤的传记翻版，远在佛教传入之前便是如此。僧人也遗言归葬于发迹之寺，从洪州运回吉州（7.1），与俗人何异；门人等请求名公巨卿撰文，也与俗人无异（7.4）。有学人谓"惧岁时之浸远，恐陵谷之贸迁"（7.4）反映宋代士大夫的忧虑，看来僧人也未能免俗。唯一的不同，是无记祖先。

塔主虽然历任住持，又多交接达官贵人，铭文还强调"天子"和"帝里"，但主要的功绩仍在提升一己的修行，以及弘扬佛教的禅法；依俗人的眼光，前者是私益，后者是公德，占了塔记最多的篇幅（4.2—5.4）。不知有意或无意，熙载借塔主之口吐了律宗之槽："沙门者，达本识心之谓也，且戒惠之学，未足明也"（4.2），这也是俗人墓志所偶见的。"罗山以师大缘将至，苦讽还乡"，有无隐情，就留待佛教研究者吧（5.1）。

将塔碑与《传灯录》传记相较，后者似乎是对着前者来修订，相同之处甚多，但重点明显有异。相同之处，如章节的安排，只有一极小之处不同，是塔碑先言归葬再言岁数，本传反之；又如内容，许多地方根本是浓缩版，入俗的地方也一个不缺，如出生时"有光明贯室"和死后要求归葬等；再如文字，完全或几乎完全相同的有"盘桓数稔""剃发澡身，升堂辞众"和"遵遗诚也"（见5.1、6、7.1），取其意而易其辞的更难以枚举，如将塔碑的诸多泛语概括为"因之惺悟"四字（5）等，均反映道原和尚的头脑和文笔相当高明。

不同之处，小者有五，顺序是：一，不提改依禅宗之原因（见4.2）。二，寺名改为宋代的称呼（4）。三，用"导以……因之"的因果句法，更为明确指出，塔主领悟在窟出窟之要，是出自法宝大师的指导，确定二人的灯传关系（5.1）。四，不提离开罗山之原因（5.1）。五，南唐改为金陵和江南李氏（5.3、5.4），既符合史实，也反映道原和尚有着不浅的政治敏感度和历史知识，也看出韩熙载之隐讳，因为李璟从金陵迁都洪州（南昌府），不是什么"将有事于省方，利建邦于洪井"，而是南唐大败于后周，被逼尽割江北之地，只余江南，又削去帝号改称国主，随即迁都避敌，最后沦亡于宋。以上五点，一目了然，有趣但不太重要。最重要之不同，在传主的倡导禅旨。塔碑分配在私益与公德的篇幅不相伯仲（只算5），但本传是1（26字）与8（208字）之比，绝对以公德为重。《传灯录》另觅史源，大事补充韩碑，也许至少有三个作用：其一，表示一位僧师的最重要价值，在授业、解惑（问与答）与传道，这当然与俗师无异；其二，显示传主修行的境界，既不愧为名师，也足当传灯人；其三，让读者从中学习禅机与禅理。

综而观之，就格套来说，俗人墓志大都具备首题、撰者、书者、序言、死者出处、祖先、平生事业和品德、死亡、家人、丧葬、撰文原委，最后是作为盖棺论定的铭文。与之相较，朗空塔碑一应俱全；智坚塔记只缺撰者、书者、祖先和铭文；玄寂塔碑只缺祖先。由此可知，几近圆满的格套一旦形成，便容易成主流难以逾越。墓志跟行状又较为先出，每影响传记的撰作，如《景德传灯录》之《洪州大宁隐微禅师》，格套十之八九与玄寂塔碑相同。

　　格套相同，内容则可同可异，每随撰者而定。朗空塔碑之撰者是奉敕而撰之俗臣，智坚塔记之撰者应为僧人，两者之重点几乎相同，多言俗世价值而寡谈佛法修行，可见无论是公撰私撰，或俗撰僧撰，均非影响内容之重要条件。玄寂塔碑之撰者是俗人，《洪州大宁隐微禅师》之撰者是僧人，两者均明言俗世与佛法成就，甚至后者多于前者，如塔碑花不少篇幅记述玄寂由律转禅之心路历程、顿悟经过与禅机问答等，亦可见俗撰僧撰并无影响内容重点之取舍。

　　墓志本为中古时期贵族文化之产物，主要流行于皇室、官员、门第成员间，并逐渐流衍至社会各阶层，包括佛教僧侣（如上述三僧塔碑同时涵盖顶级、高级、中级僧人），也覆盖南北各地（如智坚、玄寂即分属南北）。此外，墓志亦流传及于周边国家（如朗空塔碑显示新罗朝廷亦好尚此风）。由此当可利用墓志材料进一步探讨中古时期大传统（great tradition）的逐步流传及其历史意义。

（执笔者：张庭瑀）

（指导者：李宗翰、柳立言）

参考资料：

一、墓志碑文：

1. 崔仁渷：《新罗国故两朝国师教谥朗空大师白月栖云之塔碑铭》，董诰等编《全唐文》（北京：中华书局，1983年）卷1000，第10358—10361页。

2. 崔仁渷：《后梁时期僧人新罗石南山寺住持郎空大师塔铭并序》，傅斯年图书馆藏拓片（02624）。

3. 崔仁渷：《朗空大师塔铭》，王昶《金石萃编》，国家图书馆善本金石组编《历代石刻史料汇编》（北京：北京图书馆出版社，2000年），第 787 页。

4. 崔仁滧：《唐新罗朗空大师塔铭》，刘喜海《海东金石苑》，国家图书馆善本金石组编《历代石刻史料汇编》，第 809 页。

5. 不著人撰：《后周僧人千佛禅院住持智坚塔记》，傅斯年图书馆藏拓片（19751）。

6. 不著人撰，周阿根点校：《智坚塔记》，周阿根《五代墓志汇考》，第 628—629 页。

7. 不著人撰，陈尚君校点：《洛京千佛禅院故院主和尚塔记》，陈尚君辑校《全唐文补编》卷 157，第 8 页。

8. 韩熙载：《南唐僧人龙光禅院元寂禅师塔碑并序》，傅斯年图书馆藏拓片（06135）。

9. 韩熙载：《龙光院元寂塔碑》，陆增祥《八琼室金石补正》，国家图书馆善本金石组编《历代石刻史料汇编》，第 641 页。

10. 韩熙载：《元寂禅师碑》，董诰等编《全唐文》卷 877，第 9177—9179 页。

二、其他资料

11. 道原撰，顾宏义注译：《新译景德传灯录》，台北：三民书局，2005 年。

格套下的沙陀武官

（药继能）

李宗翰

北宋武官襄邑县兵马都监药继能及其妻彭城县君刘氏清河县君张氏李氏墓志铭

一、基本资料

1 性质	墓志
2 题名	新题：北宋武官襄邑县兵马都监药继能及其妻彭城县君刘氏清河县君张氏李氏墓志铭 首题：前磁州刺史药公墓志铭
3 时间	死亡、下葬或立石时间 死亡：北宋太平兴国九年（984）二月四日 下葬：北宋太平兴国九年（984）四月二日
4 地点	死亡、下葬或立石地点 死亡：襄邑县（河南睢县） 下葬：洛阳县（河南洛阳）平洛乡杜泽里祖茔
5 人物	
墓主	药继能（916—984）
撰者	药永图
6 关键词	社会流动、业绩、家庭或家族

（责任者：林思吟、刘安哲）

二、释文

前磁州刺史药公墓志铭

侄男永图撰

公讳继能，字国章，应州金城人也。大王父讳迁，皇赠右武卫将军。王父讳通，皇赠左千牛卫将军。考讳彦稠，字众先，后唐明宗朝任静难军节度使。

（以上是上三代，不记女性，56字）

公即长子也。幼不好弄，抱岐嶷之性，宛若天然。在明宗朝，考进，补授东头供奉官。公累历任使，名达帝聪。

（以上是后唐仕历，40字）

至晋朝，乃转授阁门通事舍人。国家以犬戎未谧，出侍臣以绥之，乃建六家店为军，俾公以葺之，未数月而功告成。俄降制，命为德清军，显雄盛也，仍就差公以督之。

（以上是后晋仕历，63字）

至汉朝，转授东上阁门副使。国家内体通仁，外宣至令，眷彼闽越，使者须仁，乃差公充越国加恩官告使。

（以上是后汉仕历，40字）

洎复命回，值周祖龙兴之后，乃从法驾届逆垒，除兖城之患。俄改授内园使，充安州兵马都监。公禀至道而化疲民，法王言而安甲士。及周世宗嗣位之初，别降丝纶之命，寻改授左武卫将军，充定州监护。

（以上是后周仕历，78字）

未期年而宋祖俄兴，乃赴阙。值国家除荆湖之患，定襄楚之奸，寻携制命，权典全州。主上以爱物功深，察人义广，以公典守之外，政绩稍平，不数年而乃就加充全州刺史，异常品也。

次以岭表未宾，俄兴剪灭，乃下岭表数十郡。旋移诰命，俾公权守桂林。公庚止之后，以岭徼疲俗，久隔皇化，公上禀清朝，下遵法令，提简执要，以绥是民。洎数岁，厥政俄立。

忽降睿旨，抽赴阙庭，旋授公磁州刺史，权知潞州军府事。公以是郡接并蓟之要冲，为羌胡之巨望，谨守之外，唯令是从。

至主上嗣统之四年，乃罢磁任赴阙。俄承睿渥，于辛巳年差充襄邑县兵马都监。

（以上是入宋仕历，211 字）

（以上是仕历，432 字）

至太平兴国九年，岁次甲申，二月一日壬午朔，四日甲申，寝疾，终于襄邑县，享年六十九。呜呼！虽寿数之有终，实亲属之无厌，痛号摧恸，长幼何依！叹年光如逝水之流，伤世道若张弓之急。

（以上是死亡，72 字）

公早娶彭城县君刘氏，次娶清河县君张氏，又次娶陇西李氏。比其偕老之姻，先逐逝川之丧。即今长安县君田氏，后眷也；天水赵氏、鲁昌唐氏，即陪侍也。公有一男，名曰玄保。有女八人，咸修礼则，尽播芳容。四女早归于泉夜，五人痛泣于窀穸。

（以上是家庭，93 字）

乃课就太平兴国九年，岁次甲申，三月一日辛亥朔，十三日癸亥，自京东襄邑县扶护神榇至西洛，次就当年四月一日辛巳朔，二日壬午，合葬于洛阳县平洛乡杜泽里，附邙山山左祖茔之前，特建是坟，礼也。

（以上是葬，80 字）

嘻！以公负正直之气，含宽善之风，上则彰忠亮于君亲，下则著信义于僚友，远则泽漏于先代，近则庆流于后昆，茂烈编于简书，声称蔼于时论，始终斯毕，今古可存。永图以幼丧二亲，长寻片善，非伯父有余荫之力，曷丘门知问礼之因？睹兹丧袝之期，难遏鄙屏之思，聊纪于实，乃为铭曰：

有功名兮世所亲，掩泉夜兮脱无因。

虽正直兮享禄位，俟英通兮作明神。

隧泉扉兮窆玄绋，葬佳城兮臧白日。

商之棺兮夏之堲，公之神兮安此室。

敞高门兮容列驷，生贵臣兮为令嗣。

钟其勋兮鼎其位，公之德兮昌永世。

雍露悲凉兮度远山，鬼之来兮旌旌闲。

纵万祀兮谷变，庶清名之可攀。

（以上是撰志原委及铭，221 字）

（责任者：林思吟、刘安哲）

三、研究提要

墓主为沙陀后裔，以武途入仕，历仕后唐、后晋、后汉、后周、北宋共五朝政权，先逐步从低阶武官攀升至中阶武官，入宋后官至刺史，但最后改任襄邑县兵马都监。墓志共 954 字，其中仕历 432 字（约 45%），构成墓志的主体。透过他的经历，一方面可观察五代宋初武官之升降，一方面也可观察外族人在墓志中所呈现的面貌，与汉人有何异同。

其父药彦稠为沙陀三部落人，应是与亦为沙陀人的后唐明宗李嗣源同乡（应州金城），平民出身，早年即追随明宗征战，明宗即位后获得重用，累以军功升至节度使。其后 934 年潞王李从珂起兵叛后唐闵帝，药彦稠受命率军征讨，兵败被杀。明宗时期，大概凭借他与明宗的特殊关系与战功，墓主十余岁即得以"考进"，在朝廷任东头供奉官，并历任使职，大概因忠谨的性格，获得明宗赏识。墓志只字未提他的早年教育，可能透露墓主并未受到太多的文事教育，而从其后的仕历看来，他应该具备一定的武事能力，这些不知是否与沙陀人的背景有关。

墓志并未说明药彦稠被杀是否对他在后唐的仕宦产生影响，但他应该仍得以留在朝廷。两年之后，后晋取代后唐，时年二十一岁的墓主未受改朝换代影响，并获转授为阁门通事舍人。在此时期，朝廷为防备辽国，派遣亲信侍臣经营战略要地，墓主受命负责整建六家店之军防，不久六家店军防改称德清军（今河南濮阳市附近），墓主继续督导军务，可见他具有一定督军能力。后汉时期，墓主转授东上阁门副使，同样担任使职，并稍获升迁。他这时应是调回中央，故不久即受命出使南方的闽越诸国。故知三点：第一，他在后汉仍受到信任；第二，他的能力在后汉也受到一定肯定；第三，他能代表朝廷出使，应该具备不错的外交礼仪能力。

进入后周，他的仕途仍未受影响，但出现重要变化，亦即由中央转至地方担任武职。他先随后周太祖讨伐兖州慕容彦超，取胜而还，可见墓主能武。其后随即被派任为安州（今湖北安陆）兵马都监，距离后周与南唐、马楚（951年灭于南唐）边界不远，当属赋予军务重任。墓志说他"禀至道而化疲民，法王言而安甲士"，看来能够文武兼治，但无实例，不知是否属实，但至少可知时人期待武人具备一定文治能力。后周世宗即位后，似乎对他颇为赏识，改授左武卫将军，属环卫官，并在959年被派往北方担任定州监护。定州地近周、辽边界，也属边防要地。他在后周连续两任边地武职，应该是军事能力受到一定肯定，也反映他受到朝廷的信任。

他调至定州不久，发生陈桥兵变，宋朝建立。墓主不久也被调回朝廷，不知是否与他在960年密报义武节度使孙行友反叛有关，[1] 也不知

---

[1] 《续资治通鉴长编》卷2，北京：中华书局，1979—1995年，第52页。

他回朝廷后所任何职。963 年宋平荆南，派遣墓主权典全州，其地位于南汉边界，同样也是军防要地。数年后宋太祖因墓主"典守之外，政绩稍平"，亦即文武都有所表现，正式授与全州刺史之任，"异常品也"。不过墓志用词似乎颇为谨慎，说他"政绩稍平"，一方面固然是肯定他在文治有一定成绩，但另一方面也表露了保留之意，大概只属中等。971 年宋太祖灭南汉，再派墓主权守桂林，协助巩固对新占疆域之统治。他在任上"上禀清朝，下遵法令，提简执要，以绥是民。洎数岁，厥政俄立"，以简要之法治理新附之民，似乎颇有一定政绩。其后约在 974 至 975 年之间，朝廷将墓主调任为磁州刺史，权知潞州军府事，两地均近北汉边界。当时宋太祖征讨南唐，可能是担心北汉借机出兵，故对北方防务作了一些调整。墓志说他此时"谨守之外，唯令是从"，忠实执行为朝廷守护北边的任务。其实他不仅被动防守，同时也不时主动率兵侵扰北汉，且小有战功，如 975 年三月，他"领兵入北汉界，夜攻鹰涧堡，拔之，斩首数千级，获马八百匹"，[1] 可见他真能武。他驻守磁州、潞州数年，直到 979 年宋太宗灭北汉，才罢任赴阙，所任职务不详。两年后（981），他被派去担任襄邑县（位于开封东南不远）兵马都监。墓主时年已 65 岁，首都的医药资源和生活环境应较北宋其他地区优渥，开封又邻近墓主洛阳的族墓。此次调职，虽似贬官，[2] 但可能也有利于墓主养老。墓志称是受到皇帝"睿渥"，或有一定根据。三年后（984），墓主卒于襄邑任上。

综观墓主的仕历，有几个特点。第一，除了出使闽越，墓主历任官职都与武事有关，即使入宋后担任过几任需要治民的刺史，主要也是出于军事需要。第二，他的仕宦生涯大致可分两期，前期（后唐、后晋、后汉）主要在朝廷任官，后期（后周、宋）均在边防要地或新占领区。

---

[1]《续资治通鉴长编》卷 16，第 337 页。

[2] 兵马都监一职在北宋初地位曾一度上升，参闫建飞《五代宋初兵马都监的演进与地方武力的整合》（《学术研究》9 [2020]）。然墓主曾任州刺史，而最后一任为县兵马都监，层级不同，就职任而言，当有降级。

可见他颇受统治者信任，且具一定武事能力。第三，他的治民能力似乎只属一般，虽无大功，亦无大过。第四，无论中央政权如何兴替，他都在职分内尽忠职守，从而获得历代统治者的肯定与信任。

为何墓主能历经五朝政权都维持统治阶级地位？首先，他具备一定武事与文事能力，符合统治者的需求。武事能力主要包括：（1）领兵作战，（2）军事防务；文事能力包括（1）出使外邦，（2）治理人民。由其仕宦经历可以看到，朝廷主要是看中墓主的武事能力。虽然墓主并无显赫战功，但领兵为朝廷控制地方应该没有问题。至于文治能力，大概只要差强人意即可。简言之，墓主具备一定的文武能力，表现应属中上，其中武事又优于文事。

另外一个使他得获五朝政权多位皇帝长期任用的重要因素，则是忠直的品德。不论仕于何朝，他始终忠实执行朝廷交付给他的任务。例如他在后晋受命建设德清军，在后汉出使外邦，在后周"禀至道而化疲民，法王言而安甲士"，在北宋"上禀清朝，下遵法令"以治新附之地，又奉命守磁州与潞州，"谨守之外，唯令是从"，都是其例。墓志多次以"正直""忠亮""信义"称之，应该不完全是虚美。不论文武，类似墓主的官僚，在五代应该占多数。易言之，五代政权转换虽速，除手握重兵对朝廷有威胁者外，对大多数如墓主般的文武官僚而言，改朝换代对他们的影响似乎不大，新政府也有赖这群旧官僚才得以运作顺畅。这类官僚在当时的表现及其价值观，实有进一步深入探讨的空间。

墓主共四娶，均有郡望，虚实虽难考，但至少反映身为沙陀后裔的药家接受了精英文化中的郡望观念。然其父既曾贵为节度使，为其子安排门第婚姻并非不可能。前三妻皆早亡，比例偏高，不知何故。墓志有一较特殊之处，即是记载了墓主的两位姜室。墓主共有一男八女，其中四女早亡。墓主过世时已六十九岁，其子尚未出仕，墓志未载其教育与仕宦，亦未记载四女之婚嫁，其家大概已注定向下流为被统治阶级。此外，墓主本为应州金城之沙陀人，死后却葬于洛阳之"祖茔"，应该是其父药彦稠开始经营的族墓，也反映外族所受统治阶级精英文化的影响。

若只从墓志内容来看，墓主的生平几与一般汉人统治阶级无异，完全看不出他本为沙陀人，反映了墓志格套对内容所起的规范作用。若与较典型的汉人官员墓志对比，这一点可以看得更清楚。墓主与阎亮度两人，除了种族（沙陀、汉）与文武的差异外，两人生平颇有共通处：第一，两人的仕宦都横跨数代政权；第二，两人仕宦经历都由中央转至地方；第三，两人都属中阶官员。因此，对比两人墓志，当可使我们更清楚地看到外族官员如何在墓志中被呈现。

阎亮度墓志共909字，仕历部分共216字（约24%），为墓志主体。他出身文官世家，上三代均出仕为官，其父以精于书法而任职学士院三十年，于后梁太祖时与卢文度并称"卢文阎翰"，在921年过世，阎亮度时年二十岁，服丧未满即起复为官。与墓主相同，他的仕宦生涯也可分为两期，前期在中央，后期在地方。他前期长年在翰林院任职，靠的自是文事，负责工作是"润色于王言"，应该与书法专长有关。他在翰林院任职，跨越后梁、后唐与后晋前半期，改朝换代并未对其仕宦产生明显影响。

后晋开运年间（944—946），他的仕宦生涯出现转折。根据墓志，当时他获升为朝散大夫，任太府卿，可谓清要，但却"坚求免直"，最后皇帝同意所请，将他外派，任昭义军节度判官（今山西），位次节度副使，尽总府事，责任不轻。后晋出帝即位后，拒绝对辽称臣，引发辽国不满，从此两国连年征战，最后946年十二月，后晋亡于契丹之手。阎亮度此时力请外调，应是避免身处政治权力中心而受战火波及。昭义军位于山西东南，而阎亮度家乡在太原，他到昭义军任职，或有一定的地缘关系。此后他长期在地方任职，但自951年起北汉建国，他又身处前线，955年被调任建雄军（同样在山西，位于昭义军西方）节度判官，仍属前线，直到969年退休。二十五年间，他"裨赞元戎，联绵六任"，长期在地方任职，共在六位节度使手下工作，历经后晋晚期、后汉、后周，宋共四代政权。968 年北汉新主初立，政权尚未稳固，宋太祖借机展开进攻。阎亮度选在 969 年退休，除了年纪已老之外，可能也与避开战火有关。他退休后本欲移居洛阳终老，然当时建雄军节度使挽留殷切，阎亮度未能即行，没想到来年就因故疾而亡。

阎亮度依靠哪些条件而得以维持统治阶级的地位？（由此可观察文官如何在五代时期持续获得重用）主要有三：第一，文事能力，特别是书法：阎亮度继承父风，也擅于书法，被誉为"笔法雅有父风""纵逸挥毫，周旋称旨"。父以书法兴家，子以书法传家，俨然成为以书法为专业的文官世家。第二，社交能力：墓志称他在幕府"接谈笑于樽罍，礼容自律"，看来应该颇擅于应接调和人事又能不失礼法。他不但与同僚保持良好关系，与军官乃至僧人、道士，都有交谊，故其过世时，"在城官僚将效僧道等，闻声钟，无不惨怆者"。其所以得以感人至此者，则在于能不吝于施惠行义。墓志称他"结交岁寒，矜孤恤贫"，在建雄军十五年，"无不知，无不识，无不惠，无不恩"。第三，司法能力：墓志称他"审重轻于缧绁，毫发无冤"，虽无列举实例，但墓志会在诸多项目中特别挑出司法一项，应该不是空穴来风，表现应该至少为中上。

此外，墓志也多次称赞阎亮度的品德，说他律身清俭、温润宽和、守身以礼，看来是一位自律谨慎、与人为善的宽厚君子。如此的品德，应该也有助于其社交与仕宦。较令人不解的是，他死前叮嘱子女尽孝于母，看来颇重孝行。但他虽然号称以"礼法自持"，而父母过世时，两次都未能遵礼守丧即返朝廷任官，其母过世时，他甚至葬礼结束后就返回朝廷。墓志撰者虽为他开脱曰"移孝资忠，古由今也"，但不知时人对他的行为究竟如何评价。

他不仅在政治上擅于趋吉避凶，在经济上也长于经营产业。他虽长期在山西担任中阶地方官员，却能在洛阳置产，规模足以让六子聚居；且于洛阳东南还有庄园，收入足供家族所需，应该也颇为可观。他生前

"衣足食足"，其财富除能让他广建人脉外，也是其得以广为行善的基础。以其职位、人脉、经济条件，应该能为六子提供不错的入仕机会，但他以六十九岁之龄过世时，却无一子任官，且其墓志书者亦非其子，看来家传书法技艺未能传承至第三代，不知何故。无论如何，阎亮度死后，后代应遂下流为被统治阶级。然而按其规划，其六子聚族而居，又有作为族产之庄园，同时也有族墓，应该是已建立稍具规模的家族型态，可惜不知延续多久，家族具体运作方式也值得研究。

在信仰方面，阎亮度特别信奉佛法，墓志称他因"敬佛重法"，故在世时获得善报而丰衣足食，死时则"不怖不惊，如眠如睡"。但他与僧人、道士都有不错的交情，又曾为冀州镇霍山神写过《重修应圣公庙记》，[1] 对道教应该也有一定信仰。阎亮度佛道并信的例子，或许反映了当时多数士人的信仰状态。

药继能与阎亮度虽然一胡一汉，一武一文，但两人的墓志格套与内容却大同小异。兹将两人的墓志格套列于下表，以供比较。两人墓志大体上都遵守典型的格套模式：（1）具备传统墓志的主要元素（上三代、事迹、死亡、下葬、家庭、撰志原委及铭）；（2）都以仕宦事迹作为墓志主体；（3）用长篇的铭称颂死者；（4）对没有仕宦经历的子辈篇幅甚少。两者的小异处则有：（1）阎亮度墓志有序，药继能则无，这一点差异应该可以忽略；（2）阎亮度墓志对曾任职学士院的父亲叙述较长，药继能墓志对曾贵为节度使的父亲则一笔带过；（3）阎亮度墓志上三代女性仅提及有郡望的母亲，药继能墓志对上三代女性则完全略去。药继能墓志对其上三代与女性的保留，不知是否为了隐去其外族身份。简言之，两人的墓志重点都以仕历为主轴，称扬死者的仕宦成就，并以此衡量死者及家庭成员对其家的贡献，多者多写，少者少写。如若仅读墓志，读者实在很难发现药继能的沙陀人身份。

---

[1] 《山西通志》，文渊阁四库全书，台北：台湾商务印书馆，1986年，卷201，第25b—27a页。

	格套	药继能	阎亮度
1	序		1st：15 字
2	上三代	1st：56 字 （不记女性）	2nd：114 字 （仅见母）
3	事迹	2nd：432 字 后唐仕历：40 字 后晋仕历：63 字 后汉仕历：40 字 后周仕历：78 字 入宋仕历：211 字	3rd：216 字
4	死亡	3rd：72 字	5th：142 字
5	下葬	5th：94 字	6th：158 字
6	家庭	4th：79 字	4th：43 字
7	撰志原委及铭	5th：221 字	7th：221 字

（责任者：李宗翰）

附录一：阎亮度墓志

北宋文官建雄军节度判官阎亮度墓志铭并序

一、基本资料

1 性质	墓志
2 题名	新题：北宋文官建雄军节度判官阎亮度墓志铭并序 首题：大宋故建雄军节度判官朝议大夫检校户部尚书兼御史大夫柱国 　　　赐紫金鱼袋太原郡阎府君墓志铭并序
3 时间	死亡、下葬或立石时间 死亡：北宋开宝三年（970）三月二十日 下葬：北宋开宝三年（971）十二月二十三日

4 地点	死亡、下葬或立石地点
	死亡：平阳（山西临汾）
	下葬：河南县（河南洛阳）平乐乡朱阳村杜泽里
5 人物	
墓主	阎亮度（902—970）
撰者	表侄张德林
书丹者	尹昭远
6 关键词	社会流动、文武交流、业绩、品德、家庭或家族、丧与葬

（责任者：刘静宜）

二、释文

大宋故建雄军节度判官朝议大夫检校户部尚书兼御史大夫柱国赐紫金鱼
袋太原郡阎府君墓志铭并序
表侄张德林述
尹昭远书

  府君姓阎氏，讳亮度，字景融，太原人也。
（以上是序，15字）

  曾祖讳均，
祖讳简，在有唐穆、敬、文、武之朝，俱登禄仕。
父讳湘皇，任左威卫上将军检校司空。早以妙翰待制于北门，渥泽臻隆，
辉焕三纪。初，梁太祖之有天下也，诏敕繁总，时翰林学士卢左丞文度
□承宣，唤视草于御前，公运笔如神，龙颜数顾。由是朝论有"卢文阎
翰"之誉，为识者所称。母渤海高氏。
（以上是上三代，仅见母，未见曾祖母与祖母，114字）

泪威卫司空即世，府君年方弱冠，礼法自持。未及中祥，班行有举，咸称笔法雅有父风，授左武卫仓曹参军，直禁林。不越十年，纡朱拖紫，晨夕之下，士子荣之。后丁夫人忧，止逾卒葬，勉就公参。噫！非独同僚藉均分于职业，皆云："圣代思润色于王言，移孝资忠，古由今也。"晋开运中，阶朝散大夫，官太府卿，坚求免直。于时台司奏拟，皇泽允俞，授昭义军节度判官检校太仆卿兼御史大夫骑都尉。庭臣出职，幕府生光。接谈笑于罇罍，礼容自律；审重轻于缧绁，毫发无冤。裨赞元戎，联绵六任，累加朝请、朝议二大夫，转检校工、礼、刑、户四尚书，勋柱国。陪臣之位，罕有加焉。

（以上是仕历，216 字）

先娶夫人王氏，早殒。
今夫人刘氏，公王贵胄，凤凰和鸣。
有子六人：长居敏，次居焕，次居正，次居中，次居诲，次居俨。

（以上是妻与子，43 字）

府君己巳岁罢职平阳，甚有返嵩洛退闲之意，奈何戎师天水公顾待殷于，未容轻别。明年春正月，复婴故疾，莫偶良医，筋力渐羸，扶策不举。三月二十日，命夫人唤诸子列于前，曰："吾病困，必虑不起，汝等各长成，并已婚媾；吾身后，能侍奉老母如吾身前，则为孝子矣。洛中彰善宅足以聚居，东南庄足充岁计，若不改吾旧制，则汝等无患失所矣。"言绝而瞑，享年六十有九。

（以上是死亡，142 字）

夫人与诸子哀号擗踊，迨不全生。在城官僚将效僧道等，闻声钟，无不惨怆者。盖三任总十五年，无不知，无不识，无不惠，无不恩，所以感众意之如此也。即以其年十二月二十三日，居敏等从夫人扶护神榇，归葬于洛京河南县平乐乡朱阳村杜泽里，附威卫司空之大茔，礼也。府君律身清俭，结交岁寒，矜孤恤贫，敬佛重法，所以在世日衣足食足，官高职高；去世日不怖不惊，如眠如睡，实为人始终之具美者也。

（以上是葬，158 字）

德林忝府君亲表之遇，不同诸家，故为志言，不敢文美，不敢借词。滴泪磨墨，对灵挥毫，直纪芳猷，谨为铭曰：

　　玉含温润，兰有馨香。府君德行，堪为比方。
　　少年入仕，禁苑腾芳。天厨厩马，银印金章。
　　红蜡光中，御炉烟里。纵逸挥毫，周旋称旨。
　　贵自象河，出参珠履。赞画有闻，宽和无拟。
　　喟然疾恙，命也如何。秦医不效，逝水惊波。
　　寿年非夭，享禄尤多。诸孤扶护，归去哀歌。
　　归去哀歌兮洛阳陌，归去大茔兮邙山侧。千秋万祀兮掩重泉，松
　　柏萧萧兮伴贞魄。

（以上是撰志原委与铭，169 字）

　　　　　　　　　　　　　　　　　　　　（责任者：刘静宜）
　　　　　　　　　　　　　　　　　　　　（指导者：李宗翰）

参考资料：

一、墓志碑文

1. 药永图撰，刘琳点校：《前磁州刺史药公墓志铭》，曾枣庄、刘琳主编《全宋文》（上海：上海辞书出版社，2006 年）卷 104，第 416—418 页。

2. 药永图：《前磁州刺史药公墓志铭》，曾枣庄主编《宋代传状碑志集

成》（成都：四川大学出版社，2012 年）卷 189，第 2879—2880 页。

3. 药永图，孟淑慧注释：《药继能墓志》，宋代史料研读会，2001. 05. 12。

4. 张德林：《大宋故建雄军节度判官朝议大夫检校户部尚书兼御史大夫柱国赐紫金鱼袋太原郡阎府君墓志铭并序》，傅斯年图书馆藏拓片（14755）。

5. 张德林：《宋故建雄军节度判官朝议大夫检校户部尚书兼御史大夫柱国赐紫金鱼袋太原郡阎府君墓志铭并序》，曾枣庄主编《宋代传状碑志集成》卷 189，第 2869—2870 页。

6. 张德林撰，祝尚书校点：《宋故建雄军节度判官朝议大夫检校户部尚书兼御史大夫柱国赐紫金鱼袋太原郡阎府君墓志铭并序》，曾枣庄、刘琳主编《全宋文》卷 51，第 244 页。

7. 张德林撰，黄宽重注释：《阎亮度墓志》，宋代史料研读会，2000 年。

二、其他资料

8. 李焘撰，上海师范大学古籍整理研究所、华东师范大学古籍研究所点校：《续资治通鉴长编》，北京：中华书局，1979—1995 年。

9. 闫建飞：《五代宋初兵马都监的演进与地方武力的整合》，《学术研究》9（2020）。

10. 觉罗石麟：《山西通志》，文渊阁四库全书，台北：台湾商务印书馆，1986 年。

第二编

文官群像与社会流动

提及五代文官，一般印象主要有二：其一，五代重武轻文，意谓其作用不大；其二，品德欠佳，暗示其表现不好。然而在五代乱世中，文官群体终究是重要的组成部分。他们在自唐末过渡到北宋的历史演变过程中，究竟发挥了何种功能？其表现又如何？五代墓志可为探讨这些议题提供不同的视角。利用历史六问，可以帮助我们厘清对五代文官进行探讨的几个主要面向：第一，他们是谁（Who）？也就是说，五代文官群体主要是由哪些人构成？第二，为何选择担任文官（Why）？若从文受到轻视，他们为何还是选择文途？第三，他们如何能具备文事能力？依靠哪些条件达成阶级（class）与阶层（rank）的流动（How）？第四，他们是因哪些类型的文事能力而受到任用（Which）？第五，他们的实际表现为何（What）？第六，文官群体的组成与表现是否有前后变化（When）？利用墓志探讨此一议题还有一个优点，也就是墓志所载的大量中低阶文官可能更具代表性。由于正史主要记载有特殊表现者，因此不一定能代表当时的多数。相对而言，墓志记载了许多并无显著事迹的中低阶层文官，若非其墓志出土，他们早就被遗忘在历史的洪流中。然而他们为数众多，是构成当时官僚体系的主要分子。观察他们的事迹与表现，当能使我们对当时的文官群体有更全面的认识。

飘泊于家乡

（源护）

刘祥光

北宋文官知福州军府事源护墓志铭并序

一、基本资料

1 性质	墓志
2 题名	新题：北宋文官知福州军府事源护墓志铭并序 首题：宋故朝散大夫尚书兵部郎中知福州军府事柱国河南源公墓志铭并序
3 时间	死亡、下葬或立石时间 死亡：北宋端拱二年（989）正月六日 初葬：北宋至道二年（996）十一月十八日
4 地点	死亡、下葬或立石地点 死亡：福州（福建福州）官舍 初葬：河南府洛阳县（河南洛阳）金谷乡
5 人物	
墓主	源护（928—989）
合葬或袝葬	妻：五代陇西李氏 妻：北宋恒农、广平县君杨氏（？—989 前）
求文者	长子：北宋平民源垂范
撰者	北宋文人乡贡进士杨世英

书丹者	北宋文人药为光
6 关键词	社会流动、业绩、婚姻、墓志笔法与史学方法

（责任者：刘祥光）

二、释文

宋故朝散大夫尚书兵部郎中知福州军府事柱国河南源公墓志铭并序

乡贡进士杨世英撰

河内郡药为光书

　　公讳护，字省躬，河南洛阳人。唐侍中乾曜之后。

濮州刺史讳霸，曾祖也。

堂邑令讳韬，大父也。

赠殿中丞讳崇，皇考也；江夏县太君陇西李氏，皇妣也。

（以上是上三代，56 字）

　　公进士登第，释褐试校书郎，充彰德军节度推官，赴相帅太保罗公彦瓌之辟也。儒行士风，蕴藉斯久；□〔嘉〕谋谠议，裨赞居多。改大理评事，充安国、镇国二府从事。洎元戎捐馆，幕罢去官。相帅、侍中韩公赟素高其名，飞章上请，转监察御史，充彰德军节度掌书记。翩翩美命，不愧当仁。

（以上是地方仕历，107 字）

　　开宝初，座主内翰扈公蒙重以器业，声闻于朝，太祖召见，应对称旨，诏授右拾遗，升班列也。覃恩懋赏，累陟清华。历右补阙，起居舍人，库部员外郎，水部、司门、兵部三郎中，柱国叙勋，大夫驭贵。尝宰京县，掌邦宪，专辖关市，通理方面，运军储而将命，决狱讼以莅官。

宽猛相须，皆著丕绩。

（以上是中央仕历，108 字）

今上继统，俊乂盈庭。以府属旧僚，尤加异宠。雄藩名郡，数委颁政。所临之地，急吏缓民，观其用心，今之良牧也。

（以上是太宗朝仕历，42 字）

（以上是仕历，258 字）

公筮仕两朝，游宦三纪，言穷文雅，性执端庄，势利不能启其衷，险易无得移其志，动静居正，进退尽忠。方期授代旋归，推诚致主，铭功篆行，庆泽后昆。

（以上是业绩，57 字）

呜呼！积善无征，鞠凶爰降，位不称德，命也如何！端拱二年正月六日，终于福州公府之正寝，享年六十有二。

（以上是死亡，41 字）

前夫人陇西李氏，公侯茂族，婉淑巨彰，既适未归，无子早世。后夫人恒农杨氏，搢绅良嗣，贞顺有闻。妇道母仪，作范闺阃。累封恒农、广平二县君，从夫贵也。

生子五人，女一人。长曰垂范，次曰垂象，次曰垂庆，余二子与女幼夭，惟象及庆，俄亦沦丧。独垂范永怀罔极，虔奉襄事。

（以上是妻及子女，104 字）

粤至道纪号，龙集丙申，十一月丁卯朔，十有八日甲申，安兆于河南府洛阳县金谷乡尹村之原，以杨、李二夫人合葬，遵古礼也。选日惟良，定方逢吉，俯玄堂而永闭，虑深谷以为陵，表墓揭铭，载旌盛烈。其辞曰：

公生之代，帝运下武。

立身扬名，逢时遇主。

济美邦家，树风藩府。

归葬斯原，从今是古。

（以上是葬、撰志原委及铭，112 字）

莹地东西阔叁拾步，南北长肆拾步。前面衙道，东西阔□□南至入京。

（以上是坟地大小、位置，27 字）

（责任者：刘祥光）

三、个案研究

　　源崇、源护父子之名不见于《宋史》，幸得独孙垂范之力，二人过往不致湮没，亦得埋骨桑梓。五代至宋初，局面由动荡渐趋安稳，父子二人努力维持在祖先留下的统治阶层。源崇受过良好教育，曾在五代短暂任官，或有意往武之途发展，却因时不我与，回家吃老米饭。在卷而怀之的岁月，仍为儿侄辈累积往上爬的基础。源护受其父之教，以科举进入宋廷，除了本身能力，更因子得要人赏识，步步攀升。源氏父子相持为家，反映文人在五代至宋初努力维持家声不坠。

（一）源崇

　　源崇（900—975）籍贯洛阳，出生于三代仕宦的家庭：曾祖侑，曾在唐代任负清望的高官国子祭酒（三品）；祖霸，任濮州（今山东鄄城）刺史（六品）；父韬，为博州堂邑（今山东聊城）县令（七品）。他虽然出身“华族”，却身逢刀光剑影的时代，不但须谋生路，还要顶住自曾祖以来官品逐步下滑的趋势，压力可想而知。

　　崇自幼读书业“儒”。或因父任堂邑令，在清平县（今山东临清市）

留有别墅，崇年轻时读书其中，著有《为政》《兵源》二书。以文人而著兵书，多少反映他曾考虑往武一途发展。适逢邢州令辟召文士，他受召入仕，任本州别驾。别驾为节度使自辟以佐其事，可见其受器重；任满后改观察推官，协理主官治理本州事务，大抵他之前的绩效受肯定。墓志中称赞他"礼存事举"，应是他在这段时期的治绩。

然而世道甚乱，约五十岁时，他生"时不我与"之叹，"谢病解职"，仍留在邢州新家。墓志铭说他"杜门闲居。谓衣食可以聚人，课童仆厚生之业；唯文艺可以干禄，教儿侄进德之方"。这些说明：（1）他注重理财，可能要求童仆从事生产，维持经济宽裕；（2）为了保存文人世家的传统，他坚持儿侄辈的文艺学习，将来或可以此进身；（3）经济宽裕下，源氏族人或得以聚族而居，不致离散。

入宋后，他前此杜门闲居、教导儿侄辈的努力有了结果，其子护通过科举，迈入仕途，延续其未完之梦。随着护在仕途节节高升，他也获授大理评事。开宝八年（975）六月二十七日逝于邢州金市坊之第，享年七十有六。死后，累受赠太子右赞善大夫、殿中丞。

其妻陇西李氏，说明当时婚娶重地望，死后累受封"陇西县太君""江夏县太君"。独子护，以科举入官，后升至兵部郎中；一女，"适荥阳郑贞固"；女儿之联姻对象有地望，也反映唐代以来社会上重地望的作法到五代末北宋初仍延续。

源崇与妻丧后，其子未觅得中意的墓地，"佳城未果于凤心"，二人在次年初"权窆"于邢州州治龙冈县石井乡。二十多年后，赖其孙为之择地迁葬。

（二）源护

源护（928—989）年轻时在其父源崇栽培下，于宋建隆二年（961）通过科举（诸科），即受彰德军节度使罗彦瓌辟召，任推官。宋初节度使推官皆自辟。彦瓌原为五代武人，在陈桥兵变中翊戴太祖登位。建隆二年被擢为节度使，亟需有能力的文士辅佐。护方得进士，即受辟召。其后因"裨赞居多"，充彰德与镇国二府从事。换言之，他连续为罗彦瓌辟为两府幕职官，表示能力甚受肯定。乾德五年（967）二月，韩重赟任彰德军节度使，[1] 素知其名，"飞章上请"朝廷，揽为彰德军掌书记。此职位等同今日私人机要秘书，处理主官各类重要事务，包括代写奏议。此事再次说明其能力甚受重视。

开宝（968—976）初年，护得考科举时的座师翰林学士扈蒙之荐，"声闻于朝"，为太祖召见。因"应对称旨"，授右拾遗，"升班列"，成为京官。从此逐步青云，曾任起居舍人，水部、司门与兵部三郎中等重要职位。

墓志中提到护在太祖朝尚有数项能力：（1）"宰京县"，说明他治理事务繁重的开封；（2）"掌邦宪"，说明他任执法官员；（3）"专辖关市"，指他有专任税收的本事；（4）"通理方面"，指他有综合管理一地的能力；（5）"运军储而将命"，说明他懂军备储运，且能指挥将领；（6）"决狱讼以莅官"，反映他的法律判案能力。在太祖生前，其才能多样，从法律专长到军事储运管理，指挥将领等，"宽猛相须，皆著丕绩"。他的多能很可能是其父所惠：崇曾著《为政》与《兵源》二书，从书名上判断，前者似属经世济民之作，后者似属兵书。崇又曾任推官，有判决的经历。从这些条件看来，护可说是宋初稳定局面所需的综合型人才，他能平步青云自不难理解。

太平兴国元年（976），太宗继位。护"尝宰京县"，在太宗即位前曾任开封府尹，因此二人可能有旧（"府属旧僚"），尤加异宠。因此墓志谓护"雄藩名郡，数委颁政。所临之地，急吏缓民，……今之良牧也"。换言之，护的地方行政能力甚佳，足可驾御胥吏，使百姓生活得喘口气，因此被称赞为"良牧"。

雍熙二年（985），他以水部员外郎知升州；端拱元年（988）七月

移知福州，次年正月卒于福州。他能向上流动，相较于其父，贵人之助不可忽视，略见下表：

时间	推荐/拔擢者	事迹
建隆二年—乾德五年（961—967）	罗彦瓌（923—969）[1]	彰德节度推官 安国军从事 镇国军从事
乾德五年（967）？	韩重赟（？—974）	彰德军节度掌书记
开宝（968—976）初年	扈蒙（915—986）	受太祖召见，成为京官，逐步青云
太平兴国元年（976）后	太宗（939—997）	出守"雄藩名郡"

护二娶，元配陇西李氏，未有子嗣，且早逝。续弦恒农杨氏，墓志中称她"贞顺有闻。妇道母仪，作范闺闱"。后封恒农、广平二县君（但未获封郡君）。两次婚姻中的女方俱有地望，反映唐代以来联姻重地望的作法直到宋初仍可见。

杨氏生子五人，女一人；六人之中，存者唯长子垂范。虽然护"游宦三纪"（三十六年），但其子无父荫或功名，原因尚不明。源氏至此，自唐末期以来的仕宦传统似已中断。

尽管如此，垂范身负重责大任。端拱二年（989），护逝于福州，后移灵洛阳，与二妻李、杨二氏合葬（至道二年［996］完成）；几年后（咸平三年［1000］），又将祖父崇与祖母李氏远自邢台迁葬回洛阳，墓志中说垂范"奉先君之志，显顺孙之心"洵非虚语。两项任务俱道途遥远，而且似葬于一处（均在洛阳县金谷），旅费与工役所费不赀，均赖长子的垂范独力完成。其责略见下表：

---

［1］ 脱脱等撰，中华书局点校：《宋史》卷250，北京：中华书局，1977年，第8828页。

时间	主事者	死者/被葬者	事实	地点	备注
开宝八年一月 (975. 03)		源崇妻陇西李氏	死	邢州金市坊?	
开宝八年六月 (975. 08. 27)	源护	源崇	死	邢州金市坊	
开宝八年十一月 (976. 01)	源护?	源崇与妻李氏	权窆	邢州龙冈县石井乡	
端拱二年 (989)	源垂范?	源护	死	福州官府	
至道二年 (996)	源垂范	源护	合葬	洛阳	龙集丙申（至道二年，996），十一月丁卯朔，十有八日甲申，安兆于河南府洛阳县金谷乡尹村之原，以杨、李二夫人合葬。
咸平三年 (1000)	源垂范	源崇与妻	迁葬	邢州→洛阳	咸平庚子（三）岁（1000）七月二十八日，发取神榇，自邢抵洛，卜其年丁亥月癸酉日，具大葬之礼于洛阳县金谷原。

　　崇与护的墓志铭均由乡贡进士撰写，当出自垂范之意，然而两篇都有难解之处：对于两人的一生事迹都交代欠清楚。崇能文，亦曾短暂任官，打理家务有条理，聚族而教，其他叙述无多。对于护的描述同样有限。以护这么能干之辈，从地方一路升上中央，平步青云，却于何时任何官，有何具体政绩，在在述说欠明，实使人不解。

　　垂范两度千里"护葬"，居功厥伟，也说明家中经济至少在中产。但要留在统治阶层，宦途上后代最好"嗣续无间"。他无恩荫，也未能科举入仕，前几代维持的统治阶级地位无以为继。虽然他回到了洛阳，但孑然一身，无依无靠。这是五代至宋初的文人家庭的另一面相。

（执笔者：刘祥光）

附件一：宋赠殿中丞河南源府君墓志铭并序

一、基本资料

1 性质	墓志
2 题名	新题：北宋文官大理评事源崇墓志铭并序 首题：宋赠殿中丞河南源府君墓志铭并序
3 时间	死亡、下葬或立石时间 死亡：北宋开宝八年（975）六月二十七日 初葬：北宋开宝八年十一月 改葬：北宋咸平三年（1000）七月二十八日
4 地点	死亡、下葬或立石地点 死亡：邢州（河北邢台）金市坊之第 初葬：邢州（河北邢台）龙冈县石井乡 改葬：洛阳县（河南洛阳）金谷原
5 人物	
墓主	源崇（900—975）
合葬或祔葬	妻：北宋陇西李氏（？—975）
求文者	长孙：北宋平民源垂范
撰者	北宋文人乡贡进士李乾贞
书丹者	北宋文人乡贡进士李尧臣
篆额者	北宋文人乡贡进士李尧臣
6 关键词	社会流动、文武交流、业绩、品德、家庭或家族、丧与葬

（责任者：刘祥光）

二、释文

宋赠殿中丞河南源府君墓志铭并序

乡贡进士李乾贞撰

乡贡进士李尧臣书并篆

公讳崇，字千仞。其先出于黄帝，君长北方凡七十余代。值魏道武称孤之后，谓凉王子贺曰"与卿同源"，因而命氏，厥后遂为河南洛阳人。按国史，揆家谍，名卿良相，世享富贵，故当世为华族焉。

（以上是得姓由来，73字）

曾祖侑，国子祭酒；

祖霸，濮州刺史；

王父韬，博州堂邑令。

（以上是上三代，21字）

公即堂邑第六子也。生而岐嶷，长实英明。读书属文，尊大儒术，业成时辞，遂归清平别墅，著《为政》《兵源》二书，治皇王之义。会中令王公仗钺邢台，开府辟士，唯隽是与，公其预焉，奏署本州别驾，秩满，改观察推官。公喜为知己用，以不欺事上，以无私驭下。礼存事举，尤显器能。

（以上是早年与五代仕历，104字）

于时□政不修，鲁道有荡，蛮夷猾夏，戎马生郊。公乃愀然叹曰："时不我与，道之难行！"兴仲尼即隐之心，当伯玉知非之岁，谢病解职，杜门闲居。谓衣食可以聚人，课童仆厚生之业；唯文艺可以干禄，教儿侄进德之方。始也化自闺门，俄尔被乎乡里，彬彬穆穆，肩古人之风焉。

（以上是辞官与治家，104字）

炎宋开运，帝泽弥广，以名臣之父，知其有才，制授大理评事。

（以上是宋代仕历，23字）

（以上是生平，231字）

骥足得涂，阳光向暮；才虽迈种，命不逮时。以开宝八年六月二十七日终于邢州金市坊之第，享年七十有六。

（以上是死亡，42 字）

夫人陇西李氏，先公五月而亡；以其年十一月权窆于龙岗县石井乡。

子一人，护，任兵部郎中。

女一人，适荥阳郑贞固。

（以上是妻与子女，45 字）

公没之后一年，赠太子右赞善大夫，夫人追封陇西县太君。又三年，再赠殿中丞，夫人进封江夏县太君。昔兵部以陈力在朝，频居外任，表以情深安葬，诏令替罢归乡。佳城未果于凤心，岱岳俄游于灵魄。今长孙垂范，以咸平庚子岁七月二十八日，发取神襯［椁］，自邢抵洛，卜其年丁亥月癸酉日，具大葬之礼于洛阳县金谷原。奉先君之志，显顺孙之心。

（以上是封赠与改葬，134 字）

志墓有铭，用饰陵谷，文曰：

唯源氏之世德兮，既隆且长。诞生我公兮，厥族为光。

器宇淳粹兮，松柏悦茂。辞彩纷敷兮，兰桂馨香。

贞固足乾兮，用之可济。大道不齐兮，舍之即藏。

积善余庆兮，天道不昧。□贤贻厥兮，其后必昌。

位之下兮才显豁，命之尽兮名昭彰。卜邙□□吉地，安灵骨于玄堂。

（以上是铭，110 字）

（责任者：刘祥光）

参考资料：

一、墓志碑文

1. 杨世英：《宋故朝散大夫尚书兵部郎中知福州军府事柱国河南源公墓志铭并序》，傅斯年图书馆藏拓片（13184）。

2. 杨世英：《宋故朝散大夫尚书兵部郎中知福州军府事柱国河南源公墓志铭并序》，曾枣庄主编《宋代传状碑志集成》卷192，第2915—2916页。

3. 杨世英撰，黄昆在注释：《源护墓志》，宋代史料研读会报告，2000年。

4. 杨世英撰，刘文刚点校：《宋故朝散大夫尚书兵部郎中知福州军府事柱国河南源公墓志铭并序》，曾枣庄、刘琳主编《全宋文》卷164，第235页。

5. 李乾贞：《宋赠殿中丞河南源府君墓志铭并序》，傅斯年图书馆藏拓片（14740）。

6. 李乾贞：《宋赠殿中丞河南源府君墓志铭并序》，曾枣庄主编《宋代传状碑志集成》卷192，第2918页。

7. 李乾贞撰，向以鲜点校：《宋赠殿中丞河南源府君墓志铭并序》，曾枣庄、刘琳主编《全宋文》卷173，第406页。

8. 李乾贞撰，黄昆在注释：《源崇墓志》，宋代史料研读会报告，2000年。

二、其他资料：

9. 李焘撰，上海师范大学古籍整理研究所、华东师范大学古籍研究所点校：《续资治通鉴长编》。

10. 脱脱等撰，中华书局点校：《宋史》，北京：中华书局，1977年。

抱团是力量

（马测）

刘祥光

北宋文官国子监四门助教马测墓志铭并序

一、基本资料

1 性质	墓志
2 题名	新题：北宋文官国子监四门助教马测墓志铭并序 首题：大宋故承奉郎前守国子四门助教扶风马公墓志铭并序
3 时间	死亡、下葬或立石时间 死亡：北宋开宝三年（970）二月二十八日 下葬：北宋开宝三年（970）十月十七日
4 地点	死亡、下葬或立石地点 死亡：西京（河南洛阳） 下葬：洛阳县（河南洛阳）玄将乡积闰里
5 人物	
墓主	马测（928—970）
撰者	北宋文人乡贡进士卫渎
6 关键词	社会流动、家庭或家族、丧与葬

（责任者：林思吟）

二、释文

大宋故承奉郎前守国子四门助教扶风马公墓志铭并序
乡贡进士卫渎撰

　　悲夫！生也有涯，死而可作。故累累古木，九原标随会之芳；郁郁佳城，千载启滕公之兆。盛德大业，于是乎彰；原始要终，由兹而著。古之所谓殁而不朽者，其在斯欤！
（以上是序，62字）

　　公讳测，字广川，其先德本贯邺台，近因官徙家京洛。曾祖讳悦，祖讳诩，考讳嗣，并以耿介拔俗之标，次生唐末；而抱高尚不羁之德，税迹寰中。既积庆以斯多，果高门之可待。是以公昆季三人，俱縻好爵。故宋州虞城令讳微，公长兄也。故安远军记室讳则，公次兄也。
（以上是上三代与二兄，不记曾祖母、祖母与母，101字）

　　惟公智力纵横，作为挺特，好古博雅，玮行瑰才。曹植之文，备穷三变；柳恽之艺，可了十人。家以孝称，名由德振。幼以二难早萦于珪组，有缺晨昏；一心誓尽于劬劳，无违左右。
（以上是早年与才行，66字）

　　洎钟酷罚，已迫壮龄，至是乃从孟帅刘公所辟，假职节推焉，盖资其婉画也。荣居入幕，将俟出纶。
俄抵周祖勅行，方岳罢奏宾从，公翯是勇而告退，期以自媒。
寻属世宗下命，应私家收得史馆所阙群籍者，许以进官，待以优渥。公素为好事，多蓄异书，闻命忻然，谓得时矣。乃出三百余篇，塞诏金马，上即赐比学究出身。选满，我国家以释菜之仪，允资该博，教民之道，克在胶庠，授公将仕郎守国子四门助教。儒学俊选，唐虞旧官。春服既成，木铎发道人之令；夏弦斯作，杏坛恢胄子之筵。扬我素风，得人为盛。终袟［秩］，加承奉郎阶。

（以上是任官，200 字）

时议方欲擢从不次，用以分忧，会公寝疾，以开宝三年二月二十八日终于西京，寿五十有三。朝野闻之，靡不痛惜。人生到此，天实难谌。寻以其年冬十月十七日葬于洛阳县玄将乡积闰里，礼也。奢无僭上，俭不失中。白马素车，会葬者皆一时名士；邙山洛水，昔愿者为百年所归。

（以上是死与葬，107 字）

夫人颍川于氏，贞顺积中，英华发外。不以断机而母仪自得，不以采蘩而妇道允修。当秦楼共奏之初，动唯中礼；泪蜀井半雕之后，恨结未亡。

男三人，长曰晃，娶陇西李氏；

次曰早，娶太原郝氏；

次曰晏。

俱修进士业，名超双凤，价掩二龙。泣血绝浆，克尽高柴之孝；抟风击水，即伸庄叟之程。

女一人，居室。

（以上是妻与子女，114 字）

噫！公闺门之内，聚食者五十余口；儿侄之间，仕进者八九其数。兄友弟恭，各亲其业；自贵及贱，人无间言。或已掇殊科，或见超贡部。若秀才擢第、职汝州御推晟，明法成名、官太子校书昺，乡贡学究旦，进士昱，进士昂，并公犹子也。

（以上说明聚族而居，族子出路，87字）

引而伸之，又尽美矣。幽兰玉树，光分谢氏之庭；棣萼鹡鸰原，香蕣郑说之桂。由此明之，公在家在邦，令问令望，征兹以较，鲜克为朋。而大位未登，天促其算者，得非命矣夫！是使泣麟尼父，竟困乘轩；吐凤扬雄，匪逾执戟。吞声饮恨，殊途同归。

（以上是盖棺论定，89字）

承命靡遑，恭为铭曰：
　　彼苍者天，胡谓而然。俾淑人于圣代，终下位于当年。
　　智周万物，不得裨于化权；
　　道济四海，不得伸于巨川。
　　有才无命，通幽洞玄。贾生孟子，接翼比肩。
　　文行忠信兮斯尽善也，穷通夭寿兮彼何尚焉！

（以上是铭，82字）

（责任者：林思吟）

（指导者：刘祥光）

三、个案研究

墓主马测（928—970）生长于文化较高，且藏书甚多的家族，二兄在其幼时皆已步入宦途，他亦须跟进，共同维持家声于不坠。

墓主本籍邺台（河北邯郸市临漳县），因祖上任官而迁至洛阳；其墓志虽不记三代（曾祖悦、祖诩、父嗣）任官，却指墓主之父"抱高尚不羁之德，税迹寰中"。大抵显示其家经济状况不错，无须汲汲营生，能供子辈读书进而迈入仕途。墓主长兄微，曾任宋州虞城（河南商丘）令；次兄则，曾任安远军（北宋隶荆湖北路）记室（类似掌书记），属统治阶层。

　　墓志撰者说墓主好古博雅，多才像曹魏时的曹植（192—232），诗、赋、骈文皆出色；多能如南北朝的柳恽（465—517），琴术、音律、医药、占卜等皆善，才艺足抵十人。由于二兄在外地仕宦，他留在家中尽人子之责。晨昏定省之事由他履行，其家以孝闻名，他也以德行著称。

　　墓主父母离世，自己入仕时已近二十岁。他首得节度使刘知远辟召，入其幕，任节度推官，协助筹划。天福十二年（947）二月，知远登帝位；次年（乾祐元年，948）即死。

　　不久，周太祖郭威即位，地方官员奏请各地辟召幕僚应予罢除。墓主即"勇而告退"，期望能自荐入仕。柴荣（后为周世宗）随后下令，私家能以藏书奉献史馆所缺者，给予优遇，并入官。墓主向好藏书，亦多异籍，得此令，认为是出仕之时，即捐书三百余册，获比学究（诸科）出身资格。

　　北宋初期，朝廷重视地方教化，对于在地方上聚徒讲学之名士授予国子监四门学助教之衔。墓主获此衔，可见在地方上任教有年。正将受拔擢之际，却于开宝三年（970）二月二十八日不幸病逝于洛阳，享年五十有三。同年冬十月十七日下葬于洛阳县玄将乡积闰里。

　　墓主之妻出自颍川于氏。志文中称赞她"不以断机而母仪自得，不以采繁而妇道允修"，推测其家庭教养应不错，教子与持家均有方。

　　墓主有男三人，皆从事进士业，有意接续墓主以文入仕之途：长男晃，娶陇西李氏；次男早，娶太原郝氏；三男晏。有一女，仍在室。墓主妻与长次男配偶俱带地望，大抵透露五代至宋初，家族联姻仍重视这种作法。

　　墓主家族一门之内聚食者五十余口，经济资源裕足；有藏书，教育资源备具。墓主本人极可能曾亲授下一代，"儿侄之间，仕进者八九其数"。举例而言，晟由进士科举中第，任官防御推官；晶出身明法科，任太子校书；其他如旦获乡贡学究；昱、昂得乡贡进士。日字辈子侄以多种途径或入官或得功名，十分了得，在地方上应是动见观瞻的"科第家族"。墓主下葬之际，"会葬者皆一时名士"，应非撰志者虚辞。

虽然墓主生前未得大用，但二兄皆入仕途，下一代也有数人以文入仕，或已具功名。这种作法也显示，从五代至宋初，聚族而居，凭借不同途径，以保留统治阶层地位，不失为相对保险的策略。

（执笔者：刘祥光）

参考资料：

一、墓志碑文

1. 卫浃：《大宋故承奉郎前守国子四门助教扶风马公墓志铭并序》，傅斯年图书馆藏拓片（02400、16852、19229）。

2. 卫浃：《大宋故承奉郎前守国子四门助教扶风马公墓志铭并序》，曾枣庄主编《宋代传状碑志集成》卷189，第2868页。

3. 卫浃撰，吴雅婷注释：《马测墓志》，宋代史料研读会报告，2000年。

4. 卫浃撰，郭齐校点：《大宋故承奉郎前守国子四门助教扶风马公墓志铭并序》，曾枣庄、刘琳主编《全宋文》卷51，第240页。

多才文官

（张曙）

李宗翰

北宋文官权监左藏库张曙墓志铭并序

一、基本资料

1 性质	墓志
2 题名	新题：北宋文官权监左藏库张曙墓志铭并序 首题：（大）宋故殿中丞清河张公墓志铭并序
3 时间	死亡、下葬或立石时间 死亡：咸平四年（1001）八月二十三日 下葬：咸平六年（1003）三月十二日
4 地点	死亡、下葬或立石地点 死亡：洛阳（河南洛阳）嘉善里之私第 下葬：洛阳县（河南洛阳）平洛乡宣武里
5 人物	
墓主	张曙（950—1001）
求文者	女婿：北宋文人进士席夷甫
撰者	北宋文人前进士魏用
书丹者	北宋文人翟文翰
篆额者	北宋乡贡进士杨俨

刻者	北宋文人翟文翰
6 关键词	社会流动、业绩、婚姻、家庭与家族、丧与葬、文武交流、

（责任者：李宗翰、周余沾）

二、释文

宋故殿中丞清河张公墓志铭并序

前进士魏用撰

乡贡进士杨俨书篆

　　咸平六年春，进士席夷甫持故殿中丞清河张公行状，请志铭于前进士魏用，曰："公，□之亲也。矧予不佞，设使予笔力鸿赡，馨能纪公之休，苟议之以亲，亦未然也。公有令绩，子宜述之。"用蒙命再三，预惭荒菲。

（以上是求文与撰志原委，共79字）

　　公讳曙，字日华，世真定堂阳人。

曾祖讳宽，肥遁丘园，高尚其事。

祖讳莒，追赠大理评事。

考讳白，监察御史，累典雄藩，蔚有异政。

（以上是上三代，共48字）

　　公即监察之令子也。公始于韶龀也，邈尔抱不群之志；洎于成童也，超然有偶傥之心。虽授之以一经，而潜通乎百氏。篇章绮丽，语论从横。及冠也，洞时事之否臧，察邦国之利病，□节不拘，豁达胸臆。尝永夜思立身扬名，取富贵于当代。

（以上是早年事迹与才能，共91字）

　　时太宗以廓开儒苑，运启文明，负扆临轩，躬较多士。四年春，公
应三经，擢开头第，寻释褐，授饶州军事推官将仕郎试秘书省校书郎。
盖公业茂专经，尤精尺牍，故也。

秩满，迁乾宁军判官，试大理评事。徇公无疑，临事有断。其或宿淹刑
禁，茕独无辜，负正理以莫伸，怀沉冤而未雪者，下车不逾月，公悉理
之。时知军右武卫上将军虢国杨公器公之才之美，屡上奏章，请升通理。
上旋颁奖谕，就充本军通判。

不数岁，迁定国军节度推官。时郡守志本尚贤，素钦令问；洎一目公才，
愈敦礼愿，政事罔阙，而日奉笑言。

岁满归朝，遽迁京秩。特授著作佐郎，旌乎廉能也；权监夏麦于西畿，
就乎色养也。

是岁郊祀上玄，加公武骑尉通判明州军州事。厥政厥德，愈于乾宁，仁
及物情，颂喧民口。

洎政闻朝右，帝顾〔硕〕休之，征归，特授太子中允。对扬日，上因之
而谓曰："卿早闻莅政，夙著能名。近臣奏敷，以卿颇有心计。今西鄙边
甿未义，戎寇搔然，灵州巨藩，方渴善政。汝可抚绥疲瘵，勿让当仁。"
顾遇良多，仍锡朱绂。次日，复颁服玩累百，辉焕京师。

无何，母侯夫人告逝于西洛，寻具表以闻，乞居礼制。批曰："夫士之在
家称孝，立国推忠，所宜抑私门之古仪，副邦家之殊命。"公于是克日勉
力而届焉。且兵寇之后，凶荒继臻，民不聊生，咸多菜色。于是月蠲糈
俸，以赈疲羸；潜设奇谋，以通乎粮道。俾军民之获济，却戎马于绝域，
皆自公之力也。

朝庭闻而嘉之，乃就加殿中丞，急征赴阙。方□□□□□□，公连拜数
章，乞归西京营葬。会留府通理无阙，乃授公权监左藏库，用□□事也。
（以上是仕历，共517字）

□□〔呜呼〕□，公葬礼方周，厥疹俄作。岂青囊之弗验，盖玄夜之是逼。以咸平四年八月二十三日殁于嘉善里之私第，享年五十二。以六年三月十二日，卜葬于洛阳县平□□□□〔洛乡宣武里〕，祔于□先茔，礼也。

（以上是丧与葬，共 74 字）

　　今夫人刘氏，妇道母德，光乎家牒。诲导诸子，继先姑之□。

子□□，长曰宗□，富有才华，将举进士；

次曰宗谊，

次曰宗说，

次曰宗诂，

次曰六喜，咸协□□□□有成家之庆。

女四人，皆懿范雍容，闺窗著美。长适进士席夷甫，余皆未笄。

（以上是妻与子女，共 88 字）

　　公□□□□□□道未行，禄虽享而民未受赐。一至于此，得非命耶！用素熟公之事，弗敢□。铭曰：

　　　　公之政同药石兮，疗乎民病。

　　　　公之忠垂千古兮，遗乎□□〔清风〕。

　　　　志竟未展，位终弗□。

　　　　命矣夫！嗟吾道兮何□。

（以上是铭，共 76 字）

　　镌者翟文显弟文翰

（责任者：周余沾）

（指导者：李宗翰）

三、个案研究

张曙（950—1001）墓志共 973 字，而仕宦生涯即占 517 字，可见墓志重点乃在称述其仕宦成就。墓主在仕宦上之成就为何？需具备哪些能力？从墓主的仕历或可告诉我们，北宋初期一位成功的中阶文官所需具备的条件。

墓主世为河北真定人，曾祖与祖父均为平民，事迹不明；直到其父张白（？—981）才得以入仕，向上流动为统治阶级。墓志称张白曾任"监察御史，累典雄藩，蔚有异政"，似曾历任知州，并有一定政绩；实则他于 981 年任监察御史时，因知蔡州任上曾擅用官钱二百贯籴粟麦以射利，而遭下狱弃市。[1] 身为入宋后得仕的五代文人，他可能是贪污积习难改，无法适应新时代君主对于振兴法治的新要求，[2] 终于因此丧命，由此亦可窥见五代文人知州的黑暗面。他的仕宦成就虽然有限，然似已为张家奠定良好基础，并举家迁至洛阳，故墓主之母后来均长住洛阳。

张白应该也为墓主教育提供了良好条件。墓志称墓主"虽授之以一经，而潜通乎百氏；篇章绮丽，语论从横"。不但专精经学，亦兼通百家，同时文学才华亦受肯定。在此教育背景下，墓主自少年即"尝永夜思立身扬名，取富贵于当代"，追求以文出身，并于 979 年举《三经》科登第，从此踏上仕途。朝廷安排他首任饶州军事推官，可能是看重其经学与文辞之长才，亦可能是他以二甲登第故出任推官。而由他接下来

---

[1] 《宋史》卷 276，第 9387 页；徐松辑：《宋会要辑稿》职官 64，台北：新文丰出版公司，1976 据北平图书馆 1936 年缩影本影印，第 2 页。

[2] 关于宋初二帝对法制的重视，可参柳立言《从〈宋大诏令集〉看太祖朝的重要法制问题》（黄源盛主编《中国法史论衡：黄静嘉先生九秩嵩寿祝贺文集》，台北：中国法制史学会，2014 年），第 141—174 页；赵晶《论宋太宗的法律事功与法制困境：从〈宋史·刑法志〉说起》（《"中央研究院"历史语言研究所集刊》，90：2，2019），第 253—316 页。

的发展来看，其仕途应该未受父罪牵连。

墓主在 23 年的仕宦生涯中展现了多种才能。第一是司法能力。饶州军事推官任满后，墓主调任乾宁军（位于宋辽边界附近，同下州）判官，"徇公无疑，临事有断"，展现断案能力，并受知军杨某肯定，推荐朝廷升任乾宁军通判。杨某时为右武卫上将军，属环卫官，乃以武人知军而看中文人之才。数年后，墓主调至同属边疆地区的定国军（位于陕西，同望州）担任节度推官，前四任官职中有三任与司法有关，可见其司法能力颇受肯定。他在节度推官任内显然颇为称职，故任满后即"遽迁京秩"，由选人升为京官，特授为著作佐郎（从八品），在仕途上成功迈入一个新阶段。[1]

第二是治民能力。他的下一个职务为在洛阳"权监夏麦"，在洛阳地区当地方官，应有一定表现，故随即加封勋官武骑尉，并改任明州通判。墓志称其"厥政厥德，愈于乾宁，仁及物情，颂喧民口"。这些称美在墓志中虽无实事佐证，然不久朝廷即再次特授为太子中允（正八品），并调知时为战地前线的灵州，可知其任官必有佳绩。赐对时，皇帝又告之曰："卿早闻莅政，夙著能名。近臣奏敷，以卿颇有心计。今西鄙边甿未义，戎寇搔然，灵州巨藩，方渴善政。汝可抚绥疲瘵，勿让当仁。"可见任内表现应该不俗；改调灵州，乃是给予重任。赴任前夕，其母侯夫人过世，墓主本欲辞官守丧，然朝廷不许。可能是墓主曾在乾宁军、定国军等边疆地区任官，表现不俗，而当时西北边事不宁，故朝廷夺情派他出任灵州，由此亦可推知墓主能力受到当时朝廷认可。墓主虽由诸科出身，但并不影响他凭自身经学与文辞之长才升官，且两获特授，除反映墓主本人之才能外，或亦可见宋初用人之弹性。

第三为军政能力。墓主知灵州时，北方正值多事之秋，宋不但与辽时有战事，与西夏亦已交兵多年，西夏并曾数次出兵灵州。墓主来到屡

---

[1]　宋代改官对仕途之重要性，可参胡坤《宋代荐举改官研究》（上海：上海古籍出版社，2019 年）。

遭兵祸的灵州，一方面捐俸赈济疲民，一方面又以"奇谋"解决城内粮食供应问题，满足军民所需，稳定一地军事局势，可见墓主对军政亦有一定的处理能力。

第四为财政能力。墓主在灵州之表现颇获朝廷肯定，故"急征赴阙"，改授权监左藏库。墓主能够获授此职，当是任官期间在处理财政事务上有不错成绩。可惜墓主在此新职上尚未有所表现，即骤然病逝。

除仕宦经历外，墓志亦多次论及墓主之孝。如他任官洛阳，主要目的乃为"就乎色养"，当是为奉养居于洛阳之母亲。他受命知灵州不久，母亲即过世，他本上表乞求守制终丧，然朝廷不许，命他移孝作忠。此事不知是出于朝廷之主动，还是墓主个人之意愿。夺服出仕固常见于武官，而较不常见于文官，由此当亦可知朝廷对墓主有一定的肯定。其后墓主受召回京，又"连拜数章，乞归西京营葬"，亦可见他对母亲之孝心。

墓主之妻刘氏，家世不详，其主要事迹似乎就是"诲导诸子"。墓主有五子，长子宗□当时仍在准备科举考试，显然亦是要以文入仕，然最后是否成功维持统治阶级的地位，避免向下流动，则不得而知；其余四子时年尚幼，均无表现。然史载仁宗景祐年间（1034—1038）有一位监察御史张宗谊，[1] 与其次子同名，若为同一人，则其下一代仍得为文人统治阶级。墓主另有四女，长女嫁给进士席夷甫，属文人通婚；其余三女均尚未成年。墓主过世后，其家透过席夷甫向前进士魏用请铭，可见张家维持统治阶级地位之策略，就是集中在文官一途。

此墓志较特殊之处是，数次强调墓主对洛阳之依恋。例如迁为京官后，墓主即为侍奉其母而留在洛阳任官；其后朝廷将墓主自灵州召回，墓主亦"乞归西京营葬"；墓主死后两年，终亦卜葬于洛阳。由此或可推知，自墓主之父开始，其家已在洛阳落地生根。

墓主家庭本属平民阶级，至其父始成功进入统治阶级，且能提供墓

---

[1]《宋会要辑稿》刑法 2，第 23 页；刑法 6，第 15 页。

主良好教育，使其得从文官之途入仕，并以经学与文学知名。其后墓主在仕宦生涯中展现司法、治民、军政、财政等多方面才能，成功攀升至中阶文官。墓主为其子女所做的安排亦均偏重在文官一途，包括安排长子考进士以及为长女择进士为婿。此或亦反映入宋之后，统治阶级之家庭策略转偏尚文的时代趋势。

（执笔者：李宗翰）

参考资料：

一、墓志碑文

1. 魏用撰，郭齐校点：《宋故殿中丞清河张公墓志铭并序》，曾枣庄、刘琳主编《全宋文》卷 134，第 86—88 页。

2. 魏用：《宋故殿中丞清河张公墓志铭并序》，曾枣庄主编《宋代传状碑志集成》卷 190，第 2897—2898 页。

3. 魏用：《宋故殿中丞清河张公墓志铭并序》，傅斯年图书馆藏拓片（14762、14791）。

二、其他资料

4. 徐松辑：《宋会要辑稿》，台北：新文丰出版公司，1976 年据北平图书馆 1936 年缩影本影印。

5. 脱脱等撰，中华书局点校：《宋史》。

6. 柳立言：《从〈宋大诏令集〉看太祖朝的重要法制问题》，黄源盛主编《中国法史论衡：黄静嘉先生九秩嵩寿祝贺文集》（台北：中国法制史学会，2014 年），第 141—174 页。

7. 胡坤：《宋代荐举改官研究》，上海：上海古籍出版社，2019 年。

8. 赵晶：《论宋太宗的法律事功与法制困境：从〈宋史·刑法志〉说起》，《"中央研究院"历史语言研究所集刊》，90：2（2019），第 253—316 页。

财与才不可兼得？
（景范）

聂　雯

后周中书侍郎平章事景范神道碑铭并序

一、基本资料

1 性质	神道碑
2 题名	新题：后周中书侍郎平章事景范神道碑铭并序 首题：（漫涣不清）
3 时间	死亡、下葬或立石时间 死亡：后周显德二年（955）十一月 下葬：不详 立石：后周显德三年（956）十二月十日
4 地点	死亡、下葬或立石地点 死亡：淄川郡（山东淄博）私第 下葬：不详
5 人物	
墓主	景范（904—955）
撰者	后周文官翰林学士扈载
书丹者	后周文官翰林待诏孙崇望
6 关键词	社会流动、文武交流、业绩、品德、家庭或家族

（责任者：聂雯）

二、释文

□□□□□〔大周故银青光〕禄□□□〔大夫中〕书侍郎同中
□□□□〔书门下平〕章事上柱国晋阳县□〔开〕国伯食□□……
□□〔邑三百户赠侍中景公神道碑铭并序〕
翰林□□□〔学士朝〕议郎尚书水部员外郎知制诰（柱国）赐绯□□
……□□〔鱼袋臣扈载奉敕撰〕
翰林□〔待〕诏朝议郎守司农寺丞臣孙崇望奉敕书

　　□□□〔帝轩辕〕乘□□□□〔土德之运〕，其臣曰奢龙、祝融，
能辨方域，以制区夏。帝妫氏禅陶唐之基，其臣曰□□……□□〔伯夷、
后夔，能典礼乐，以和人神。上古佐命之道□□□□□焉〕。
□□□□□〔三政嗣兴，图〕史寝盛，弥纶辅翊，代有其人，皆
□〔金〕策□〔丹〕书，绚绩□〔功〕业。垂其训，聚而为坟典；□
□……□□〔形其美，流而为歌颂。陋篆籀之质略，我则润之以□□；
□□□之〕沦朽，我则□〔镂〕之以贞□〔珉〕。铭以纪□〔功〕，碑
以志行，□〔千〕载之下，粲然可观者，其惟神道之表乎！
（以上是序，149 字）

　　故中书□□……□□〔侍郎平章事景公讳范，□□□□皇朝元佐，
显德二祀〕□〔冬〕十一月，□〔薨〕于淄川郡之私第。天子□〔废〕
视朝，辍歼□〔夺〕之□〔令〕，制赠侍中，遣使赠□〔奠〕，□□……
□□〔饰终之典优而厚，诏词臣□文□炎盛矣□□□。孔悝彝鼎〕，不
出□〔庙〕门；杜预丰碑，空沉汉水。始自矜于名□〔氏〕，诚未显于
邦家，□□□□〔与夫辉煌〕帝恩，导扬□□……□□〔休烈，
□□□□□□□者，可同日而语也。□□□□〕□□〔纶言〕，直而

□□□□〔叙之，用丕〕显我大君之命。

（以上是亡逝、哀荣及立碑缘由，144 字）

　　□〔臣〕闻景氏之先，出于芈姓，□〔从〕楚王于梦泽。□□……□□〔差□侍臣，画汉□于云台，丹推名将，济美垂□□□□□生伟〕人，惟周之辅，□〔长〕山之下，淄浚为川，地胜气清，□〔惟〕公故里。

夫嘉遁绝世，高卧于是者，□□……□□〔足以□颢气而为□□；□□□□，□生于是者，足以□□□而为世杰〕。

故公之先，由□〔烈〕考太仆府君□〔之〕上，□□〔曰王〕父宾，□〔大〕王父闰，皆贞晦□〔不〕仕，介□□〔享天〕爵，而□□……□□〔巢、许□□……□□（缺十四字）仲曰篆公□□□□世□□〕□□□□〔聿登相位〕，而□〔申〕甫之祥□〔著〕矣。

（以上是景氏得姓缘由、先世及上三代，168 字）

　　□〔昔〕者□〔圣〕人之教□□□〔天下也〕，本之以仁义，制之以□〔经〕籍，是谓人文，□□……□□〔是谓人□，□□□□□以□开物成务者，□□□□所于此□〕□以公辅之位，必由稽古升；廊庙之□〔才〕，必以□□〔经术〕显。

而公□□□〔以明经〕擢第□□□□〔于春官氏〕，则贤□□……□□〔哲之□□□□□□为吏于青阳□□……□□（缺十一字）掾〕于高密□〔郡〕，秩满而□授范县令。□□□〔大鹏之〕翼，铩北溟以□□□□〔未舒；蛰雷〕之声，殷南□□……□□〔山而不起。然则□□□□□□□于之□□……□□（缺十五字）通人之才变而顺，则〕方□□□〔圆之量〕不□〔能〕局。

故公□〔之〕佐县政也，人谓其勤且□〔洁〕矣；□〔典〕刑□〔书〕也，□□……□□〔人谓其□□□□。□□□□邑恪□以□，

□□□□□□□〔□；使□〕政□而从之□〔者〕，□□〔则，人〕谓□□〔其贤〕且能矣。粤□□〔若日〕月□□〔之彩〕，得天□〔而〕大明；风云之□〔期〕，遇屯而□□〔勃起〕。

（以上是出身及后周前的任官，255字）

□□ …… □□〔□□ …… □□（缺十字）磻溪□璜□□□□□□〕我大周圣神□□〔恭肃〕文武□□□□□□□〔孝皇帝，建大功于汉〕室，为北藩于□〔魏〕邦，初筵既□□ …… □□〔开，得贤斯盛。于是我公□□ …… □□（缺九字）而君臣之□□ …… □□（缺九字）〕□〔龙〕飞在天，□□□□〔躬载曜灵〕，至于霄□□□□〔极之□□。皇〕业肇建，制以公□□ …… □□〔为秋曹郎，进阶至朝散大夫。而□□ …… □□（缺九字）万□□ …… □□（缺十二字）之枢，惟圣人执左契〕，临万邦，经□□□□□〔久制大命，日〕政□□〔之机〕，国之大柄，□〔总〕于枢□□□〔务者，可〕谓重矣。而□□ …… □□〔公□□ …… □□（缺九字）忠而贤□□ …… □□（缺十一字）〕以公□〔为〕左□□〔司郎〕中，□□□□〔充枢密直〕学士，寻转谏□〔议〕大□□〔夫充〕职。

（以上是后周太祖时期，214字。）

今皇帝嗣位之始，□□□□□〔登用旧臣，而〕并人乘我□〔大〕丧，拥众南□〔寇〕。亲征之举，□□〔迅若〕奔雷，□〔分〕命□□ …… □□〔大臣，保厘□□□□□□□于公，仍拜贰卿，□□ …… □□（缺九字）〕振帝代张。黄钺白□□□〔旄，殚群〕凶而皆尽；□□□□□□〔参旗河鼓，导清〕跸以□□〔言旋〕。大祲既已□〔平〕，九服又□□ …… □□〔已定，□□□□，时惟辅臣。而公昌言可□□ …… □□（缺十一字）〕圣谟，硕望可以镇□〔流〕俗。爰□□〔立之〕命，□□□□□〔帝心允孚。六〕府肇修，□□〔兵赋〕充大邦□□ …… □□〔之调用□□□□□公自立不回，信而有守，□

□……□□（缺十字）哉〕。大□〔运〕逢□〔时〕，洪钧在□□〔手，资〕忠孝于□□□〔君父，享〕富贵之崇高。

（以上是后周世宗时期，190字）

　　（以上是后周时的任官，404字）

　　而尽□□……□□〔瘁之劳，因成恙疢，封章累上，优诏褒称，听解利权，□专□□□□□□〕以列□〔卿〕归第，□〔悬〕车故乡。□□□□〔嗟风树之〕忽〔惊〕，诉□□□□〔昊天兮何及〕，见星而□〔往〕，□□〔夕露〕方多，泣血□□……□□〔以居，晨浆屡绝，哀与性尽，卧疾而终，享年五十有二〕。

（以上是死亡，81字）

　　□□观夫公□□□□〔之行事，则〕其道也淳而粹，充□□□□〔充焉无能〕称；□□〔其言〕也直而肆，謇□〔謇〕焉无所忌。□〔耿〕介□□……□□〔以自安，劲直以自□。故其仕也，□一命之卑，□三□□□□□□〕无□□□〔悔吝。古〕人之□□〔操，何〕以□□□〔尚也，秉〕笔者□〔得〕无□〔愧〕于□□〔词矣〕。

（以上是性格品行，80字）

　　许国夫人李氏，□〔嗣〕子太庙□□……□□〔斋郎俨、信等，□□□灵□光□□蒸尝，翼翼贤人□□……□□（缺九字）子〕，事□□□□□〔终之礼，佳城〕闭日，□□□〔长楸慧〕云，□〔勒〕铭□〔垂〕休，以□〔示〕千□〔古〕。□〔其〕词曰：

　　□〔长〕山□□〔沧沧〕，淄水□□〔汤汤〕。哲人□〔之〕生，逢□〔时〕□〔会〕昌。□□〔哲人〕之逝，魂游旧乡。○○□〔高〕山兮峨□〔峨〕，□□……□□〔逝水兮惊波。□而□死□□……

□□（缺十八字）其二〕。□□□〔山有颓〕坂，水有□〔高〕岸。□□〔人何〕世而□□〔弗新〕，善□〔有〕名□〔兮〕独远。□□……□□〔猗欤公兮，时用丕显〕。

（以上是撰志原委、葬及铭，149 字）

□□……□□〔显德三年岁次丙辰〕十二□□……□□〔月己未朔越十日戊辰〕

（责任者：聂雯）

（指导者：山口智哉）

三、个案研究

墓主景范（904—955），生前官至后周宰相，颇受重用；殁后饰终之典优厚，哀荣极盛。该神道碑主要记述了景范之亡逝、家世、仕宦经历、性格品行，从撰者和文本性质来看，碑文内容较为可靠。撰者扈载，据《新五代史》本传"常次历代有国废兴治乱之迹为《运源赋》，甚详"，[1] 可知其有一定史学素养，下笔应可信。且神道碑立于地表、供人阅读，与墓志有所不同，更不容出错。不过神道碑亦是墓主个人荣耀的展现，与墓志相比，其笔法可能更具"隐恶扬善"的特点。碑文系奉敕撰写，虽无法畅所欲言，但可代表君主态度，反映朝廷对墓主的评价及对优秀文人的期待。下文将重点研究墓主受重用的条件，按自力和他力分别论述，并分析墓主失位之原因，简介墓主家庭成员，最后比较几位同时代文官，总结五代文人受重用的条件。唯因碑文漫漶，以下讨论主要仍需依靠传世文献。

墓主得以步入仕途、飞黄腾达，家世背景和个人能力是极为重要的

---

[1] 欧阳修撰，徐无党注，华东师范大学等点校：《新五代史》，北京：中华书局，1974年，卷31，第345页。

自力条件。墓主非靠祖荫入仕，其父称"太仆府君"，但"由烈考太仆府君之上，曰王父宾，大王父闰，皆贞晦不仕"，即墓主父祖辈并无仕宦，父亲之官可能是因墓主身居高位而得追赠。不过可以肯定墓主家境不差，大抵具备一定条件，如经济实力、文化积累等，使他能够接受教育、参加科举。墓主才学较佳，善记经典，"以明经擢第于春官氏"，从此由被统治阶级上升为统治阶级。

中举之后，墓主依靠吏治、法律和军赋上的才能，屡获拔擢。墓主的吏治表现通过其丰富的地方任官经历和他人评价可知一二。他曾任贝州青阳县主簿、濮州范县县令，辗转三地"佐县政"之时，"人谓其勤且洁"，且"以强干著名"，[1] 足见吏治有成。墓主的法律才能尤为突出，在地方任官时或许已积累了一定的司法经验，后汉乾祐年间（948—950）进入中央，即任大理正。而后苏禹珪（895—956）推荐墓主随郭威（904—954）出镇邺都，任留守推官，应该也是考虑到他擅长处理法律事务。墓主做推官应有不俗业绩，作为郭威身边重要的法律人才，在后周"皇业肇建"之时得任刑部郎中。此外，墓主"为人厚重刚正，无所屈挠"，颇合优秀法律人之性格特征。[2] 碑文言及墓主"典刑书"有所成就，拜相制文中又有"余欲恤刑名而息战争，尔则谨宪章而恢庙略，天人之际悬合，军民之事罔渝"，更是以皇帝名义高度评价了墓主在刑名之事上所作的贡献。制文中还提到"军民之事"，即墓主在军赋方面的能力。世宗即位后，亲征之时墓主任东京副留守，"副征发于行营，军政所资，国用无阙"，将军粮物资安排得井井有条，功绩赫然。亲征结束后，世宗即拜墓主为相。[3]

除上述自力条件外，墓主之成就还应归功于良好的人际关系这一他力条件。墓主受苏禹珪推荐成为郭威幕僚，从此发迹。苏禹珪和墓主的

---

[1] 陈尚君：《旧五代史新辑会证》卷127，上海：复旦大学出版社，2005年，第3900页。

[2] 《旧五代史新辑会证》，卷127，第3900页。

[3] 王钦若等撰，周勋初等校订：《册府元龟》卷74，南京：凤凰出版社，2006年，第812页。

交往未见其他记载，仅可知二人均以明经科中举入仕，年岁相差不大；乾祐初苏禹珪曾任刑部尚书，与墓主任大理正的时间相接近或重合。二人的关系可能因这些经历建立。苏禹珪为人多"积善"，被称为"纯厚长者"，或许很赏识墓主的才能和品行，而愿予以提携。[1] 郭威立国时，墓主作为"霸府旧僚"进入中央任官，甚至任职枢密、参与机要，应与郭威关系不错。[2] 柴荣（921—959）继帝位后，亲征时委墓主留守，足见信任。而且相对于五代其他武人出身的统治者而言，郭威和柴荣比较重视立法、司法，颇有革除前代法治弊病之志向，在法律方面表现突出的墓主理应很受青睐。

由于各项条件均不错，墓主一直仕途顺利，历任治绩似都不错，且"奉上得大臣之体，简身为君子之儒"，[3] 可谓文官之典范。但墓主最后判三司不算称职，并因此失位。关于墓主判三司时的表现，碑文仅言"尽瘁之劳"。不过《旧五代史》有具体评价："然理繁治剧，非其所长，虽悉心尽瘁，终无称职之誉"，即墓主不善理财，虽尽力而为，依然效果不佳。而后，据碑文所言，墓主似是自行请辞还乡。但据《旧五代史》，世宗知墓主履职情况后，"因其有疾，乃罢司邦计。寻以父丧罢相东归"，这或许更接近实情。[4] 而作为供人瞻仰的神道碑，重在记录墓主之丰功伟业，对其失败经历避而不谈，并有所美化。自唐末以来，财政中枢管理工作日趋复杂，从仕历和表现来看，墓主理财的能力和经验似未符当下所需，其失败亦在情理之中。以分工专业化的角度而言，宋代分割相权、三司独立确有其必要性。五代处于三司变革的关键时期，此时三司人员之家世、出身、知识背景、具体表现等，值得研究。

除墓主个人事迹之外，碑文对墓主家庭亦略有着墨，但仅言其妻为许国夫人李氏，有二子太庙斋郎俨、信。墓主妻因墓主之成就得封国夫

<hr>

[1]《旧五代史新辑会证》卷127，第3905页。
[2]《册府元龟》卷172，第1923页。
[3]《册府元龟》卷74，第812页。
[4]《旧五代史新辑会证》卷127，第3900页。

人，子因墓主官职荫补为太庙斋郎。碑文只云夫人为李氏，未记地望，可能李氏本无地望，亦可能本有地望但碑文略去。

　　总的来说，碑文重点记墓主生平，尤其为官经历。墓主以科举入仕，其后迁转也大体遵循制度。墓主主要凭借科举出身、行政及司法能力、品行、人际关系这几方面条件受到重用，是因地方吏治进入中央的能吏型文人。然其虽曾高居宰相，但终因理财能力不符皇帝需要而被罢，由此或可窥见五代乱世中央官员任罢的原因之一，并进而探究五代政权所具有的特点。

（执笔者：聂雯）

（指导者：山口智哉、柳立言）

参考资料：

一、墓志碑文

1. 薛居正等：《景范》，陈尚君《旧五代史新辑会证》（上海：复旦大学出版社，2005 年）卷 127，第 3900—3904 页。

2. 扈载：《景范碑》，王士禛《池北偶谈》（北京：中华书局，1982）卷 16，第 375—378 页。

3. 扈载：《银青光禄大夫中书侍郎同中书门下平章事上柱国晋阳县开国伯食邑三百户赠侍中景公神道碑铭并序》，董诰等编《全唐文》卷 860，第 9019—9021 页。

4. 扈载：《后周中书侍郎平章事景范神道碑铭并序》，傅斯年图书馆藏拓片（08402）。

5. 扈载撰，章红梅点校：《后周中书侍郎平章事景范神道碑》，章红梅《五代石刻校注》，第 660—663 页。

二、其他资料：

6. 王钦若等撰，周勋初等校订：《册府元龟》，南京：凤凰出版社，

2006 年。

7. 脱脱等撰，中华书局点校：《宋史》，北京：中华书局，1977 年。

8. 陈尚君：《旧五代史新辑会证》。

9. 欧阳修撰，徐无党注，华东师范大学等点校：《新五代史》，北京：中华书局，1974 年。

五代宋初洛阳石氏的兴起

（石继远）

汤元宋、陈韵如

北宋文官幕职石继远及其妻上谷郡太夫人侯氏陇西郡太夫人牛氏合葬墓志铭并序

一、基本资料

1 性质	墓志
2 题名	新题：北宋文官幕职石继远及其妻上谷郡太夫人侯氏陇西郡太夫人牛氏合葬墓志铭并序 首题：大宋故累赠太子太师乐陵石公墓志铭并序
3 时间	死亡、下葬或立石时间 死亡：北宋乾德二年（964）四月二十六日 下葬：北宋乾德二年（964）十月旬有九日 立石时间：北宋淳化五年（994）秋七月十一日
4 地点	死亡、下葬或立石地点 死亡：东京（河南开封）之府署 下葬：河南府洛阳县（河南洛阳）宣武村
5 人物	
墓主	石继远（904—964）
合葬或祔葬	父：后梁文武官幽州节度副使石延威 妻：上谷郡太夫人侯氏 继室：陇西郡太夫人牛氏（923—994） 长子：北宋文官枢密使石熙载（928—984）

撰者	同年之子：北宋文官秘书省著作佐郎赵安仁（958—1018）
书丹者	孙：北宋文官秘书省著作佐郎石中立（972—1049）
6 关键词	社会流动、文武交流、业绩、品德、婚姻、丧与葬、妇女角色、墓志笔法与史学方法

（责任者：施天宇）

二、释文

大宋故累赠太子太师乐陵石公墓志铭并序
承奉郎守秘书省著作佐郎直集贤院赐绯鱼袋赵安仁撰

　　昔万石君当炎汉累盛之时，以节行贞规，发扬世德，故子孙通显，千古流为美谈。今元懿公遇我宋重熙之运，以元勋茂绩，振举家声，故祖祢追荣，百代垂为盛事。遥源巨派，逢〇时会昌，则石氏世家，其来尚矣。然而不有阴德，孰启高门？作善降祥，斯为不朽。
（以上是序，98 字）

　　公讳继远，字孝先，北燕人也。祖讳质，唐客省副使，赠太子太保。祖妣王氏，追赠琅琊郡太夫人。烈考讳延威，梁幽州节度副使，赠太子太傅。妣张氏，追封清河郡太夫人。
（以上是上二代，64 字）

　　公即太傅之子也。诞禀粹灵，幼承义训，负文武之略，有燕赵之风。属晋、汉迭兴，寰区未乂，思效用于邦国，始从事于王侯，列藩知名，虚己以待。故中书令白公文珂之镇河中也，器公全才，縻以要职。白公常待以优礼，公亦事之尽心，故连抚大邦，皆闻善政。盖公以藩府得失之事，军民好恶之情，密贡直言，用裨治道，致幽微必达，壅滞必伸，用是人受其赐者多矣。泊白公致政，公老于家。

（以上是事迹，147字）

　　而公之长子元懿公，荣名鼎科，拜庆于洛邑；赞职天府，迎侍于梁园。彩服增荣，搢绅仰止。方展晨昏之养，遽终寿考之期。即以乾德二年四月二十六日寝疾，终于东京之府署，享年六十一。太平兴国二年始赠秘书丞，七年累赠太子师。时元懿公佐理清朝，荣勋密地，故公与太保、太傅，暨王氏、张氏、侯氏三夫人同日追赠焉。

（以上是死亡与封赠，并带出长子事迹，271字）

　　侯氏即公先夫人也，生元懿公而卒，以劬劳之德，殁膺大郡之荣，追封上谷郡太夫人。继室牛氏以均养之仁，生被小君之号，封陇西郡太夫人。

有子熙政，今为太子右赞善大夫。

女三人，长适边氏，早卒，次适朱氏，次适王氏。

粤以乾德甲子岁冬十月旬有九日，葬我公太师于河南府洛阳县宣武村，陪先太傅之茔，举上谷郡太夫人侯氏合祔焉。

（以上是家室及后代，132字）

　　元懿公讳熙载，字凝绩，天与英气，代钟庆灵，风貌瑰奇，文章秀美。百家聚学，得圣哲之指归；三变摘辞，富贤人之事业。誉高乡曲，名动京师。

庄溟方仰于雄飞，代邸即膺于奇遇。皇上之作镇兖海也，首参记室；尹正京邑也，寻陟宾阶。上以元懿公怀杰俊之才，有裨赞之效，眷待之旨，特异等伦。

俄而出王府以居忧，历戎藩而掌奏。

泊逢继统，爰拜征书，复授右补阙。上欲选英儒于内殿，即命列茂等于礼闱，当时辞人，伏其公道。如旧相礼部张公齐贤、给事中徐公休复、谏议大夫韩公丕，皆元懿公甲科之所荐也。其精识藻鉴，皆此类也。

及熊湘报政，象阙陟明，面授枢密直学士、兵部员外郎，锡以金紫。

属车驾亲征太原，参预密画，行朝授给事中、枢密副使。上还京，迁刑部侍郎，密职如故。未几，进位枢密使、户部尚书。地峻机衡，日亲旒扆。畴咨圣政，则律作吕谐；启沃天心，则冰释泉涌。方将辅唐、虞之功化，广夔、卨之谋猷，而足疾逾年，恳求纳禄。

上益重君臣之契，特升师长之资，授尚书右仆射，遂优逸而就颐养也。时太夫人以肥家擅誉，元懿公以事母著称。朝庭洽闻，天子欣慕，故自进封郡号，入谒宫廷。圣人尚齿推恩，命坐与语，宝冠霞帔，皆面赐之，待遇殊隆，宠锡繁衍。及元懿公请告在第，诏夫人谕旨于家。闺壶之荣，无以过此。

元懿公之薨也，上亲临其第，屑涕者久之。敕鸿胪护葬，陪于先茔，谥曰元懿。

（以上是长子事迹，462字）

太夫人牛氏以淳化五年夏四月十六日寝疾，薨于东京私第之正寝，享年七十一。上复闻而嗟悼，遣中使赐缣百千，偕以牢醴。又遣司宾夫人致奠，襚以华服。皇情始终，斯实重焉。卜其年秋七月十一日扶护归洛，复祔于太师之玄寝。

（以上是继室之葬，90字）

元懿公常谓：“给事中、参知政事天水赵公，实甥舅之亲，有台辅之量。”今参政给事果升通显，爰报幽明。当元懿公复土之辰，为文以志墓；及太夫人终堂之日，分禄以助丧。为存没之所归，俾子孙之有托。事光前史，行过古人，则致主安民，经邦纬俗，庙堂之政，从而可知。

（以上是长子识人之明，102字）

公次子赞善，以太平兴国八年御前登进士第，释褐授廷尉评，知东京户曹掾，改光禄寺丞，俄历太常寺太祝，复为大理评事。顷以奉使西蜀，违亲北堂。特被急征，俾谐侍疾。值草寇窃发，贞师荡平，迫董辖于军储，实勤劳于王事。既承轺而入奏，先陟岵以缠哀，而中旨夺情，即日召对，承赐金于内帑，升通籍于宫僚。则忘家赴国之谓忠，立身扬名之谓孝。以兹发迹，其谁可量？

（以上是次子事迹，143字）

元懿公长子中孚，次子中立，咸以世禄，起为廷臣。俱以文儒之家，不乐轩墀之职，屡以辞笔，达于冕旒。上益知之，于是中孚改授将作监丞，中立累迁秘书省著作佐郎，赐绯鱼袋。则学成鳞角，才得凤毛，二子之谓也。

（以上是孙，80字）

惟太师宏才达识，生不遇时，而密赞藩条，惠加黎庶，所以钟间出之令嗣，致一品以饰终。
惟元懿公谠议吁谋，得逢英主，而入参机务，功济华夷，所以成大名以显亲，膺懋赏而延世。由慈孝之兼美，为邦家之耿光，足以范人伦而起名教矣。

（以上是综述墓主与长子事迹，92字）

公之爱子令孙，以安仁乃元懿公同年子也，俾扬先德，用显贻谋，不获让辞，聊书梗概。其铭曰：

赫矣上圣，重熙大定。乃眷元勋，用光积庆。
弈世累仁，三师并命。石氏门风，于斯为盛。
猗欤太师，有子英奇。云龙佐运，穴凤光时。

没而不朽，神亦有知。彰吾隐德，在我忠规。

伟哉元懿，逢时致理。位冠天枢，勋崇国史。

孝显其亲，赏延于子。更茂华宗，益臻繁祉。

万古西洛，千秋北邙。宫师累代，幽宅相望。

礼重同穴，义遵合防。拂石为志，终古传芳。

（以上是撰志原委及铭，164 字）

孙男承奉郎守秘书省著作佐郎赐绯鱼袋中立书

（责任者：施天宇）

（指导者：陈韵如）

三、个案研究

墓主石继远（904—964）为洛阳石氏第二代。随着洛阳石氏一族及其相关人士的墓志铭和神道碑陆续出版，近年来学界对石氏在五代北宋发展中的作用，论著颇丰。[1] 如学界所指出，洛阳石氏是在墓主长子石熙载（928—984）一代崛起，至石熙载次子石中立时达到鼎盛。学界已结合出土墓志和传世史料，多方讨论石熙载和石中立的生平。为免重复前贤论点，下文分析本墓志时，将着重于墓志撰成的时间、石继远的生平以及石熙载崛起的原因。

墓主于乾德二年（964）逝世，本墓志的撰写却远在其后。墓志全文未明言撰成时间，但可以依据撰者赵安仁（958—1018）和书丹者石中立（972—1049）当时皆任著作佐郎一事，来推测大致的时间范围。石中立于端拱二年（989）改授光禄寺丞，之后任著作佐郎的时间不详。[2]

---

[1] 例如：赵一：《北宋石中立家族墓志考释》；郑金波、梁松涛：《北宋〈石熙载墓志铭〉考释》；郑金波：《北宋洛阳石氏家族研究》。

[2] 郑金波：《北宋洛阳石氏家族研究》，第 24 页。

赵安仁于雍熙二年（985）登进士第，之后历任大理评事、光禄寺丞，以著作佐郎直集贤院，赐绯。赵安仁任著作佐郎的时间不明，任该职后，遇"太宗制九弦琴、五弦阮，时多献赋颂，上嘉文物之盛，悉阅览，订其工拙。时称安仁、李宗谔、杨亿辞雅赡，召诣中书奖谕。翌日，改迁太常丞"。[1] 太宗于至道元年十二月（996）得九弦琴。则赵安仁撰写此篇墓志的时间当在端拱二年石中立任光禄寺丞后，并在至道元年十二月赵安仁迁太常丞前。期间，石家发生的重要事件为墓主继室牛氏逝世。墓志称牛氏"以肥家擅誉"，显然对墓主家计多有帮助。墓志言牛氏生前，太宗除了例行授予牛氏郡号，还曾请她进宫面谈，亲赐宝冠霞帔，可谓待遇殊隆。牛氏于淳化五年（994）逝世，太宗"遣中使赐缯百千，偕以牢醴。又遣司宾夫人致奠，裣以华服"，备极哀荣。同年，石家将牛氏与墓主和墓主正室侯氏合葬。此篇墓志可能便是为了此次祔葬而作。若是，墓志的撰成时间距离墓主逝世已有三十年。

根据墓志，墓主的祖父和父亲皆不知出身。祖父在唐代担任中央的客省副使，虽是武职，但既负责礼仪，理应识文。父亲在后梁担任幽州节度判官或副使，两职均属上佐，兼理文武。石氏不但是官宦之家，且在唐末五代之乱世能够两代均任中层官员，诚属不易，也应累积相当的为官之道。幽州在后梁时仍属割据，到后晋始被彻底降服。一朝天子一朝臣，石家此时际遇不详，可能留在北方，伺机重返统治阶级。由晋入汉，墓主"思效用于邦国"，图谋入仕，但要到四十三岁左右，方成为河中节度使白文珂（876—954）的幕客。

白文珂出身官宦之家，父亲是辽州刺史，本人凭军功由牙将、节度副使、都指挥使等职上升至地方首长，必须兼理民政。据说为代州刺史时，因纵容担任衙内指挥使的儿子干预郡政，被上司刘知远（后为汉高祖）认为"失教"，奏请罢郡。在归途中，文珂拜谒知远，因"仪貌敦厚，举止闲雅，访以时事，对答有条贯，皆中肯要"，立获青眼，重新起

---

[1]《宋史》卷287，第9655—9657页。

用。在太原结识郭威（后为后周太祖），提供军事意见，后得荐为西京留守，开府洛阳，备受宠遇。[1] 郭威原市井流氓，逾法犯禁，以武功起身之后，力习书计及兵书，"在军，居常接宾客，与大将燕语，即褒衣博带"，似慕儒将之风。[2] 由此可知，五代武人固不乏致乱之徒，但亦有位至高层，包括原属沙陀之辈，日渐留意家教、仪容、礼节、品德，更重视吏治时政，似要继承允武允文之传统。这些都是文人进身的契机。

墓主与白文珂为何在山西相遇、白文珂又为何收容墓主，皆难以考究，但可能跟出身有关。墓主一方面是官宦后人，既属良家子弟，也不无同类相怜，另一方面能武能文。墓志言墓主"负文武之略"，似乎既懂军事，也晓民政，是节度使治理地方所需要的才能。墓主又"有燕赵之风"，也可能较适合山西的风土人情。

成为白文珂幕僚之后，墓主一再单独献言，内容包括"藩府得失之事，军民好恶之情"，发挥他的文武知识。从"善政""治道"和"幽微必达，壅滞必伸，用是人受其赐者多矣"等描述看来，应是吏治多于武功。墓主跟随白文珂五六年（约947—953），辗转于山西、山东、河南各地，应有助于开阔见闻，增加历练。期间白文珂从讨李守贞等三镇之乱（948—949），若墓主曾经参与，更获得军事经验。

白文珂有"知人"之称，推荐者有武亦有文，后者如昝居润和沈义伦。[3] 居润（908—966）布衣出身，善书计而明敏，曾为枢密院小吏、地方计吏和后晋大臣景延广的部下。延广拒辽被杀，家属至洛阳，"僚吏部曲悉遁，独居润力保护，其家以安"，故史臣称其"有节概，笃于行义"。居润至陕州投靠白文珂（约947），受到重视。白文珂致仕，奏荐给周太祖，之后历任地方首长和四判开封府，于宋初拜节度使。[4] 沈义

---

[1]　《旧五代史新辑会证》卷124，第3817—3819页。

[2]　《旧五代史新辑会证》卷110，第3317页。

[3]　张齐贤撰，丁喜霞点校：《洛阳搢绅旧闻记校注》，北京：中国社会科学出版社，2013年，第119—122页。

[4]　《宋史》卷262，第9056—9057页。

伦（909—987）少习三礼，以讲学为生，约跟居润同时投靠白文珂，互相友善。义伦后在宋太祖节度幕下掌管留使财政，"以廉闻"，之后历任户部、转运、三司、发运、枢密副使及判开封府等财政、军政与民政职位，终于宰相。有司议谥恭惠，其子继宗力争，以为"亡父始从冠岁，即事儒业，……若以臣父起家不由文学，即尝历集贤、修史之职，伏请改谥曰文"。有司反驳得直，理由是"继宗……辄引薛居正、王溥为比，则彼皆奋迹辞场，历典诰命，以'文'为谥，允合国章。至于集贤、国史，皆宰相兼领之任，非必由文雅而登"。[1] 由此可知，词屋起身之进士，出入内外两制，身价确实不凡，而白文珂所喜之文人，都有一定的吏才。文珂还把一位女儿嫁给吏人出身的王章。王章后为后汉高祖的三司使，为了军需，"峻于刑法，民有犯盐、矾、酒曲之令，虽丝毫滴沥，尽处极刑。吏缘为奸，民不堪命"，又"不喜儒士"，想尽办法克扣文官的薪资，不过唯一的女儿却嫁与文官。[2] 文官与儒士有何不同，有待日后探究。

白文珂致仕，五十多岁可能仍是幕僚的墓主也从此淡出官场，以"处士"的身份赍志以没，没有让石家重返统治阶级。[3] 白文珂于广顺三年（953）二月致仕，显德六年（959）才过世，期间不知墓主是否仍与白文珂有所联系。[4] 墓主虽是文武全才，却未有功名，这并非说明能文在五代不重要。我们可以推想，若连能文的才干都不具备，墓主恐怕连担任白文珂幕僚的机会也难以获得。而从墓主家族下一辈多人进士及第这一点，亦可知晓石氏家族当是极为重视文教。"少长五代戎马间，独守先代为诸生"之说虽是形容墓主长子石熙载一人，但从文也可视为石氏家族在五代宋初之际的集体选择。[5]

---

[1]《宋史》卷264，第9112—9115页。
[2]《旧五代史新辑会证》卷107，第3242—3243页。
[3] 苏颂：《二乐陵郡公石公神道碑铭》，第815页。
[4]《旧五代史新辑会证》卷112、120，第3454、3750页。
[5]《二乐陵郡公石公神道碑铭》，第815页。

墓主的儿子中，长子石熙载的仕历尤其显赫。本墓志全文约二千字，除去约 128 字铭文外，志文叙述墓主生平事迹的部分，仅约 147 字；叙述石熙载的部分却多达 598 字，远多于墓主，可见石熙载对石家的重要性。他十岁之时，已能作文，而且时有佳句，这除了说明石熙载的天赋，也可以说明其在童年时代曾接受良好的文化教育。在进京应举之前，石熙载就已经以其文才享誉地方。需要指出的是，石熙载的文才似不局限于辞章之术，石继远墓志赞其"百家聚学""得圣哲之指归"，当颇具学识，这一点也可从他在科举时所作之赋证明。

　　石熙载少年时曾有"游学"的经历，这一经历或能象征石氏家族新生代重返统治阶层的努力路径。《宋史》称石熙载在游学时"为养负米"，身为长子若能出仕，确能补贴家用，但石氏家族的经济条件恐怕也只是相对之不富，较之真正的贫困阶层应较为宽裕。[1] 可以推想石熙载是希望借游学而谋求出仕，以便让家族重回统治阶级以遂父亲之志，石氏家族期待其"为养"所负之"米"，亦当是象征家族重回统治阶层的"禄米"而非寻常农米。游学一事透露出石氏家族选择重返统治阶层的路径是偏重文进而非武途，这也反映出以文入仕在五代末年已是贵途。

　　石熙载人生中第一个机遇来自进士及第。后周显德六年（959 年），石熙载携文名参加科举考试，其所作的赋文《元后作民父母赋》不仅辞藻出众，更有"致君育民之志"。[2] 石熙载少年时的游学经历，应可助其增广见闻、体察民间疾苦，从而写出该篇赋文。那一年的主考官窦俨对石熙载此赋中的见识倍加推崇，擢升石熙载为进士三甲（甚至是状元）之列。窦俨乃后周大臣窦禹钧之子，窦家两代无论在官场、文坛皆

---

　　[1]　《宋史》卷 263，第 9103 页。
　　[2]　赵昌言：《大宋故推忠协谋佐理功臣金紫光禄大夫守尚书右仆射上柱国乐陵郡开国侯食邑一千五百户食实封二百户赠侍中石公墓志铭并序》，第 10 页。石熙载进士及第的时间，墓志与传世史料有矛盾之处，其于 959 年及第的考证，见赵一《北宋石中立家族墓志考释》，第 95 页。

有显赫地位，因此窦俨的推崇备至，很快使石熙载"自是声振京、洛间"。[1]

进士出身成为石熙载日后仕途发展的重要助力，使其顺利进入赵匡义府邸，获得了远超其父石继远的仕途起点。进士及第后，石熙载并没有被派往地方任职，而是留待中央。次年（960），赵匡胤建立北宋政权后，赵匡义出镇泰宁军节度使，因此可以在府邸之中组建私人班底。而石熙载即在此时以其才名被征召入府，出任泰宁军节度使掌书记，逐渐成为赵匡义的心腹。赵匡义府邸之中精英云集，如"善应对"的柴禹锡、为人"谨介"的王显、"勤谨"的赵镕和杨守一等人。[2]但若论能文，则无人能及新科进士石熙载。

石熙载极具文名，且为潜邸旧人，使其得以在赵匡义即位后的首次开科举士中同知贡举，而且是负责最为重要的进士科而非其他诸科。作为太宗朝的首次开科，太宗希望选拔的不仅仅是文藻华丽之人，更希望能借此遴选具有"致治"的后备人才，石熙载也对文采出众、有操行的学子颇加善识。有石熙载这样一位以"致君育民"之赋出身进士三甲、"志欲成就人物"而且也有识人之明的主考官，使得太平兴国二年（977）的这次科举有"得人"之名。[3]石继远墓志记此次科举位列甲科的张贤齐、徐休复、韩丕等人，最后分别身居同中书门下平章事、翰林学士、给事中等要职。

石熙载与当时的文人集团往来密切。北宋大臣李至，进士出身，曾师事徐铉，后任知制诰、参知政事等职。李至曾作"赋五君咏"，所谓"五君"即是指徐铉、李昉、王祐、李穆和石熙载五人。五人共同的特点之一便是极具文名。[4]五君并称，或可想见石熙载与当时文人团体之

---

[1]《二乐陵郡公石公神道碑铭》，第815页。
[2]《宋史》卷268，第9221、9224—9225、9230页。
[3]《二乐陵郡公石公神道碑铭》，第815页。
[4]《宋史》卷266，第9178页。

第二编 文官群像与社会流动 　119

间的密切往来。此外，如"酷好吟咏"的杨徽之，曾与石熙载"为文义友"。[1] 入《宋史》"文苑"一门的李建中，在"携文游京师"之时，曾住在石熙载家中，颇得石熙载善待。[2] 石熙载与某些文人的交谊还延续了两代，此可能成为石氏家族维系家族荣光的助力之一。赵昌言感念石熙载的知遇之恩，在石熙载过世后为其撰写墓志，在牛氏过世后为石家出资办理丧事。而石熙载一生中与李昉等文人的交游，或许也有助于石、李两家下一代杰出人物石中立、李宗谔的情谊，共同延续两家家族的社会地位。[3]

石熙载之所以能实现家族重回统治阶级的上流社会，除了其良好的文化素养、人脉、进士出身，个人品德也是重要因素。他曾以忠孝屡得殊荣。无论是其墓志铭、神道碑，还是后世编纂的《宋史》，皆不吝啬于赞美石熙载的品德。石熙载神道碑铭誉其"全德具美"，尤以忠孝闻名。宋太宗曾赐手札，有"忠孝之事，众所闻之"之语。[4] 本墓志赞其"足以范人伦而起名教"。

决定了石熙载一生仕途上升最重要的公德，应该是他对于赵匡义的忠诚。石熙载墓志言其一生追随赵匡义二十余年，从节度使掌书记到枢密使，从地方到中央，"未尝有一事致上意有疑者"。石熙载的忠诚非如小人之侍奉人君，而自有直道在其间。当他面对赵匡义时，他能做到"政有害而必述"。[5] 当他秉持上意面对同僚之时，又能"是非好恶，无所顾避"。《宋史》称其事君之心"纯正无他"。石熙载的忠君，当有助于他取得赵匡义信赖，屡获升迁。[6]

---

[1] 《宋史》卷255，第9869页。
[2] 《宋史》卷414，第13056页。石熙载交游对象的讨论，见郑金波《北宋洛阳石氏家族研究》，第51—53页。
[3] 石中立与文人的交游见郑金波《北宋洛阳石氏家族研究》，第51—53页。
[4] 《二乐陵郡公石公神道碑铭》，第816页。
[5] 《大宋故推忠协谋佐理功臣金紫光禄大夫守尚书右仆射上柱国乐陵郡开国侯食邑一千五百户食实封二百户赠侍中石公墓志铭并序》，第11—12页。
[6] 《宋史》卷263，第9103页。

身处乱世将终之际，战事仍频，虽然石熙载以进士出身，但其一生历练则不局限于文职，而是辗转山东、开封、湖北、湖南等地，历经中央和地方、军政和民政，还有司法、科举等职事。文武兼具的资历，似有石继远"负文武之略"的遗风。960年，石熙载进士及第次年即入赵匡义幕府，获得第一份工作，随赵匡义前往泰宁军，出任节度使掌书记。很快赵匡义又任开封府尹，而石熙载也随之调任开封府推官。此后又升迁左补阙一职。[1] 身为赵匡义的心腹，加之"神锋太俊"，石熙载随后因遭人忌恨，以谗言外放，先后担任忠武军、崇义军节度使掌书记十余年。[2] 石熙载墓志所言的"神锋太俊"，也可能是因他"性忠实，遇事尽言，是非好恶，无所顾避"而得罪人。[3] 外放十余年的经历，可能使得石熙载熟悉地方民情、政务，更加精通掌书记一职所需要的文书能力，这或许有助于此后他以枢密直学士签署枢密院事。但对于赵匡义而言，他始终未曾忘记他的这位府邸旧人。976年，赵匡义即位后，第一时间就将石熙载调回开封，重新授予左补阙，并很快让石熙载负责次年的科举这一要职。[4] 随后，因湖南土著叛乱，石熙载再次出知潭州，协助平定叛乱、恢复民政。这一地方行政长官的经历，也为其此后执掌枢密院获得了形式上更为完整的资历。太平兴国四年（979），当宋太宗决意伐北汉时，他再次将石熙载调回开封，着意培养其在枢密院的升迁。数年间石熙载便由枢密直学士、签署枢密院事、枢密副使，累迁至枢密使。虽然石熙载在枢密院任职期间无显赫战功，但仍不妨碍太宗将之提拔为枢密使，并属意其出任宰辅。[5] 学界已提出石熙载能以文资正官任枢密

　　[1]《宋史》卷263，第9102页。
　　[2]《大宋故推忠协谋佐理功臣金紫光禄大夫守尚书右仆射上柱国乐陵郡开国侯食邑一千五百户食实封二百户赠侍中石公墓志铭并序》，第10页。
　　[3]《宋史》卷263，第9103页。
　　[4]《续资治通鉴长编》卷18，第393页。
　　[5]《大宋故推忠协谋佐理功臣金紫光禄大夫守尚书右仆射上柱国乐陵郡开国侯食邑一千五百户食实封二百户赠侍中石公墓志铭并序》，第11页。

使，是因他长年追随太宗的忠劳。[1]

石熙载的"忠"，和他一生的职业生涯，都显示了五代宋初文人实现阶层上流的重要条件为当权者的青睐。石熙载一生中最重要的人脉关系便是赵匡义。随着北宋政权的建立和赵匡义即皇帝位，石熙载乃至石氏家族也一步步重回统治阶级的上流。除了前述"能文""忠"受到赵匡义赏识之外，石熙载曾任开封府推官，说明他的司法能力得太宗肯定。而他曾在知潭州时访求并进献唐明皇所书《道林寺王乔观碑》，也显示他应颇能投太宗对文学的喜好。[2] 或因此诸多原因，太宗虽然有诸多府邸旧人，其中不乏此后出任显要职务者，但太宗对于石熙载的宠信仍然非同一般。在石熙载足疾期间，太宗亲自前往枢密院探视许久，并且亲自加以医炙，并赐石熙载居家调养。其后石熙载病重卧床，太宗"三遣中使督名医视之"，并且亲自前往石家加以慰问。[3] 石熙载病逝之日，太宗亲临其丧，又罢朝两日，派遣宫中之人筹备葬礼，又令鸿胪寺护送归葬。宋代大臣退休后病故，而得皇帝亲临其丧的，石熙载乃是第一人。宋真宗年间，石熙载得以配飨太宗庙庭。

除了忠外，石熙载屡被称许的公德还有公正无私。早在石熙载担任开封府推官之时，时任知制诰的高锡就曾希望借重石熙载的文名，为其弟高铣担任首荐。石熙载深知高铣"辞艺浅薄"，不惜开罪高锡也要坚辞。当宋太祖希望罢免石熙载职务时，因赵匡义的担保才保全石熙载。[4] 北宋初年的科举，仍沿袭五代科举不端之风。而五代末显德二年（955）的科举，进士及第十六人中，竟有十二人在复核之中落榜。[5] 或因如此，石熙载的公正无私颇得太宗的赏识，得以在太宗朝的首次科举

---

[1] 邓小南：《祖宗之法：北宋前期政治述略》，北京：生活·读书·新知三联书店，2006年，第239—240页。

[2] 《宋会要辑稿·崇儒》，第232页。

[3] 《大宋故推忠协谋佐理功臣金紫光禄大夫守尚书右仆射上柱国乐陵郡开国侯食邑一千五百户食实封二百户赠侍中石公墓志铭并序》，第9页。

[4] 《续资治通鉴长编》卷5，第127页；《宋史》卷269，第9250页。

[5] 《旧五代史新辑会证》卷115，第3558页。

中担任主考官。而在担任其他各种行政职务期间，无论是显要之职还是贬官外放，石熙载多能公正无私地处理政务，使得他的上司、下属与之关系融洽，他所处理的一些事项也多成为此后的规范。

在私德方面，石熙载墓志、本墓志、石熙载和石中立的神道碑都极力称扬石熙载事母之孝。石熙载年幼丧母，由牛氏抚养成人。三份史料中，成文时间最早的石熙载墓志（成于太平兴国九年，984），记"自佩□至终身，事今封陇西郡太夫人牛氏，承其颜而慰其心，尽其礼而洁其养，虽痼疾在躬，未尝一日有懈。朝庭语人子之□者，以公为首。斯不谓奉亲也孝乎！"[1] 本墓志称赞石熙载"以事母著称。朝庭洽闻，天子欣慕"。两份墓志都强调朝堂士大夫对石熙载孝顺牛氏的风评。神道碑由苏颂撰写，约成于皇祐元年十二月（1050年初），其中对石熙载事母有更具体而戏剧化的细节，言他虽"躬负沉痼"，但"无一日废定省"，即使需"扶杖而前"，仍"不见疲曳之容"。[2] 虽然墓志铭、神道碑主要是为悼念死者而作，但也不能忽略石熙载子孙辈藉此机会宣扬石家家风与荣光的可能性。

在担任赵匡义幕僚的次年，石熙载曾随赵匡义调往开封府。赵匡义上任伊始，赵匡义的生母昭宪太后为了遴选赵匡义的近侧之人，曾宣召石熙载入宫面见。这次面见所谈的具体内容不详，但昭宪太后基于身为人母的"慈念"而召见儿子的幕僚石熙载，面见后对石熙载"甚所称奖"，并且当日石熙载就被授予开封府推官这一重要职位。[3] 或许可以推想石熙载能获此称奖，除了其本人的风姿、文采，其事母之孝亦当起了相当作用。

史料称赞的石熙载私德不只为孝，还有对待兄弟的悌，对待亲族、

---

[1]《大宋故推忠协谋佐理功臣金紫光禄大夫守尚书右仆射上柱国乐陵郡开国侯食邑一千五百户食实封二百户赠侍中石公墓志铭并序》，第12页。

[2]《二乐陵郡公石公神道碑铭》，第818页。

[3]《大宋故推忠协谋佐理功臣金紫光禄大夫守尚书右仆射上柱国乐陵郡开国侯食邑一千五百户食实封二百户赠侍中石公墓志铭并序》，第10页。

下人的惠和对待友人的义。牛氏改嫁石继远时，带着其与前夫所生之子一同前往石家，石熙载始终善待他这位改名为石熙导的无血缘关系的弟弟。石熙导在为石继远服完丧后，一度曾想回归其生父本家，但石熙载以"在同亡别，岂如存之事？"一语，留其在石家。[1] 石熙古、石熙政以进士出身，应也有受到长兄石熙载的文教。[2] 石熙载的表外甥赵昌言年少时曾在石家，石熙载不仅亲自对他进行教育，而且还称许他有"台辅之量"。[3] 在石熙载的培养和推荐之下，赵昌言此后果然进士出身，官至参知政事。石熙载早在未出仕之时，对于亲族中的孤儿寡母就尽量给予抚养帮助，甚至对于家中仆人遭遇红白之事，也视同自己之事而给予财物上的支持。石熙载年幼时曾与梁县令萧守勋交游，之后萧守勋被罢职赋闲在家，家境极为贫困，石熙载便将萧守勋迎至家中，以自己的俸禄周济萧家。而萧守勋过世之后，石熙载又视其四个儿女为己出，为其四人选择"令族"，筹备婚嫁。[4]

虽然与那些显赫的世家大族无法相比，但石熙载的家庭在其个人成长过程中扮演的作用仍然不容忽视。石继远虽无功名，但其担任幕僚期间的经验或许有助于石熙载此后长期担任赵匡义幕僚。石熙载兄弟数人多有以进士出身者，则显然应当归功于石氏家族对于文化教育的重视与投入，而且石氏家族家教甚严，才能造就石熙载的良好品德。石继远终身无功名，在这种经济条件下，继室牛氏擅持家，为维持家庭经济状况、供养数子从事举业，提供了有力保障。这些幕僚经验、家庭教育与经济基础，都为墓主子辈的崛起铺下基石。

（执笔者：汤元宋、陈韵如）

---

[1]《二乐陵郡公石公神道碑铭》，第818页。
[2]《宋史》卷263，第9103页。
[3]《二乐陵郡公石公神道碑铭》，第818页。
[4]《大宋故推忠协谋佐理功臣金紫光禄大夫守尚书右仆射上柱国乐陵郡开国侯食邑一千五百户食实封二百户赠侍中石公墓志铭并序》，第12页。

参考资料：

一、墓志碑文

1. 赵安仁撰，刁忠民点校：《大宋故累赠太子太师乐陵石公墓志铭并序》，曾枣庄、刘琳主编《全宋文》卷 167，第 298—301 页。

2. 赵安仁：《大宋故累赠太子太师乐陵石公墓志铭并序》，曾枣庄主编《宋代传状碑志集成》卷 192，第 2916—2918 页。

3. 赵安仁：《北宋文官幕职石继远及其妻上谷郡太夫人侯氏陇西郡太夫人牛氏合葬墓志铭并序》，傅斯年图书馆藏拓片（13160、14757、18282）。

4. 赵昌言：《大宋故推忠协谋佐理功臣金紫光禄大夫守尚书右仆射上柱国乐陵郡开国侯食邑一千五百户食实封二百户赠侍中石公墓志铭并序》，曾枣庄、刘琳主编《全宋文》卷 105，第 9—12 页。

5. 苏颂：《二乐陵郡公石公神道碑铭》，苏颂撰，王同策、管成学、颜中其点校《苏魏公文集》（北京：中华书局，1988）卷 54，第 814—820 页。

二、其他资料

6. 李焘撰，上海师范大学古籍整理研究所、华东师范大学古籍研究所点校：《续资治通鉴长编》，北京：中华书局，1979—1995 年。

7. 徐松辑，苗书梅点校：《宋会要辑稿·崇儒》，开封：河南大学出版社，2001 年。

8. 张齐贤撰，丁喜霞点校：《洛阳搢绅旧闻记校注》，北京：中国社会科学出版社，2013 年。

6. 脱脱等撰，中华书局点校：《宋史》。

7. 陈尚君：《旧五代史新辑会证》。

8. 赵一：《北宋石中立家族墓志考释》，《安顺学院学报》20. 5（2018）：第94—99页。

9. 邓小南：《祖宗之法：北宋前期政治述略》，北京：生活·读书·新知三联书店，2006年。

10. 郑金波：《北宋洛阳石氏家族研究》，河北大学硕士论文，2019年。

11. 郑金波、梁松涛：《北宋〈石熙载墓志铭〉考释》，《洛阳师范学院学报》1（2019）：第22—25页。

宦海浮沉望故乡

（贾邠）

林思吟、周轩宇、张仲元

后梁文官摄河清县令贾邠墓志

一、基本资料

1 性质	墓志
2 题名	新题：后梁文官摄河清县令贾邠墓志 首题：大梁故宋州观察支使将仕郎检校祠部员外郎兼侍御史赐绯鱼袋 　　　贾府君墓志
3 时间	死亡、下葬或立石时间 死亡：后梁贞明元年（915）夏五月五日 下葬：后梁贞明元年（915）五月十二日
4 地点	死亡、下葬或立石地点 死亡：河清县（河南孟津）县宅 初葬：河清县（河南孟津）述仙乡杨寺村
5 人物	
墓主	贾邠（863—915）
撰者	妻弟：后梁文官秘书省校书郎郑山甫
6 关键词	社会流动、婚姻、家庭或家族、丧与葬、妇女角色

（责任者：周轩宇、张仲元）

二、释文

大梁故宋州观察支使将仕郎检校祠部员外郎兼侍御史赐绯鱼袋贾府君墓志
妻弟秘书省校书郎郑山甫撰

维贞明元年夏五月五日，摄河清县令贾公遘疾终于县宅，享年五十三。其年五月十二日窆于河清县述仙乡杨寺村，从权也。

（以上是序，述死亡与初葬，49字）

贾氏自周叔虞之后，春秋时有贾伯，又有华、他二人显于秦晋。秦末汉初，回生谊，谊之文学、官爵至今称之。谊玄孙迪，汉河东守。始自洛阳，迁于襄陵，故贾氏复归也。

（以上是先世，64字）

高祖惠元，前朝岚州刺史。
曾祖嵘，秘书。
祖位，金州司马。
父洮，朝议郎河南府户曹上柱国。

（以上是上四代，均不见妻，34字）

公讳邠，文美。太原温氏夫人，前朝国子祭酒琯之女也，出伯仲三人，公其次也。
幼有节操，累任宰字，兼为宋州郎官，百姓攀留，人皆钦仰。

（以上是仕历及治绩，母亲家世移至此段，52字）

娶荥阳郑氏夫人，济阴福之女也。

（以上是妻，13字）

夫人蓬首素食，方计克归于大茔。山甫搦管为志，哀而不铭。

（以上是归葬与撰志原委，23字）

（责任者：周轩宇、张仲元）

（指导者：李宗翰、陈韵如、刘祥光）

三、个案研究

墓主出身文官世家，高祖曾位居刺史，其后几代逐步向下流动，至墓主则终身仅在地方中低层担任县令，游宦各地而终生不得归乡。从贾家之经历，或可窥见唐末五代基层文官在宦海浮沉中的挣扎。

根据墓志的叙述，贾家似乎定居于襄陵（今山西），数代均任职文官，且主要活动于山西、陕西一带，不曾远离家乡。高祖贾惠元曾任岚州（今山西）刺史，属高层官员；曾祖贾嵘曾任秘书丞，乃从五品上之清要官；[1] 祖父贾位为金州（今陕西）司马，虽为地方上佐，但在唐代中后期并无实职，[2] 仕宦成就已稍逊于其父祖。

墓主父亲贾洮（823—873）自幼习文，墓志称他"幼有节概，聪敏过人"，二十岁入太学，历经八次科举，终于考中三史科，然随即服母丧，服除后才解褐出仕，其时当已三十余岁。他的仕途前期颇为顺遂，初任阌乡县主簿（正九品下），地属虢州，距长安不远；任满后即调至长安，先任经学考试官，又任广文馆助教（从七品上），其后又调为太学博士（正六品上），地位清高。他似乎颇受上司赏识，故得以娶国子

---

[1] 李林甫：《唐六典》卷10，北京：中华书局，1992年，第294页。

[2] 严耕望：《唐代府州僚佐考》，《唐史研究丛稿》，香港：新亚研究所，1969年，第107页。

祭酒温瑨之女为妻，亦反映他的学问造诣与执教表现应在一般水平之上，墓志称他"学识材智，动必济物，当代君子以为国器"，或有一定根据。贾洮结婚时年纪可能已过三十五岁，属于晚婚，不知何故，并对其子辈之仕宦造成一定影响。而墓志书者题为"表生乡贡进士顾绍孙"，故知温氏应为再嫁。由此或可推论，虽然贾洮自身表现不错，然贾家之社会地位可能有限，故温瑨仅以再嫁之女妻之。

贾洮在国子监担任教职应逾十年，表现称职，在京师也建立了一定的社会网络，前途即或不能飞黄腾达，但至少亦属中上。然不知何故，他在871年（49岁）外调为河南府户曹参军（正七品下），当为左迁。适逢洛阳一带发生饥荒，贾洮未致力奉公以助其长官抚辑灾民，反而遂弃官西归，返回长安，实际干才似乎有限，此一举措也为其仕途划上句点。他之所以选择回到长安，不知是否有意寻求东山再起之机会。无论他心中曾有何计划，都未能来得及实现，因为他两年后即在长安附近过世。

贾洮具备乐于助人的品德，墓志称他"急人之急，纾人之难，托死存孤，轻利重气，人之难也，必能行之"，颇有豪杰之气，虽无列举实例，然所述义行项目则颇具体，应非虚语。他重义轻利的性格，除可获得美名，当亦可为他扩展一定人脉，对其仕途当有一定帮助。

墓主为贾洮三子之第二子，墓志简略，且文字大段抄自其父贾洮之墓志（见本篇末附表二），所载关于墓主本人之信息相当有限。墓主早年事迹不详，其父贾洮过世时，墓主仅十一岁，其兄亦尚未成年，三子之成长与教育应该均由其母温氏负责，不知是否曾获温家资助。墓主在学问上应为平平，入仕途径亦不明。贾家为文官世家，本应能提供其子弟不错的文事教育，然贾洮晚婚又早逝，三子未及成年即已辞世，或对墓主的教育养成造成一定局限，并间接影响其仕途表现。

墓志关于墓主之仕宦经历只有寥寥数句："累任宰字，兼为宋州郎官，百姓攀留，人皆钦仰。"后二句虚实难判，可能虚多实少，而前二句则应该为实。故知墓主之主要仕历为地方县令。根据墓志首题可知，所谓宋州郎官乃宋州观察支使。墓志又说墓主卒于摄河清县令任上，地属洛阳。由此而论，墓主可能主要是在河南一带历任基层官员。墓主的仕宦实际表现不明，然观其终生位居基层官僚，应无可资称道的特殊表现。

由贾家的婚姻可以看出，贾家至墓主一代地位持续下滑。墓主祖父贾位娶散骑常侍陈谏之女为妻，其婚事应是由曾任秘书丞之曾祖贾嵘所安排，而陈谏当是曾参与唐宪宗永贞元年（805）"二王八司马"案之陈谏；按时间推算，贾陈联姻应该正值陈谏宦途光明时期，故此一联姻对贾家而言可谓荣显。贾洮娶国子祭酒温琄之女为妻，此事重复见于贾洮父子二人之墓志，可见贾家颇以此为荣。墓主所娶虽号称为荥阳郑氏，然其父郑福并无官衔，或许是属于商人之类的被统治阶级，显然墓主之婚配对象已不如其父祖，反映贾家社会地位的下滑。贾家的逐步凋零亦可由贾洮与墓主之丧事窥见一二。贾洮过世时，由于三子均未成年，当是由妻温氏主持丧事，历经三个多月完成下葬，墓志由其弟贾涉撰文，并由表生顾绍孙书写、表弟陈利物篆额，可见尚有诸家亲戚共同参与，在规制上尚称合理。相对于此，墓主无后，丧事由其妻郑氏主持，七天即完成下葬；墓志由妻弟秘书省校书郎郑山甫撰写，内容主要抄自贾洮墓志，连铭都干脆省略，实在颇为草率；而墓志中并未提及任何可能参与葬事的贾家成员，所见都是妻方之郑氏成员。据此推测，此时墓主所代表的贾家一系可能已经没落。

贾洮与墓主之葬事还有一特点，即两人虽然都葬于异乡，却又都想归葬家乡。两人的墓志都提到贾家有"大茔"，可能位于襄陵。贾洮弃官之后回到长安，其后遂卒于长安县。墓志说其家人因"力困路远，未克祔于大茔"，故先将他权葬于附近的万年县，"终祀他年，将藏其志"，可见贾洮本期望自己终能归葬家乡。墓主则死于其最后任所河清县，并由其妻郑氏权葬于当地。墓志说郑氏"蓬首素食，方计克归于大茔"，可能是想要为墓主完成归葬贾氏大茔的遗愿。由此可见，贾氏在其家乡应该存在某种型态的家族组织，而仕宦则常使其成员远离家乡，从而对家族组织的延续造成压力，中低阶官员尤其如此。贾氏父子两人最后都未能得其所愿归葬乡土，终究千古长眠于异乡，这或许反映着唐末五代多数中低阶官员的处境。

（执笔者：林思吟、周轩宇、张仲元）

（指导者：李宗翰）

附件一：贾洮墓志

一、基本资料

1 性质	墓志
2 题名	新题：唐文官河南府户曹参军贾洮墓志铭并序 首题：唐故朝议郎河南府户曹参军柱国长乐贾府君墓志铭并序
3 时间	死亡、下葬或立石时间 死亡：唐咸通十四年（873）夏五月六日 下葬：唐咸通十四年（873）八月廿八日
4 地点	死亡、下葬或立石地点 死亡：上都长安县（陕西西安）丰乐里废开业寺 下葬：万年县（陕西西安）宁安乡姜尹村
5 人物	
墓主	贾洮（823—873）
撰者	季弟：唐文人乡贡进士贾涉
书丹者	表生：唐文人乡贡进士顾绍孙
篆额者	表弟：唐武官文林郎守江陵府石首县尉陈利物
镌者	尹仲修
6 关键词	社会流动、婚姻、家庭或家族、丧与葬、妇女角色、品德

（责任者：吴明珍）

二、释文

唐故朝议郎河南府户曹参军柱国长乐贾府君墓志铭并序
季弟乡贡进士涉敬述
表生乡贡进士顾绍孙书
表弟文林郎守江陵府石首县尉陈利物篆额

　　维咸通十四年夏五月六日，前河南府户曹参军贾公遘疾，终于上都长安县丰乐里废开业寺，享年五十一。其年八月廿八日，窆于万年县宁安乡姜尹村，从权也。

（以上是序，述死亡与葬，63字）

　　贾氏自周叔虞之后，春秋时有贾伯，又有华、他二人显于晋。秦末汉初，回生谊，谊之文学、官爵至今称之。谊玄孙迪，汉河东守。始自洛阳，迁于襄陵，故贾氏复归晋也。

（以上是先世，63字）

　　曾祖惠元，皇朝岚州刺史。
祖嵘，秘书丞。
父位，金州司马。
积德累行，降生哲人。

（以上是上三代，29字）

　　公讳洮，字德川，颍川陈氏夫人，散骑常侍谏之女，之出伯仲四人，公其长也。
公幼有节概，聪敏过人，弱岁诣太学，八举，登三史第，尔后丁颍川夫人之艰，服阙数载，解褐为阌乡县主簿。

秩满，吏部奏为经学考试官，除广文助教，受代调为大学博士，又调为河南府户曹参军。时洛川大饥，公府无俸，弃而西归，二年而卒。

（以上是事迹，121 字）

公学识材智，动必济物，当代君子以为国器，至于急人之急，纾人之难，托死存孤，轻利重气，人之难也，必能行之。惜哉！不享长算，不登大用，为善之利，又何有哉？

（以上是才识与品德，61 字）

公娶太原温氏夫人，国子祭酒琯之女。有男三人，长曰科儿，次曰相儿，季曰广儿。

力困路远，未克祔于大茔，终祀他年，将葳其志。

（以上是妻儿，49 字）

季弟涉，收泪搦管，谨志于墓铭曰：

水之东，日之西，前人后人尊此蹊，所痛者流未至海，景未薄□，有道不达，可呼于天。

（以上是铭，45 字）

镌者尹仲俦

（责任者：廖品谊、蒋侑玲）

（指导者：李宗翰）

附件二：贾洮与贾邠墓志对照表

	贾洮墓志	贾邠墓志
1 首题	唐故朝议郎河南府户曹参军柱国长乐贾府君墓志铭并序 季弟乡贡进士涉敬述 表生乡贡进士顾绍孙书 表弟文林郎守江陵府石首县尉陈利物篆额	大梁故宋州观察支使将仕郎检校祠部员外郎兼侍御史赐绯鱼袋贾府君墓志 妻弟秘书省校书郎郑山甫撰
2 死亡与葬	维咸通十四年夏五月六日，前河南府户曹参军贾公遘疾，终于上都长安县丰乐里废开业寺，享年五十一。其年八月廿八日，窆于万年县宁安乡姜尹村，从权也。	维贞明元年夏五月五日，摄河清县令贾公遘疾终于县宅，享年五十三。其年五月十二日窆于河清县述仙乡杨寺村，从权也。
3 先世	贾氏自周叔虞之后，春秋时有贾伯，又有华、他二人显于晋。秦末汉初，回生谊，谊之文学、官爵至今称之。谊玄孙迪，汉河东守。始自洛阳，迁于襄陵，故贾氏复归晋也。	贾氏自周叔虞之后，春秋时有贾伯，又有华、他二人显于秦晋。秦末汉初，回生谊，谊之文学、官爵至今称之。谊玄孙迪，汉河东守。始自洛阳，迁于襄陵，故贾氏复归也。
4 上三代	曾祖惠元，皇朝岚州刺史。 祖嵘，秘书丞。 父位，金州司马。 积德累行，降生哲人。	高祖惠元，前朝岚州刺史。 曾祖嵘，秘书。 祖位，金州司马。 父洮，朝议郎河南府户曹上柱国。
5 事迹	公讳洮，字德川，颍川陈氏夫人，散骑常侍谏之女，之出伯仲四人，公其长也。 公幼有节概，聪敏过人，弱岁诣太学，八举，登三史第，尔后丁颍川夫人之艰，服阕数载，解褐为阌乡县主簿。秩满，吏部奏为经学考试官，除广文助教，受代调为大学博士，又调为河南府户曹参军。时洛川大饥，公府无俸，弃而西归，二年而卒。	公讳邠，文美。太原温氏夫人，前朝国子祭酒琯之女也，出伯仲三人，公其次也。 幼有节操，累任宰字，兼为宋州郎官，百姓攀留，人皆钦仰。

	贾洮墓志	贾邲墓志
6 才识与品德	公学识材智，动必济物，当代君子以为国器，至于急人之急，纾人之难，托死存孤，轻利重气，人之难也，必能行之。惜哉！不享长算，不登大用，为善之利，又何有哉？	
7 妻与子	公娶太原温氏夫人，国子祭酒珺之女。有男三人，长曰科儿，次曰相儿，季曰广儿。	娶荥阳郑氏夫人，济阴福之女也。
8 改葬愿望	力困路远，未克祔于大茔，终祀他年，将藏其志。	夫人蓬首素食，方计克归于大茔。
9 铭	季弟涉，收泪搦管，谨志于墓铭曰：水之东，日之西，前人后人尊此蹊，所痛者流未至海，景未薄□，有道不达，可呼于天。 镌者尹仲修	山甫搦管为志，哀而不铭。

参考资料：

一、墓志碑文

1. 郑山甫：《大梁故宋州观察支使将仕郎检校祠部员外郎兼侍御史赐绯鱼袋贾府君（邲）墓志》，吴钢主编《全唐文补遗》第一辑，第436页。

2. 郑山甫：《大梁故宋州观察支使将仕郎检校祠部员外郎兼侍御史赐绯鱼袋贾府君墓志》，周绍良主编《全唐文新编》（长春：吉林文史出版社，2000年）卷842，第10591页。

3. 郑山甫：《后梁文官摄河清县令贾邲墓志》，傅斯年图书馆藏拓片（12856）。

4. 郑山甫撰，周阿根点校：《贾邲墓志》，周阿根《五代墓志汇考》，第

52—54 页。

5. 郑山甫撰，章红梅点校：《贾邲墓志》，章红梅《五代石刻校注》，第
   47—48 页。

6. 郑山甫撰，陈尚君点校：《大梁故宋州观察支使将仕郎检校祠部员外
   郎兼侍御史赐绯鱼袋贾府君墓志》，陈尚君辑校《全唐文补编》卷
   94，第 21 页。

7. 贾涉：《唐故朝议郎河南府户曹参军柱国长乐贾府君墓志铭并序》，周
   绍良主编《唐代墓志汇编》（上海：上海古籍出版社，1992 年），第
   2459—2460 页。

二、其他资料

8. 李林甫：《唐六典》，北京：中华书局，1992 年。

9. 严耕望：《唐代府州僚佐考》，《唐史研究丛稿》，第 103—176 页。

庶姓家庭的崛起与衰落

（庞令图）

陈韵如

后汉文官鸿胪少卿庞令图墓志铭并序

一、基本资料

1 性质	墓志
2 题名	新题：后汉文官鸿胪少卿庞令图墓志铭并序 首题：大汉故鸿胪少卿金紫光禄大夫检校兵部尚书兼御史大夫上柱国（庞）公墓志铭并序
3 时间	死亡、下葬或立石时间 死亡：天福十二年（947）十月二十四日 下葬：乾祐元年（948）正月二十二日
4 地点	死亡、下葬或立石地点 死亡：三乡县旅舍（河南洛阳） 下葬：洛京河南县（河南洛阳）平乐乡朱阳里
5 人物	
墓主	庞令图（882—947）
撰者	后汉文官将仕郎前平卢军节度巡官纥干德覃
书丹者	后汉文官前摄左金吾行驾仗判官张光胤
6 关键词	社会流动、业绩、婚姻、丧与葬、墓志笔法与史学方法

（责任者：林思吟、廖品谊）

二、释文

大汉故鸿胪少卿金紫光禄大夫检校兵部尚书兼御史大夫上柱国（庞）公
墓志铭并序
将仕郎前平卢军节度巡官纥干德覃撰

　　原夫金仙垂教，难停过隙之光；若士留言，易感系风之景。□以周
末示逝川之叹，汉初兴《薤露》之歌，□〔咏〕乎是言，哀哉孰免？而
或英髦命世，忠孝□时，将宣德业之名，须假榆杨之颂，乃书实录，用
纪家谍者也。
（以上是序言，78 字）

　　公讳令图，洺州肥乡县人也，得姓于前□冀州刺史庞胤徽之后，积
世矣。曾祖讳和，皇不仕。
祖讳□。
□□仕，娶荥阳郡郑氏，即汉光禄大夫冲之遗裔也，淳兹婉约，令淑罕
俦。自公初登省署，乃追赠□〔赞〕善，郑氏追封荥阳郡太君。
（以上是上三代，86 字）

　　赞善素敦家法，众所伏膺。
有子三人：
长曰令佺，前安国军押□〔衙〕□□□氏，不谓相次疾疹，前后悉终。
有男一人，名守贞，怀州修武主簿。
次曰令谨，银青光禄大夫左散骑常侍，貂蝉是贵，爵秩唯高。娶任氏，
即汉舍人任座远派也。非敦举案，□〔无〕复画眉，不幸羸疴，连绵倾
丧，俱附葬于大茔之右。有子一人，名守真，累迁至祁州司法参军，娶

中书郡边氏，即汉边孝先之胤绪也。有子一人，年十岁，小字妬子。
并出德门令望，文苑芝兰。自罢掾曹，独资蘋藻。
（以上是兄弟及其家室，170 字）

公即赞善第三子也。
幼而英睿，长乃不群，始议从知，即授郡牧简署，摄磁州纠曹，旋赴荐章，即正授忠武军录事。
至唐明皇天成元年，躬进表章，寻就加赐绯银印，提纲有誉，又加监察御史。三年，又加殿中侍御史。至四年，又加朝议阶尚书虞部郎中山节判。
至长兴元年，以功就加尚书工部员外郎。当年赴诏，加银青阶工部尚书左威卫将军枢密院副承旨。期年，又以功加刑部尚书汶阳节判。
至清泰二年，诏授司农少卿。
至天福二年，加户部尚书。至八年，又加兵部尚书。重叠承雨露之恩，雰霈授丝纶之宠，官崇三品，位历四朝。颉颃班行，抑扬事行。
（以上是仕宦，211 字）

既及罢任，得志归闲，因适畿封，欲栖别业，岂料三彭结衅，二竖成灾。呜呼！医药无征，即以天福十二年丁未岁十月二十四日薨于三乡县之旅舍，享年六十有五。号天而骨肉哀□，扣地而亲族伤恸。
（以上是死亡，76 字）

公先娶汝南郡周氏夫人，贞庄显誉，温润驰芳，不幸先于公之二十七年，以疾终于乡里。公后以家臣是念，家宰疚心，才毕丧仪，再娶河东郡霍氏夫人。复以糟糠得侣，琴瑟重调，方委蒸尝，以修祭祀，不谓又先于公之一十五年，亦寝疾终于郓州私第。
（以上是妻二任，96 字）

有子二人：

长曰守素，秀而不实，早终于故土。

次曰守讷，初任陕虢察推，渐迁节度小计，不幸亦先于公婴疾殁世。婚见任西京留守陇西李太师相公□〔之〕□女，但自好通秦晋，道洽潘阳，制未阙除，亦因疾亟而殒。宾馆已亡于荆玉，兰堂又失于芳莲，有泪如丹，无踪若化。有女一人，年始八岁，小字七姐。

（以上是子、媳妇及次子女儿，114 字）

公有女七人，尽比神仙之列，皆彰兰芷之馨。谢氏楼前，堪为女伴；婕妤席上，宜斗文才。

长适张氏，仕至东齐右职。

次适徐氏，青丘小计、尚书兵部员外郎殿中侍御史赐紫。骊珠出海，琲玉离岗，挥梦笔于雄藩，曳长裾于会府。

次适张氏，早驱鸡于易水，今隔寇于胡尘。

次适李氏，鸿胪寺丞，方驾鹏抟之势，见闻鹤唳之音。

次适高氏，弘文馆校书郎，朱弦峭韵，白璧贞姿。暂游芸阁之资，即赴省闱之任。

次适王氏，见任殿直，琳琅瑞器，杞梓宏材，匪朝伊夕，承纶受渥。

次未从人，方居孩幼。

非才超于国器，即德迈于人龙，尽出高门，皆承余庆。

（以上是女及女婿，203 字）

嗣子力竭于安厝，东床共备于殡迁，但缘乡国是遥，大茔尤远，徒抆临丧之泪，未谐归葬之期。即以乾祐元年正月二十二日，卜窆于洛京河南县平乐乡朱阳里。同罄送终之礼，俱伸永诀之仪。所虑谷变陵迁，时移事易，欲刊翠琰，命及靡才，辞既罔及，是为铭曰：

天生硕德，时诞宏材。秩升九棘，位佐三槐。

入奉彤墀，出敷淳化。非赞唐尧，则裨黄霸。

仕崇三品，官历四朝。八元望重，十乱功高。

考限既周，志谋贞退。忽遘羸疴，奄斯倾背。

乡关是远，且卜权宜。伫将力办，祔祔同归。

纪善铭功，刊石不朽。□谷变以陵迁，记天长而地久。

（以上是撰志原委及铭文，200字）

前摄左金吾引驾仗判官张光胤书
□□陈千镌

（责任者：林思吟、廖品谊）

（指导者：柳立言、刘祥光、李宗翰、山口智哉、李如钧、陈韵如）

三、个案研究

本篇墓志有三点特别值得注意：第一是对墓主庞令图（882—947）的任官经历多有略去不言者，第二是花费许多篇幅描述墓主侄子与女婿的职务，第三是墓志的字体和排版粗糙。以下依序讨论此三点。

（一）庞令图的生平：转任多方、官历四朝

庞令图的曾祖父庞和、祖父皆不仕。父亲的生平因为墓志拓片漫漶，无法辨识其名和是否仕宦，只知道他在庞令图"初登省署"即在朝廷任官后，被追赠为赞善大夫。虽然墓志撰者纥干德覃称庞令图之母出自唐代高官辈出的荥阳郑氏，但考虑到庞令图曾祖与祖父皆为布衣，与荥阳郑氏之后结亲的可能性不高。怀疑荥阳郑氏之说是攀比门第之名，或是

出自荥阳郑氏的远亲。[1] 此攀比亦可见 10 世纪中时，高门仍是值得标榜的对象。

庞家确定有人出仕是在庞令图一代。墓志拓片有关庞令图大哥庞令佺的生平处文字不清，据可辨识的文字拼凑，知其为安国军押衙、娶某氏（姓不详）。二哥庞令谨，为朝中高官，任左散骑常侍。可惜庞令谨先于庞令图而逝，亦不知何时过世，否则以他的官位应能提携庞家诸人。庞令图本人官至鸿胪少卿。庞家三子能在五代乱世出仕，庞父家教有方是一个重要原因。纥干德覃称庞父"素敦家法，众所伏膺"，当非虚言。

本节以下考证庞令图的官历。考证将指出庞令图并非跟随单一幕主转调四方，而是担任多地不同节度使的幕佐，并可能在后唐和后晋朝廷任官。至于他如何和为何可以跟随诸位节度使，无史料可征。墓志记庞令图的释褐官为摄磁州录事参军，未言任官年代，但从地名变迁可推测在 916 年后。磁州（河北省磁县）所属的方镇即为庞令图大哥庞令佺任押衙的邢州安国军。磁州和邢州皆与庞令图的籍贯地洺州（河北广府镇）相距不远。安国军节度使前身为后梁的邢州保义军节度使。后梁开平二年（908）二月，升昭义军节度使所领的邢州（河北邢台市）为保义军节度使，以洺、惠二州隶之。[2] 贞明二年（916），晋王李存勖攻取后梁卫州与惠州，改惠州为磁州。[3] 同年，邢州保义军节度阎宝投降晋王，改称安国军节度使。[4] 如果墓志所记的磁州、安国军地名无年代混淆之误的话，庞令佺至早在 916 年后方能任安国军押衙。押衙虽为武职

[1] 谢思炜、王昕、燕雪平《唐代荥阳郑氏家族：世系与婚姻关系考》（上海：上海古籍出版社，2019 年）一书也不见唐代荥阳郑氏曾与庞氏通婚者。

[2] 王溥撰，上海古籍出版社标点：《五代会要》卷 24，上海：上海古籍出版社，1978 年，第 382 页。

[3] 司马光等撰，标点资治通鉴小组点校：《资治通鉴》卷 269，北京：中华书局，1956 年，第 8802 页。

[4] 《资治通鉴》卷 269，第 8804—8805 页。

僚佐，但职责颇广，可有防卫之责，也可经管财物[1]。而916至923年间，安国军节度使即为未来的后唐明宗李嗣源。若庞令佺担任过李嗣源的押衙，则庞令谨、庞令图的仕途发展，可能都曾受益于庞令佺。

考虑到地缘和亲缘关系，布衣家庭出身的庞令图能任摄磁州录事参军，很可能是庞令佺居中联系的结果。综合学界对中晚唐方镇使府文职和武职僚佐的社会构成研究，可见相对于文职僚佐，武职僚佐似有较高的比例来自三代不详或不仕的庶姓家庭。[2] 庞令图一家的情况可能也是如此：上三代不仕，直到大哥庞令佺担任武职僚佐后，引荐庞令图摄录事参军。录事参军在唐代原本负责文书签核和监督属下的六曹参军，唐中叶后执掌范围扩大，还可负责监管州府钱物等。[3] 任职不久，庞令图"旋赴荐章"，因举荐而从节度使自行辟署的摄官转为正授忠武军录事参军，即朝廷任命的职事官。庞令图任摄磁州录事参军不久便获得举荐一事，显示他拥有优秀的行政能力。这也呼应墓志对庞令图"幼而英睿，长乃不群"的赞美。

庞令图转为正授后，任职地点从安国军辖下的磁州变为忠武军。天成元年（926）前，曾有两地交互被称为忠武军。一地在许州，位于今河南许昌市。另一地在同州，在今陕西大荔县一带。后梁开平二年（908）以许州忠武军为匡国军，同州匡国军为忠武军。[4] 后唐同光元年

---

　　[1]　严耕望：《唐代方镇使府僚佐考》，《唐史研究丛稿》，第235—236页。刘安志：《唐五代押牙（衙）考略》，《魏晋南北朝隋唐史资料》第16辑，武汉：武汉大学出版社，1998年，第62—72页。渡邊孝：《唐代藩镇における下级幕職官について》，第95—96页。

　　[2]　据渡边孝统计，756至879年间，淮南方镇131名文职僚佐和浙西方镇105名文职僚佐的家庭出身，淮南约14%、浙西约11%来自庶姓家庭。据刘琴丽统计，780到907年间165名方镇使府的武职僚佐，约18.79%来自庶姓家庭（刘称作下层民众）。虽然渡边孝和刘琴丽统计的地域和时间不尽吻合，但所得数据仍可当做示意参考，帮助学者管窥晚唐方镇文武僚佐的社会构成。渡邊孝：《唐後半期の藩鎮辟召制についての再檢討——淮南・浙西藩鎮における幕職官の人の構成などを手がかりに——》，第39—49页；刘琴丽：《唐代武官选任制度初探》，北京：社会科学文献出版社，2006年，第176—177、250—274页。

　　[3]　赖瑞和：《唐代中层文官》，北京：中华书局，2011年，第329—461页。

　　[4]　《资治通鉴》卷266，第8687页。

（923）复许州匡国军为忠武军。[1] 考虑到许州和同州中，许州距离邢州较近，庞令图在许州担任录事参军较有可能。然而，无论是许州或同州节度使在庞令图生年都未与邢州安国军节度使重复（见本篇末附录一"墓志中重要方镇之节度使年表"），或许是此职是由李嗣源居中牵线。

后唐明宗天成元年（926），因"躬进表章"，庞令图以忠武军录事参军加绯银印章服。纥干德覃未言当时进表者为谁，不过理当是忠武军节度使。当年后唐最重大的政治事件为同光四年（926）四月后唐庄宗在"兴教门之变"中被杀，同月原本至魏博军平乱的李嗣源入洛称帝，成为后唐明宗。[2] "躬进表章"隐含上表归顺之意，与此事变相符。而许州在这年的节度使也是多有变化。原节度使李令锡因卷入朱友谦诛族事而被杀。朱友谦本名朱简，许州人。后梁太祖朱全忠赐其名朱友谦，待之如己子。朱友珪弑朱全忠自立为帝后，朱友谦不奉其命，而受朱友珪讨伐。朱友谦遂投靠李存勖。李存勖成为后唐庄宗后，在同光三年（925）赐朱友谦李姓，名继麟，并授朱友谦二子李令德为遂州节度使，李令锡为许州节度使。不久宦官诬陷朱友谦谋叛。庄宗在同光四年正月二十三日（926年3月）诏诛其族，派王思同诛忠武军节度使李令锡于许州。[3] 同年二月壬子（926年4月15日）庄宗以张全义充许州节度使，但张全义未之任，且一个月后便逝世。纥干德覃对忠武军的这些变动只字未提。从墓志看来，庞令图一直担任忠武军录事参军。之后庞令图因"提纲有誉"，可能指行政能力杰出，加宪衔监察御史。天成三年（928）又升宪衔至殿中侍御史。

天成四年（929），庞令图"又加朝议阶尚书虞部郎中山节判"。中山为定州（河北定州市）古名，中山节判指定州义武军节度判官。考虑

---

[1]《旧五代史新辑会证》卷30，第842页。

[2]《旧五代史新辑会证》卷34、35，第996、1020—1023页。

[3] 朱友谦生平和诛族事见《旧五代史新辑会证》卷63，第1985—1993页。"五代在碑志"第二册《五代武人之文》之《文艺沙龙》亦有讨论朱友谦事。

到节度判官通常为职事官，则庞令图在此年应是从忠武军录事参军转为义武军节度判官，并加散官朝议郎、检校官衔虞部员外郎。天成四年二月（929年初）后唐平定定州王都的叛乱，派明宗之侄李从敏（898—951）任定州义武军节度使。[1] 墓志未言庞令图是在定州乱前就已在王都麾下担任节度判官，还是在乱平后出任判官。不过，若在乱前就已加入、成为王都的幕佐，便难以解释为何乱后庞令图还能加朝衔。因此乱后出任、担任李从敏幕职官的可能性较高。庞令图与李从敏相识的最明确证据为李从敏女嫁给庞令图次子庞守讷，即墓志所言"见任西京留守陇西李太师相公之女"。李从敏的官历后文将再详细讨论。

对于庞令图为何担任义武军节度使李从敏的节度判官，查考庞令图墓志和传世史料，皆无明确原因。李从敏任义武军节度使前的官历不见与庞令图有交集。《旧五代史》言李从敏"善骑射，多计数"，善武而有谋。庄宗召见、试弓马后，用李从敏为衙内马军指挥使、后补帐前都指挥使、迁捧圣都将。同光三年（925）庄宗徙李嗣源为镇州成德军节度使以防御契丹，李从敏为成德军马步军都指挥使。同光四年（926），李从敏随李嗣源入洛，支持嗣源称帝。同年，明宗即位后，改元天成元年，任李从敏为皇城使，出为陕州保义军节度使。天成四年（929）王都据定州叛，明宗命王晏球为招讨使、时任北面行营副招讨使和沧州横海军节度使的李从敏为副招讨使，率师平乱。王都乱平后，李从敏改任定州义武军节度使。[2] 上述李从敏的官历可见两点：第一，李从敏为明宗心腹，不但有立帝之功，更被委派镇守刚平定的方镇。第二，其与庞令图的交集最早只能追溯到定州义武军的任命。一个猜想是庞令图是由明宗李嗣源派去，协助或监视李从敏安定刚讨伐过的定州。刚好在平定定州的前一年即天成三年（928），明宗便曾缩限节度使的辟署权："中书上言：'诸道荐人，宜酌定员数。今后节度使每年许荐二人，带使相者许荐

---

[1] 《旧五代史新辑会证》卷40，第1223—1224页。
[2] 以上李从敏生平见《旧五代史新辑会证》卷123，第3784—3787页。

三人，团练、防御使各一人，节度、观察判官并听旨授，书记已下即许随府。' 从之。"[1] 若此政令确实在天成四年实施，则庞令图很可能为明宗所派。有意思的是，明宗也是墓志中唯一提到的皇帝，不知此墓志写法是否暗示明宗与庞令图有特别关系。

庞令图出任定州义武军节度判官后，墓志记其"至长兴元年，以功就加尚书工部员外郎。当年赴诏，加银青阶工部尚书左威卫将军枢密院副承旨"。长兴元年（930）不见与定州有关的事件，不知志文的"以功"何指。其功绩可能与李从敏在任上的治绩有关。《册府元龟》言李从敏为定州节度使时，"其政静而不烦。易、定征赋，旧典三镇同风，赋敛出自藩侯，朝法不能拘制。至是，从敏削除旧弊，载振朝纲，不取兵于民，不横赋于境，部内便之"。[2] 李从敏改革定州的赋税，不随意对人民滥加赋税、取兵，颇有治绩。明宗在长兴元年加庞令图尚书工部员外郎的检校官衔。当年庞令图赴诏入洛后，明宗又任命其为左威卫将军兼枢密院副承旨，并加散官银青光禄大夫、检校官衔工部尚书。左威卫将军负责宫禁宿卫，枢密院副承旨在五代常以诸卫将军充任。[3] 每当崇政殿临决庶务，则侍立殿前，遇侍卫司奏事，则受而读之。[4] 庞令图若真曾入洛担任左威卫将军兼枢密院副承旨，则他的官历可谓横跨文、武职。[5]

长兴二年（931），庞令图"又以功加刑部尚书汶阳节判"。后唐汶阳在郓州辖下，故汶阳节判即指郓州天平军节度判官。长兴元年到二年间，无论是庞令图在洛阳或定州，都无史料可窥庞令图所立之功到底为何，也查无让庞令图移任郓州的事件。长兴二年定州义武军节度使李从

---

[1] 《旧五代史新辑会证》卷 39，第 1179—1180 页。

[2] 《册府元龟》卷 698，第 7941 页。

[3] 马端临：《文献通考》卷 58，台北：台湾商务印书馆，1987，第 525—2 页。

[4] 《宋会要辑稿》职官 6，第 1 页。

[5] 近期研究指出安史之乱后，武职常带文散官阶，降低了以文武散官标示文武的意义。参叶炜《武职与武阶：唐代官僚政治中文武分途问题的一个观察点》。

敏移为镇州成德军节度使。长兴元年三月原郓州节度使王晏球移镇青州，从此月开始到长兴三年八月（930—932）间，郓州节度使为房知温（？—936）。[1] 墓志中有两条线索可支持庞令图曾到郓州就职：第一条是庞令图的第二任妻子霍氏是在长兴三年"寝疾终于郓州私第"。这私宅应是庞令图就任郓州天平军节度判官后所购。第二条是墓志撰者纥干德覃自述的职事官为前平卢军节度巡官。青州平卢军即为房知温任郓州节度使后的下一个移镇处。[2] 房知温也是后唐长兴二年到后汉乾祐元年间，唯一曾担任过平卢军和天平军节度使者。撰者可能是房知温的幕佐，在随房知温移镇郓州时认识庞令图。撰者身为胡人而被请来撰写墓志，可能是与庞令图有私交之故。[3]

一如李从敏的情况，房知温在任郓州节度使前，其官历不见与庞令图有重叠处。《旧五代史》述其官历如下：房知温先后追随后梁葛从周、牛存节、杨师厚等将领，李存勖进入魏州时，归附李氏。李存勖赐其姓名李绍英，改天雄军马步都指挥使，加检校司徒、澶州刺史、行台右千牛卫大将军。李存勖灭梁后，房知温历任曹州、贝州等刺史，权充东北面蕃汉马步都虞候。同光四年李嗣源入洛时，房知温与王晏球"首赴焉"，首先归附嗣源。同年，明宗授房知温兖州节度使，后诏充北面招讨、屯于卢台军。同年又因投效契丹的卢文进率部投奔后唐，明宗加房知温特进、同平章事衔，赏其招讨之功。[4] 天成二年（927）明宗任乌震为招讨副使，代房知温知卢台军。《旧五代史》的房知温传记："知温怒震遽至，有怨言，因纵博，诱牙兵杀震于席上。"[5] 房知温怒乌震遽至，诱牙兵杀乌震。然而，《旧五代史》乌震传对此事的记载略有出入：

---

[1]《旧五代史新辑会证》卷41，第1285页。
[2]《旧五代史新辑会证》卷43，第1420页。
[3] 五代中原地区除了沙陀与汉外，还有粟特等民族，当时胡汉语境的变化见邓小南《试谈五代宋初"胡/汉"语境的消解》，文收张希清等主编《10—13世纪中国文化的碰撞与融合》（上海：上海人民出版社，2006年），第114—137页。
[4] 以上房知温生平见《旧五代史新辑会证》卷91，第2795—2797页。
[5]《旧五代史新辑会证》卷91，第2796页。

乌震至卢台军后，"会成兵龙晊所部邺都奉节等军数千人作乱，未及交印而遇害"。[1] 乌震死后，房知温联合自己的次将安审通"逐其乱军以奏。时朝廷姑息知温，下诏于邺尽杀军士家口老幼凡数万，清漳为之变色"。房安联合将卢台成军以乱军之名逐出。而明宗姑息房知温，竟下诏于邺城尽杀龙晊所部之众的军士家口。此事后，明宗"寻诏遣知温就便之镇"，派房知温知镇州，"以安反侧"。[2] 不久，改徐州节度使、加兼侍中。天成三年（928），后唐起兵讨伐荆南，授房知温兼荆南行营招讨使，知荆南行府事，"寻丁母忧，起复云麾将军，墨缞即戎，竟无功而还"。[3] 引文应指房母在房知温讨伐荆南的期间过世，但房知温寻以云麾将军的身份继续讨伐，却无功而还。长兴元年房知温改镇郓州。

墓志对庞令图官历的最后记载为："至清泰二年，诏授司农少卿。至天福二年，加户部尚书。至八年，又加兵部尚书。"此记载只字未提后唐、后晋、后汉间的朝代变动。而在后晋天福二年（937）高祖加庞令图户部尚书检校官衔，以及天福八年（943）加兵部尚书检校官衔期间，传世史料还另记载庞令图二事。一是天福二年（937）庞令图为李金全节度使提供建议。当时后晋高祖以李金全为安州安远军（湖北安陆市）节度使，但担心李金全的左都押衙明汉荣用事不法，遂为李金全选廉吏贾仁沼代替明汉荣，并召回明汉荣。明汉荣教李金全留己而不遣。"金全客"庞令图却谏李金全纳贾仁沼而遣明汉荣。明汉荣听闻此事后，夜使人杀庞令图和毒杀贾仁沼。贾仁沼因此舌坏而死。[4]《新五代史》最早提到此事，后可见于马令《南唐书》（1105）、《资治通鉴》。不知天福二年庞令图加户部尚书衔是否与此事有关。若 937 年庞令图确实在安州，之后天福五年（940）安州节度使李金全叛后晋后，庞令图却在天福八

[1]《旧五代史新辑会证》卷 59，第 1888—1889 页。
[2]《旧五代史新辑会证》卷 91，第 2796—2797 页。
[3]《旧五代史新辑会证》卷 91，第 2797 页。
[4]《新五代史》卷 48，第 541 页。

年又加兵部尚书;[1]《新五代史》对此事的记载若为真，则反映了庞令图跟这些幕主并不一定有私交，至少二者之命运并没有牵连在一起。

传世史料所记庞令图第二事为：据《册府元龟》记载，后晋天福七年（942），"开封府奏准，宣给粮二万石赈诸县贫民。是月戊辰，遣司农少卿李珧使宿州、鸿胪少卿庞令图使洛京白波，赈贷贫民"。[2] 墓志正文虽未提及庞令图曾任鸿胪少卿，但志中有两条线索支持此鸿胪少卿较有可能为职事官。首先，墓志开头记庞令图官名为"大汉故鸿胪少卿金紫光禄大夫检校兵部尚书兼御史大夫上柱国庞公"。若鸿胪少卿只为朝衔，则此官名将无职事官名，而全由朝衔、检校官、宪衔、勋官组成，这在五代墓志颇为罕见。其次，墓志记庞令图罢任后"因适畿封，欲栖别业"，却在途中染病，于天福十二年（947）过世。后汉天福十二年底的首都在开封，据目前可考的庞令图官历，只有942年他任鸿胪少卿时会停留在后晋当时的首都开封。则庞令图在开封的别业可能是他在担任鸿胪少卿时所置。墓志虽然没有记后汉庞令图的任官，但"位历四朝"之语显示他在后梁、后唐、后晋、后汉皆曾出仕。最后，《旧五代史》另记后晋天福年间其他鸿胪少卿救灾事，可作为鸿胪少卿在当时可能非虚衔的旁证："兖州、濮州界皆为水所漂溺，命鸿胪少卿魏玭、将作少监郭廷让、右金吾卫将军安潘、右骁卫将军田峻于滑、濮、澶、郓四州，检河水所害稼，并抚问遭水百姓。"[3] 引文中提到的"将作少监""右金吾卫将军""右骁卫将军"皆非虚衔，则文中的"鸿胪少卿"应也为职事官，都是派去救灾。

总结上述考证，可见庞令图为吏员出身，释褐官是摄磁州录事参军，约在916到923年间曾任此职。很可能是受长兄——曾任安国军押衙的庞令伫提拔。之后在923到928年间曾任许州忠武军录事参军。929年任

---

[1]《新五代史》卷48，第541页。
[2]《册府元龟》卷106，第1161—2页。
[3]《旧五代史新辑会证》卷141，第4387页。

定州义武军节度使李从敏的节度判官。930 年在洛阳担任左威卫将军枢密院副承旨。墓志中"初登省署""入奉彤墀"二语应指此事。931 年出为郓州天平军节度判官。此后的职事官经历难以确知。937 年时他可能是安州安远军节度使李金全的幕客。942 年时,他应是在后晋朝廷即开封,任鸿胪少卿。后汉他曾出仕,之后罢任。

上述官历中,虽然李从敏为庞令图亲家,但因双方结亲时间不明,加上不确定庞令图历任职事官的迁转,我们很难讨论李从敏对庞令图一家仕宦的具体帮助。李从敏在天成四年(929)任定州义武军节度使后,官历顺遂,易代对他无重大影响。长兴二年(931)李从敏移镇镇州。[1]长兴四年(933)三月在镇州成德军节度使任上,属下的行军司马赵璘、节度判官陆浣、"元从押衙"高知柔受贿枉法杀人,因此弃市;李从敏竟然只罚一季俸。[2]同年五月,李从敏封泾王。[3]应顺元年(934)移镇宋州归德军。[4]后晋时降封莒国公,天福二年(937)李从敏加检校太尉、后改任陕州节度使。[5]天福六年(941)为昭义军节度使。[6]天福八年(943)为左龙武统军。[7]开运元年(944)为潞州节度使。[8]开运三年(946)为河阳节度使。[9]后汉建立的同年、天福十二年(947)秋七月,李从敏改任西京留守,加同平章事。[10]乾祐元年(948)李从敏以西京留守、检校太师、平章事、莒国公,再加兼侍中。[11]后周广顺元年(951)李从敏进封秦国公。[12]同年以疾卒。

---

[1]《旧五代史新辑会证》卷 42,第 1363 页。
[2]《旧五代史新辑会证》卷 44,第 1451 页。
[3]《旧五代史新辑会证》卷 44,第 1458 页。
[4]《旧五代史新辑会证》卷 45,第 1502 页。
[5]《旧五代史新辑会证》卷 76、123,第 2308、2334、3787 页。
[6]《旧五代史新辑会证》卷 80,第 2469 页。
[7]《旧五代史新辑会证》卷 82,第 2541 页。
[8]《旧五代史新辑会证》卷 83,第 2571 页。
[9]《旧五代史新辑会证》卷 84,第 2638 页。
[10]《旧五代史新辑会证》卷 100,第 3076 页。
[11]《旧五代史新辑会证》卷 101,第 3110 页。
[12]《旧五代史新辑会证》卷 111,第 3359 页。

庞令图罢任后不知居于何处，但天福十二年他在前往开封的路途上染病，病逝于"三乡县之旅舍"，在洛阳一带。关于他的丧葬将在本文第三节讨论。

（二）庞令图子侄辈的婚宦：多出高门

除了庞令图的官历外，纥干德覃还花许多篇幅描述庞令图侄子和女婿们的婚宦。大哥之子庞守贞为怀州修武主簿。二哥之子庞守真，在948年时累迁至祁州司法参军。祁州在定州义武军治下，而庞令图至短在929到930年间担任义武军节度判官，反映庞家可能与河北一带的节度使保持往来。庞令图两子皆先父而逝。次子庞守讷的释褐官是"陕虢察推"，即陕州节度使的观察推官，之后逐渐迁转为"节度小计"。"小计"可能是负责财物或账务的幕职。庞守讷娶李从敏女后，两人在三年内先后过世，仅留下一女。巧合的是：庞守贞和庞守讷的任官地都与李从敏的任官地有重叠。怀州在孟州河阳节度使辖下，而李从敏在后晋开运三年（946）任河阳节度使。[1] 李从敏又曾分别在后唐天成二至三年（927—928）和后晋天福二至五年（937—940）担任陕州节度使。

庞令图另有七女。除了第七女年纪尚幼未出嫁外，其他六位皆已从人。六位女婿中，至少五位正任官。纥干德覃不全用直述记下他们的官职，有时是使用比喻或典故来描写所任的官职。长女适张氏，官至"东齐右职"，右职应指武职。东齐可能指今山东一带，后汉则可涵盖郓州天平军、青州平卢军、兖州泰宁军三地。次女适徐氏"青丘小计、尚书兵部员外郎殿中侍御史赐紫"，青丘可指山东或江苏吴淞江滨。但当时江苏非后汉领地，故是指山东一带。则徐氏应是以尚书兵部员外郎殿中侍御史赐紫的朝宪衔和章服，在郓州、青州、兖州三处方镇中任幕职。三女适张氏，"早驱鸡于易水，今隔寇于胡尘"，推测或指张氏现于边境任官，或指他曾在今河北一带任官（或许是县令），而现身处契丹所据之

---

[1]《旧五代史新辑会证》卷84，第2638页。

地。四女适鸿胪寺丞李氏。五女适弘文馆校书郎高氏。六女适殿直王氏。天福五年（940）时，后晋高祖为突显"承旨者，承时君之旨，非近侍重臣，无以禀朕命、宣予言"，将殿前承旨改名为殿直。[1] 庞令图在乾祐元年（948）正月二十二日下葬，后汉高祖则在同月二十七日过世，且秘不发丧。[2] 六位女婿中，扣除一人所任职为文或为武不详（三女婿），一人任武职（长女婿），四人任文职，文职比例高于武职者。六人中，三位在朝廷任官（四女、五女、六女之夫）、二位于方镇任职（长女和次女之夫）。庞令图次子则娶李从敏之女。与子辈的联姻对象相比，纥干德覃对庞令图两任妻子的介绍只有郡望和姓氏，似乎来自布衣家庭。庞令图和子辈的婚姻对象差异呼应了庞家从三代布衣到庞令图一代多人仕宦的向上流动轨迹。

纥干德覃在介绍庞令图的子侄辈和女婿时，二次强调其皆出于高门。在介绍庞令图二位兄长和二人子的婚宦后，纥干德覃言其"并出德门令望"。在叙述六位女婿的发展后，纥干德覃总结其"尽出高门，皆承余庆"；若庞令图两子未死，以庞家的联姻对象和庞令图的官历，庞令图子辈应可继续维持庞家身处统治阶级的地位。可惜二子俱亡，庞令图一家的发展止于庞令图的逝世。

（三）丧葬与墓志的物质性信息

庞令图的妻与子俱逝，纥干德覃言其"嗣子力竭于安厝，东床共备于殡迁"。"嗣子"可能指庞守贞或庞守真，丧礼由女婿们主持。庞令图本人官历辉煌，二侄和五婿也在方镇或朝廷任职。然而，从葬期、葬地、墓志字体和版面看来，庞令图的丧葬可能偏向于从简办理。庞令图于天福十二年十月二十四日（947 年 12 月 14 日）病逝于洛阳的旅舍，乾祐元年正月二十二日（948 年 3 月 10 日）下葬洛阳，相距不到九十日。相

---

[1]《旧五代史新辑会证》卷149，第4567页。
[2]《旧五代史新辑会证》卷101，第3104页。

对于庞令谨和妻任氏"俱附葬于大茔之右",庞令图的侄子和女婿们考虑"乡国是遥,大茔尤远",因祖坟(应是在籍贯地洺州)距离遥远,将庞令图就近葬于洛阳。

与庞令图官历相差最悬殊的是墓志的字体和版面凌乱。与其他时代相近、墓主亦是葬于洛阳的高层官员墓志铭相比,此凌乱更为突出:例如,后晋开运二年(945)后晋武官沧州刺史王廷胤及其妻周氏合葬的墓志铭、后汉乾祐三年(950)后晋文官奉化威军册礼使邢德昭及其妻刘氏合葬的墓志铭。[1] 庞令图墓志的书法几乎无间架可言、字体大小不一、前后行字常未对齐。书丹者张光胤生平不详,据墓志只知曾任摄左金吾引驾仗判官。此官在后汉的具体职掌不详,只知唐代大历三年(768)在左右金吾引驾仗每仗下各置判官两人。[2] 宋代左右金吾引驾仗掌殿内宿卫、车驾巡幸勘箭喝探事,以及送诸道节度使迎受。[3] 从庞令图墓志的书法不佳和留空错误看来,张光胤的文化修养显然不高。墓志中也未解释为何请他书丹。

总结而言,庞令图的墓志铭提供一个案例,让我们管窥唐末五代时三代布衣家庭向上流动的可能方式。庞令图吏员出身,历任摄磁州录事参军、许州忠武军录事参军、定州义武军节度判官、郓州天平军节度判官、鸿胪少卿等职,还可能担任过左威卫将军枢密院副承旨、司农少卿。庞令图能力争上流,除了自身的行政能力优秀外,兄长、幕主、姻亲、后唐明宗都可能曾提携过他。他的官历对学界未来研究五代节度判官的迁转、九卿在五代的职能,都提供了珍贵的资料。庞令图本人妻子似皆布衣,子辈联姻对象则多出高门。庞令图更将次子与节度使长官李从敏

---

[1] 见本册《同源异路:中山王家两支后代的不同命运》及《周旋八朝于乱世》。
[2] 王溥:《唐会要》卷71,上海:上海古籍出版社,2006年,第1520页。
[3] 《宋会要辑稿》职官22,第13页。

一家联姻。庞令图的仕途和子辈的联姻安排都显示向上流动的努力，可惜双子俱亡。凌乱的墓志书法和版面也反映了庞令图一家唯一的继承人庞守讷过世后，其家走向衰败。

（执笔者：陈韵如）

附录：墓志中重要方镇之节度使年表[1]

政区名	邢州安国军	许州忠武军（908—923 称匡国军）	同州忠武军（923—937 称匡国军）	定州义武军	邺州天平军	青州平卢军
墓志官历	庞令佺安国军押衙 庞令图 926 前摄磁州录事参军	庞令图至晚在 926 至 928 年间任忠武军录事参军		庞令图在 929 到 930 年任中山节度判官 庞守真曾任祁州州司法参军	庞令图 931 年曾任次阳节度判官，不确定何时离任	墓志撰者讫于德章 948 年前曾为平卢军节度巡官
节度使名	李存审（916） 李嗣源（916—923） 符习（923） 李存纪（924—926） 米君立（926） 王景戡（927—928） 李从温（928—930） 高允韬（930—932）	冯行袭（907—910） 李班（知留后，910） 韩建（910—912） 韩勍（912） 朱友璋（913—914） 王檀（914—916） 罗周敬（916—918） 谢彦章（918） 朱珪（918） 王彦章（919—921） 温昭图（921—922） 温韬/李绍冲（923—924） 李令锡（924—926） 张全义（926） 陶玘（留后，926） 梁汉颙（留后，926） 夏鲁奇（926—927） 孔循（928—930）	刘知俊（907—909） 刘鄩（留后，909） 牛存节（909—913） 程（全）晖（917—918） 朱令德（留后，918—920） 朱友谦（后梁授，920） 朱令德/李令德（朱友谦子，晋王存勖授，920—925） 李存敬（925—926） 王思同（留后，926） 卢质（926—928） 罗周敬（928—930）	王都（921—929） 李从敏（929—931） 李德珫（932—933） 李从温（933—935） 李周（934—935） 杨檀/杨光远（935—936） 皇甫遇（936—939） 王廷允（939—942） 马全节（942—944） 王周（944—945） 安审约（留后，945—946） 李殷（946） 耶律忠（契丹授，947）	李嗣源（923—924） 符习（926—929） 王晏球（929—930） 房知温（930—932） 李从曮（933—934） 王建立（934—936） 石敬瑭（936） 王建立（936—937） 安审琦（937—938） 范延光（938，未之任） 赵在礼（938—940） 杜重威（940—942） 景延广（942—944） 张从恩（944—945） 高行周（945—946） 李守贞（946—947） 白文珂（947） 慕容彦超（947—950）	王晏球（930—932） 房知温（932—936） 王建立（936—940） 杨光远（940—944） 杨承信（947） 刘铢（947—950）

[1] 据朱玉龙《五代十国方镇年表》（北京：中华书局，1997 年）制作。

参考资料：

一、墓志碑文

1. 纥干德覃：《大汉故鸿胪少卿金紫光禄大夫检校兵部尚书兼御史大夫上柱国（庞）公墓志铭并序》，傅斯年图书馆藏拓片（12842、18326）。

2. 纥干德覃撰，周阿根点校：《庞令图墓志》，周阿根《五代墓志汇考》，第 425—428 页。

3. 纥干德覃撰，章红梅点校：《庞令图墓志》，章红梅《五代石刻校注》，第 493—496 页。

4. 纥干德覃撰，陈尚君校点《大汉故鸿胪少卿金紫光禄大夫检校兵部尚书兼御史大夫上柱国（庞）公墓志铭并序》，陈尚君辑校《全唐文补编》卷 103，第 1290—1291 页。

二、其他资料

5. 王钦若等撰，周勋初等校订：《册府元龟》。

6. 王溥：《唐会要》，上海：上海古籍出版社，2006 年。

7. 王溥撰，上海古籍出版社标点：《五代会要》，上海：上海古籍出版社，1978 年。

8. 司马光等撰，标点资治通鉴小组点校：《资治通鉴》，北京：中华书局，1956 年。

9. 朱玉龙：《五代十国方镇年表》，北京：中华书局，1997 年。

10. 徐松辑：《宋会要辑稿》。

11. 马端临：《文献通考》，台北：台湾商务印书馆，1987 年。

12. 陈尚君：《旧五代史新辑会证》。

13. 渡邊孝：《唐代藩鎮における下級幕職官について》，《中国史学》11（2001），第 83—107 页。

14. 渡邊孝：《唐後半期の藩鎮辟召制についての再檢討——淮南・浙西藩鎮における幕職官の人的構成などを手がかりに——》，《东洋史研究》60：1（2001），第 30—68 页。

15. 叶炜：《武职与武阶：唐代官僚政治中文武分途问题的一个观察点》，《中国中古史研究》第六卷（上海：中西书局，2018 年），第 201—221 页。

16. 刘安志：《唐五代押牙（衙）考略》，《魏晋南北朝隋唐史资料》第 16 辑（武汉：武汉大学出版社，1998 年），第 62—72 页。

17. 刘琴丽：《唐代武官选任制度初探》，北京：社会科学文献出版社，2006 年。

18. 欧阳修撰，徐无党注，华东师范大学等点校：《新五代史》。

19. 邓小南：《试谈五代宋初"胡/汉"语境的消解》，张希清等主编《10—13 世纪中国文化的碰撞与融合》（上海：上海人民出版社，2006 年），第 114—137 页。

20. 谢思炜、王昕、燕雪平：《唐代荣阳郑氏家族：世系与婚姻关系考》，上海：上海古籍出版社，2019 年。

21. 赖瑞和：《唐代中层文官》，北京：中华书局，2011 年。

22. 严耕望：《唐代方镇使府僚佐考》，《唐史研究丛稿》，第 177—236 页。

中央吏员出守三邑

（魏延福）

刘祥光

北宋文官猗氏县主簿魏延福及其妻吴氏李氏墓志铭并序

一、基本资料

1 性质	墓志
2 题名	新题：北宋文官猗氏县主簿魏延福及其妻吴氏李氏墓志铭并序 首题：□〔大〕宋故儒林郎守河中府猗氏县主簿魏府君墓志铭并序
3 时间	死亡、下葬或立石时间 死亡：北宋开宝八年（975）九月七日 下葬：北宋淳化元年（990）十二月十九日 立石：北宋淳化元年（990）十二月十九日
4 地点	死亡、下葬或立石地点 死亡：河中府猗氏县（山西临猗）公署 下葬：洛阳县（河南洛阳）平乐乡杜泽里
5 人物	
墓主	魏延福（905—975）
合葬或祔葬	妻：濮阳吴氏 妻：陇西李氏
撰者	北宋文人乡贡进士魏用
书丹者	北宋文人乡贡进士吴震

6 关键词	社会流动、业绩、婚姻、家庭或家族、丧与葬、墓志笔法与史学方法

（责任者：陈柏予、张庭瑀）

二、释文

□〔大〕宋故儒林郎守河中府猗氏县主簿魏府君墓志铭并序
乡贡进士魏用撰
乡贡进士吴震书

□〔夫〕名以功称，位以德著者，古之言也。其或竭克诚而奉职，尽至节以端躬；大之则协□〔和〕万邦、弥纶王室，次之则缉绥一邑、惠爱黎甿。俾夫代启于承平，肇自官居于俊义，乃□〔知〕名非功无以称，位非德无以著，诚哉是言矣！
（以上是序，83字）

公讳延福，字元吉，世为梁苑人。有唐之末，徙家入洛，乃号三川人。曾祖颙，祖义，考筠，俱不仕。
（以上是籍贯与上三代，无女性，35字）

唯公独慕古风，早□〔持〕高节，诸子百氏，罔不该通。
始冠，笃务专经，思求乡荐，奈叠罹家衅，弗果进趋。
泊晋室龙兴，载崇旧制，凡诸监寺，慎选良才。公夙负廉能，果膺厥职。
司宾秉任，典属分荣，□〔俨〕衣冠而数奉严禋，执笾豆而肃陪清祀，夙夜匪懈，以事荐修。且自晋、汉两朝，迄有周三代，资克勤而在念，但藏器以求伸。
（以上是五代时仕历，118字）

洎我太祖皇帝奄有万邦，受天明命，树鸡竿而肆赦，宣凤诏以覃恩。八纮歌求旧之仁，四海贺惟新之庆，遄颁宠命，悉被庶僚，乃授公将仕郎守明州司法参军，仍勒留在寺，酬乎劳也。

越明年冬，上以区宇廓清，车书远混，期有事于南郊，用展礼于上帝，复覃睿渥，被及末僚，迁公登仕郎守泽州端氏县主簿。三年主印，百里兴谣，下车而疲民顿苏，临事而邻邑伏德。考满归选，群情黯然。

又乾德初，上特举王师，大平巴蜀，纳降王于紫殿，颁兑泽于赤霄。内外臣僚，咸沐升举，公复授绵州罗江县主簿。时令有阙，权知县事。

公以蜀都久隔大朝，居民多囗〔弊〕，树仁藩而作屏，挥义橹以威奸。易俗移风，寻返皇朝之政；推贤让善，俄成太古之风。五载归司，同僚共庆。

不数岁，加儒林郎守河中府猗氏县主簿。员阙，依前权知县事。戴星勤政，悬鱼示廉。韵洽弦歌，敢动割鸡之戏；情敦仁恕，咸兴栖棘之叹。

（以上是入宋后仕历，302 字）

　　无何，盛德方隆，沉疴遽染，洎青囊之弗验，乃玄夜之俄临。留令誉于人间，返英魂于岱岳。于开宝八年九月七日殁于公署，享年七十一。先娶濮阳吴氏，次娶陇西李氏，俱先公而亡，权葬洛之东北隅。至淳化元年十二月十九日，俱合祔归葬于洛阳县平洛乡杜泽里，祔于先茔，礼也。

呜呼！自古有死，其谁奈何？贤愚一混，咸归逝波。浮生万类尽虚幻，嵩丘千古长嵯峨。且《洪范》五福，其一曰寿；立世四人，其一曰士。今公居五福之先，冠四人之首，至于沾一恩、衔一命，其或致民康、尽臣节，亦大丈夫之死生幸矣！

（以上是死亡及葬，196 字）

公有子二人：

长曰廷宝，进书，授将仕郎试秘书省校书郎。令仪标特，雅量恢宏，达时事之否臧，洞物理之通塞。

次曰益，应乡贡学究举。情惟雅尚，性甚淳和，颐六义之精微，得十翼之枢要。

（以上是儿子，71字，不见女、媳、孙等）

宗人用蒙命见请，直而书之。辞苟不诬，幸而免耻。铭之曰：

德之隆兮位之卑，志苟行兮何足悲。

治三邑兮彰乎异政，□〔寿〕百岁兮将乎耄期。

然不能跻民于仁寿，致□□□□〔君于雍熙〕，亦厥道之光辉。

（以上是撰志原委及铭文，71字）

淳化元年庚寅岁十二月己丑朔，十有九日建。

（责任者：陈柏予、张庭瑀）

（指导者：李宗翰）

三、个案研究

魏延福（905—975）曾祖、祖与父皆三代不仕，应属平民出身。但他早年却能"诸子百氏，罔不该通"，说明其家境经济不错，可供其读书。弱冠后，曾求科举出身（乡荐），却因子度守丧而受阻与试。

936年石敬瑭建后晋，墓主可能因乡誉（曾受乡荐）而被提拔成为中央某寺吏员。或许因在位称职，兼接待外宾之吏员，亦兼陪祀礼官，自后晋（936—946）、后汉（947—950）至后周（951—960），皆敬谨任职。

宋太祖赵匡胤建国（960）后，授官明州司法参军，应属虚衔，因他仍受命留在原寺。乾德元年（963），宋廷平定荆南。他因襄助祭天有功，迁官泽州端氏县（山西泌水县东）主簿。三年考满而归。

乾德（963—967）初年，宋廷平定后蜀（965），授官绵州罗江县（四川罗江）主簿。因县令出缺，权知县事。在任上五年，能"易俗移风""推贤让善"，但具体治绩不明。几年后，出任河中府猗氏县（山西临猗）主簿，复因员阙而权知县事。开宝八年（975），染病去世，得年七十。墓主能文，因地方上有名声而入仕，但却乏有力人士举拔，官职始终停在地方县级基层单位。这大致反映了多数中下层官吏处境。不仅如此，墓志撰文者魏用与书丹吴震皆乡贡进士，也说明魏家人际网络可能局限于地方。

墓主一生二娶。元配濮阳吴氏，续弦陇西李氏，均先延福而死，权葬于洛阳。其先后两氏俱带地望，反映当时婚娶重地望仍属流行文化。夫妻三人于990（淳化元年12月19日）由其子祔葬于"先茔"，实属不易。

墓主有子二人。长子廷宝，或因其父生前积藏，献家中藏书，得授官试秘书省校书郎。[1] 次子益，通《易》与《诗》，曾参与乡贡学究地方考试。二人尚能续留在文人阶层的地位。

（执笔者：刘祥光）

参考资料：

一、墓志碑文

1. 魏用：《□〔大〕宋故儒林郎守河中府猗氏县主簿魏府君墓志铭并序》，傅斯年图书馆藏拓片（18281、19228）。

---

[1] 宋初有献书之诏赏，最近的一次是乾德四年（966）。据《续资治通鉴长编》（卷7，乾德四年［966］闰八月，178）："是月，诏求亡书。凡吏民有以书籍来献者，令史馆视其篇目，馆中所无则收之。献书人送学士院试问吏理，堪任职官，具以名闻。是岁，三礼涉弼、三传彭幹、学究朱载皆应诏献书，总千二百二十八卷，命分置书府。赐弼等科名。"

2. 魏用：《大宋故儒林郎守河中府猗氏县主簿魏府君墓志铭并序》，曾枣庄主编《宋代传状碑志集成》卷 190，第 2896—2897 页。

3. 魏用撰，郭齐校点：《大宋故儒林郎守河中府猗氏县主簿魏府君墓志铭并序》，曾枣庄、刘琳主编《全宋文》卷 134，第 84 页。

4. 魏用撰，雷家圣注释：《魏延福墓志》，宋代史料研读会报告，2005.11.26。

二、其他资料

5. 李焘撰，上海师范大学古籍整理研究所、华东师范大学古籍研究所点校：《续资治通鉴长编》。

清风美玉一文儒

（张积）

山口智哉

后唐文官前峡州司马张积墓志铭并序

一、基本资料

1 性质	墓志
2 题名	新题：后唐文官前峡州司马张积墓志铭并序 首题：故朝议郎前峡州司马柱国清河郡公墓志并序
3 时间	死亡、下葬或立石时间 死亡：后唐天成二年（927）九月十八日 下葬：后唐天成二年（927）岁次丁亥十一月壬子朔
4 地点	死亡、下葬或立石地点 下葬：河南县（河南洛阳）平乐乡杜郭村
5 人物	
墓主	张积（？—927）
6 关键词	业绩、品德、家庭或家族、墓志笔法与史学方法

（责任者：蒋侑伶）

二、释文

祖考庆，兄润，天成二年九月十八日张稹酉时归世，其日丙寅。
（以上是祖父、兄与死亡日期，24字）

故朝议郎前峡州司马柱国清河郡公墓志并序

盖闻三才肇启，遂分清浊之仪；五运推迁，爰顺幽明之道。是使云飘湘浦，露泣松门，赵岐犹纪于逸人，庾亮终悲于丧玉。
（以上是序，46字）

故朝议郎前峡州司马柱国清河郡公，挺志风云，立身敦素。南金东箭，莫以齐衡；阆月嵇松，难堪并驾。人中龙贵，时流或仰于宋纤；林内琼枝，众望自钦于王衍。而况词锋剸焉，智箭穿犀，远公终美于刘虬，鹜子逾惭于摩诘。白云千片，比道德以尤高；皓月一轮，喻神仪而更朗。
（以上是才能与品行，105字）

悲夫！陵谷易变，丘井难常，奸良之叹斯兴，委哲之哀俄激。水奔百越，宁分再反之期；鹤去三清，讵有千年之望。世子知鲁等，泣麻增感，洒血凝哀，轸风树于一时，痛遗形于万古。鲤庭罕对，空思尼父之言；兰室犹存，莫止王褒之泪。是以爰开厚壤，用作神居，地卜青乌，坟凿马鬣，经营不匮，叠甃多奇，晏若穿山，宛如构宇。陇云朝覆，疑缥帐以仍施；野鸟时鸣，讶哀声而尚恸。
（以上是死亡与卜地，141字）

而以天长地久，道阻人离，宜颂美于芳龄，冀镌功于异代。岂独燕然之碣，将同岘首之碑，用纪辉猷，录于贞石。敢辞鄙陋，而勒颂云：

大道不迁，浮生易往。倏若奔电，疾同返掌。

逝莫能问，神唯可仰。古圣斯混，图云攀向。

爰有令德，清风逾孤。荆山美玉，汉浦神珠。

门承簪组，学奥文儒。云鹤比性，官宦难拘。

张翰齐名，陶潜并价。龙在人间，鹤飞日下。

践奥求真，凝玄患假。德义共推，仪形素雅。

薤露难久，琼林易摧。俄如梦断，欻若风回。

坟圹是葺，窀穸□开。名留玉篆，影泛泉台，镌功不朽，古往

今来。

（以上是撰志原委与铭，185 字）

天成二年岁次丁亥十一月壬子朔葬于河南县平乐乡杜郭村。

（以上是葬，25 字）

记铭：长子知鲁，次子殿前承旨知浦，次子知晏，次子知训。孙十

七，保全自璘，遇重朔出。

（以上是家庭，33 字）

（责任者：蒋侑伶）

（指导者：李宗翰）

三、个案研究

这是一篇相当特别的墓志。墓志本文通计 559 字，辞藻华丽、用典精深。从墓志格式来看，除记铭之外，共分为五段：第一段为序，共 46字，记墓主的出身与对其逝世的感伤；第二段共计 105 字，记墓主才德与品行，强调墓主出身不凡、文才与智识皆美，且"比道德以尤高"，

刻画出墓主是一位当代景仰的名士形象；第三段 141 字，记其亡故与卜地的经过，表现对墓主之逝的感伤，与逝时有子服孝、感念父恩；第四段为题铭，共计 185 字，表达墓主的功绩应显于当代而不仅是"录于贞石"，铭中仍一贯地表达墓主的德行与文才，并强调其功绩应永为流传；第五段仅 25 字，记其埋葬地点与日期。

与一般墓志相较，这篇墓志有若干特点，值得思考。首先，除刻在首题前的一行字提及"祖考庆"外，墓志通篇不提墓主的先世与上三代，而只以一些华丽的典故称颂墓主的文才，似乎暗示了墓主其实出身平民家庭。墓志提及其祖，而不及其父，是否暗示其父早逝，墓主乃由祖父提携带大？其家庭背景为何？如何培养墓主的文才与教育？

其次，通篇以虚掩实，几乎探寻不到墓主生平事迹的任何具体讯息，这在一般墓志中颇为罕见。从墓志标题中，我们知道墓主的官职是"前"峡州司马，也就是峡州地区的上级幕僚，但除此之外，墓志完全未记录其任官的其他相关讯息，史册中也未能得见。例如他如何迁转，如何离任，此职是虚是实，皆未有说明。撰者明显回避墓主生平，是否真的无事可述，还是碍于时事而不能写？着实令人费解。

第三，撰者用大量文辞优美的典故称誉墓主文才与德行，如："词锋剿鹜，智箭穿犀""白云千片，比道德以尤高；皓月一轮，喻神仪而更朗""践奥求真，凝玄患假；德义共推，仪形素雅"等等，将墓主描写为文才敏慧又有德操的文士，符合当代对士人的期待。但由于未能记载墓主具体事迹，因此所述究竟有多少是撰者的溢美之辞，其实也无法评断。

第四，墓志注明其官职为"前"峡州司马的意思，应是指逝世时已不在任。而铭文中又以张翰、陶潜二人比拟墓主，显示他的离职乃是因为与世道不合而自愿隐退。此说是虚是实，也已难以考究，但一定程度上应该反映了五代乱世以文晋身之不易。墓主退隐后，似是定居洛阳，应该具有一定财力。他的经济来源为何？

第五，他于天成二年九月十八日丙寅归世，很快地在当年的十一月一日即葬于洛阳。墓志中提到家人为墓主在洛阳卜得一块相当好的墓地，应有不错的财力。具有如此背景的家庭，为何赶在短短42日即将墓主下葬？这在当时的时空环境来看，是否属于常态？

墓志标题并未书明朝代，似与一般墓志的格式略不相符。我们唯一能找到的年代信息，是文末卒年"天成二年"。天成为后唐明宗李嗣源的年号，以墓主任职所在地来看，峡州位于后唐与马楚之间，为荆南军节度使高季兴所节制。从当时的历史情境来思考，925年，后唐灭前蜀，荆南军高季兴取得了归州与峡州的节制权力，但由于高季兴有意扩张势力，与后唐一直持续冲突。墓主张积死亡的时间，正值后唐与高季兴矛盾冲突激烈的时期。由此看来，墓主的峡州司马，究竟是后蜀所立的官职，还是后唐所封，其实并不清楚。在这一段政权斗争的过程中，墓主经历了什么样的遭遇，是否因此而有所委屈？或许墓志撰者在书写的选择时有考虑当时政治情况，而刻意模糊了墓主的相关讯息，这些已不得而知。

本墓志最大的疑点，当属墓志篆刻本身。从现存拓片的情况来看，墓志文字虽然华丽，但刻文并不精美。特别是全文中我们唯一能够获取实际的人名与时间的记载，是文末记铭中所记墓主父兄子嗣的信息，以及归世的日期与时间。但从拓片的文字看来，其文字与篆刻风格并不一致，加上记铭书写较为拥挤，留白处不足的情况来推测，记铭的部分应为墓主家人自行增添，非原撰作者所书。此外，根据《五代石刻校注》的分析，记铭中唯一的日期讯息，也是本墓志中唯一具体可供参考的日期讯息："天成二年岁次丁亥十一月壬子朔葬"其实有误，天成二年十一月当为戊申朔，壬子应为初六日。[1] 虽然我们不能以此判定本方墓志为伪，但大概可以确定，协助归葬的墓主家族在准备墓志时并未完全采用通行的墓志格套，因此留下许多出格或错误之处。也就是说，在洛阳

---

[1] 章红梅：《五代石刻校注》，南京：凤凰出版社，2017年，第193页。

协助归葬的亲属们，其实际文化层次可能与一般政治文化精英有较大的差距。

（执笔者：山口智哉）

参考资料：

一、墓志碑文

1. 不著人：《故朝议郎前峡州司马柱国清河郡公墓志并序》，傅斯年图书馆藏拓片（01663、08223、17211）。

2. 不著人撰，周阿根点校：《故朝议郎前峡州司马柱国清河郡公墓志并序》，周阿根《五代墓志汇考》，第185—187页。

3. 不著人撰，章红梅点校：《故朝议郎前峡州司马柱国清河郡公墓志并序》，章红梅《五代石刻校注》，第191—193页。

4. 不著人撰，陈尚君点校：《故朝议郎前峡州司马柱国清河郡公墓志并序》，陈尚君辑校《全唐文补编》卷156，第10—11页。

八世文官家族的余晖

（孙拙）

陈韵如

后唐文官工部侍郎孙拙墓志铭并序

一、基本资料

1 性质	墓志
2 题名	新题：后唐文官工部侍郎孙拙墓志铭并序 首题：唐故朝散大夫守尚书工部侍郎柱国赐紫金鱼袋乐安孙公墓铭并序
3 时间	死亡、下葬或立石时间 死亡：后唐天成元年（926）五月十二口 初葬：后唐天成二年（927）二月十五日
4 地点	死亡、下葬或立石地点 死亡：洛城（河南洛阳）税舍 下葬：河南府（河南洛阳）河南县平乐乡张杨里
5 人物	
墓主	孙拙（858—926）
求文者	子：后唐文人乡贡进士孙昼
撰者	表侄：后唐文官刑部郎中王骞
书丹者	子：后唐文人乡贡进士孙昼
6 关键词	社会流动、家庭或家族、墓志笔法与史学方法

（责任者：林亚璇）

二、释文

唐故朝散大夫守尚书工部侍郎柱国赐紫金鱼袋乐安孙公墓铭并序
表侄朝议郎守尚书刑部郎中柱国赐绯鱼袋王骞撰
孤子乡贡进士昼书

　　噫！行客归人，乃昔贤之达理；橡崩栋折，实前代之怀材。岂宜休马之辰，复有歼良之叹。九原何作，多士增欷，追是芳猷，属在明德。
（以上是序，49字）

　　公讳拙，字幾玄，武水乐安人也。世济文行，织于简编，余烈遗风，辉图耀谍。
曾祖会，庐、常等五州牧，累赠吏部尚书、宣州观察使。
祖公义，庐、饶等五州牧，工部尚书致仕，累赠太尉。
考瑝，前御史中丞，累赠司空。姚陇西县君李氏，追封国太夫人，故司徒太子太师致仕赠太尉福之长女。
（以上是上三代，107字）

　　公即司空之第二子，李夫人之嫡胤也。生知孝友，代袭公忠，非礼不言，抱义而处。
（以上是简介，共31字）

　　举进士，擢第甲科，解褐户部巡官、秘校、京兆参军、直弘文馆，由相国孔鲁公纬之奏职也。相国裴公赟任御史中丞，慎选属僚，必求端士，以公蔼有直声，且肖前烈，奏授监察御史。时属天伦在疚，人事都忘，竟不赴职。时论不可，复拜察视，俄迁右补阙。

公以艰运方钟，直道难揩，因乞授河南府长水令，仍增命服。秩满，复奏授殿中侍御史。尚以天步多艰，官守无设，因逾年不赴任。金谓公峻洁自持，闺门有守，不膺斯任，孰曰当仁。复拜殿中侍御史，台中四任，悉谓两迁，难进之规，且复谁拟。俄拜礼部员外、户部员外。再乞任登封令，就加检校礼部郎中。琴韵萧然，曲肱如乐，民知畏爱，吏不忍欺。声闻京师，复加检校考功郎中，不改其任。

（以上是唐仕宦事迹，共 242 字）

俄入拜司勋员外郎。虽秩在清华，然志思及物，又出宰汴州浚仪令。咸谓惠物亟伸，掌纶未陟，曷明继世，岂试诸难，爰授职方员外郎知制诰。岁满，正拜中书舍人金紫，出使浙越。复命之日，改左谏议大夫，俄迁左散骑常侍。公性多舒坦，不顾清华，因乞留司洛京，已便摅适。时论以久稽殊宠，合陟贰卿。拟命将行，又坚乞授西都留守副使，因加检校礼部尚书。

（以上是后梁仕宦事迹，共 137 字）

庄宗之纂复中兴，奔觐朝阙。未几，拜工部侍郎。

（以上是后唐仕宦事迹，共 18 字）

（以上是生平事迹，428 字，其中仕宦 397 字）

将伸蕴蓄，共赞升平，天乎不仁，命抑其道。以天成元年岁在丙戌五月十二日薨于洛城税舍，享年六十有九。以明年二月十五日穴之于河南县平乐乡张杨里，从先大夫于九原，礼也。

（以上是卒与葬，71 字）

娶夫人扶风窦氏，封本郡县君，讳回，故左散骑常侍爱女也。内持四德，外洽六姻，非止令仪，实谓贤德。

（以上是妻，39 字）

嗣子昼，心全孝道，志在保家，仰奉训慈，专营大事。以謇且同外族，夙奉明知，宜授刊铭，俾敷实录。但拘浅学，难避属词，追感无涯，谨为铭曰：

古人有言，道存不朽。禄既无贪，义岂忘守。

四让绣衣，三临墨绶。实沃皇情，以苏黔首。

时论允归，承家典诰。白兽为罇，金貂为帽。

皆公峻履，时俾要道。史有可编，言谁讵造。

伊洛分司，雍京副倅。孰谓好求，实由易退。

庄宗纂绍，奔觐居先。子牟怀恋，杨仆祈迁。

爰抛渭灞，窃复伊滩。舆论充斥，华资是铨。

爰贰冬卿，将思行己。始馨沃心，已拘暮齿。

卧未浃旬，疾侵腠理。玉折何追，兰枯骤委［萎］。

兵革已来，搢绅多故。言从九原，悉皆无路。

公之考祥，视礼有素。付子传孙，无亏霜露。

（以上是撰志原委及铭，229 字）

（责任者：林亚璇）

（指导者：李宗翰、刘祥光、山口智哉、陈韵如）

三、个案研究

孙拙为唐代乐安孙氏的第八代。此家族在唐代的发迹可追溯至唐初的孙嘉之（？—？）。孙嘉之进士及第，自他开始，孙氏不再四世仅传一子，人丁逐渐兴旺，家族累代仕宦、高官不断，直至唐末。学界常结合本篇墓志与其他乐安孙氏的墓志，观察唐代科举制度或门阀贵族的变化。单就本篇墓志而言，全文共约 923 字，述及孙拙仕宦经历的志文和铭文共约525字，达全篇56.8%，占最多的篇幅。孙拙的仕历及影响其仕途升降的可能原因便为本文的讨论重心。希望藉此讨论，补益学界对乐安孙氏唐末发展的理解。

孙拙以进士出身而任官。他能以进士登第，与孙家累世高官且代代准备科举的家庭教育应关系密切。孙拙的上四代（父、祖、曾祖、高祖）皆为唐朝的高层文官。高祖孙遹为孙嘉之的次子。孙遹入仕途径不详，只知曾任皇关内营田判官、左羽林兵曹参军、京畿采访支使，赠左散骑常侍。孙遹仅有一子孙会（？—约758），即孙拙的曾祖。孙会的入仕途径亦不详，曾任皇侍御使和郴州、温州、庐州、宣州、长州这五州的刺史，即孙拙墓志所言的"庐、常等五州牧"。不过孙会的赠官，在后世子孙的墓志中略有出入。孙会之子孙公义和孙会之孙孙瑝的墓志都称其追赠"工部尚书"，曾孙孙拙墓志却说他"累赠吏部尚书、宣州观察使"。

孙会有子四人，长子孙公绍、次子为孙公义、三子孙公胄、四子孙士桀。孙公义即为孙拙的祖父。孙公义十四岁时（785年）以明经入仕，任扬州天长县尉。对此，孙公义墓志撰者冯牢是用当时孙家家计困难来解释："年十四，初通两经，随乡荐上第。未及弱冠，遽失怙恃。长兄不事家计，诸弟尚复幼稚。公以负荷至重，他进不得，遂即以明经调补扬州天长县尉。"孙公绍生平不见史料著述，与冯牢"不事家计"的描述若合符节。然而，冯牢"负荷至重"之语似有夸饰之嫌。孙会历任五州州牧，很难想象他一过世，家境便迅速凋零。另外，孙会虽然是孙遹独子，孙公义无亲伯叔可寻求帮助；但当时孙公义五服之内的其他乐安孙氏仍有多人任官，应有能力对孙会遗子们施以援手。可是墓志不见其他乐安孙氏的援助，不知实情如何。冯牢"负荷至重"的描述虽可能夸饰，但也提升了孙公义的孝悌形象。

无论孙公义一家的发展是否在孙会过世时受挫，之后孙公义再度爬升至高层文官之阶。历任江阳主簿、婺州录事参军、宪台主簿、京兆府户曹、咸阳令、吉州刺史、饶州刺史，842 年任睦州刺史，再任"亳守"，续迁"合淝郡"，846 年入拜大理卿，后拜宾护分司。孙拙墓志中的"庐、饶等五州牧"即指孙公义所任的吉州、饶州、睦州、亳州、庐州此五州刺史。关于孙公义 849 年致仕时的官职，后代子孙的墓志记载有二：一是工部尚书，见于孙公义本人及其孙孙拙的墓志；另一是礼部尚书，见于其子孙瑝的墓志。此不一致令人费解。孙家墓志撰者多为墓主亲友，孙公义墓志撰者冯牢自述为孙氏"旧姻"，孙瑝墓志撰者李都自称为孙瑝友，孙拙墓志撰者王骞则为其表侄。[1] 他们既为墓主亲友，加上孙公义一系仕历显赫，撰者按理应不会写错墓志中的父祖仕历。

孙公义共有十七名子女，包括七子、十女。七子中的第三子孙玙先父而没，其他六子中，至少五人曾经任官。例如：长子孙项曾任京兆少尹。次子孙縠曾任河南尹。按孙公义墓志的解释，是"因天子宠公之归，辍自近侍，除为河南尹，天下荣之"。"公之归"指久居外任的孙公义在唐宣宗即位的大中元年（847 年）春，以七十五岁高龄，回到京城一事。无论孙縠是否真因父亲的关系才被拔擢为河南尹，宣宗初期孙公义一族仕途显达是毋庸置疑的。四子孙珺和七子孙瑝（818—871）皆进士及第，比明经出身的孙公义又更胜一筹。[2] 孙珺和孙拙父孙瑝登第时间史料无征，但据孙瑝墓志可知孙瑝登第在唐宣宗 846 年即位前。换言之，孙瑝不到 28 岁便成为进士，发迹极早。

孙瑝曾官至御史中丞，赐金紫。孙瑝之妻李氏（838—871）亦出自高门。李氏之父李福，宣宗时（846—859 在位）曾任右谏议大夫、夏州节度使，861 年时任检校工部尚书，懿宗（859—873 在位）时曾任相，

---

[1] 高桥彻注意到唐代乐安孙氏在丧葬的特色之一为：墓志撰者与书者约 83% 与死者有直接关系，而非请门生故吏或有名文人执笔。见高桥彻《唐代乐安孙氏研究》，《学习院史学》29（1991），第 60、69 页。

[2] 唐代乐安孙氏的历代入仕出身与历任官职考证见郭学信《唐代博州武水乐安孙氏家族》，载郭学信《唐宋聊城仕宦家族研究》（北京：中国社会科学出版社，2015 年）第 57—82 页。

877 年时任山南东道节度使。[1] 孙拙一家的发展在 870 年孙瑝贬谪时，曾一度受挫。870 年，同昌公主薨，唐懿宗逮捕太医韩宗绍等送诏（？）狱，连坐宗族数百人。中书侍郎同中书门下平章事刘瞻上疏反对，懿宗大怒，即日罢刘瞻相位。孙瑝因与刘瞻亲善而遭贬逐，从御史中丞贬为汀州刺史。在赴任汀州（今福建）路上，孙拙母李氏于咸通十一年十二月七日（871 年 1 月 3 日）过世；一个多月后，孙拙姐孙泳于咸通十二年正月二十八日（871 年 2 月 25 日）过世。孙瑝"至郡三月，为南方毒沴所寇，一夕奄忽"，于咸通十二年六月三日（871 年 6 月 28 日）在福建病逝。孙瑝过世时，留有二子、二女。[2] 长子身份待考，后文将再说明。次子孙拙未及弱冠，由谁抚养成人，史料无征。

孙拙长成后，以甲科进士登第。唐进士科登第不易，登第又分甲、乙等。孙拙能以甲等登第，可见其雅擅文章。登第后，他解褐任职户部巡官。又因孔纬的奏职，任职秘书校书郎、京兆参军、直弘文馆（见表一编号 2）。为了便于分析，先将墓志中孙拙的仕宦经历表列如下：

表一　孙拙仕宦经历

编号	时间	职务与地点	任命原因	任命反应或在任表现
1		户部巡官	举进士，擢第甲科	
2	886—890 间（28—32 岁间）	秘校、京兆参军、直弘文馆	相国孔鲁公纬之奏职	
3		监察御史	相国裴公赞任御史中丞，慎选属僚，必求端士，以公谠有直声，且肖前烈	时属天伦在疚，人事都忘，竟不赴职。时论不可，复拜察视

---

[1] 李福的仕宦经历见：王谠撰，周勋初校证《唐语林校证》卷 2，北京：中华书局，1987 年，第 153 页；刘昫撰，中华书局编辑部点校：《旧唐书》卷 19，北京：中华书局，1975 年，第 651、701 页；王溥《唐会要》卷 2，北京：中华书局，1955 年，第 15 页。

[2] 孙泳过世时间见孙呆《唐故御史中丞乐安孙府君长女墓志铭并序》，《唐代墓志汇编》第 2455 页。李氏与孙瑝的逝世信息见李都《唐故御史中丞汀州刺史孙公墓志并序》，陈尚君辑校《全唐文补编》第 1035 页。

编号	时间	职务与地点	任命原因	任命反应或在任表现
4	至晚在 890 年	右补阙		公以艰运方钟,直道难措,因乞授河南府长水令,仍增命服
5	至晚在 890—893 间	河南府长水令		
6	至晚在 893—894 间	殿中侍御史	长水令秩满	尚以天步多艰,官守无设,因逾年不赴任。金谓公峻洁自持,闱门有守,不膺斯任,孰曰当仁
7	至晚在 894—906 间	殿中侍御史		台中四任,悉谓两迁
8	至晚在 906	礼部员外郎、户部员外郎		乞任登封令
9	至晚在 906—907 间	登封令加检校礼部郎中		琴韵萧然,曲肱如乐,民知畏爱,吏不忍欺
10	至晚在 906—907 间	登封令复加检校考功郎中	登封令治绩声闻京师	不改其任
11	907,后梁开平元年四到五月间?(49岁)	司勋员外郎		
12	907(开平元年六月)	汴州浚仪令	虽秩在清华,然志思及物	
13		职方员外郎知制诰	咸谓惠物亟伸,掌纶未陟,曷明继世,岂试诸难	
14	至早 910 后	中书舍人金紫,出使浙越	岁满	
15		左谏议大夫		
16		左散骑常侍		

编号	时间	职务与地点	任命原因	任命反应或在任表现
17		西京留守副使加检校礼部尚书	公性多舒坦，不顾清华，因乞留司洛京，已便撝适。	时论以久稽殊宠，合陟贰卿。拟命将行，又坚乞授西京留守副使。
18	923—926 间，后唐（65—68 岁）	工部侍郎		

从孙拙所任职务为秘书校书郎和直弘文馆看来，孔纬看重的可能是孙拙的文学才能。之后御史中丞裴贽欲提拔孙拙为监察御史（编号 3）。裴贽任御史中丞事，在乾宁四年（897）前。[1] 如此反推回来，孔纬提拔孙拙，当在 897 年之前。再考虑到孔纬得势并任朝官的时间约在 886 到 890 年间，他提拔孙拙也应落在此期间。孔纬于大中十三年（859），进士及第，释褐秘书省校书郎。黄巢之乱时（875—884），从僖宗幸蜀，改刑部尚书，判户部事。光启元年（885），从驾还京。光启二年（886）二月，授刑部尚书兼御史大夫。三月为兵部侍郎，充诸盐铁转运等使，并以本官同平章事。大顺元年（890），孔纬以开府仪同三司守司徒门下侍郎同平章事上柱国鲁国公食邑三千户充诸道盐铁转运等使检校司徒，兼江陵尹、荆南节度观察处置使。然而，就在同年，孔纬被贬为均州刺史，直到乾宁二年（895）五月，才再度受到重用。不过四个月后，孔纬便过世了。[2]

之后御史中丞裴贽鉴于孙拙"蔼有直声，且肖前烈"，即孙拙正直，与前烈相似，而奏授孙拙为监察御史。"前烈"应即指曾任御史中丞此监察职务的孙璋。王碣没有具体说明孙拙与孙璋的相似之处，但孙璋墓志有数句提到孙璋的正直行事，例如："其选置僚寀，必搜贞良，不为势

---

[1]《旧唐书》，卷 20，第 763 页。

[2]孔纬仕宦经历见《旧唐书》卷 20、179，第 743、753、756、4648—4652 页。

屈""公之为人也，节峻诚坚。"[1] 或许行止正直，即为孙拙墓志所指的父子相似处。面对裴赟的提拔，孙拙却因"天伦在疚，人事都忘"而不赴职。"天伦在疚"所指何事不明。但孙拙自母、姐、父于871年过世后，至亲只剩哥哥一人。学界对孙拙兄的身份有二说：一说是孙揆。此说据《新唐书》宰相世系表。孙揆为进士出身，889年以刑部侍郎为京兆尹，890年任昭义军节度使，在讨伐李克用时为其所杀。此次讨伐行动的主导者之一即为孔纬。若孙拙兄为孙揆，似乎更能解释为何孔纬拔擢孙拙。孙揆死亡时间与"天伦在疚"的时间范围重叠。然而，其兄若是孙揆，与孙拙墓志后文记李克用之子李存勖称帝时，孙拙"奔觐朝阙"一事似有扞格。后文将再细论孙揆死事和"奔觐朝阙"事。二说是孙杲。此说见孙瑝、孙泳墓志。同时代的至亲墓志记载比北宋史书《新唐书》应该更为可信，而且学界也已指出《新唐书》宰相世系表曾至少两处记错乐安孙氏第六代的世系。一处是将孙微仲的次子记成孙微仲之弟孙审象的次子；另一处是将孙向之子记成孙审象之子。[2] 考虑到史料的可信度，孙拙之兄为孙杲的可能性应高于孙揆。

可惜的是，传世典籍不见孙杲仕历，可依据的史料只有孙杲其妹孙泳及其父孙瑝的墓志。孙拙母李氏虽有"墓志"留下，但其中有关孙家成员的文字漫漶不清，已无法判读。[3] 孙泳的墓志撰者即为孙杲。孙泳过世，年仅十七。可知孙杲当时至少已十七岁。孙瑝墓志撰者李都记孙瑝有：

> 子男二人，长曰杲，孝谨有闻，而饰以词彩，从郑公愚为广南推官，得试校书。次曰三合，李夫人之出，幼而未弁，朗澈端茂，

[1] 《唐故御史中丞汀州刺史孙公墓志并序》，第1035页。
[2] 郭学信：《唐代博州武水乐安孙氏家族》，《唐宋聊城仕宦家族研究》第68页。
[3] 李氏墓志刻于孙瑝墓志志盖的背面。对于李氏墓志志文的判读，及该墓志是否可以用"墓志"称呼的讨论，见鲁才全《〈千唐志·孙瑝妻李夫人墓志〉图版说明辨证》，武汉大学魏晋南北朝隋唐史研究室编《魏晋南北朝隋唐史资料》第15辑（1997），第147—151页。

宜世先风。三女，阿奴、阿弄、阿铨，阿奴已成人，许嫁进士裴睬，即今汉南尚书之子也，未嘉期而殁。夫人所出，次子三合与二幼女也。

　　李都并未提及孙瑝曾有李氏以外的妻，则孙杲和孙泳可能是妾生。与孙泳有婚约的裴梁，史料不见其生平，不知是否与提拔孙拙的裴赞为亲戚。872 年时，孙杲已为郑公愚的幕僚，担任广南推官。传为唐末杜光庭所撰的《道教灵验记》中，记"节度使郑公愚"曾游览广州菖蒲观。[1] "得试校书"可能指孙杲官阶为正九品上的校书郎。推官一般负责推勾狱讼。据孙瑝墓志，孙瑝任御史中丞时，于狱讼之事颇有政绩："公□于历试，虔操国章，事简法严，吏不鬻情，狱无监系。上每坐便殿，必亲阅刑书，欲桎梏不加，宪纲疏略。公周索理本，条别重轻。上益加宠待。"孙杲能任推官，或与家学和其父声名有关。而孙瑝墓志言其"饰以词彩"，反映孙杲也有文学能力。孙杲之后的仕历和卒年皆不详。不知孙拙墓志中的"天伦在疚"是不是指孙杲过世。虽然孙拙以"天伦在疚"为由，不愿赴监察御史之职，但时论皆反对这举动；孙拙只好任职，不久后官升至右补阙（编号 4）。

　　表一编号 4 到 10 的期间（推测在 890 年到 907 年间），墓志记孙拙虽曾被数次任命为朝官，但多以各种理由婉拒。孙拙升至右补阙时，以"艰运方钟，直道难措"为由，乞求改任河南府长水县县令。长水县令任满后，朝廷又改授殿中侍御史一职。他又以"天步多艰，官守无设"为由，多年不赴任。但时论皆称孙拙"峻洁自持"，行止高洁，为殿中侍御史的当仁不让之选。孙拙之后四次连任殿中侍御史，其间阶官升官二次。之后又被任命为礼部员外郎和户部员外郎。此时孙拙再度乞求至地方任官——任登封令。墓志以"琴韵萧然，曲肱如乐"形容孙拙在登封令任内的行止。"曲肱如乐"出典自《论语·述而》："子曰：'饭蔬食

---

[1]　杜光庭：《道教灵验记》，第 225—2 页。

饮水，曲肱而枕之，乐亦在其中矣。'"用此典故是指孙拙生活简朴。与"曲肱如乐"对仗的"琴韵萧然"应是典出《论语·阳货》："子之武城，闻弦歌之声。夫子莞尔而笑，曰：'割鸡焉用牛刀？'"此典故应指孙拙善于教化人民。任职期间，孙拙似颇有治绩，墓志记孙拙所治人民畏爱他，所属官吏亦不敢欺瞒他。此治绩传到京师后，朝廷加孙拙检校官"检校考功郎中"，但不改其登封令的任命。[1] 若欲更进一步考察孙拙婉拒中央任官的理由可以对应到哪些历史事件，必须先为这些任命定年。

要将孙拙编号 4 至 17 间仕宦经历定年，并不容易。最主要的定年困难为：自"相国裴公赟任御史中丞"一词（编号 3）到"（后唐）庄宗之纂复中兴"一句（编号 18）之间，王赟对孙拙此期间任官的具体朝代为唐或后梁只字未提。王赟如此叙述很可能是想刻意模糊孙拙曾经移忠以及曾经在与后唐敌对的后梁仕宦这两件事。但与《册府元龟》对读，可知孙拙出任汴州浚仪县令（编号 12）是在梁太祖开平元年六月，即 907 年 7 月 18 日到 8 月 16 日间。[2] 这定年确定了编号 12 到 17 是后梁的仕历。至于编号 4 到 11，因史料不足，只能从墓志内文推测。自任监察御史到登封令期间，孙拙一直不愿在中央任官。而他之后愿意回朝廷担任司勋员外郎（编号 11），可能是因唐梁已经易代，向后梁朝廷输诚。按其后任浚仪县令的时间回推，孙拙拜司勋员外郎的时间应在后梁开平元年四月到五月间，即 907 年 6 月 10 日到 7 月 17 日间。在拜司勋员外郎前，孙拙登封令一职，从到任、有治绩、加检校考功郎中这一连串事件（编号 9、10），最短应该历时一年，如此推测登封令任期至晚在 906 到 907 年间。而之前孙拙在殿中侍御史"台中四任"应是十二年（编号 7）。从孙拙至晚在 906 年出任登封令一事回推十二年，他任殿中侍御史

---

[1] 安史乱后，检校官成为虚衔。唐代的检校官制参见赖瑞和《论唐代的检校官制》，《汉学研究》24. 1（2016），第 175—208 页。

[2] 《册府元龟》卷 701，第 8359—2 页。

之事，应该至晚在 894 到 906 年间。再从 894 年前回推，孙拙"逾年"不赴任殿中侍御史，则任命该官职事，当至晚在 893 到 894 年间。而此前孙拙长水县令"秩满"应是三年（编号 6），任长水令事便至晚在 890 到 893 年间。

按此定年，对孙拙在 890 到 907 年一直婉拒在中央任官，最直接的解释是时值唐末政局动荡，欲明哲保身。若再对照当时的朝廷局势发展，可推测出一些更具体的背景。孙拙以"艰运方钟，直道难措"为由婉拒右补阙一职、乞授长水令的时间，以及因"天步多艰，官守无设"而逾年不赴任殿中侍御史事，都刚好落在孔纬 890 到 895 年失势的期间。而孙拙任职十二年殿中侍御史、礼部员外郎和户部员外郎后，乞求外任登封令的时间点，则在裴贽 905 年致仕，接着又被贬为青州司户参军后。

孙拙虽然似在后梁建立之初，即入拜司勋员外郎，但之后墓志说他虽然位居清华之位，却"志思及物"，希望处理及物之事，因此出任汴州（开封）浚仪县令。但时论咸以"惠物亟伸，掌纶未陟，曷明继世，岂试诸难"为由，希望孙拙回中央执掌起草诏诰。孙拙遂担任职方员外郎知制诰。从知制诰负责起草诏诰的职务看来，孙拙可能是以其文学能力受提拔。三年任满后，孙拙拜中书舍人、赐金紫，并出使浙越。出使回来后，孙拙先官升至左谏议大夫，又升到左散骑常侍。但王翱言此时孙拙因"性多舒坦"，不愿身居清华高位，乞求能留在洛阳，"己便摅适"，可能指便于发挥和适合其性情。但时论反对，认为孙拙久受殊宠，应该升官至"贰卿"，即侍郎之位。任命将发时，孙拙再度坚持乞求留守洛阳，任西都留守副使。后梁朝廷最后应允其请，加其检校官为"检校礼部尚书"。孙拙坚持留在洛阳，可能是因唐代乐安孙氏在洛阳长年经营，孙氏子孙皆归葬洛阳。特别是孙拙祖父孙公义逝世于洛阳县陶化里之私第、孙拙的叔叔孙毅又曾任河南尹，孙公义一系在洛阳显然有资产和人脉。孙拙留任洛阳，应有地缘考虑。

与王翱对孙拙在唐的仕历记载相比，墓志对孙拙在后梁的仕历叙述更加模糊。王翱既罕言其任职时间、在任多久，也未提及朝廷提拔孙拙的原因及其政绩。这种模糊和留白的笔法，让孙拙在后梁十六年的仕宦经历更难定年。而王翱着墨较多者，是孙拙屡屡不愿在后梁朝廷任官，但因时论反对孙拙外任并积极倡议让他任职中央，他不得已才担任朝官。这种模糊笔法和解释模式，都让人不禁怀疑王翱是想刻意淡化孙拙在后梁的仕历。

后唐庄宗称帝（923），王翱记孙拙"奔觐朝阙"。铭文中又再提此事："庄宗篡绍，奔觐居先。""奔"一词鲜活描绘孙拙向庄宗输诚之速。这用词与前述孙拙不愿在唐与后梁朝廷任官，屡次希望在外地任职，形成强烈的反差。然而，若孙拙之兄为孙揆，孙拙此举颇不合理。正史记载中孙揆最主要的事迹为：昭宗任孙揆为昭义军节度使，命他讨伐李克用，但反而被李克用所俘并杀害。《旧唐书》（973—974）和《旧五代史》（974）对孙揆死时情境（890）未多叙述。但略晚于孙拙的五代宋初人孙光宪（？—968），在其《北梦琐言》描绘得极为悲壮忠烈："孙尚书为太原所执，诟骂元戎李公克用，以狗猪代之。李公大怒俾以锯解，虽加苦楚而锯齿不行，八座乃谓曰：'死狗猪！解人须用板夹，然后可得行，汝何以知之？'由此施板而锯，方行未绝间，骂声不歇，何乃壮而不怖！斯则君子之儒必有勇也。"欧阳修《新唐书》（1060）记载与《北梦琐言》类似，并将孙揆列入忠义传中。考虑到李克用以"锯解"之法杀害孙揆，孙拙若在李克用之子称帝后便迅速投靠，不知是否德行有亏？另有两种可能：一是，正因孙揆曾得罪李克用，孙拙才需在庄宗称帝时迅速输诚，以保孙家安全，可惜无法确认孙拙兄为孙揆或孙昊；二是孙拙于后梁曾任高官。而后梁太祖朱全忠在任唐宣武节度使时，便与后唐庄宗之父、河东节度使李克用有仇怨，双方相战多年，直到后唐庄宗灭掉后梁。或许鉴于后梁与后唐的世仇，孙拙在后唐方立，便迅速投靠，保全孙家。不论两种解读何者较接近实情，都显示唐代高层文官在五代频繁易代时，保家全身的困难与努力。

孙拙投奔后唐不久，便被授予工部侍郎一职。当时他已在 65 至 68 岁高龄之间。可惜他随即染病，铭文言"卧未浃旬，疾侵腠理。玉折何追，兰枯骤萎"。浃旬指十天，即十天内重病身亡于洛阳。孙拙天成元年五月十二日过世（即 926 年 6 月 29 日），来年二月十五日（即 927 年 3 月 25 日）归葬于河南县平乐乡。学界已指出孙家偏好同族埋葬，而孙遹一系的家族主要葬在平乐乡。孙拙过世后，留下一妻一子。妻子窦回之父为左散骑常侍，也是文官家庭出身。查《旧唐书》《旧五代史》《全唐文》等史料，窦姓的左散骑常侍只有窦群一人。但窦群 814 年便已过世，活跃年代甚早，应非窦回之父。[1] 独子孙昼年龄不详，只知为乡贡进士、无任官。

从孙拙上四代皆为高层文官，孙拙本人历经唐、后梁、后唐的光辉仕历，到孤子孙昼仅有乡贡进士的头衔，反映了孙拙一家随着朝代更迭，逐渐由盛转衰的没落。有助孙拙仕历的因素包含他的家学、品格（蔼有直声）、家世（肖前烈）、文学能力、地方治绩。但这些因素，特别是家学与家世，在后唐似乎发挥不了明显的作用。不只孙昼，学界指出乐安孙氏的其他第九代子孙在后唐不但入仕者极少，任官者多以门荫入仕，官职低微。[2] 孙拙的墓志正见证了唐代乐安孙氏最后的辉煌。

（执笔者：陈韵如）

参考资料：

一、墓志碑文

1. 王骞撰，周阿根点校：《孙拙墓志》，周阿根《五代墓志汇考》，第 176—179 页。

　　[1] 董诰等编：《全唐文》，北京：中华书局，1983 年，卷 612、761，第 6185-1、7901-2 页。
　　[2] 郭学信：《唐代博州武水乐安孙氏家族》，《唐宋聊城仕宦家族研究》第 74 页。

2. 王骞撰，陈尚君校点：《唐故朝散大夫守尚书工部侍郎柱国赐紫金鱼袋乐安孙公墓志铭并序》，陈尚君辑校《全唐文补编》卷 97，第 1203—1204 页。

3. 王骞撰，章红梅点校：《孙拙墓志》，章红梅《五代石刻校注》，第 184—187 页。

二、其他资料

4. 王钦若等撰，周勋初等校订：《册府元龟》。

5. 王溥：《唐会要》，北京：中华书局，1955 年。

6. 王谠撰，周勋初校证：《唐语林校证》，北京：中华书局，1987 年。

7. 李都：《唐故御史中丞汀州刺史孙公墓志并序》，陈尚君辑校《全唐文补编》，第 1034—1036 页。

8. 李就：《无名墓志》（唐故御史中丞汀州刺史孙瑝妻李夫人附刻志），周绍良、赵超《唐代墓志汇编》，第 2348—2349 页。

9. 杜光庭：《道教灵验记》，收入张宇初、邵以正、张国祥编《正统道藏》第 18 册（台北：新文丰出版社，1985），第 225—2 页。

10. 孙昊：《唐故御史中丞乐安孙府君长女墓志铭并序》，周绍良、赵超《唐代墓志汇编》，第 2455—2456 页。

11. 高桥彻：《唐代乐安孙氏研究》，《学习院史学》29（1991），第 54—70 页。

12. 郭学信：《第二章：唐代博州武水乐安孙氏家族》，郭学信《唐宋聊城仕宦家族研究》（北京：中国社会科学出版社，2015 年），第 39—110 页。

13. 冯牢：《唐故银青光禄大夫工部尚书致仕上柱国乐安县开国男食邑五百户孙府君墓志铭》，周绍良、赵超《唐代墓志汇编》，第 2289—2291 页。

14. 董诰等编：《全唐文》卷 612、761，第 6185-1，7901-2 页。

15. 刘昫撰，中华书局编辑部点校：《旧唐书》，北京：中华书局，1975 年。

16. 鲁才全：《〈千唐志·孙瑝妻李夫人墓志〉图版说明辨证》，武汉大学魏晋南北朝隋唐史研究室编《魏晋南北朝隋唐史资料》第 15 辑（1997），第 147—151 页。

17. 赖瑞和：《论唐代的检校官制》，《汉学研究》24. 1（2016），第 175—208 页。

周旋八朝于乱世

（邢德昭）

山口智哉

后晋文官行司农卿邢德昭墓志铭并序

一、基本资料

1 性质	墓志
2 题名	新题：后晋文官行司农卿邢德昭墓志铭并序 首题：故大晋光禄大夫检校尚书左仆射行司农卿上柱国河间县开国男食邑三百户赠太子宾客邢府君墓志铭并序
3 时间	死亡、下葬或立石时间 死亡：后晋天福九年（944）六月八日 初葬：后汉乾祐三年（950）四月十八日
4 地点	死亡、下葬或立石地点 死亡：东乡相国之佛舍 初葬：洛都北原朱阳里（今河南洛阳） （迁护于洛阳之北郊）
5 人物	
墓主	邢德昭（887—944）
合葬或祔葬	妻：彭城刘氏（？—？）
撰者	后晋文官前隰州军事判官王成允

6 关键词	社会流动、文武交流、业绩、品德、婚姻、家庭或家族、丧与葬、妇女角色、墓志笔法与史学方法

（责任者：李姵琪、林亚璇）

二、释文

故大晋光禄大夫检校尚书左仆射行司农卿上柱国河间县开国男食邑三百户赠太子宾客邢府君墓志铭并序
前隰州军事判官文林郎试大理评事王成允撰

　　若夫帝以百揆代天工，河以九曲带地纪。懋功崇德，疏爵之位，尊列命卿，治粟之官，重换丹青而腾懿范者，公其伟欤！
（以上是序，45字）

　　府君讳德昭，字义远，其先河间鄚人也。昔邢侯失国，命氏于邦，汉相谪居，因家著望。洪宾抚军于后魏，子才佐运于北齐。咸国史之名臣，实周公之祚胤，世功官族，代有人焉。
大王父，唐故忠武军司马，赠仆射讳○，绍开德门，贻厥令绪。
大父，故右神武统军，赠司空○○，纂戎前烈，垂裕后昆。
严考，故左武卫大将军，累赠太保讳朗，韬略传家，英雄冠古，故能耿光文武，济美忠贞，载诞象贤，允符积庆。
（以上是先世与上三代，148字）

　　公即太保嫡子也。禀精粹于星辰，袭徽猷于鼎胄。龟龙麟凤，表千年王者之祥；礼乐诗书，资百代义方之宝。骐骥得路，杞梓凌云。总角补太庙斋郎，弱冠调洛交簿，次坊州司马，寻加银青光禄大夫绛州司马。丁先君、太君之忧去职，绝浆七日，泣血三年。

服阕，征贺王府长史，护邸才高于刘沈，升堂宠异于张昭。历左右监门卫将军，转左威卫骁卫将军，改左龙武军将军，累加金紫光禄大夫检校秋官尚书兼亚相上柱国。

俄下诏曰："公铁石无猜，星霜藉甚，宜等冠军之号，用旌拱极之劳。可光禄大夫检校右仆射右监门卫大将军。"既比三公，爰登九棘，换太仆卿，用正人也。未几，国朝以可汗来王，覃恩绝域，敷求称旨，式奉皇华。金谓公当仁，转卫卿检校左仆射充奉化威军册礼使。公九天握节，万里乘轺，宣畅龙纶，复朝象阙。帝嘉丕绩，赏不逾时，拜司卿，锡爵开国男，食邑三百户。

岂张侯西迈，虚存博望之名；陆贾南回，独美太中之命。若乃信义推于寰海，忠孝笃于君亲。治家克严，立身以正，廉慎而远耻，敬让而居高，所以多士之准绳，人伦之龟镜。出入三纪，周旋八朝，历官一十四，凡三佐郡邑，一赞磐维，六典禁军，三至惟月，清白遗于有后，始终处于无过。考是懿行，垂于令名，斯谓不朽矣。

（以上是仕宦，历经唐末至后晋，419字）

　　方当发挥王度，承弼帝谟，而梦奠神惊，佳城昼见，以天福九年六月八日寝疾，启手足于东都相国之佛舍，春秋五十有八。可谓峰摧巨岳，星陨长霄，中外痛嗟，邦家赗吊。惟帝念勤劳于王室，降漏泽于泉扃，义感良臣，式敦故事，诏赠太子宾客，粤明年二月十七日迁护于洛阳之北郊。

（以上是卒与葬，109字，特别说明帝王诏赠）

　　公初婚夫人刘氏，故郓州节度副使检校司徒珣之长女。次夫人韩氏。并华贯清门，先公早世。又娶夫人吉氏，进封冯翊郡君，故右仆射行绛州长史讳□〔韬〕之女。关雎配德，石窌封贤，如宾钦邦媛之仪，睦族阐家肥之法。蘋涧方期于偕老，柏舟俄恸于奸良。矧复干自强明，仁弘慈育，竭妆奁而嫁孤女，辍服膳以奉灵辒。

以大汉乾祐三年四月十八日窆于洛都北原朱阳里，元夫人彭城刘氏祔焉，礼也。青乌审兆，白鹿呈祥，烟埃沮惨□□〔于松〕阡，鸟雀增悲于
薤露。

（以上是妻及葬，175 字）

　　有子三人：长曰仁邺，任绛州垣县簿。

次曰仁宝，补孝挽郎。

幼曰仁矩，韶年未仕。并龙鸾禀秀，珠玉摛华，克循孟子之规，蔼耀臧
孙之后。

有女一人，适吏部尚书将作监乌昭远之子告成县主簿允忠。诗美齐鲂，
传称懿凤，淑顺推从于曹训，雍容自洽于谢吟。

（以上是子女，97 字）

　　至孝□〔等〕以窀穸将归，虑高深易变，爰陈景行，俾志贞珉。但
梦乏祥禽，莫述生金之字；才亏幼妇，徒追□〔瘗〕玉之心。退让不
已，谨为铭曰：

　　　肃肃正卿，挺生全德。鸿渐图南，勾陈拱比。

　　　象河爵里，承家许国。善始令终，其仪不忒。

　　　朱阳原兮河洛滨，丹旐归兮封树新。勒芳猷于幽础，存万古兮
　　　千春。

（以上是撰志原委及铭，108 字）

　　　　　　　　　　　　　　　（责任者：李姵琪、林亚璇）

　　　　　　　　　　　（指导者：山口智哉、李宗翰、陈韵如、刘祥光）

三、个案研究

　　墓主邢德昭，墓志中明言其为"河间鄚人"，可能是著名的士族

"河间邢氏"出身。惟受限于目前可见资料中关于唐代邢姓官僚的记载，与墓主家族的关联仍不明确，无法确定是否同族。

墓主的曾祖、祖父及父亲皆为武职，表面上是一个典型的武职家庭。不过，从墓志对墓主生平的记载分析，却又有些特别的地方。首先，墓主曾祖于使府担任司马（武府文职），祖父为中央六军，而其父则为环卫官，墓志中说他能文能武（耿光文武），也就是说，墓主上三代的父祖乃兼仕文武。至于墓主本人，先是作为地方官担任文职（主簿、司马），丁忧后转任贺王府长史，应是高层文职僚佐。离开贺王府后，墓主在中央历任环卫官、太仆卿、卫尉卿、司农卿。但是，从墓志记载来看，并没有明显的军功，基本上应该一直属于文职。墓主生平最为人称道的事迹是出任册礼使，实为外交工作。整体而言，无论其身份为文为武，从其所从事的实际工作内容来看，应该都更偏于文。其长子任州县，看来也都是文职，女儿也顺利与有官职的文人（告成县主簿）结为连理。

在这里，有一个比较难解的疑窦。在墓志中墓主的官历看来相当顺利，"历官一十四，凡三佐郡邑，一赞磐维，六典禁军，三至惟月"，可谓一路平步青云。但墓志撰作者隐讳地说墓主生平"出入三纪，周旋八朝"，也就是在平步青云的官历背后，实际上墓主历经八位君主的统治。从当时朝代转易的情况来看，墓主应是经历了由唐末至后晋共四个朝代。

首先，墓主"三佐郡邑"的经历，即除幼年时以恩荫任太庙斋郎之外，曾分别在州县担任职务。其任官地点分别为鄜州洛交县（今陕西富县）、坊州（今陕西黄陵县）、绛州（今山西运城），主要集中于京畿东北部至北部。鄜、坊两州（保大军）是后梁朱全忠与岐王李茂贞之间展开激烈抗争之地。墓主既然"弱冠"即任为"洛交簿"，由此判断其初任官时间可能在唐天祐三年（906）左右。事实上，根据史实记载，这个时间，该地区的归属经常出现变化，在唐天复二年（902）十二月至后梁开平三年（909）之间，鄜坊地区原为朱全忠所占，后来虽因李茂贞、王建等合兵征讨而一度弃守，最后鄜坊地区又归于朱全忠之手。[1]可知邢德昭任洛交簿之时，当地的政治氛围十分紧张。同样地，绛州（今山西运城）位于汾水下游，靠近黄河汇流处，是当时阻止李晋南下的重要据点。虽然墓志中并未多作说明，但想来墓主在政权转换之际任职于这样的兵家必争之地，应该多少积累了一些必要的行政经历与能力。

墓主"三佐郡邑"的上升路径，在父祖过世时因丁忧而中断。除服后墓主的官历出现转变，他被征召为贺王府长史（一赞磐维），这里的贺王，应该是后梁朱温的第六子朱友雍。从"护邸才高于刘沈，升堂宠异于张昭"的说法来看，在贺王府期间应该有一定的影响力。墓主离开贺王府的理由不明，贺王于公元923年因被末帝朱友贞怀疑叛乱而遭杀害，墓主可能也在这样的情况下离开了贺王府。[2]

离开贺王府后，墓主的官职似乎开始转向武职，也就是墓主"六典禁军"的时期。根据墓志记载，墓主"历左右监门卫将军，转左威卫骁卫将军，改左龙武军将军，累加金紫光禄大夫检校秋官尚书兼亚相上柱国。俄下诏曰：公铁石无猜，星霜藉甚，宜等冠军之号，用旌拱极之劳。可光禄大夫检校右仆射右监门卫大将军。"墓志中并没有说明墓主为何由文转武，但细究其正职相关职务，亦非一般武职，而是环卫官。根据史料记载，当时多数环卫官都为对国家有功绩的功臣。[3] 但墓主是依何功绩而得官，目前尚无法确认。值得注意的是，墓主邢德昭任职环卫官的时期，应在后唐至后晋之际。曾一度在后梁政权任贺王府长史的墓主，竟能从后唐、后晋政权转任仍获得信任，经过环卫官后任太仆卿、卫尉卿、司农卿（三至惟月），保持"清白遗于有后，始终处于无过"的情况，甚至还在众人的推举下，代表国家进行外交交涉，持节册封奉化可

[1] 参见王凤翔《晚唐五代李茂贞割据地域考述》，《兰州学刊》2011年7期，第136页。
[2]《资治通鉴》卷272，第8897—8898页。
[3] 参见张泽伦《唐五代宋初环卫官的演变》，《保定学院学报》第30卷第2期（保定，2017. 3）第49—55页；李仲顾《北宋环卫官之研究》，新北：淡江大学历史研究所硕士学位论文，2010年。

汗。在当时的时空背景下其实相当不容易。

　　墓主一家人主要生活的足迹，似乎都集中在京畿北侧。首先，墓主的婚配对象都是临近地区具地望的文人家庭出身。第一任夫人刘氏，为"鄜州节度副使检校司徒珣之长女"，是彭城士族，可能是任职洛交簿时期所婚配的姻缘；第二任夫人韩氏，为"华贯清门"，可能是昌黎韩氏；第三任夫人吉氏，为"进封冯翊郡君，故右仆射行绛州长史讳韬之女"，虽然地望并不清楚，但极可能是任职绛州司马时期所婚配的姻缘。此外，墓主死时长子任"绛州垣县簿"，显然亦是在京畿北侧的生活圈中。

　　整体而言，墓主作为五代时期的官僚，恩荫制度仍是主要的入官途径之一（本人及一子），而后续职业生涯的维系，或许与人际关系（同事、皇族）、婚姻有关，但其本身政务处理能力（如外交）亦不容忽视。值得注意的是，在官员墓志中常见的忠节论述，在此一墓志中显然较为模糊，只强调其孝的表现（绝浆七日，泣血三年）。唯一一句勉强可以算是忠节论述的是："信义推于寰海，忠孝笃于君亲"，明显刻意淡化了忠君对象的论述。对照墓志中暧昧的"出入三纪，周旋八朝"的表述，更加显示出墓主身处改朝易代频繁的时代，立身处事微妙的困境。

（执笔者：山口智哉）

参考资料：

一、墓志碑文

1. 王成允撰，周阿根校点：《邢德昭墓志》，周阿根《五代墓志汇考》，第 467—470 页。

2. 王成允撰，陈尚君校点：《故大晋光禄大夫检校尚书左仆射司农卿上柱国河间县开国男食邑三百户赠太子宾客邢府君墓志铭并序》，陈尚君辑校《全唐文补编》卷 103，第 1292—1293 页。

3. 王成允撰，章红梅校点：《邢德昭墓志》，章红梅《五代石刻校注》，第 533—535 页。

4. 王成允：《故大晋光禄大夫检校尚书左仆射行司农卿上柱国河间县开
国男食邑三百户赠太子宾客邢府君墓志铭》，傅斯年图书馆藏拓片
（12841）。

二、其他资料

5. 王凤翔：《晚唐五代李茂贞割据地域考述》，《兰州学刊》2011 年 7
期，第 135—140 页。

6. 司马光等撰，标点资治通鉴小组点校：《资治通鉴》。

7. 张泽伦：《唐五代宋初环卫官的演变》，《保定学院学报》第 30 卷第 2
期（保定，2017. 3），第 49—55 页。

8. 李仲顾：《北宋环卫官之研究》，台北：淡江大学历史研究所硕士学位
论文，2010 年。

魂归异乡

（祖仲宣）

李宗翰

后周文官许州临颍县令祖仲宣墓志铭并序

一、基本资料

1 性质	墓志
2 题名	新题：后周文官许州临颍县令祖仲宣墓志铭并序 首题：大宋故朝散大夫试大理评事前行许州临颍县令兼监察御史赠太常博士祖府君墓志铭并序
3 时间	死亡、下葬或立石时间 死亡：后周显德四年（957）十月一日 下葬：北宋端拱元年（988）十月八日
4 地点	死亡、下葬或立石地点 死亡：许州临颍县（河南漯河） 下葬：洛京洛阳县（河南洛阳）平乐乡杜泽里
5 人物	
墓主	祖仲宣（915—957）
求文者	长子：北宋文官通判河南府兼留守司事祖岳
撰者	北宋文官大理寺丞分司西京柱国左贞
6 关键词	社会流动、业绩、婚姻、家庭或家族、丧与葬、妇女角色、墓志笔法与史学方法

（责任者：施天宇）

二、释文

大宋故朝散大夫试大理评事前行许州临颍县令兼监察御史赠太常博士祖府君墓志铭并序
朝奉郎大理寺承〔丞〕分司西京柱国左贞撰

府君讳仲宣，字子明，本幽州范阳人，东晋将军逖之后也。近世历官河朔，遂徙家于深州安平县，今为安平人矣。

大王父、曾祖母、王父、祖母，属有唐之季，燕赵虎躁，干戈日寻，子孙由是苍黄，家谍因兹失坠。洎显考之成长，周询问而难知。

显考讳奉时，字应机，尝摄真定府衙推，属是乱离，不求荣达。母清河张氏，有子五人，府君即第三子也。

（以上是家世与上三代，129 字）

后唐明宗朝，童子擢第，才唯神授，学则生知。刘晏正朋，自有出人之辩；苏颋咏尹，咸推拔俗之才。

迨晋开运初，释褐授隰州司法参军，法既平允，民所赖焉。秩满，州牧杜公光范，飞章上请于朝廷，降命，旋陛于宾幕，授公试大理评事本州军事判官。洎杜公移刺庆州，又奏授前职仍加兼监察御史。布颁条之政，彼则当仁；致遗爱之风，我实有力。

至周显德初罢职，俄授许州临颍县令加朝议郎阶。公晓烹鲜之术，以清净为宗；怀制锦之能，以简易为本。不俟期月，果振英声。朝廷有闻，加朝散大夫，以旌为政。

（以上是仕历，193 字）

民方怀惠，国正籍才，方传三异之风，遽叹两楹之梦。以显德四年十月一日终于任，享年四十有三，以其年是月权厝于许。以大宋端拱元年十月八日并衔推神襯［椁］自安平扶护，与母张氏夫人自许会葬，迁于洛京洛阳县平乐乡杜泽里，礼也。不归故里，盖府君之遗旨焉。呜呼哀哉！以府君之孝于亲、忠于国，不享松椿之寿，俄成今古之悲。偶今上嗣位之七载，追赠太子洗马。不数岁，又赠秘书丞，复又赠太常博士。
（以上是死亡和葬，159 字）

公有兄二人、弟一人，皆无禄早逝。

公先娶陇西李氏夫人，即今右揆相国之堂姊，先公而亡。

次娶先夫人之堂妹，即相国之亲姊也，封陇西县太君。当良人宰邑，宜家迥耀于闺门；及爱子登朝，荷宠继承于纶綍。盖由积善，是致其昌。

有季弟一人，曰仲矩，尝任殿前承旨。

有子二人，长曰岳，明法登第，历官州县，次任京僚，累迁朝秩，通理瓯越，泊回上国，旋奉殊恩，任朝请郎守国子博士通判河南府兼留守司事，借绯。莫不英奇，命世儒雅；绝伦珪璋，须用于礼；天麟凤果，彰于瑞世。求通理于伊洛，期迁卜于松楸，既遂初心，益彰孝道。婚安定郡梁氏，封本县县君。姬姜茂族，钟郝良家，克彰孝谨之名，果奉封崇之命。

次子宰哥，未□〔龀〕年而亡。

有女四人：

长适太子通事舍人皇甫继宗；

次适升州上元县主簿王垂裕，并已殒谢；

第三女适太子中舍徐泽；

第四女适将作监承［丞］程贞白。

而并德光女史，誉继王姬；事夫彰举按之贤，睦族有宜家之美。

孙男四人：

长曰小名蔡老，次曰舜老，次曰赞老，次曰谯老。

孙女一人，曰寿姐。

（以上是家庭，348 字）

　　今嗣子思刊翠琰，以纪清芬，他年用备于变迁，遗烈期传于不朽。
贞素亏奥学，兼乏英辞，但务直书，谨为铭曰：

　　　　蓍龟告吉，日月其良。爰从许下，来迁洛阳。

　　　　虔遵遗旨，不还故乡。择兹福地，据彼宏罡。

　　　　适当昭代，永闭玄堂。庭罗苍柏，路列白杨。

　　　　悲风淅 [淅] 沥，迥野凄凉。陵谷迁变，子孙其昌。

（以上是撰志原委及铭，130 字）

　　时太宗端拱元年岁次戊子十月甲寅朔八日辛酉记

（责任者：施天宇）

（指导者：李宗翰）

三、个案研究

　　祖仲宣（915—957）为深州（河北深州）安平人，五代低层文官。
墓志共 959 字，叙述墓主生平与仕历共 352 字，然同时也在三处共 158
字提及其子祖岳，篇幅仅次于墓主，可谓第二男主角。墓志又先后三次
述及祖岳将墓主移葬洛阳之事，共 72 字，显是特意强调。为何本墓志除
墓主事迹外，还要特别对祖岳与移葬之事反复致意？本墓志大体符合当
时墓志格套，其述及墓主与家人之仕历处，可探讨五代中低层文官家庭
之阶级与阶层流动；关于家庭成员与婚姻之信息，则有助于研究其家庭
结构与婚姻策略。上述本志的两个特殊点，则或可用来探讨墓志之目的
与时人价值观。

　　墓主出身应较为寒微。墓志虽称他是东晋祖逖之后，且"近世历官

河朔"，似乎是官宦世家；然又说时值唐末战乱，其父祖奉时连亲生父母之名都已不知，这些显赫的世系与成就恐怕均为虚构。祖奉时曾任真定府衙推，属文职幕僚，位在推官、巡官之下，[1] 是使其家庭成功向上流动、进入统治阶级的关键人物。真定距深州不远，在五代均属成德军，祖奉时能到真定府任文职幕僚，应与地缘因素有关。祖奉时应已具备一定文事能力，成为他进入统治阶级的关键。墓志说他"属是乱离，不求荣达"，在仕途上大概没有太大成就。无论如何，祖奉时已为祖家奠定不错的基础，具备一定经济条件，能为墓主提供自幼时起的良好教育，并有意识地培养他以文入仕的能力，因此墓主才能在后唐明宗朝（926—933）"童子擢第"。

墓主立足于其父打下的基础，继续在统治阶级内向上流动。虽然他幼年即展现优秀的文才，但不知何故，直到后晋出帝开运（944—947）初年才第一次出仕，时年已三十。而其仕途自始即与其父有一显著差异：远离家乡。他的第一任官职为隰州司法参军，负责当地司法事务。隰州地处今山西西部，距深州颇远，不知墓主如何来到此地担任文职幕僚。墓志称他此时期的表现为"法既平允，民所赖焉"，似乎颇有可观，可惜没有提供具体实例。隐恶扬善固为墓志应有之义，但扬善之词未必全为虚语。根据墓志可知，墓主因其表现受到长官杜光范赏识，"授公试大理评事本州军事判官"，为他加薪又升官，任命他为军事判官，负责掌理一府之具体行政事务，属一府上佐，可见确实受到器重。不久杜光范移官庆州（位于陕西，距深州更远），"又奏授前职仍加兼监察御史"，亦即把墓主带到庆州担任原职，且再加一兼衔。墓志称道其表现曰："布颁条之政，彼则当仁；致遗爱之风，我实有力。"前者指杜光范，后者指墓主，看来墓主做了不少有利于人民的事。这段经历也反映出他兼有司法与治民之长才。墓主此时在仕宦上的成就已超过其父，在统治阶级内成

---

[1]　严耕望：《唐代方镇使府僚佐考》，《严耕望史学论文集》，上海：上海古籍出版社，2009 年，第 424 页。

功继续向上流动。杜光范显然是墓主的贵人，可惜现存史料中找不到任何事迹，无法进一步探讨两人的关系。

墓主的仕宦生涯到后周太祖显德初年（954—960）曾一度遭到挫折而被罢职，其因不明，不知是否与杜光范有关。不久墓主又重新回到官场，"俄授许州临颍县令加朝议郎阶"，担任朝廷正式官职。他这次究竟是透过何种管道重新获得任官，今日已不得详考。许州位于河南，同样远离墓主故乡深州。作为亲民官，墓志称他"晓烹鲜之术，以清净为宗；怀制锦之能，以简易为本"，治理风格似以清净简易为主，且可能有一定政绩，故不到一年朝廷就为他加了散官阶——"不俟期月，果振英声。朝廷有闻，加朝散大夫，以旌为政"，再次证明了他的治民能力。然不久墓主就死于临颍县令任上，年仅四十三。家属并未马上将他归葬故乡，而是"权厝于许"，直到三十年后其子祖岳功成名就时，才将他的棺木移葬洛阳，不知是否反映当时其家庭经济条件无法负担可观的迁葬费用。

墓主过世后，祖家的向上流动并未停止，其子祖岳接棒后继续向上攀升，为祖家带来更高的荣耀。他最初以"明法登第"，可能是继承其父家学，也反映其家当具一定经济实力。他的仕途似乎一路顺遂，"历官州县，次任京僚，累迁朝秩"，从选人顺利升到朝官，撰写墓志时（988）"任朝请郎守国子博士通判河南府兼留守司事，借绯"，已属中层官僚，担任河南府（洛阳）通判兼留守司事，权力与责任都不小，似乎颇受朝廷器重。祖岳为墓主长子，若墓主二十五岁左右生下祖岳，则此时祖岳年纪当约五十岁，或许已达其仕宦生涯之高峰，而其成就确也超过其父了。祖岳仕宦所得光荣不仅止于一身，也耀及父母：墓主在宋太宗太平兴国七年（982）获"追赠太子洗马。不数岁，又赠秘书丞，复又赠太常博士"，显然是因祖岳而受赠；其母李氏"及爱子登朝，荷宠继承于纶绂"，获封"陇西县太君"，也是受益于祖岳之光。祖氏祖孙三代均以文入仕，而光大门楣之功，当以祖岳为首。墓志以祖岳为第二男主角，其意当在表扬他光大祖家之贡献。

墓主棺木权厝许州逾30年，直到端拱元年（988），祖岳遂将墓主正式移葬洛阳，同样是远离家乡深州。墓主曾表明他死后不必归葬故乡，并有安葬洛阳的愿望。墓志对此反复致意，先在志文说"不归故里，盖府君之遗旨焉"，又在铭文说"爰从许下，来迁洛阳。虔遵遗旨，不还故乡"。对于祖岳将墓主移葬洛阳的安排，墓志更称赞道"（祖岳）求通理于伊洛，期迁卜于松楸，既遂初心，益彰孝道"，一方面指出祖岳此举乃遵行墓主不归故里、安葬洛阳的遗旨，一方面又强调他为墓主觅得洛阳的风水宝地，益加彰显他为人之子的孝心。同时移葬的还包括祖父祖奉时、祖母张氏二人。祖奉时本早已安葬在深州，而张氏则与墓主同在许州（或许同样是权厝）。祖岳决定将三人一起移葬洛阳，工程浩大。墓志记载此事说："以大宋端拱元年十月八日并衔推神榇自安平扶护，与母张氏夫人自许会葬，迁于洛京洛阳县平乐乡杜泽里，礼也。"为何他要这样做呢？祖岳此时任官洛阳，可谓功成名就，光宗耀祖，同时其人生也已开始迈入晚年。他应是决定从此定居洛阳，让子孙在此落地生根，这或许才是本次将三人同时移葬洛阳的更重要原因。

墓志提及品德共四处，数量不多。其中孝有三次，所指分别为墓主、祖岳、祖岳妻；忠一次，所指为墓主。但这四处多为泛称，只有一处有实事，即上述称颂祖岳移葬墓主于洛阳为遵守父亲遗愿，彰显孝道。

墓主另有兄弟四人，其中三人无禄早逝，只有季弟曾任殿前承旨，此职在五代常与武职相关，而墓主则从文，可见祖奉时采文武并进的家庭发展策略。墓主有子二人，长子即祖岳，其仕历如上所述，继承其父从文之路；次子早逝。有女四人，其中二人早逝。祖家二代十一人，却有六人早逝，夭折率超过50%，不知何故，亦不知是否对祖家发展产生负面影响。

祖家之婚姻关系亦可用来探讨其家庭发展策略。其中墓主之婚姻可讨论者较多，故置于最后。祖奉时娶清河张氏，似属名门，但祖氏出身寒微，仕宦成就亦不突出，如何能娶名门之女为妻？此说当属附会，应该只是遵循当时仍推崇郡望的墓志格套写法。墓主之子祖岳娶安定郡梁氏，墓志称其"姬姜茂族，钟郝良家，克彰孝谨之名，果奉封崇之命"，虚实固亦难知，但至少应出身于文人家庭，而四女则全嫁低层文官。由此可见墓主的家庭发展策略至祖岳一代已单走文职一路。若墓主于祖岳十岁左右开始培养其能力，其时当约为 950 年，属五代后期。墓主显然认为此一策略有利其家族发展，因此五代并不必然轻文。五代时期家族常采文武并进的发展策略（见第一册《世变下的五代女性》之《冤家聚头文武合》），入宋之后则常见以文为主的发展策略（见第二册《五代武人之文》之《别了沙场》），祖家当可做为此一历史发展过程中的一个代表个案。

墓主本人有两任妻子，均来自陇西李氏，第一任"即今右揆相国之堂姊，先公而亡"，第二任为"先夫人之堂妹，即相国之亲姊也，封陇西县太君"，所谓"陇西李氏"固真假难辨，然"今右揆相国"则货真价实，即宋初宰相李昉（925—996）。[1] 李昉亦是深州人，祖李联姻当源于两家之乡里关系。但两家当时是否门当户对呢？墓主之婚姻应是出自祖奉时之安排，假设墓主年二十成婚，时值后晋天福元年（936），而后晋时李昉生父李超曾任工部郎中，[2] 故当时李家的发展应已比祖家更好，祖家似乎有些高攀。或许墓主的小时了了，是李家愿意联姻的原因之一。此一联姻对祖家是否有帮助呢？现存史料已无直接证据，故仅能从间接证据略窥一二。李家仕宦成就最高的自非李昉莫属，《宋史》称他"和厚多恕，不念旧恶，在位小心循谨，无赫赫称"，[3] 大概是位宽厚长者。他与同里同宗之李崧曾共事后晋，后汉时李崧因故遭诬被诛，其子李璨入宋后长期淹滞州县，李昉在朝任官时，璨年近五十而仍仅为县令。李昉利用他赴调的机会，向太宗讼其父之冤，李璨也因此得到拔

---

[1] 李之亮：《宋代京朝官通考》第一册，成都：巴蜀书社，2003 年，第 7—8 页。
[2] 《宋史》卷 265，第 9135 页。
[3] 《宋史》卷 265，第 9138 页。

擢。[1] 李昉对同里亲族之照顾，大概可以由此想见。墓主身为李昉姐夫，其家人获得李昉提拔的可能性恐怕不可排除，然考虑到年纪，若祖家真有受益者，主要可能也是祖岳。

祖氏三代为何能持续向上流动？根据墓志，大致可以归纳出以下六点。第一，习文：祖奉时首先以文事进入统治阶级，墓主与祖岳亦藉之继续向上流动，可见五代不见得轻文。第二，家庭教育：祖氏进入统治阶级后，各代均重视子女教育，故墓主"童子擢第"，而祖岳则中明法，由此也可推见祖家的经济基础。第三，司法能力：祖家自墓主开始即以司法见长，成为其家向上流动的敲门砖，其子祖岳亦以司法专业知识中举。第四，吏治能力：从墓主与祖岳的职任经历，可以看出两人均能吏治，也都因此达到仕宦生涯的高峰。第五，人脉：墓主的仕历受惠于杜光范甚多，可见人脉之重要。第六，联姻：祖家与李家的联姻，可能曾对祖家的仕宦带来正面帮助，祖岳仕途之顺遂，或与此有一定关系；墓主之子女均与文人家庭联姻，显然也是试图藉此以文职提高向上流动的机会，并避免向下流动的可能性。

此外，祖岳移葬先人于洛阳，也有选择风水宝地的用意——"择兹福地，据彼宏罢"，而其目的当然是"陵谷迁变，子孙其昌"，在时人观念中，风水对后世子孙之发展有所影响，也因此会影响到他们的具体作为，如祖岳之移葬先人。研究者对风水之说自可存疑，但亦应留意此类观念在历史上的作用。

墓主出身不高，至其父祖奉时才以低层文职幕僚进入统治阶级。墓主自幼聪颖，同样以文职幕僚进入仕途，从此宦游四海，不归故乡。他首先以司法能力受长官拔擢，并在吏治上同样有不错的表现，位至县令。其长子祖岳最初亦以司法专才入仕，官运相对顺遂，撰写墓志时已任河南府通判兼留守司事，成为祖家三代仕宦成就最高者，并在此时决定将

---

[1] 《宋史》卷265，第9138页。

祖父、祖母、父亲移葬洛阳。祖家在五代的发展策略为主走文途，但并未完全放弃武途，反映五代并不必然轻文，然文武兼仕对家庭维持统治阶级地位可能更有保障。祖家以文为主的家庭策略亦反映在祖家的联姻对象上：墓主与其子女均只与文人家庭通婚。综而论之，祖家三代持续成功向上流动，其原因可能有六：（1）习文；（2）家庭教育；（3）司法能力；（4）吏治能力；（5）人脉；（6）联姻，其中墓主与李昉家族的联姻，或许对祖岳的仕途曾有一些帮助。墓主过世后三十年，祖岳将墓主、祖父、祖母分别自许州与深州迁至洛阳下葬，固是遵守父亲遗愿，然应亦是因为他打算从此归根洛阳，并藉洛阳的风水祈求子孙永昌。当他在洛阳看着先人棺木入土时，不知他除了为自身仕宦成就超越父祖、足以光宗耀祖而感骄傲外，是否也为其三位先人从此永别故里感到一丝哀伤？

（执笔者：李宗翰）

参考资料：

一、墓志碑文

1. 左贞：《后周文官许州临颍县令祖仲宣墓志铭并序》，傅斯年图书馆藏拓片（14750）。

2. 左贞撰，刁忠民校点：《祖府君墓志铭并序》，曾枣庄、刘琳主编《全宋文》卷128，第44—46页。

二、其他资料

3. 脱脱等撰，中华书局点校：《宋史》。

4. 李之亮：《宋代京朝官通考》，成都：巴蜀书社，2003。

5. 严耕望：《唐代方镇使府僚佐考》，《严耕望史学论文集》（上海：上海古籍出版社，2009年），第406—452页。

第三编

武官群像与社会流动

武人无疑是在五代时期具有重要影响的一群人，在第二册《五代武人之文》已经讨论其文事能力与表现、文武交流、社会流动、武人后代与转型等几个面向。在此基础上，我们将之区分为老牌藩镇（三名）、高层武官（六名）、中低层武官（六名）等三个群体，继续探讨他们的业绩表现与社会流动，观察不同地位的武人，其表现、机会与选择有哪些异同。例如武人寻求上流，首先主要自是依赖军功，而文武并进、恩荫、兼仕中央与地方、理财能力、姻亲、财富、品德等因素，也可增加武人上流的机会。然而有些因素则可能因武人所处阶层不同而产生差别，例如武人与中央的关系。一般而言，与中央关系愈好者，上流机会就愈多。然而处在中央政权转移无常的乱世中，这种由关系带来的优势可能一夕之间转为负担，阶层愈高者风险愈大。若能对五代武人阶层差异与社会流动之关系做进一步探讨，当能对其整体面貌勾勒出更明晰的图像。

同源异路： 中山王家两支后代的不同命运

（王廷胤、王处直、王处存）

张庭瑞

后晋武官北面行营步军左右厢都指挥使王廷胤及其妻沛郡夫人周氏墓志铭

一、基本资料

1 性质	墓志
2 题名	新题：后晋武官北面行营步军左右厢都指挥使王廷胤及其妻沛郡夫人周氏墓志铭 首题：大晋故竭忠匡运佐国功臣横海军节度沧景德州观察处置管内河堤等使充北面行营步军左右厢都指挥使特进检校太师使持节沧州诸军事行沧州刺史兼御史大夫上柱国太原郡开国公食邑三千户食实封一百户赠侍中王公墓志铭
3 时间	死亡、下葬或立石时间 死亡：后晋开运元年（944）九月二十三日 下葬：后晋开运二年（945）四月十四日
4 地点	死亡、下葬或立石地点 死亡：浮阳（河北） 下葬：西京河南县（河南洛阳）平乐乡杜泽村北邙原
5 人物	
墓主	王廷胤（891—944）

合葬或祔葬	妻：后晋沛郡夫人周氏
撰者	后晋文人乡贡进士苏畋
6 关键词	社会流动、文武交流、业绩、品德、婚姻、家庭或家族

（责任者：张庭瑀）

二、释文

大晋故竭忠匡运佐国功臣横海军节度沧景德州观察处置管内河堤等使充北面行营步军左右厢都指挥使特进检校太师使持节沧州诸军事行沧州刺史兼御史大夫上柱国太原郡开国公食邑三千户食实封一百户赠侍中王公墓志铭

乡贡进士苏畋撰

　　夫列宿呈祥，孕人灵于下土；明王显瑞，符至德于穹旻。如其道致雍熙，功除祸乱，必资文武，以定兴衰。爰生间世之才，以助隆平之化。（以上是序，51 字）

　　公讳廷胤，字绍基，并州太原人也，即晋司徒导之良嗣矣。世本京兆，因历任兹地，遂累世居焉。

曾祖宗，皇兴元节度使检校司空守金吾卫大将军充街使赠太傅。术迈武侯，勇欺关羽，警跸每闻于忠力，镇临恒著于咏思。

祖处存，皇易定节度使检校太保兼侍中赠太师。自唐龙纪年，主上蒙尘锦水，返政玉京，诸侯之间，独有盛绩。特颁宣于铁券，乃仗节于中山。然历遐年，如新罔坠。

叔祖处直，皇易定节度使检校太师兼中书令赠守太师。统戎功大，作镇名高，感藩后之钦崇，得黎民之辑悦。

父邺，皇晋慈隰等州节度使检校司空赠太保。声传四海，望振九重，淮阴之智略克先，郄縠之诗书更盛。

（以上述王姓之先、上代直系家属，凡三代，228字）

公即其子也，自幼以乡曲郑重，豪侠闻知，读书足记于姓名，讲武唯坚于夙夜。鸢肩燕颔，然禀奇姿，庙食雄飞，素怀本志。况乃名堪疗病，箭可穿杨，负龙韬豹略之筹，精金匮玉钤之诀。风云每看，察胜败于斯须；城寨常攻，定孤虚于掌握。

（以上是早年，90字。）

洎以荣联帝戚，世本侯家。河东故先晋武皇帝讳克△〔用〕，是公之亲舅氏也。

庄宗皇帝，是公之亲表兄也。庄宗开拓国祚，平持伪梁，以公亲族之中称其孝勇，遂抽擢委任，充马前直都指挥使兼贝州刺史，因而侍从，令绾貔貅。自北徂南，冲霜冒热，莫不逢城顷下，遇寇必摧。付以郡城，委之兵柄，于天成元年，除授忻州刺史。及庄宗奄有天下，公勋烈独然。

后明宗皇帝大契寰瀛，帝求硕德，以公虽沾国分，素有令名，藉以宏材，崇其勋旧。于长兴二年中，授密州刺史，次加司徒。长兴四年，又授澶州刺史。以公荐分符竹，歌显袴襦，又授隰州刺史。

应顺皇帝登临宝位，当年加转太保。

清泰皇帝既遵人望，选任元良，寻授相州刺史。

（以上是后唐仕历，237字）

大晋故天福皇帝龙飞晋野，建号洛阳，在倚注恩偏，搜罗泽被。去天福三年，遇范延光作孽于铜台，君上付之以甲马，充魏府行营中军都指挥使兼贝州防御使。权其锐旅，运以沉谋，不劳于筑室返耕，俄示于牵羊舆襯〔襫〕。旋授相州节度使，加太傅。睹黎民息念，社稷推功。

当安重荣将发衅端，在朝庭［廷］正怀猜议，思其邻道，须托忠臣。自后果据赵封，凌侵魏阙。知公能安士卒，洞晓军机，遂移镇中山，先作其巨屏，击巢之遽覆，获清庙以再宁。赏此忠勤，又分茅土，授横海军节度使。

又遇今皇帝重新日月，重以股肱。于天福七年，加太尉，至天福八年，授幽州道行营右厢都指挥使。将平黠虏，冀静中原，戈甲才兴，戎王已遁，盖公之威武也。

于开运元年，改授太师，充北面行□□〔营步〕军左右厢都指挥使。公所临剧镇，最控遐边。先为狨狁奔冲，青丘接援，虔刘我生聚，侵毁我疆封。公每扼腕伤哀，痛心疾首，竭力血战，尽命忘家，手足结于胼胝，介胄生于虮虱。煞犬戎之人马，数目何知；夺车帐于川原，踪横莫间。

（以上是后晋仕历，344 字）

公自唐天祐五年终开运元年，七典郡符，三分节制，唯勤勠力，奉事七朝，内外兵师，遍曾叠领。公以匡邦□社，送往事居，虽舅犯夷吾，未可俦比，殊功善政，曷可备书。

（以上是总结仕历，63 字）

（以上是仕历，644 字）

公娶沛郡夫人周氏，班姬让德，马后惭名，门传千室之风，行著三从之美，不幸早先薨没，痛慕难追。

次娶清河郡夫人张氏，子房之后裔也。清范传于闺壸，懿行馥于兰荪，断机垂孟母之规，重士播陶家之德。

有子五人：

长曰昭敏，任横海军衙内都指挥使银青光禄大夫检校工部尚书兼御史大夫轻车都尉。

次子昭懿，任横海军中军使银青光禄大夫检校太子宾客兼武骑尉。

次子昭煦，任横海军节院使银青光禄大夫检校国子祭酒兼骑都尉。

次子昭素，任横海军山河使银青光禄大夫检校御史中丞兼武骑尉。

次子合子，见无所任。

衙内已下，皆早闻诗礼，不坠箕裘，深抱古人之风，大播今时之美，悉公与夫人教诲也。

公姊一人，适赵殷图，任太原府西尹。

妹一人，适扬［杨］廷颜，任龙门镇遏使。俱增妙行，咸振芳猷。

弟廷□，任河东鹰扬军使。方□仕进，颇显奇能，叹亮玉之先沉，恨苗而之不秀。

（以上是家庭，305 字）

公当任浮阳日，专出巡城，退还公署，觉气疾□□因□至弥留。主上遍宣医治，莫能差愈。乃谓诸子曰："吾名已光于圣朝，荣又及于亲族，念幻泡□□，□□难逃，□□〔忧〕者丑虏□□，淮夷尚炽，而国恩未报，壮志俄销。"遂命纸笔作遗表，叙事才终，奄然瞑目。时开运元年秋九月二十三日，薨于浮阳所任，享年五十有四。诸子攀号，郡邑悲恸，戎藩罢市，军国辍朝，□主□颜，群僚堕泪。累加敕祭，寻追赠侍中。自□□□□□□□护。于开运二年四月十四日，卜宅兆与周氏夫人合祔于西京河南县平乐乡杜泽村北邙原也。

（以上是死与葬，198 字）

诸子□〔恐〕世□禩深，岸移陵变，令敗纪标厚绩，抉罄短才，用刊贞珉，以旌不朽，乃为铭曰：

　　厥有灵彦，光扶化图。执殳荷载，为王前驱。

　　性怀忠勇，貌蕴谦恭。变家成国，静难除凶。

　　足印龟文，首标月角。族贵门高，琼枝帝萼。

　　秾松千丈，黄陂万顷。藩郡劝农，疲民集整。

威慑戎夷，德传中夏。破赵降魏，安邦定霸。

圣代难留，勋庸罔歇。名焕丹青，魄随烟月。

雾翳长川，风飔古邑。列士停镳，行人伫泣。

其坤默默，其水涓涓。松丘一闭，永谢千年。

（以上是铭，161 字）

（责任者：张庭瑀）

（指导者：李宗翰）

三、个案研究

墓主（891—944）之志约 1677 字，而撰者以近一半的篇幅（约 644 字）描写墓主于后唐、后晋之功业。墓主以武入仕，并以军功向上流动，"自唐天祐五年（908）终开运元年（944），七典郡符，三分节制"，历任官职中，包括相州彰德军节度使、中山义武军节度使、沧州横海军节度使等三方节镇，可谓功业显赫。墓主所属王氏家族长任高阶武官，自唐末僖宗乾符六年（879）至后唐明宗天成四年（929）的五十年间，其家世袭义武军节度使。然随着藩镇日渐衰亡，家族成员各奔南北，一支南留中原，另一支北走契丹。由此可追问两个问题：其一，王氏家族何以自义武军分散两地；其二，分隔两地后，王家子孙各自有何发展。

（一）义武军之治理与衰亡

墓主家世显赫，其祖王处存（831—895），叔王郜、叔祖王处直（860—921），以及处直养子王都先后世袭河北义武军节度使长达半世纪（879—929）。在此期间，国家动荡不安，先有黄巢之乱，再有朱温篡唐、契丹崛起，以及为期四十年（883—923）的梁晋相争。除政局快速变迁之外，地方藩邻侵扰以及义武军内部发展，也与藩镇存亡息息相关。

王家第一位阶层向上流动至高阶武官的成员为王处存。他出身富商之家，先世累居长安，"世隶神策军，为京师富族，财产数百万"。[1] 父亲王宗起自军校，史料未载其武功，却称他"善兴利，乘时贸易，由是富拟王者"，仕途也"因赀而贵"，"累至检校司空、金吾大将军、左街使，遥领兴元节度"，[2] 利用经济资本为家族积攒政治资本。处存少时以父荫补右军镇使，并在统治阶层内逐步向上流动，四十九岁（879）位至义武军节度使。[3] 处存（879—895 在位）与其弟王处直（900—921 在位）虽出身富贵，然本身亦有才能，遂使义武军得以在乱世中抗衡诸镇，并非仅知吃喝玩乐的纨绔子弟。处存本人有平定黄巢之乱的勤王之功，即墓志所称"自唐龙纪年，主上蒙尘锦水，返政玉京，诸侯之间，独有盛绩"，对内亦能"善修邻欢，内抚民有恩，痛折节下贤，协穆太原以自助，远近同心"。[4] 处直虽武功不彰，然吏治亦颇有成绩，不但墓志称他"感藩后之钦崇，得黎民之辑悦"，《册府元龟》亦赞其"招怀抚纳，甚得人和"。[5] 可见两人之所以能在乱世中立足，除依赖父荫外，自身亦具备一定能力。

王家能够长期雄踞一方的原因，可从武功、军事联盟、吏治、品德四方面观察。第一，武功：王处存本人有勇有谋，能亲自带兵征战。他与王重荣联盟誓师，"首倡义举"，[6] 力邀河东李克用共讨黄巢，于中和四年（884），大败黄巢于王满渡。[7] 其后处存又"遣大将张公庆率劲兵三千，合诸军灭贼巢于泰山"。[8] 黄巢乱定，王铎"差兴复功，以勤王举义处存为第一，收城破贼克用为第一"。[9] 又如光启元年（885），河

---

[1]《旧唐书》卷 182，第 4699 页。
[2]《旧唐书》卷 182，第 4699 页。
[3]《新唐书》卷 186，第 5418 页；《新五代史》卷 39，第 419 页。
[4]《新唐书》卷 186，第 5419 页。
[5]《册府元龟》卷 397，第 4724—2 页。
[6]《旧唐书》卷 182，第 4699 页。
[7]《资治通鉴》卷 255，第 8283 页。
[8]《旧唐书》卷 182，第 4700 页。
[9]《新唐书》卷 186，第 5419 页。

北成德、卢龙二镇节度使合攻义武军,[1] 处存一面向河东求援,一面亦率军迎敌,结果李克用率援军大败镇州兵,而王处存亦以计取易州,"夜遣卒三千蒙羊皮造城下,卢龙兵以为羊也,争出掠之,处存奋击,大破之,复取易州"。[2] 此外,他亦懂治军练兵,一方面"优抚军民",[3] 另一方面亦"岁时讲兵",故乃能"与诸镇抗,无能倾轧者"。[4]

第二,军事联盟:义武军地处强邻环伺之地,唐末诸侯相争,梁、晋开始各拓地盘,河北幽州、成德节度亦伺机侵略。王氏除以武力自保外,亦透过联姻、纳质输币等方式,与他藩建立军事联盟以自固,可分三阶段来看:

1. 三镇联盟:僖宗光启元年(885)到昭宗光化三年(900),王处存最重要的盟友是河东李克用,两人同时也与河中王重荣交好,三人曾共抗黄巢,乱平后仍团结一致对抗其他政治势力。光启元年(885),宦官田令孜为掌财政之权而与重荣交恶,欲讨之,试图分化河中、河东、义武三镇之势,徙重荣为兖州(定州)节度使、处存为河中节度使。然重荣不肯赴镇,处存也上书言:"重荣无罪,有大功于国,不宜轻有除改,以摇藩镇之心。"[5] 其后,令孜交结邠宁、凤翔节度使进攻河中,李克用则出兵助重荣并击退之。三镇之中,克用的沙陀骑兵战斗力最高,故处存在军事上多仰赖李克用"每为之援"。[6] 除军事联盟外,王李两家亦透过联姻强化彼此的关系,开始的时间甚早,应在中和二年(882)以前,且世代交好。如王处存儿子王郕娶李克用的姊妹;王处直长子王郁娶李存勖之女;庄宗建国后,处直养子王都之女则嫁予庄宗皇子李继岌。[7] 两家最初联姻原因不明,胡三省推测可能是王家之财富:"(王处

---

[1] 《旧唐书》卷 19 下,第 722 页。
[2] 《资治通鉴》卷 256,第 8322 页。
[3] 《旧唐书》卷 182,第 4700 页。
[4] 《新唐书》卷 186,第 5419 页。
[5] 《旧唐书》卷 182,第 4700 页。
[6] 《旧唐书》卷 182,第 4700 页。
[7] 《旧唐书》卷 19 下,第 722 页。

存家）世籍神策军，家京兆万年县胜业里，为天下高赀。李国昌父子必利其富而与为婚姻也。"[1] 然令人好奇的是，李克用在讨伐黄巢之前（882），仍是戴罪的沙陀悍族，为何富甲一方、有权有势的王家要选择与之联姻？不知是否乃看中其军事能力？

2. 归附朱温：昭宗光化三年（900）到后梁开平四年（910），义武军改归于朱梁。乾宁二年（895）王处存逝世，三军拥戴其子王郜继任帅位。在他任内，河北局势风云变色。光化元年（898），归附朱温之魏博节度使罗弘信去世，次年幽州节度使刘仁恭即出兵进攻魏州，李克用亦遣部将李进通攻取魏博边境洺州，朱温为保魏博，"以仁恭、进通之入寇也，皆由镇、定为其囊橐"，遂出兵北伐镇、定。光化三年（900），朱温先亲征镇州，"镇帅王镕惧，纳质请盟，仍献文缯二十万"；[2] 继而北侵幽蓟、再讨中山，王郜遣叔父都知兵马使王处直迎战，为梁将所败，王郜携家带眷逃往太原，处直被乱军推为留后，向朱温请降，并"以从孙为质，上所持节，即献绢三十万，具牛酒犒师"，[3] 在朱温的军事压力下，藉由纳质输币换取朱温撤兵，以低姿态依附于其势力。虽然彼此地位不对等，但义武军仍维持一定独立性，故仍可视为一种军事联盟。

3. 重归晋王：后梁开平四年（910）至后梁龙德二年（922），义武军改与晋王李存勖结盟。在此期间，河北诸镇纷纷投靠晋军，梁晋之政治形势也随之逆转。后梁开平四年（910），朱温"全有魏博之地，因欲兼并镇、定"，[4] 遂统兵攻打镇州。镇帅王镕向晋王李存勖求援，王处直也"遣人至晋，愿绝梁以自效"，[5] 并以五千兵从晋军征讨，李存勖遂出兵伐梁。在这场著名的柏乡之战（911）中，晋军不仅大胜梁兵，也获得成德、义武两位重要盟友。其后晋王吞并幽州，诛节度使刘守光

---

[1]《资治通鉴》卷 255，第 8269 页。
[2]《旧五代史新辑会证》卷 2，第 50 页。
[3]《新唐书》卷 186，第 5420 页。
[4]《旧五代史新辑会证》卷 27，第 729 页。
[5]《新五代史》卷 39，第 419 页。

（914），王处直与王镕均"以帝南破梁军，北定幽、蓟，乃共推崇焉"。[1] 不久后唐建立（923），庄宗统一华北，河北强藩皆俯首称臣，已无联盟可言。

第三，吏治：王处存与王处直并非仅知武事之莽夫，同时也能治民以稳定基层统治，其方法可从两方面来看：

1. 招抚文士。黄巢之乱后，名家文士或隐居自保，或避地他乡。王家兄弟均留意招抚客居河朔者，如王处存辟户部侍郎之子崔腾任进奏官；王处直召辟李德休、刘昫与豆卢革，应是看中他们的家世或才能。李德休之祖、父皆是一方首长，他考上科举后，历任盐铁官、渭南尉，应有一定吏治经验；刘昫之父祖都是幽州僚佐，而他"文学优赡"，[2] 遂任节度判官；豆卢革的先世也都是一州刺史，本人亦"言甚古雅"，且有"奏记之誉"，被命为判官。[3] 故《旧唐书》《新唐书》皆称王处存多"折节下贤（士）"；[4]《册府元龟》则言王处直"招怀抚纳"。[5]

2. 注重民政。《旧唐书》《新唐书》皆称王处存"优抚军民""抚民有恩"[6]；《册府元龟》言王处直"甚得人和"，[7] 两人应均有实际治民政绩，可惜史料不载。《册府元龟》又称他"好求吏理"，[8] 应常与幕僚讨论民生问题；他也注重农事，如"时或农愆未作，旱暵西郊，乃冒炎天，去高盖，虔肃敬，祷灵祠"，治民当有一定表现。地方上虽留有歌颂其政绩的德政碑，如墓志所述："我有户兮夜不扃，我有子兮不为丁。田畴结实春雨足，烽燧□光秋塞宁。若非琬琰留德政，万古之人何

---

[1]《旧五代史新辑会证》卷27，第729页。

[2]《旧五代史新辑会证》卷89，第2749页。

[3]《旧五代史新辑会证》卷67，第2063页。

[4]《旧唐书》卷182，第4700页；《新唐书》卷186，第5419页。

[5]《册府元龟》将处存列入《将帅部·招怀》；处直列入《将帅部·怀抚》。分见《册府元龟》卷675，第8062—2页；《册府元龟》卷397，第4724—2页。

[6]《旧唐书》卷182，第4700页；《新唐书》卷186，第5419页。

[7]《册府元龟》卷397，第4724—2页。

[8]《册府元龟》卷397，第4724—2页。

以听",[1] 然实为处直自建,[2] 不知究竟反映多少百姓的真实心声。

第四,品德:时值乱世,品德似属无用,然而若藩帅能展现一定品德操守,亦能感动人心,凝聚向心力,进而巩固其势力。以王处存为例,中和元年(881),时值黄巢之乱,叛军入京,僖宗出逃,"天下藩镇,多受其伪命"。时任义武军节度使的处存则忠于唐朝,"号哭累日,不俟诏命,即率本军入援",[3] 他"每言及时事,未尝不喑呜流涕",[4] 故"军中多处存义,愈为之用"。[5] 处存对朝廷之忠,对其声望之增长与地位之巩固应有一定帮助。

王家两兄弟统治中山约三十八年,处存得以善终,处直却死于非命,两人统治有何差异?处存凭借武功、外交、吏治、品德抗衡诸镇,处直则不亲自领兵作战、军政用人失当,以致养子王都兵变篡位,其后王都则因太子继岌倒台与庄宗被弑而联辽叛唐,导致大败,"王氏遂绝于中山"。[6] 由此可知,不擅武功、用人失当与政局变迁是王氏丧失中山根据地的重要原因,以下分述之。

第一,不擅武功:处直作战能力不强,难以服众。如光化三年(900),朱温遣张存敬进攻易、定,时义武军藩帅王郜采纳孔目官梁汶之言,命时任都知兵马使之王处直出城迎敌,结果"处直大败,亡大将十五,士死者数万",[7] 遂投降朱温。王处直可能自知不善军事,故自任藩帅后,亦甚少亲自领兵出征。如自义武归顺晋王后,遇到晋王征兵,"十余年处直未尝不以兵从",[8] 但都是派遣将领出征,自己未尝亲自率

---

[1] 见本篇末《附件一:王廷胤叔祖王处直墓志》。
[2] 《册府元龟》卷951,第11192—1页。
[3] 《旧唐书》卷182,第4699页。
[4] 《旧唐书》卷182,第4700页。
[5] 《新唐书》卷186,第5419页。
[6] 《新五代史》卷39,第422页。
[7] 《新唐书》卷186,第5420页。
[8] 《新五代史》卷39,第419页。

兵。如柏乡之战（911），"王处直遣将将兵以从"；[1] 乾化二年（912），幽州刘守光僭称大燕皇帝，晋王出兵讨之，"与赵王将王德明、义武将程岩会于易水。丙戌，三镇兵进攻燕祁沟关"；[2] 贞明四年（918），晋王欲举兵进犯梁境，会四方之师聚于魏州，王处直也"遣将将易定步骑万人"助军。[3] 甚至当义武军面对强藩入侵时，亦多向外求援，而非正面迎战，如朱温两次欲兼并镇、定，处直皆向晋军求援；又如乾化元年（911），幽州节度使刘守光"将兵二万寇易定，攻容城，王处直告急于晋"；[4] 至贞明四年（918），晋王李存勖欲讨镇州，处直转向契丹求援，此举引发军士不满，导致王都起事叛变。[5]

第二，用人失当：王处直宠信嬖臣而诛杀忠臣，最后乃至"嬖孽子而失其国"。[6] 处直"好巫"，[7] 因妖人李应之以左道治愈其疾，并将"生而有异"的小儿王都送他作养子，[8] 处直乃任命李应之"为行军司马，军政无大小，咸取决焉"，且对王都"甚爱之"，[9] 不仅"置新军，使典之"，赋予军权，甚至也因自己的"余子皆幼"，而立王都为节度副大使，有"欲以为嗣"之意。[10] 处直将吏见李应之与王都备受宠爱，"知其必为患，而莫能谏也"，[11] 遂借机引军杀应之，并"逼牙帐请杀都"，然处直却"坚靳之"，[12] 王都才得以保全。虽然其将吏的目的是劝谏而非反叛，但处直反将他们视为危险分子，遂"阴疏甲士姓名，自

---

[1]《资治通鉴》卷 267，第 8731 页。
[2]《资治通鉴》卷 267，第 8750 页。
[3]《新五代史》卷 39，第 419 页；《资治通鉴》卷 267，第 8731 页。
[4]《资治通鉴》卷 268，第 8749 页；《旧五代史新辑会证》卷 27，第 742 页。
[5]《新唐书》卷 186，第 5419—5420 页；《资治通鉴》卷 268，第 8740 页。
[6]《旧五代史新辑会证》卷 54，第 1780 页。
[7]《新五代史》卷 39，第 420 页。
[8]《旧五代史新辑会证》卷 54，第 1774 页。
[9]《新五代史》卷 39，第 420 页。
[10]《资治通鉴》卷 271，第 8868 页。
[11]《新五代史》卷 39，第 420 页。
[12]《旧五代史新辑会证》卷 54，第 1774 页。

队长已上藏于别籍，其后因事诛之，凡二十年，无一人免者"。[1] 故至处直统治末期，较忠心的亲军将领皆被他亲手铲除，以致王都发动兵变时，效忠处直的军校已无力抗衡。

引发军乱的最后一根稻草，是中山节度使的继承问题。贞明七年（921），镇州大将张文礼杀害藩帅王镕，晋王欲出兵征讨之，处直认为镇州若亡则易定不能独存，遂遣庶子王郁请契丹南下牵制晋兵，且"许召郁为嗣"，养子王都"闻之不说"，引起祸端。当时其部属"皆言契丹不可召"，然处直执意为之，引起群情骚动，王都借机聚兵起事，自为留后，屠戮处直及其子孙。[2]

第三，政局变迁：王都继任中山节度使后，本是后唐庄宗宠臣，却因朝廷政局变动而失去新皇帝明宗之信任，遂起兵叛变，最终导致中山的灭亡。王家与后唐皇室世代联姻，庄宗便是墓主的表兄，因欣赏墓主之才与德，遂"于亲族之中，独加礼遇"，[3] 可见姻亲对仕途有所帮助。王都亦颇得后唐庄宗宠爱，龙德二年（922），庄宗击退契丹后，经过定州，"与都相得欢甚，以其子继岌娶都女"。[4] 当时继岌为准皇位继承人，颇受庄宗重用，屡次受命出任重镇，如庄宗在魏州即位时（923），"以继岌充北都（镇州）留守"；同光二年（924），"诏充诸道行营都统、邺都留守、兴圣宫使、判六军诸卫事"，并封继岌为魏王，王氏为魏国大人；来年（925）更受命率军伐蜀，并以重臣郭崇韬为之辅。[5] 而庄宗也"以继岌故，待都甚厚"，[6] 在朝堂上对王都的奏请"无所不从"，如"祁、易二州刺史，都奏部下将校为之，不进户口，租赋自赡本军"，[7] 王都权势因此日大。庄宗私下也颇为宠幸王都，如同光三年

[1]《新五代史》卷39，第420页。
[2]《新五代史》卷39，第420页。
[3]《旧五代史新辑会证》卷88，第2703。
[4]《新五代史》卷39，第421页。
[5]《旧五代史新辑会证》卷51，第1682—1683页。
[6]《新五代史》卷39，第421页。
[7]《旧五代史新辑会证》卷54，第1777页。

（925），庄宗至邺都，得知王都来朝觐，遂"命宪治鞠场，与都击鞠"，[1] 并"留宴旬日，锡赉巨万"。[2] 王都得以攀附庄宗与继岌，前途可谓一片光明。

与皇室联姻固然可以带来富贵荣华，但也可能招致不测的风险，王都接下来即因政局之两大剧变而改变了命运。首先是后唐伐蜀大军之内哄，继岌与崇韬虽于同光四年（926）迅速收复前蜀，然郭崇韬却受谗被害，以致伐蜀之军溃散，继岌也自缢而亡；加上同年庄宗在洛阳遇变被杀，李嗣源入朝为帝，是为明宗。明宗"颇恶都为人"，[3] 欲削减其权，其因可能是由于王都性情"奸诈巧佞"，[4] "夺据父位"，[5] 也可能是他与庄宗关系密切。且其时枢密使安重诲主政，"每以法绳之"，对他颇不假词色。凡此种种，均使王都心生不满，于是"始有异志"。[6] 然而他在布局起事的过程中，并无人响应。他本欲买通重诲的政敌王建立，但"建立伪许之，密以状闻"；[7] 他又密联青、徐、岐、潞、梓五镇举兵，亦皆不应。事迹败露后，王都遂联辽攻唐，明宗遣王晏球攻讨之。契丹将领与王都不敌晏球，至天成四年（929），晏球攻破城池，王都与家人皆自焚而死，王氏对中山之统治也正式结束。

（二）王氏子孙双向发展

王氏统治中山五十年间，日渐衰弱，子孙亦分居二地。此家族分歧的关键是，光化三年（900）朱温进攻河北，中山大败，藩帅王郜（王处存之子）逃奔太原，而由王处直继任。其后王处直之统治亦由盛转衰，终遭养子王都发动兵变篡位，劫后余生的两子逃亡契丹。故王氏两支后

---

[1]《新五代史》卷28，第312页。
[2]《旧五代史新辑会证》卷54，第1776页。
[3]《新五代史》卷39，第421页。
[4]《旧五代史新辑会证》卷54，第1774页。
[5]《旧五代史新辑会证》卷54，第1777页。
[6]《新五代史》卷39，第421页。
[7]《旧五代史新辑会证》卷54，第1777页。

裔，留在中原的是处存之子王郔、孙王廷胤（即墓主），以及曾孙五人，其中只有墓主颇具功勋，后代似已向下流动；而奔往契丹的是处直的儿子王郁，孙子王廷鹗与王廷阮，曾孙王裕、王悦，以及玄孙王瓒，其家至曾孙一辈多是地方首长，但到玄孙一代亦向下流动。中原一系较快衰微，而契丹一脉则延续较久。若比较两方家族之兴衰，或可进一步探讨维系家族发展之要件。

王氏家族有文武兼习的传统。第一代王处存与处直兄弟，王处存任中山藩帅时，智勇双全，以计谋击退镇帅王镕，并非只是一介武夫；王处直曾率军出战，应曾习武，然亦颇具文风，墓志称他"不独手注春秋，缘情体物之盛"，又常与幕僚讨论文治吏事，似乎更偏于文。[1] 王家第二代亦文武兼习，王郔任晋慈隰等州节度使，墓志称他"淮阴之智略克先，郤縠之诗书更盛"，能文能武；而王都除能领兵作战外，亦嗜收藏图书，"令人广将金帛收市，以得为务，不责贵贱，书至三万卷"，[2] 庄宗立国后，乃能"进纳唐朝格式律令，凡二百八十六卷"，[3] 使后唐得以宣示统治正当性，可见其好文。王家第一、第二代既多文武兼习，那后代又如何呢。

从中原一系来看，身为第三代的墓主不仅"必资文武"，也是一名忠臣，因而受到许多人提拔。他从小既"读书"又"讲武"，十八岁始入仕，三十六年内"七典郡符，三分节制，唯勤勠力，奉事七朝"，颇得君主重用，而其事功则主要表现在军事上。墓主少为晋阳军校，"以攻城野战为务"，且"与军伍食不异味，居不异适"，受到庄宗的赏识，遂"充马前直都指挥使兼贝州刺史，因而侍从，令缩貔貅"。[4] 后晋高祖时，墓主平定两次内乱。天福三年（938）魏州节度使范延光叛乱，高祖任命墓主为魏府行营中军都指挥使兼贝州防御使，后叛将投降，墓主

---

[1] 见本篇末《附件一：王廷胤叔祖王处直墓志》。

[2] 《册府元龟》卷811，第9648—1页。

[3] 《旧五代史新辑会证》卷147，第4508页。

[4] 《旧五代史新辑会证》卷88，第2703页。

亦升任相州节度使；天福年间，镇州节度使安重荣日渐跋扈，高祖一方面为搪塞契丹之衅，一方面"思其邻道，须托忠臣"，遂命墓主为义武节度使，天福六年（941）重荣果然联合契丹犯境，墓主击退之，再迁为横海军节度使。晋出帝时，墓主也有定外患之功。当时侍卫马步军都指挥使景延广掌权，不愿向契丹称臣，耶律德光遂遣兵南下。天福八年（943），墓主被任命为幽州道行营右厢都指挥使，"戈甲才兴，戎王已遁"。开运元年（944）契丹大举入侵，晋出帝亲赴战场，墓主任北面行营步军左右厢都指挥使，[1] 他"竭力血战，尽命忘家"，却不幸在战场上因疾而逝，临终前向儿子们说："□忧者丑虏□□，淮夷尚炽，而国恩未报，壮志俄销"，展现墓主的忠义。吏治方面，墓志仅称"荐分符竹，歌显袴襦""藩郡劝农，疲民集整"，而不见实例，似乎不如军功出色。故从第三代的表现来看，王家此时应仍保持文武兼习之传统，习文对其仕途当有一定帮助，但主要仍是依赖军功。此外，墓主之家亦文武通婚，其连襟有文官也有武官，如姊夫赵殷图是太原府西尹，妹婿杨廷颜则是龙门镇遏使，显然亦是透过兼重文武的方式来巩固其家族地位。

王家第四代之仕宦成就均不如墓主，似乎日渐衰微。他们的发展有两个共同特色：一，仕途过狭。墓主五子中有四子已经任官，但全都在父亲的藩镇担任军使，没有从文或向中央发展。这种过度集中于一途的策略，可能过于狭隘而不利子辈的发展。二，缺乏子嗣。墓主的长子王昭敏可能已经三十多岁，其余诸子年纪应也不小，却均未娶妻，若无子嗣，自不利家族延续。若有第五代，年龄因素也可能造成接班问题，而增加阶级向下流动为平民的可能性。

就契丹一脉来说，第三代大致继承先世之业，第四代则文武并举且功勋益盛，第五代则由盛转衰。由于契丹有子承父职之习，故王郁入辽为龙化州节度使，并由长子王廷鹗继任，次子王廷阮则为左千牛卫大将

---

[1] 《旧五代史新辑会证》卷83，第2573页；《资治通鉴》卷284，第9274页。

军。此家族或承袭王氏文武兼习之家风，子孙多"纬武经文"。[1] 如廷鹗三子王裕属第四代，即文武兼治，起先"涉猎四经"，后投笔从戎。初以军功晋升，他"蕴韬略，运枢奇"，且"内定不战之□，外骋必胜之容"，[2] 遂从卢龙军节度使衙内马步军都指挥使，加为顺州刺史。除武功外，他的吏治也颇具政声，是"抑强抚弱"的父母官，自身为政清廉，"骄奢是戒"，面对利诱亦不为所动，对待穷苦百姓则是"务于赈□，执于谦恭"，[3] 可能因吏治成绩而逐步迁升至崇义军节度使。王廷阮的次子王悦亦是文武兼治，但主要以战功晋升，从辽兴军节度衙内都指挥使，迁为中央禁军，任都监、巡检使等职，后从辽圣宗南征，终为上京兵马部署。在此期间，王悦曾两次任节度副使，在宁远军任内，司法表现不错，有"黔首仰之如父母，狱讼赖以若神明"之美誉。[4] 此外，王裕之弟亦任归化州刺史；王悦兄弟四人，分别任望都县令、辽兴军节度山河使、涿州刺史、秘书省校书郎。[5] 由此可见契丹第四代子孙应多文武兼习、文武兼仕、且文武兼治。

契丹王氏至第五代转衰，主要原因可能有二：一，第四代多早亡或不仕。如第四代王裕的兄弟张八、王温皆不仕，且身为刺史的弟弟也早亡，仅剩哥哥王笋任低阶的供奉官；王悦的六位兄弟，三位早亡，仅存一位刺史、一位供奉官和年幼小儿。二，第五代子孙多留在父亲帐下担任地方武职，但未能顺利接班。如王裕有五子任官，长子、次子均任职中央，其余三位皆是麾下军将，不知是否因年纪尚轻而不利接班。

兹将王氏两家六代的成员中，仕途稍有可考者整理成表格，以清眉目：

---

[1] 见本篇末《附件四：王廷阮次子王悦墓志》。
[2] 见本篇末《附件二：王廷鹗三子王裕墓志》。
[3] 见本篇末《附件二：王廷鹗三子王裕墓志》。
[4] 见本篇末《附件四：王廷阮次子王悦墓志》。
[5] 见本篇末《附件四：王廷阮次子王悦墓志》。

	王处存					王处直				
		文武兼习		仕宦			文武兼习		仕宦	
	总数	有	不明	文	武	总数	有	不明	文	武
第一代	1	0	1	0	1	1	1	0	0	1
%	100%	0%	100%	0%	100%	100%	100%	0%	0%	100%
第二代	2	1	1	0	2	8	1	7	0	4
%	100%	50%	50%	0%	100%	100%	12.5%	87.5%	0%	50%
第三代	1	1	0	0	1	2	1	1	0	2
%	100%	100%	0%	0%	100%	100%	50%	50%	0%	100%
第四代	5	5	0	0	4	8	1	7	2	5
%	100%	100%	0%	0%	80%	100%	12.5%	87.5%	25%	75%
第五代	—	—	—	—	—	10	0	10	1	4
%						100%	0%	100%	10%	40%
第六代	—	—	—	—	—	4	0	4	0	4
%	—	—	—	—	—	100%	0%	100%	0%	100%

上表中"文武兼习"一栏列为不明者数量不少，但其实很可能都属文武兼习，即使不是一人同时兼习，至少契丹第四代、第五代都还有成员分习文武。无论如何，文武兼习可谓王氏家风，然其成员在仕宦上仍以从武为主，两家均由此途达成阶层向上流动或维持地位的目的；试图从文者只有契丹一脉第四代二人与第五代一人，共三人，且在阶层流动上似乎都不太成功。然而契丹第四代却因能文武兼治而达到仕途高峰。相对于此，文治较无表现的中原一脉至第四代即已向衰。五代乱世，从武固可为家族带来荣耀，然而若同时能文则可锦上添花，不但增加向上流动的机会，同时也可减缓向下流动的速度。

王廷胤家族在唐末兴起，曾祖王宗首先以经商致富，再将经济资本转换为政治资本，迈入统治阶级。此后自祖父王处存开始，王家两代四人担任义武军节度使五十年，在唐末五代乱世长期担任高阶武官。王氏得以雄踞一方，主要依靠武功表现，以及随时调整的军事联盟。与此同时，王处存、王处直亦均能吏治，透过招抚文士与注重民政在境内建立一定政绩。而王处存忠于唐室之节操，亦为吸引追随者的重要因素。其后王家失去义武军的统治权，主因为王处直不擅武功而难以服众，以及用人失当而致乱；此外，王家与后唐皇室关系太密切，平时固然为富贵之阶，然而一旦朝廷政局有变，则常有转福为祸的风险，王都之决意叛唐明宗即为其例。其后王家一支西迁太原，一支北徙契丹。比较两支家族的发展，可对其家族延续策略归纳出二点：首先，除家传、才能、姻亲等有利条件之外，王家也试图培养子孙文武兼习，以延续家族统治阶级之地位。其中最有利的固然还是从武一途，然而子孙若能文武兼习则可提升向上流动的机会，减缓向下流动的速度。

（执笔者：张庭瑀）

（指导者：李宗翰）

附件一：王廷胤叔祖王处直墓志

大唐故兴国推忠保定功臣义武军节度易定祁等州观察处置北平军等使开府仪同三司检校太师兼中书令北平王食邑五千户食实封三百户太原王公墓志铭并序
节度掌书记朝请郎检校尚书礼部员外郎柱国赐绯鱼袋和少微述

噫！坛早登于南郑，授钺专征；火不照于甘泉，防秋有策。苍生父母，元首股肱，岂素王之一字能褒，洪范之九畴可纪？且揣天耸势，蹑缑岭以从周；与海通波，卜淮源而自晋。出桐柏以流庆，吸银篁而上升，固蒂兴隆，兹为始祖。

（以上是序与先世，85字）

公讳处直，字允明，并州晋阳人。

曾祖讳仁俊，赠司徒。不沽时名，咸仰国器。

祖讳全义，赠太保。瑞吐三芝，香摇八桂，望重而陈榻难下，胤长而于门预高。

列考讳僚，神清而华表翘风，鉴彻而菱花照胆。蛟龙得水，非复池中；鸣鹤兴言，宜归日下。不有英特，胡以感贤！

（以上是籍贯与上三代，99字）

公即太保之元子也。公禀申岳而生，应萧星以出，才兼将相，貌焕丹青。致之以家肥国肥，赡之以天爵人爵。顷以家居帝辇，誉满国朝，天子方切旁求，正回乃眷。旋属公之元昆忠肃公，荣膺宠寄，出临是邦。忠肃公以□台屹于前，涿水横于后，统中山之重，居大国之间，假以鸰原，制兹勍敌，乃具表闻天，奏公益州刺史。民穿五袴，政洽六条，声绩遐彰。丝纶复出，授祁州牧。易民有语，夺邵父以何之？祁庶兴谣，恨廉公之来暮。四人怀恋，两郡攸同。

公初绾马步都知兵马使日，以中原逐鹿，圣主蒙尘，强臣擅举于干戈，诸夏咸忧于吞噬，思而护境，莫若训兵。由是三令五申，无敢犯者；十羊九牧，悉皆去之。军旅才精，燕赵起衅，夹攻覆背二十万余。公与忠肃公当半扬威，登先示勇，前后不过万卒，南北大破二师。

乾宁岁，忠肃公厌世，复赞犹子太尉六载。公以元昆奄谢，竭力弥深。

无何，光化年庚申岁，兔苑胤兵，朱温犯境。公奉犹子之命，统师前战，自旦及午，未决胜负。公即冒红埃，冲白刃，战酣而天昏日暝，苦阙而剑缺弓残，以邻封困城下之盟，十道纵连横之势，公身被数镞，量力而退。犹子太尉虑有九攻之患，谁先二子之鸣。事出苍黄，路驰阡陌，以至守陴动泣，累卵同危，共忧磐石之基，即落他人之手。及公战罢来归，即比屋连营，且悲复喜。民知有主，城堡无虞。朱温惧我公烧齐牛之秘

228　　五代的文武僧庶

策，缚吕虎之威声，歃血而盟，论交以去。乃军府官吏列状诣阙，乞降新恩。昭皇以公救无哭秦，围能解宋，四年五月，授节，就加检校尚书左仆射、太原县开国男。衣唯浣濯，食匪珍羞。救时垂傅说之霖，忧国洒袁安之涕。

天复三年秋，加检校司空，宠下烟霄，秩高水土。未几，又加司徒、中书门下平章事。宛居侯伯之尊，复在陶钧之地。

天祐元年，加太保，进封太原郡王，屡降皇华，叠褒清望。至四年，加太尉兼侍中。持国玺之荣，隔云屏之贵。六年，加开府仪同三司、检校太师兼中书令，进封北平王，食邑五千户，食实封三百户。勋名益振，威望弥隆。

公不独手注春秋，缘情体物之盛，实乃普弘三教，深入九流，能终舍于孟明，复先尊于郭隗。是得莲红映幕，运刀笔者，阮瑀、陈琳；柳翠遮营，属橐鞬者，廉颇、李牧。每以鸣蜇促夜，戴胜催春，即念机杼之劳，感耕耘之苦。时或农愆束作，旱暵西郊，乃冒炎天，去高盖，虔肃敬，祷灵祠。奠酒未干，油云四合，而急回马首，即已顿龙髯。长吏屡陈飞走之祥，叠闻稼穑之异。公曰："傥有蜚为灾，田尽分歧而何益；但荒鸡卷舌，禽无似雪以宁妨。"时盈郊列肆，舆人相聚而歌曰："我有户兮夜不肩 [扁]，我有子兮不为丁。田畴结实春雨足，烽燧□光秋塞宁。若非琬琰留德政，万古之人何以听。"于是螭首龟趺，鳌擎一朵；龙彰藻丽，凤吐千词。

（以上是仕历与事迹，897 字）

至十八年冬，首谓□次子太傅曰："吾虽操□未退，但精神已阑，况当耳顺之年，正好心闲之日。若俟眸昏齿落，方期避位悬车，虑废立之间，安危是患。即五湖之上，范蠡岂遂于遨游；三杰之中，留侯不闻于独步。成其堂构，袭以门风，勉而敬之，斯言不再。"太傅感其严诲，涕泗交流，虽欲劳谦，诚难拒命，其年遂立。秦南山四皓，庆不及于子孙；

汉束门二疏，荣止闻于身世。唯公之清誉，千古一贤矣！公乃归私第而
习南华，爇奇香而醮北极。行吟蒋径，春草生而绿□池塘；坐酌融樽，
余花落而香飘户牖。於戏！膏肓起叹，修短难移，琱弓影落于杯中，喘
陌声喧于床下。以廿年正月十八日薨、享年六十一。惨动风云，悲缠
远迩。

（以上是死亡，236 字）

　　公娶博陵郡夫人崔氏、豳国夫人费氏、楚国夫人卜氏，并先公而终。
复娶陇西齐国夫人，疾以奉药，薨乃事丧。

有子八人：

长曰郁，新州团练使、特进、检校太保；

次曰都，宣力启运功臣，起复云麾将军、检校太尉兼侍中、上柱国、太
原郡开国侯，食邑一千户，即楚国夫人之子也；

次曰鄑，光禄大夫、检校司徒、守左骁卫大将军；

次曰郇，光禄大夫、检校司徒，早亡；

次曰邠，金紫光禄大夫、检校刑部尚书；

次曰，银青光禄大夫、检校左散骑常侍，早亡；

次曰郴，检校右散骑常侍，早亡；

次曰，检校太子宾客、左千牛卫将军。

有女五人：

长女，早亡；

次适幽州中军使周绍弼，早亡；

次适北京留守李存纪；

次披剃；

次在室。

（以上是妻与子女，228 字）

明年二月五日葬于曲阳县敦信乡仰盘山之内，楚国夫人、博陵郡夫人、豳国夫人并祔于穴。公素尚高洁，遐慕幽奇。观夫碧甃千岩，春笼万木，白鸟穿烟之影，流泉落涧之声，实遂生平之所好。今府主侍中，蛇断两头之时，已彰阴德；杨穿百步之外，别著文词。雅为社稷之臣，式称山河之主，相门有相，代不乏贤者欤？故能选彼龙岗，成兹鹤吊，毕大制而嗑荡言□备，固夜宫而灵魄自安。尚虑三峡船中，或悬峭壁；千年石上，难认佳城。铭曰：

　　入掌洪钧，出临巨屏。帷幄运□，盐梅在鼎。其一。

　　緱岭从周，淮源自晋。水阔山高，果隆后胤。其二。

　　生符大昂，誉满皇州。高襄卫幕，尘清雁□。其三。

　　解印悬车，束门二疏。啸长夜静，诗成雨余。其四。

　　修短难移，膏肓不起。山落□阳，川倾逝水。嗟乎嗟乎，浮生已矣。其五。

　　葬往兮青岑，俄悲兮古今。

　　猿鸟兮风起，松萝兮雾深。

　　晨露□兮忧君泪，夜月悬兮报国心。

　　营畔依依愁细柳，窗问寂寂掩鸣琴。

　　千里行人共兴感，树树甘棠铺旧阴。

（以上是葬与铭，328字）

附件二：王廷鹗三子王裕墓志

大辽故崇义军节度使管内观察处置等使崇禄大夫检校太保使持节宜州诸军事行宜州刺史兼御史大夫上柱国琅琊郡开国侯食邑五佰户王公墓志铭并序
滦州军事判官文林郎试大理评事董□撰

公讳裕，字伏贞，本素有殷之苗裔。姬周授命封微子为王，遂因以命氏焉。霸陵启汉图，义献匡晋祚。流庆长远，洪风寔□。盛烈遗风，灿然可述。

（以上是得姓与先世，54字）

曾祖讳郁，唐推忠□定功臣义武军节度使易定祁等州观察处置等使开府仪同三司检校太师兼中书令北平王。含□象之秀气，禀河岳之粹灵。玉□铭勋，桐珪琉爵。渭滨入兆，□定牧野之师；圯上授书，早决鸿沟之策。

大父讳郁，龙化州节度使开府仪同三司中书令。两朝贵宠，四辅公□。协契非人，刘表汉南之□；托身得地，窦融成河左之功。积为□华，载□贤杰。

烈考讳鄂，龙化州节度使金紫光禄大夫检校太傅兼御史大夫上柱国封太原县食邑三佰户。哲人应运，命世隆宁。桓温承龚□之封，季光启攀龙之遇。质敏以流惠，□化以扬君。世绪弥昌，雄□间出。

（以上是上三代，218字）

公即太傅之第三子也。骨相英奇，人才革荣。风神疏朗，器□□乐。当歧□之年，有公辅之量。所精宣政，涉猎四经。豪气相高，□班超之投笔；雄材自负，笑李广之不□。

天顺皇帝以勋阀之嗣，立赏延之□，□授西头供奉。凤飞丹□，终是□□；云□碧霄，固宜捧日。泊夫丞相秦王之守燕也，以兵柄之重，非鼎族其□□。寻授卢龙军节度衙内马步军都指挥使。内定不战之□，外骋必胜之容。宏规绩度，师律肃□。六军长□，高冠□尽资乎二府。功立戎□，名勋□□。就加顺州刺史，崇禄大夫检校尚书右仆射使持节顺州诸军事行顺州刺史。公下车之始，起学劝农，襄帷布政。明能鉴物，强御息心。□□□□，□推恩于□郡；盖车授赐，非独擅于颍川。兰惠席草，声革□□。

今夫蒙皇帝嗣守昌运也，钦委之命，弥隆于前。特加静难军节度使邠宁庆衍等州观察处置等使检校太保。秩峻□览，位隆□□。入参百□，□□佑命之功；出雄□旌，迎若经邦之业。改授崇义军节度使管内观察处置等使崇禄大夫检校太保使持节宜州诸军事行宜州刺史兼御史大夫上柱国进封琅琊郡开国侯加食邑五佰户。建牙封爵，爰崇勋赏之□；□□□□，□□□□之镇。矧□境连海表，地控句丽。□仁善邻，非□声□□□□□畏若神明，□□□于三□感化增□□□□□乃德传人□，而事□帝心。

俄以鹤诏□飞，龙旗入觐，或参陪芝盖，或侍燕桂宫。

（以上是仕历与事迹，475 字）

适当富贵期荣，无何膏肓遘疠。中台坠彩，上药兼虚。□乾亨二年秋八月二日薨于行宫之私第，享年五十有□。呜呼！去时而父老攀留，声喧紫陌；来日而辒辌惋慕，悲动玄霄。

（以上是死亡，67 字）

夫人清河张氏，以辅佐之道，成于家风；以圣善之德，称于宗党。闺门惟睦，蘋藻是修。既违偕老之期，但抱未亡之痛。

兄二人：笋，东头供奉官；张八，不仕。

弟二人：□，西头供奉官，权归化州刺史；温，不仕。并先公而殒。邓林杞梓，瀚海鲲鹏。兰桂异质以齐芳，韶武殊音而并美。克昌门祚，占继业以为裘；遽浪风猷，竞光悲于逝水。

子七人：长曰瓒，银青崇禄大夫检校尚书右仆射行通事舍人兼御史大夫上柱国；

次曰珌，左番殿直；

次曰琢，崇义军衙内都将；

次日［曰］珏，崇义军山河指挥使；

次曰玉，崇义军节院使；

次并幼。兰田瑞宝，巨□灵峰。咸荷朝荣，必成堂构。僻地而饮瞻泣血，号天而殒日崩心。

女三人，尚幼，并在室。

（以上是家庭，231字）

以来年十一月八日葬于建州柏山之先茔，礼也。

公卓卓英风，汪汪轨度。蕴韬略，运枢奇，虽颜闵之诗书，良平之智计，无以过也。加以重分义，轻货财，美风仪，善言笑，务于赈□，执于谦恭，不以声色间其心，不以利赂污其行。方登台座，不享遐龄。附会者茹叹含酸，向慕者均哀共感。

（以上是葬及感怀，107字）

晟获尘□，叨预搢绅。虑陵谷以□迁，纪珪璋之景行，尤惭作者，直叙铭云：

　　有殷之裔，维岳之精。乃父乃祖，弈□台衡。

　　□功□德，为国干桢。唯公间出，袭爵联荣。

　　分麾重寄，富俗强兵。本仁祖义，品物咸亨。

　　抑强抚弱，道直公清。骄奢是戒，宠□若惊。

　　宽刑善政，砺节廉平。屡承丹诏，入觐皇明。

　　沉疴遄遘，极数俄盈。芝焚蕙叹，柱折山倾。

　　风烟惨色，朝野伤情。卜宅远日，适葬大茔。

　　云台赞众，石椁镌□。□秋兮万祀，玉振兮金声。

（以上是撰志原委及铭，158字）

附件三：王处直玄孙王瓒墓志

积庆宫汉儿副部署金紫崇禄大夫检校尚书右仆射兼御史大夫上柱国琅琊
王公奉诸铭并序
滦州军事判官文林郎试大理评事董□

　　曾祖公讳裕，字伏贞。本素有殷之苗裔，始授命百家子为王□，因命氏焉。陟启汉图，义献达晋□。流庆长远，洪风寔煞。盛烈遗风□可述。

曾祖讳郁，龙化州节度使开府仪同三司守中书令。含辰家之秀气，禀河狱之粹灵。主开铭勋，桐珪琉爵。渭滨入兆，是定牧野之师；圯上授书，早决鸿沟之策。

祖公讳鄂，龙化州节度使金紫光禄大夫检校太傅兼御史大夫上柱国封太原郡开国子食邑五百户。

大父讳睿，崇义军节度使管内观察处置等使崇禄大夫上柱国封琅琊县开国男食邑五百户。

（以上是得姓与上三代，189字）

　　公即太傅长子也。年二十，上授西头供奉官。二十二，上加银青崇禄大夫检校工部尚书行通事舍人兼御（史）大夫上柱国。三十有二，孝感皇帝，加积庆宫汉儿副部署金紫崇禄大夫检校尚书右仆射兼御史大夫上柱国。

（以上是仕历，84字）

　　以统和二年春三月十二日薨于行宫之侧。呜呼哀哉！赴阙而班行欢□，来时而辒辌定慕，悲动云霄。

（以上是死亡，39字）

　　妻乃河以南制置使、守中书令第三之子，户部使太保之长女也。
□□六人：
一人左番殿直玢，
次崇义军节度衙内都指挥使琢，
次崇义军节度山河直指挥使璬，
次崇义军节院使玉。
妹二人，并在□。
（以上是家庭，76字）

　　以来年十一月十五日葬于建州柏山先茔，□□。
（以上是葬，19字）

附件四：王廷阮次子王悦墓志

前宁远军节度副使银青崇禄大夫检校太子宾客兼监察御史武骑尉太原公
墓志铭并序
讲法花上生经文章赐紫沙门志诠撰

　　殷王子比干，为纣所害，子孙以王者之后，因而称氏。或忠良霸汉，
或骁勇兴唐。白马到庭，传阴德于盖古；紫毫染翰，彰奇异以偾今。
（以上是先世，50字）

　　曾祖讳，北平王，英出万人，位荣一字。器大倚天剑，柱壮不周山。
运合昌时，门钟间气。
祖讳，明殿左相义武军节度易定祁等州观察处置等使开府仪同三司检校

太师守司空同政事门下平章事使持节定州诸军事行定州刺史太原郡开国公食邑一千五百户。出征入辅，纬武经文。爰静爰清，美矣盛矣！

父讳廷阮，左千牛卫大将军检校司空。天产人杰，世挺国祯。玄女兵谋，深沉独晓。

（以上是上三代，148 字）

公讳悦，即大将军之次子也。箕裘袭庆，钟鼎联华。潜躅父风，是膺天眷。立年方近，就日将期。敕充辽兴军节度衙内都指挥使。欲趋禁掖，预佐藩垣。既负干勤，遂隆渥泽。入为严胜龙卫兵马都部置［署］银青崇禄大夫检校太子宾客兼监察御史武骑尉。俾承朝奖，效报帝恩。解围射戟之臣，功疑接武；飞骑控弦之士，艺愧连镳［镳］。

出为飞狐招安副使。衔兹纶命，镇彼塞垣。不起烽烟，屡更星岁。回奉宣充祁沟兵马都监。揄扬叨略，宁谧关河。因抱良能，转加选用。又为燕京西南面巡检使。阿私不入，奸蠹旋除。白刃雕弧，神惮鬼慑。复充行宫市场巡检使。泊于守职，惊若循墙。损贫奉富之俦，都然屏迹。进授长宁军节度副使。布贰车之新政，且利于民；参六条之旧章，不犯非礼。

罢任南征，为诸宫院兵马副都部署。共驱虎旅，同助圣谋。遣毅庭百战之师，畏骁将六钧之艺。自南征北，归马回戈。复授宁远军节度副使。一种衔恩，独能戮力。黔首仰之如父母，狱讼赖以若神明。复受命为上京兵马部署。遂押军戎，又当征役。

（以上是仕历，348 字）

方临桑水，忽起薤音。以统和二十三年五月十三日薨于本宅，享年五十有三。以其年十一月十六日，葬于利州西三十里尖山南焉，礼也。

（以上是死亡，53 字）

公娶室天水郡赵氏，保静军节度使太保匡尧之长女。兰芳惠茂，仪静体闲。将贞顺以成风，拟河洲而协咏。

有三子：

孟（曰）莹，厢都指挥使；

次男凝；

次男福哥。皆千里骥子，九包凤雏。明敏天生，琢磨人宝。

有二女：

长适金州防御使国（管）内诸处置使张近武之次男日行为妻；

次女妲哥。玉肌珠胫［颈］，蠑首蛾眉。以礼自持，其仪不忒。

缙，公兄，守平州望都县令。未侵暮景，遽奄下泉。

次辽兴军节度山河使，早亡。

次弟式，涿州刺史，检校司徒。

次夫，守秘书省校书郎，早亡。

次弟式，西头供奉官。

次小沟儿。纶綍受命，干洁立身。俱扬鸳鸯之音，共守鹡鸰之义。

（以上是家庭，204字）

公忠信有厚，温和无玷。砺臣节奉于两朝，霑皇泽近于三纪。既明且哲，许国忘家。日逝人寰，衰年未逼。星沉鱼笴，急景难留。嗟无兆于鸩金，痛长埋于虹玉。嗣子情哀陟怗，志忉为陵。铭志未修，函题见托。乃援其笔，为勒词云：

昌期偶运，哲人佐时。韩白妙略，岳湛奇姿。

艺精弧矢，德厚谦慈。朝奖有位，公清无私。

福穷于彼，命谢于兹。牛眠卜宅，鹤吊伤思。

声名不朽，魂魄何之？呜呼哀哉！存殁如斯。

（以上是感怀、撰志原委与铭，149字）

参考资料：

一、墓志碑文

1. 苏畋：《大晋故竭忠匡运佐国功臣横海军节度沧景德州观察处置管内河堤等使充北面行营步军左右厢都指挥使特进检校太师使持节沧州诸军事行沧州刺史兼御史大夫上柱国太原郡开国公食邑三千户食实封一百户赠侍中王公（廷胤）墓志铭》，吴钢主编《全唐文补遗》第六辑，第 217—219 页。

2. 苏畋：《大晋故竭忠匡运佐国功臣横海军节度沧景德州观察处置管内河堤等使充北面行营步军左右厢都指挥使特进检校太师使持节沧州诸军事行沧州刺史兼御史大夫上柱国太原郡开国公食邑三千户食实封一百户赠侍中王公廷胤墓志铭》，周绍良主编《全唐文新编》卷 854，第 10767—10769 页。

3. 苏畋：《后晋武官北面行营步军左右厢都指挥使王廷胤及其妻沛郡夫人周氏墓志铭》，傅斯年图书馆藏拓片（01648、18812）。

4. 苏畋撰，周阿根点校：《王廷胤墓志》，周阿根《五代墓志汇考》，第 389—393 页。

5. 苏畋撰，陈尚君点校：《大晋故竭忠匡运佐国功臣横海军节度沧景德州观察处置管内河堤等使充北面行营步军左右厢都指挥使特进检校太师使持节沧州诸军事行沧州刺史兼御史大夫上柱国太原郡开国公食邑三千户食实封一百户赠侍中王公墓志铭》，陈尚君《旧五代史新辑会证》卷 88，第 2705—2708 页。

6. 苏畋撰，章红梅点校：《王廷胤墓志》，章红梅《五代石刻校注》，第 443—446 页。

7. 沙门志诠：《王悦墓志》，向南《辽代石刻文编》（石家庄：河北教育出版社，1995），第 112—114 页。

8. 和少微撰，周阿根点校：《王处直墓志》，周阿根《五代墓志汇考》，第 152—156 页。

9. 董□：《王裕墓志》，向南《辽代石刻文编》，第 62—64 页。

10. 董□：《王瓒墓志》，向南《辽代石刻文编》，第 81—82 页。

11. 和少微撰，章红梅点校：《王处直墓志》，章红梅《五代石刻校注》，第 134—138 页。

二、其他资料

12. 王钦若等撰，周勋初等校订：《册府元龟》。

13. 司马光等撰，标点资治通鉴小组点校：《资治通鉴》。

14. 陈尚君：《旧五代史新辑会证》。

15. 脱脱等撰，中华书局点校：《辽史》，北京：中华书局，1974。

16. 刘昫撰，中华书局编辑部点校：《旧唐书》。

17. 欧阳修撰，徐无党注，华东师范大学等点校：《新五代史》。

18. 欧阳修撰，董家遵等点校：《新唐书》。

魏博的黄昏

（罗周敬）

林明

后晋武官右金吾卫上将军罗周敬墓志铭并序

一、基本资料

1 性质	墓志
2 题名	新题：后晋武官右金吾卫上将军罗周敬墓志铭并序 首题：晋故竭诚匡定保义功臣特进检校太保右金吾卫上将军兼御史大夫上柱国长沙郡开国公食邑一千八百户食实封一百户赠太傅罗公墓志铭并序
3 时间	死亡、下葬或立石时间 死亡：后晋天福二年（937）七月二十七日 下葬：后晋天福二年（937）十月六日
4 地点	死亡、下葬或立石地点： 死亡：汴州（河南开封）道德坊私第 下葬：洛阳（河南洛阳）之原
5 人物	
墓主	罗周敬（905—937）
撰者	后晋文官史馆修撰殷鹏
书丹者	后晋文官史馆修撰殷鹏
6 关键词	社会流动、文武交流、婚姻、妇女角色、家庭或家族

（责任者：林明）

二、释文

晋故竭诚匡定保乂功臣特进检校太保右金吾卫上将军兼御史大夫上柱国
长沙郡开国公食邑一千八百户食实封一百户赠太傅罗公墓志铭并序
朝请大夫行起居郎充史馆修撰柱国殷鹏撰并书

　　夫天地肃物，松柏犹或后凋，郊薮呈芳，芝兰焉能长秀。故老氏有
必摧之叹，仲尼兴不实之悲，众木低而梁栋倾，严霜重而祥瑞去，物之
有矣，可得喻焉？
（以上是序，58 字）

　　公讳周敬，字尚素，其先颛顼之胤也。封于罗，以国为氏，地连长
沙，因家焉。公即长沙之后也。
曾祖让，皇检校司空，累赠太师，封南阳王。娶宋氏，封越国太夫人。
祖讳弘信，皇天雄军节度使检校太师兼中书令长沙王累赠守太师累封赵
王，谥曰庄肃。娶赵国夫人吕氏，先薨，又娶吴国夫人王氏。为时之瑞，
命世而生，倜傥不郡 [群]，英雄自许。有唐之末，大盗勃兴，镇守一
方，廓清千里，上则忠于社稷，下则施及子孙。
烈考讳绍威，皇天雄军节度使守太师兼中书令邺王，赠守尚书令，谥曰
贞庄。天地钟秀，山河孕灵，下笔则泉涌其文，横戈则雷震其武。惠惟
及物，明可照奸，旷古已来，罕有其比。
（以上是家世背景、得姓缘由、三代直系父祖的任官职务、婚姻情形，
224 字）

　　贞庄有子四人：
长廷规，天雄军节度副大使检校太傅驸马都尉，少薨，赠侍中。

次周翰，义成军节度使检校太傅驸马都尉，亦少薨，赠侍中。

次周胤，前保大军行军司马检校兵部郎中兼御史大夫柱国赐紫金鱼袋，早历通班，继为上介，绰有器业，可奉箕裘。

公即贞庄公第三子也。性禀淳和，生知礼乐，早失天荫，幼奉母仪。秦国夫人刘氏，即故兖州节度使、太师公之第三女也，肃雍无比，柔顺有闻，示以爱慈，加之训导，遂令诸子悉著美名。

（以上是兄弟共四人、早年母教，168字）

时梁乾化初，公之次兄方镇南燕，公时年九岁，秦国夫人归宁于兖州太师之宅，遂命侍行，至阙下。梁末主宣召入内，对扬明庭，进退有度，上甚器重之，遂授检校尚书、礼部员外郎，仍赐紫金鱼袋。自此恒在宫禁，出入扈从乘舆，与皇亲无间，侍立冕旒，多备顾问，无非辩对，深恰宸衷，上尤奇之。其年秋七月，归南燕。甲戌秋七月，公之次兄薨于滑州之公府。上闻讣奏，乃谓近臣曰："罗氏大勋之后，宜赏延。"遂命公权知滑州军州事、检校礼部尚书。冬十月，上表乞入觐。十一月，至京师，朝谢毕，翌日有制授宣义军节度使、检校尚书右仆射。年方十岁，位冠五侯。甘罗佩印之初，未为少达；王俭登坛之日，已是老成。十二月至自京师，乙亥春三月，邺中构乱，河上屯兵，况处要冲，属兹征伐，事无巨细，公必躬亲。道路有颂声，军民无挠政。丙子春二月，移镇许田，加检校尚书左仆射。是岁，公年始十二，作事可法，好谋而成。政绝烦苛，人臻富寿。忽下征黄之诏，俄谐会属之期。戊寅秋七月，朝于京师，有诏尚主。公拜表数四，辞不获免，遂授检校司空守殿中监驸马都尉。壬午冬十月，出降普安公主。傅粉何郎，晨移月殿；吹箫秦女，夜渡星桥。一时之盛事难俦，千古之清风尽在。癸未春三月，除光禄卿。

（以上是后梁仕宦事迹，共417字。）

冬十月，唐庄宗收复梁园，中兴唐祚，属当郊祀，无失职司，遂封开国侯，加食邑三百户。

至明宗纂绍之初，除右金吾卫大将军充街使。秋九月，转左金吾卫大将军充街使。执金在彤庭之前，佩玉向丹墀之上，仕宦之贵，无出于斯。上以公久居环卫之班，颇著警巡之效，至戊子二月，有制授匡国军节度使加检校司徒，仍赐耀忠匡定保节功臣。下车之后，布政惟新。福星爰照于左冯，暖律又来于沙苑。庚寅夏四月，上以圆丘礼毕，庆泽溥行，就加检校太保，仍降玺书。其年冬十一月，朝于京师，除左监门卫上将军。九月，转左领卫上将军。辛卯夏六月，转左武卫上将军。癸巳五月，除左羽林统军。

甲午春，加特进阶，封开国公，食邑二百户，改赐竭诚匡定保乂功臣。

丙申九月，唐废主以汴师北征，命公以所部禁旅巡警夷门。公英断不回，至仁有勇，当危疑之际，立镇静之功，浚郊之民，于今受赐。

（以上是后唐仕宦事迹，共 303 字。）

今皇帝并门凤举，洛水龙飞。力愿推崇，首来入觐。上嘉其懿效，旌彼殊庸，遂除右金吾上将军。

（以上是后晋仕宦事迹，共 36 字。）

美哉！出总藩宣，入居严卫，外则作疲民之药石，内则为天子之爪牙。文武两班，践杨［扬］将遍。

（以上是总述生平事迹，34 字）

　　（以上是生平事迹，790 字）

物禁太盛，古之有言。寿年未高，染疾不起，以天福二年七月二十七日，薨于汴州道德坊之私第。享年三十有三。

呜呼！皇天莫问，徒云辅德之言；大夜何长，共有歼良之叹。上闻所奏，恻怛哀恸。辍视朝两日，厚加赗币，赠太傅。君臣之义，终始克全。

（以上是死亡，93 字）

公以己丑岁五月梁普安公主薨于同州，后再娶东海郡徐氏夫人，即故东川节度使、太师第五女也。蕙质兰姿，懿德令范。孰念孤鸾之叹，自伤黄鹄之歌。

公有侄延□，见任□□□〔闲厩副使〕，即魏博□大□□□□〔将军侍中〕之子也。□□□□□□□〔朴玉其仪，浑金其器〕。□□〔度评〕□□〔相貌〕□□□□□〔人〕□□□。

公亦三子四女：长子延赏，守太子舍人；次延绪；次延宗。皆禀庭训，悉绍家声。龙驹凤鹊，得非天性，良金瑞玉，自是国桢。终天怀风树之悲，踣地有蓼莪之痛。

长女适郝氏，次适娄氏，二女方幼，诸子皆普安公主之出也。

公主静惟闲雅，动有规仪，休声首冠于皇□，淑德克彰于妇道。帝王之女，无以过焉。

（以上是妻与子、女，217 字）

公性不好弄，幼善属文。严毅而至和，温恭而难犯。言惟合道，动不违仁。张充一变之年，已功成名遂；□□□□之日，乃善始令终。以丁酉岁冬十月六日安葬于洛阳县之原，礼也。孤子延赏等泣告鹏曰："公之履行，为众所知；公之勋庸，历代罕比。若非故旧，孰能缕陈？"鹏列亲表之间，受顾念尤最，难避狂简，辄勒贞珉。序不尽言，乃为铭曰：

积庆之门，挺生奇杰。入觐尧庭，出持汉节。

十乘启行，万夫观政。宵旰无忧，袴襦入咏。

英华发外，清明在躬。惟忠惟孝，立事立功。

滑台去思，璧田来暮。蔼然休光，绰有余裕。

摘绣文翰，傅粉容仪。承颜紫禁，飞步丹墀。

门盛七叶，禄逾万石。外冠时英，内光帝戚。

历事累朝，荐逢多难。动有成功，举无遗算。

秋败芳兰，地埋良玉。山云晚愁，林风夜哭。

王孙一去兮不复还，陵园草色兮秋黄春绿。

（以上是葬、撰志原委及铭，273字）

洛阳县清封乡积润村。

（责任者：王子涵、林明）

（指导者：刘祥光）

三、个案研究

后梁末帝贞明元年（915），魏博牙军兵变，墓主受命赴邺平乱，当时年仅十一岁的他，心中不知是否百感交集——罗氏领有魏博凡三代，至墓主罗周敬（905—937）一辈已被移镇至宣义军，而今重回故土竟是因"邺中构乱，河上屯兵"。正史对罗氏的发迹和治理多有着墨，而墓志则强调墓主家世、早仕与官位显赫，两相对照，便可一窥罗氏如何得魏、由盛转衰，以及失其领地后如何自保。

（一）魏博罗氏之起

罗氏自墓主上五代开始皆任魏博节度押衙，[1] 于墓主之祖弘信（836—898）时得节帅之位，志文称其"镇守一方，廓清千里"。弘信任节帅前，魏博已有牙军骄纵、主帅替易频仍之传统；彼任节帅后，旋即面对人心离贰、兵将猜忌成风之混乱情势。弘信因牙军接连擅杀韩简、乐彦祯、赵文玠三任节度使而得帅位，但当时的魏博连年内乱，局势动

---

[1] 乘亿：《罗让碑》，任乃宏编著《邯郸地区隋唐五代碑刻校录》，北京：中国文联出版社，2014年，第53页。

荡,加上前任节度乐彦祯和其子乐从训过度耗损人力、物力,导致"人用怨咨",[1] 弘信接收的魏博可谓山雨欲来。

从《罗让神道碑》和史传记载来看,弘信所以能登节度使之位的主要条件有四:

其一,家世立于牙军。

魏博藩帅除最初的安史旧部田氏一族外,历来多出于本镇——如韩氏父子、乐氏父子、赵文珌等,前任节帅如此,罗氏亦不例外。弘信高祖郡为平州刺史,[2] 曾祖秀、祖珍、父让皆为魏博节度押衙——即在弘信以前,罗氏至少已四代从武,三世为魏博将校。此家世背景提供弘信良好的地缘关系与人脉条件,且四代从武或表示罗氏以武艺传家,皆利于弘信日后向上流动。罗让历仕韩、乐二氏,其人擅交游,喜"交结时豪""轻死重气","虽鸡鸣狗盗靡间于交游,马圉牛医不忘于礼敬"。既有豪侠之风,亦依礼教处事的性格,使罗让得以累积人望,"乡间畏爱,遐迩依投",[3] 终可服众,此或为其子弘信日后受牙军拥立之基础。

其二,本身能力。

弘信"善骑射"且"少从戎役",[4]《罗让碑》亦称"妙于弧矢,悬莎屡中,断缕无疑。飞卫、甘蝇,是其俦也",[5] 可知武艺应有一定水平,且尤精射艺。《罗让碑》中以近250字描述弘信抵御秦宗权、交战于魏州新乡之事,更以千余字描述其任节帅后击败乐从训大军的过程。[6] 但综观史传,并未提及弘信任节帅前的任何战功和此二事,神道碑或有溢美之嫌,无论如何,他身负一定武艺才能当属无疑。武艺之外,

---

[1]《旧唐书》卷181,第4690。

[2] 罗郡疑本隶安禄山麾下,乱平后随田承嗣降唐,定居魏博。参仇鹿鸣《从〈罗让碑〉看唐末魏博的政治与社会》,《历史研究》(2012),第32页。

[3]《罗让碑》,任乃宏编著《邯郸地区隋唐五代碑刻校录》,第53页。

[4]《新唐书》卷210,第5939页。《旧唐书》卷181,第4690页。

[5]《罗让碑》,任乃宏编著《邯郸地区隋唐五代碑刻校录》,第54页。

[6]《罗让碑》,任乃宏编著《邯郸地区隋唐五代碑刻校录》,第53页。

第三编 武官群像与社会流动　　247

弘信亦钻研"玉堂秘诀、金柜微言；黄石一编、太公三略"[1] 等兵书，可知其应识字，且懂兵法。

其三，时势条件。

魏博牙军素骄，废立主帅之事所在多有，弘信前二任之节度使乐彦祯及其子从训即是因过度耗费物力、[2] 培植亲兵势力等作法触及牙兵利益而致败亡。从训或因忌惮牙军而欲培植亲军，[3] 但此举严重威胁牙军地位，加深藩帅与兵将之间的猜忌，导致"阖府疑忌，时议沸腾"。[4] 牙军乃怒而"聚噪攻之（从训）"，最终"废彦贞，囚于龙兴寺，逼令为僧，寻杀之"，推小校赵文玠为留后。不久，众牙军"复以为不便"，"已而又杀之"[5]。在牙军连逐三帅的混乱时局之下，"为裨将，主马牧"[6] 的弘信乃有可趁之机。

其四，牙军支持。

弘信任帅之前地位并不显赫，上述原因虽有助其夺得帅位，但关键因素应是得到牙军支持。史传称弘信未任节帅时，有邻人密谓彼曰："某尝夜遇一白须翁，相告云，君当为土地主。如是者再三。"弘信心窃异之。牙军废赵文玠后，聚呼曰："孰愿为节度使者？"弘信乃自告奋勇，曰："白须翁早以命我。"[7] 遂获牙军拥立。《罗让碑》未提此事，却言

---

[1] 《罗让碑》，任乃宏编著《邯郸地区隋唐五代碑刻校录》，第 54 页。

[2] 如乐彦祯曾"一旦征六州之众，板筑罗城，约河门旧堤，周八十里，月余而毕"。《旧唐书》卷 131，第 4689—4690 页。

[3] 《罗让碑》称从训"有所疑忌"，乃"易服遁逃，止于近县"。《罗让碑》，任乃宏编著《邯郸地区隋唐五代碑刻校录》，第 55 页。

[4] 《罗让碑》提到兵乱原因时，称乐从训"天资悖逆，常蓄异图，乃召亡命之徒五百余辈，出入卧内，号为'子将'"，摄相州刺史时"搬辇军器，取索缗钱，使命往来，交午涂路"。一日，更"忽潜令部下亲信，掩将征马约数百蹄，欲充军用"，毋怪牙军疑惧，先下手为强。《罗让碑》，任乃宏编著《邯郸地区隋唐五代碑刻校录》，第 54—55 页。

[5] 《旧五代史新辑会证》卷 14，第 371 页；《旧唐书》卷 181，第 4690 页。

[6] 《新唐书》卷 210，第 5939 页。《旧唐书》卷 181，第 4690 页。

[7] 《旧唐书》卷 181，第 4690 页。此白须翁身分不明，应为神怪之类，亦可见《新唐书》载："魏有巫告弘信曰：'白头老人使谢君，君当有是地。'弘信曰：'神欲危我耶？'"《新唐书》卷 210，第 5939 页。

牙军杀赵文玡后"监军使及大将、军人已下，比肩扣首，恳请我仆射（弘信）权知留务，连名具本陈奏"。弘信辞不获免，只好"上马慰安三军"，[1] 众人无不鼓舞欢呼。两种版本的故事皆可看出牙军支持乃弘信登上帅位的关键。

弘信得位之后与乐从训交战，《罗让碑》称其大胜，其将王元武将从训枭首示众，[2] 但《旧唐书》仅言："光启末，彦祯子从训忌牙军，出居于外，军众废彦祯，推赵文玡权主军州事。众复以为不便，因推弘信为帅。先是，有邻人密谓弘信曰：'某尝夜遇一白须翁，相告云，君当为土地主。如是者再三。'弘信窃异之。及废文玡，军人聚呼曰：'孰愿为节度使者？'弘信即应之曰：'白须翁早以命我。'众乃环而视之，曰：'可也。'由是立之。"并无战斗过程。[3] 弘信上任一年后为其父立神道碑，意在宣示继位合法性，难免有隐恶扬善、夸耀溢美之词。但此碑当时立于地面，能为人所见，应不致对实际事迹张冠李戴。虽不可尽信志中所叙之战果，但两军交战、弘信一方得胜之事应属可信。总而言之，在此混乱情势下，弘信在牙军支持下得以乘时而起，登节帅之位，是罗氏在魏博兴起之始。

弘信得魏之时正值河南朱温与河东李克用两雄争霸，两方都欲拉拢魏博，弘信最终选择与朱温一方交好，原因有二：

其一，五次战败。

---

[1] 史传并未详细记载弘信得位经过，《罗让碑》的描述相对详尽许多："其年二月八日，乐从训自相州与贼将王周、马武之徒，分领马步兵士三万余人，至十二日至我城下。猬毛而起，豕突而来，中外搔然，未免疑惧。赵留后按兵不出，心怀携贰。众皆激怒，果致变更。监军使及大将、军人以下，比肩扣首，比乞我仆射权知留务，连名具本陈奏。我仆射辞不获，遂上马慰安，三军无不鼓舞，欢呼填咽郭郭。"《罗让碑》，任乃宏编著《邯郸地区隋唐五代碑刻校录》，第55页。

[2] 《罗让碑》，任乃宏编著《邯郸地区隋唐五代碑刻校录》，第56页。关于此事，《资治通鉴》记载略有不同："乐从训移军洹水，罗弘信遣其将程公信击从训，斩之，与父彦祯皆枭首军门。癸巳，遣使以厚币犒全忠军，请修好，全忠乃召军还。诏以罗弘信权知魏博留后。"见《资治通鉴》卷257第8378页。此处立功之将为程公信，而非《罗让碑》所述之王元武。

[3] 《旧唐书》卷181，第4690—4691页。

弘信任节度使后，朱温向其乞籴、借道攻晋（克用），弘信拒绝，而与朱温交战，败后遂屈从朱温。弘信夺位时，正值秦宗权之乱以及梁晋两方相争。朱温先是"诏弘信以粟二万斛助军"，弘信未给；检校工部尚书雷邺前来责粟，但弘信受牙军之胁而"擅杀邺"。[1] 讨太原李克用时，朱温再"遣将赵昌嗣见弘信假粮马；又议屯邢、洺，假道相、卫，弘信不纳"。屡次乞籴、借道不成，朱温乃"使丁会、庞师古、葛从周、霍存等引万骑度河"。弘信虽以武艺著称，但可见于碑志之军功仅有击败乐从训一条，与朱温交战更是"凡五战皆败"，遂厚币求和；而朱温方图河北，"欲结纳弘信，乃还兵"。[2] 此外交抉择使朱温势力开始影响魏博，却也使罗氏得以立于乱世，保有财政、军政、行政等权之独立。

其二，朱温挑拨魏、晋。

弘信战败时，朱温正图取河北，因魏居要冲而须拉拢，乃借机挑拨，使魏、晋交恶。当时梁军东攻兖、郓，晋军借道魏博以救之，"其下侵魏刍牧"，引起弘信不满，[3] 朱温趁机遣人谓弘信曰："太原志吞河朔，回戈之日，贵道堪忧。"[4] 弘信遂与朱温交好而攻晋援军。其后汴将葛从周擒克用子落落，朱温"送于魏，弘信杀之"，[5] 至此遂彻底与晋绝裂。

朱温当时欲图兖、郓，故极力拉拢弘信，"每岁时赂遗，必卑辞厚礼答贶"。[6] 弘信每有馈答，朱温"引其使北面拜受，兄事之"，[7] 甚至称："六兄比予倍年已上，兄弟之国，安得以常邻遇之?"使弘信以为朱温厚己，"亦推心焉"。[8] 是故朱温"往来燕、赵之间，卒有河北者，

---

[1]《新唐书》卷210，第5940页。

[2]《新唐书》卷210，第5940页。

[3]《新唐书》卷210，第5940页。

[4]《旧唐书》卷181，第4691页。

[5]《新五代史》卷39，第416页。

[6]《旧唐书》卷181，第4691页。

[7]《新唐书》卷210，第5941页。

[8]《旧唐书》卷181，第4691页。

魏不为之患也"，[1] 足证魏博在当时世局中扮演着关键性角色。

（二）罗氏益衰

绍威（877—910）继弘信为节度使，罗家掌控下的魏博至此转衰，只能谋求自保。志文称绍威文武兼备："下笔则泉涌其文，横戈则雷震其武"，而文事尤为突出——不仅招揽文人、聚书万卷、开学馆、置书楼，且"攻笔札，晓音律"，"每歌酒宴会，与宾佐赋诗，颇有情致"，[2] 因欣羡钱镠军幕罗隐诗名，而"厚币结之，通谱系昭穆，因目己所为诗为《偷江东集》"。[3] 文才之外，绍威亦"达于吏道""伏膺儒术"，[4] 正史叙人通常善恶并陈，可知志中"惠惟及物，明可照奸"当确有所本，惟具体事迹不详。影响所及，子辈发展亦渐偏于文。

绍威虽文武兼备，魏博罗氏仍在其手中转衰。究其原因，诛牙兵事件影响最巨。魏博牙军骄纵难制由来已久，[5] 正如《新唐书》所指出："魏牙军，起田承嗣募军中子弟为之，父子世袭，姻党盘互，悍骄不顾法令，（史）宪诚等皆所立，有不慊，辄害之无噍类。厚给廪，姑息不能制。时语曰：'长安天子，魏府牙军。'谓其势强也。"[6] 罗氏原本即为牙兵所拥立，故亦不敢强制之。且绍威接管魏博时年方二十二岁，亟需牙兵支持以巩固己位，更无压制条件。

绍威惮于牙兵之威而"以货赂姑息"，然实则"心衔之"，"每虑牙

---

[1]《新五代史》卷39，第416页。

[2]《旧五代史新辑会证》卷14，第383页。

[3]《新唐书》卷210，第5943页。

[4]《旧唐书》卷181，第4693页。

[5]"魏之牙中军者，自至德中，田承嗣盗据相、魏、澶、博、卫、贝等六州，召募军中子弟置之部下，遂以为号。皆丰给厚赐，不胜骄宠。年代寖远，父子相袭，亲党胶固。其凶戾者，强买豪夺，逾法犯令，长吏不能禁。变易主帅，有同儿戏，如史宪诚、何进滔、韩君雄、乐彦祯，皆为其所立，优奖小不如意，则举族被害。"《旧唐书》卷181，第4692页。另可参赵翼《廿二史札记校证》卷20（北京：中华书局，1984年），第431—432页。如绍威任内即因遇牙军裨校李公佺作乱而决定诛杀牙兵。《旧唐书》卷181，第4692页。

[6]《新唐书》卷210，第5942页。

军变易，心不自安"，遂"倾心附结"朱温，与之结为姻家。[1] 天祐二年（905）七月十三日夜，"牙军裨校李公佺作乱，威仅以身免"。绍威自是愈惧，乃"遣使求援于全忠，密谋破之"。[2] 是月十六日，绍威"率奴客数百与（朱温之将）嗣勋同攻之，时宿于牙城者千余人，迟明尽诛之，凡八千家，皆赤其族，州城为之一空"。[3] 绍威诛牙军后虽除其逼，但"魏兵悉叛"，[4] 无兵可用，其势益孤，终为朱温所制，地位"比州刺史矣，内悒悒悔恨"，[5] 故有"合六州四十三县铁，不能为此错也！"之语。[6]

绍威诛牙军前，已因无力抵挡幽军攻魏而求援于汴，主动景附朱温；诛其牙军后势衰而几成附庸，其结好朱氏的主要方式有三：

1. 输财供物

1.1 提供军饷

如朱温攻沧州时宿兵长芦，绍威"馈给梁兵，自沧至魏五百里，起亭堠，供帐什物自具，梁兵数十万皆取足"；又如主动"以魏久不用兵，愿伐木安阳淇门为船，自河入洛，岁漕谷百万石，以供京师"。[7]

1.2 协助营造

昭宗东迁时，朱温命诸道修洛邑，绍威"独营太庙，制加守侍中，进封邺王"。[8]

2. 听命朱温

2.1 助其篡唐

朱温围沧州未下时，幽州节度使刘守光会晋军破梁潞州。朱温自长

---

[1] 《旧五代史新辑会证》卷 14，第 377—378 页。
[2] 《旧唐书》卷 181，第 4692 页。
[3] 《旧五代史新辑会证》卷 14，第 378 页。
[4] 《新五代史》卷 39，第 417—418 页。
[5] 《新唐书》卷 210，第 5942 页。
[6] 《资治通鉴》卷 265，第 8660 页。
[7] 《新五代史》卷 39，第 417 页。
[8] 《旧五代史新辑会证》卷 14，第 376 页。

芦归，"过魏，疾作，卧府中，诸将莫得见"。绍威"惧太祖终袭己，乃乘间入见曰：'今四方称兵，为梁患者，以唐在故也；唐家天命已去，不如早自取之。'太祖大喜，乃急归"。[1] 待全忠还，更"建元帅行府，极土木壮丽，全忠大悦"。[2]

2. 2 俯首称臣

如绍威献阉人之事可为代表：河朔三镇历来以阉人管钥、洒扫，朱温登极后，绍威曰："此类皆宫禁指使，岂人臣家所宜畜也。"[3] 遂尽献阉人，获朱温嘉许。

3. 劝降他镇

3. 1 劝降幽州

朱温篡唐时，幽州尚未归附。当时，刘守光囚其父仁恭，且与其兄守文有隙，绍威趁机主动"驰书劝守光等降梁"。朱温闻之，笑曰："吾常攻燕不能下，今绍威折简，乃胜用兵十万。"之后"每有大事，多遣使者问之，绍威时亦驰简入白，使者相遇道中，其事往往相合"。[4]

3. 2 劝讽成德

朱温取邢、洺、磁、潞后图谋河东，使绍威"讽镕绝太原，共尊全忠"。但王镕依违两可，全忠大怒，引军攻镕。王镕遣使谢罪，卑辞厚礼以通和好，全忠自是与镕修好如初，得以兼有山东，虎视天下。

简言之，绍威因失其牙军，且为时势所逼；同时受其父拉拢朱温之举影响，而对其卑躬屈膝、尽心事奉，朱温乃"益以绍威尽忠"，[5] 两人关系既密且佳，绍威因此得到政治保障。然而也因此耗尽魏博人力、物力，魏博罗氏更是"以此重困"，势遂大衰。

[1]《新五代史》卷39，第417页。
[2]《新唐书》卷210，第5942页。
[3]《旧五代史新辑会证》卷14，第380。
[4]《新五代史》卷39，第418页。
[5]《新五代史》卷39，第418页。

（三）日落魏博

魏博罗氏起于墓主之祖弘信，转衰于其父绍威，至其兄周翰已被移镇，自此再无实权，墓主罗周敬（905—937）只能力求安度余生。

墓主共二兄一弟，长兄为天雄军节度副大使，早亡；次兄年幼袭魏博节度使之位，仅两年便为后梁将领杨师厚所逐，徙为义成军节度使，年十四卒于官；一弟曾为保大军行军司马，但不知所终。[1]墓主继承次兄之位时年仅十二岁，不久即被调离节镇之位，罗氏自此仅为一员政府官僚而不再为雄踞一方的藩镇。从官职来看，天雄军节度使领魏、博、相、贝、卫、澶六州，义成军节度使领滑、郑、颍三州，保大军行军司马位在节度使下，罗氏明显势衰。

墓主失去藩镇之位后，年幼势弱，却能维持其家庭于统治阶级之高层，在梁、唐、晋三代均屡任高位（虽多属虚职）。他是如何做到的？墓主个人能力似乎有限，志中虽称墓主文武兼备，"出总藩宣，入居严卫，外则作疲民之药石，内则为天子之爪牙。文武两班，践杨［扬］将遍"，但所提文武之事皆为虚笔，无法确定是否真有其能。武事方面，唯一一场可考者为杨师厚死后，末帝欲分魏博为相、魏二镇导致"邺中构乱"，牙军兵变，投向晋军，墓主受命"河上屯兵"。墓志称他"属兹征伐，事无巨细，公必躬亲"，且"道路有颂声，军民无挠政"，但考虑到墓主当时年仅十一岁，恐怕并无多少实际贡献。相较于武事，墓主似更有文才，史称其"年七八岁学赋诗，往往传于人口"；[2]又如墓主十二岁"移镇许田"，墓志称他"作事可法，好谋而成，政绝烦苛，人臻富寿"，似有民治之才，然考虑到其年纪，恐怕还是虚赞居多。后唐时期，墓主曾出任匡国军节度使，时年二十四岁，墓志称他"下车之后，布政惟新"，但亦是虚写，并无实事；即使为实，亦无法肯定是墓主本身才

---

[1] 《旧五代史新辑会证》卷14，第384页。《新五代史》卷39，第418页。

[2] 《册府元龟》卷775，第9213—2页。

能，还是应归功于幕僚。从墓志来看，墓主得以成功留在统治阶级高层之主要原因有四：

其一，后梁末帝翼护：可能因墓主两兄皆为驸马（长兄娶朱温女，次兄娶末帝女），与末帝本为姻家，且当时罗氏已失去实权而墓主尚幼，墓主幼时即受梁末帝翼护，"宣召入内"，加上墓主"进退有度"，应对得体，故而留于宫中，自此"恒在宫禁，出入扈从乘舆，与皇亲无间"，并尚末帝女普安公主，使两人关系再深一层。

其二，随时移忠：墓主共历仕三朝，移忠二次。从后梁入后唐时（923）第一次移忠，墓志称其"属当郊祀，无失职司，遂封开国侯"，对后唐庄宗投诚。此次移忠使墓主进入中央禁卫系统，先"除右金吾卫大将军充街使"，再"转左金吾卫大将军充街使"，后授"匡国军节度使"，再回任中央禁军。墓主虽久居环卫之班，但此时的金吾卫警巡、仪卫职能多已不举，庄宗与明宗此举应是礼遇旧臣。第二次移忠是后唐入后晋时（936），当时石敬瑭攻洛阳，墓主"力愿推崇，首来入觐"，以示输诚。此次移忠使墓主得"除右金吾上将军"，续留中央禁卫，使罗氏不受改朝换代之害。

其三，婚姻：良好的婚姻关系亦是墓主维系地位的有利条件之一。其母为兖州节度使第三女刘氏，出身高层武人家庭，属武武联姻；兄嫂及其妻分别为太祖与末帝之女，使罗氏荣登国戚；墓主再娶之妻为东川节度使第五女徐氏，亦属与高层武人家庭之武武联姻，有助于墓主维系地位。

其四，家庭教育：罗氏虽为武家，仍重视家庭教育。根据墓志所述，墓主"早失天荫，幼奉母仪"，其母对子女"示以爱慈，加之训导"，墓主三子四女亦"皆禀庭训，悉绍家声"。墓主"幼善属文"，且"性禀淳和，生知礼乐""言惟合道，动不违仁"，应该与其家庭教育有关，亦可知罗家重视文教。

墓主于后晋天福二年（937）薨于汴州道德坊之私第，年仅三十三岁。其子女年纪均轻，三子中仅长子守太子舍人，另两子或因年纪尚幼，或因势衰而无职，三子之婚嫁情形则不明。四女中长适郝氏，次适娄氏，或因罗氏已无法与高门联姻，余二女仍幼。另有一侄延□，"见任闲厩副使"，官位不高。可知罗氏在墓主之后地位持续下滑。

罗氏之兴乃因牙兵拥立，也因此自始即已受制于牙军。而其由盛转衰的关键亦是绍威大诛牙兵，自断手足。罗氏有文才却无实际文治，三代节帅皆未于史传留下建设记录，却有大量输财供物之事。前任诸帅的建设则仅限于军事设施或修筑防御型城郭，较无奖励蚕桑、鼓励生产等作为，[1] 故在长期内耗下似已难抵御外藩，遑论征伐拓土。是故由唐末开始逐渐形成梁晋两强相争之局，魏博只能顺应形势选择投靠对象，而无逐鹿条件。墓主历仕三朝，移忠二次，却得"君臣之义，终始克全"之评价，或可据此讨论时人对移忠的看法。对照墓志与史传，可看出罗氏发展渐由武转文，在绍威一代之转折尤为明显，或能做为研究五代节度使家族文事倾向之参考。

（执笔者：林明）

（指导者：刘祥光）

参考资料：

一、墓志碑文

1. 殷鹏：《晋故竭诚匡定保乂功臣特进检校太保右金吾卫上将军兼御史大夫上柱国长沙郡开国公食邑一千八百户食实封一百户赠太傅罗公墓志铭并序》，董诰等编《全唐文》卷852，第8945—8947页。

2. 殷鹏撰，周阿根点校：《罗周敬墓志》，周阿根《五代墓志汇考》，第

---

[1] 如《乐彦祯传》记其"一旦征六州之众，板筑罗城，约河门旧堤，周八十里，月余而毕"，可知其重视防御工事，特别修筑城郭，却未见其他利于民生、经济之举，故致"人用怨咨"，种下败因。见《旧唐书》卷181，第4689—4690页。

285—289 页。

3. 殷鹏撰，陈尚君点校：《罗周敬墓志》，陈尚君《旧五代史新辑会证》卷 91，第 2827—2830 页。

4. 乘亿：《罗让碑》，任乃宏编著《邯郸地区隋唐五代碑刻校录》（北京：中国文联出版社，2014 年），第 53—56 页。

二、其他资料

5. 仇鹿鸣：《从〈罗让碑〉看唐末魏博的政治与社会》；《历史研究》2（2012），页 27—44。

6. 王钦若等撰，周勋初等校订：《册府元龟》。

7. 司马光等撰，标点资治通鉴小组点校：《资治通鉴》。

8. 陈尚君：《旧五代史新辑会证》。

9. 葛焕礼、王育济：《魏博牙兵与唐末五代政局的变动》，《河北学刊》23.1（2003.1），第 157—161 页。

10. 赵翼著，王树民校证：《廿二史札记校证》，北京：中华书局，1984 年。

11. 刘昫撰，中华书局编辑部点校：《旧唐书》。

12. 欧阳修撰，徐无党注，华东师范大学等点校：《新五代史》。

13. 欧阳修撰，董家遵等点校：《新唐书》。

仁而不武： 国破家亡的成德节度使

（王镕）

张庭瑀

后梁武官成德节度使王镕及其妻赵国夫人李氏墓志铭

一、基本资料

1 性质	墓志
2 题名	新题：后梁武官成德节度使王镕及其妻赵国夫人李氏墓志铭 首题：□……□（前有字）三司守□□□中书令镇州〔同三司守太师兼中书令镇州都督府长史〕□□……□□
3 时间	死亡、下葬或立石时间 死亡：后梁龙德元年（唐天祐十八年921）八月 下葬：不详
4 地点	死亡、下葬或立石地点 死亡：不详 下葬：镇州（河北正定）真定县新市乡廉颇里寿阳岗
5 人物	
墓主	王镕（873—921）
合葬或祔葬	妻：后梁赵国夫人李氏
撰者	后梁文官河东节度判官卢质
6 关键词	文武交流、业绩、品德、婚姻、墓志笔法与史学方法、妇女角色

（责任者：张庭瑀）

二、释文

□……□（前有字）三司守□□□中书令镇州〔同三司守太师兼中书令镇州都督府长史〕□□……□□

□……□（前有字）□□……□□〔大夫检校礼部尚书兼御史大夫赐紫金鱼袋卢质撰〕

□……□（前有字）□□……□□〔校尚书□部郎中兼御史中丞赐紫金鱼袋任□书并〕□□……□□

　　□……□（前有字）二□□□□〔居无何〕，□□〔贼起〕黄巢，□□……□□〔兵经□□……□□〕

□……□（前有字）涉险，九州版荡唯兹全赵，□□安邦。一百五十年间，中外

□……□（前有字）□〔有〕□有恒，不潜不滥，相承四世，光辅十朝□□……□□

□……□（前有字）有□及其叔世□□□□□于□邦得同其□虽为常数良

□……□（前有字）山□□〔发源〕，始于□□，至于□代，乃有□□□□〔太原琅琊〕，分彼二流

□……□（整行不甚清楚）

□……□（整行不甚清楚）

□……□（前有字）之□也□忠力于邦家，□捍蔽于□□……□□

□……□（前有字）□〔等〕州观察处置等使、金紫光禄大夫、□□□〔检校太〕傅、同中书门

□……□（前有字）封二百户，□〔赠〕太师，□〔谥〕曰忠，在□□……□□

□……□（前有字）山□□□□郁为盛□□、□□□□□〔银青光禄大夫〕、检校尚书左

□……□（前有字）□〔命〕□，□□〔累赠〕司空、司徒、太尉、太傅，在□□……□□

□……□（前有字）三□□□□封人臣之□□……□□

□……□（前有字）皆踵□□〔前修〕，考终令□，□曰忠穆□□……□□

□……□（前有字）□□□□〔中□四年〕，□授□〔镇〕州兵马留后，来年起复，真拜继世焉，以

□……□（前有字）太原郡开国子，食邑五百户。在疚毕丧，非公事

□……□（前有字）相□信睦交修。中和五年，加开府

□……□（前有字）检校太保、封常山□〔郡〕王。文德元年，又升□□〔太傅〕

□……□（前有字）封□百户。□顺元年，就加检校太师，未几，授泽潞□〔邢〕

□……□（前有字）五□〔年〕□□□书令，□□〔进封〕北平王，□〔增爵〕共六千户，实封

□……□（前有字）□□□□□□〔赐敦□□定久〕大功臣。来年，又册拜太师，增爵一万

□……□（前有字）远图。无何，事胥防萌，众迷逐末，纳羁靮于

□……□（前有字）由兹一□乱构，□〔凶〕徒毒流□氏，屠害全族，残

□……□（整行不甚清楚）

□……□（前有字）夫人陇西李氏，父李全义，皇任检校工部尚书

□……□（前有字）不越旬日被害□□□□□

□……□（前有字）□□□〔守侍中〕，次曰昭□□□□□□□□部落都知兵马使，检校太保皆

□……□（前有字）□□…〔推官李〕…□□

□……□（前有字）怀□忠六经，大□何止于救患邮邻，五下

□……□（前有字）前□□□□□符习

□……□（前有字）天祐十八年秋八月大□□□□公舍□□……□□

□……□（前有字）伐□□□而终，贼男处瑾，□父自立，处球□煞其兄。十九年平

□……□（前有字）以□□□□幽冤，盖明义举，今以青乌□吉，丹旐有归□□□□□

□……□（前有字）十二月廿□日□□……□□赵国夫人合葬于真定县新市乡廉颇里寿阳岗，祔于

□……□（整行不甚清楚）

□……□（前有字）□〔府〕，螫手之蛇，反噬之虎，枭獍兴妖，恩义□□，全族尽亡

□……□（前有字）师一兴，飞走无处，逆首就擒，属封寻抚。衅血□□，申冤告□

□……□（整行不甚清楚）

（责任者：张庭瑀）

（指导者：李宗翰）

三、个案研究

河北成德军为唐末强藩，史称其"士马强而畜积富"[1]，成为各方垂涎之地。墓主上四代均为成德军节度使，其父王景崇883年过世，由年仅十岁的墓主继位。当时成德军面临严重的外患与内忧。外患是指幽燕李匡威、河东李克用和河南朱温都图谋吞兼成德；内忧是王镕年少和仁而不武，三军却叛服无常。王氏于成德军的统治结束于墓主之手，其亡是因外患、内忧还是王镕本人？

---

[1]《新五代史》卷39，第411页。

墓主继位时，正值"黄巢□□……□□涉险，九州版荡"，而黄巢乱平后，各地新兴力量遂形成新的割据局势，"晋新有太原，李匡威据幽州，王处存据中山，赫连铎据大同，孟方立据邢台，四面豪杰并起而交争"，[1] 墓主所处之成德军正好介于其间。其中幽燕李匡威、河东李克用与河南朱温，多窥伺成德，侵扰近三十年（882—910）。面对强敌侵扰，墓主亦曾试图主动出击，"出兵攻尧山"却得败绩，[2] 或因如此，其后墓主多采结盟、金钱外交等策略，总算安然度过危机。此弹性外交得以成功或可归于几项因素：

第一，就成德节镇的内部条件而言，其雄厚的实力与前期稳定的内政，尚有余力对付外在势力。王氏家族为累世藩臣，其"一百五十年间……［中间缺字］……不潜不滥，相承四世，光辅十朝"。有赖于此，墓主虽年幼继位，仍得"藉其世家以取重"，[3] 不仅"四方诸镇废立承继，有请于唐者，皆因镕以闻"，[4] 并以可观的军力、财力与朝廷建立良好互动，如僖宗时"进耕牛一千头、戎器九千三百事"，[5] 或解决与强藩的冲突等（详下）。除王家百年基业外，稳定的内政亦有助于对外政策之推行，对此其母何氏之功实不可没。墓主统治前期，何氏"有妇德，训镕严"，[6] 并曾对朝政赏罚表示意见，[7] 对墓主之施政颇有管束之功。

第二，面对强敌环伺的外在状况，其时幽州、河东、河南三大藩镇势均力敌，成德于夹缝中，以结盟之策求生存，主要可分为三阶段：

一，与幽州李匡威结盟以抗晋。其后匡威遭匡筹夺权而流亡，墓主

---

[1]《新五代史》卷39，第411页。
[2]《旧唐书》卷142，第3891页。
[3]《新五代史》卷39，第411页。
[4]《新五代史》卷39，第411页。
[5]《册府元龟》卷169，第1877。
[6]《新唐书》卷211，第5965页。
[7]《太平广记》所载故事可看出镕母参与政事。如陈立、刘幹败燕军，但陈立身死殉国，刘幹凯旋而归，其言"不必身死为君，未若全身为国"，遂擢刘为中坚尉。见李昉《太平广记》卷217，北京：中华书局，1961年，第1662页。

收容并善待之，却反遭其觊觎大位，墓主允诺让位，但因"镕军拒之"并杀匡威，从而得保其位，然此后遂"失燕军之援"，[1] 双方终止合作。二，同时结盟晋军与梁军，两边讨好而"依违不决"，[2] 即对梁"卑辞厚礼，以通和好"，[3] 对晋则"多道梁事"。[4] 他的依违导致梁祖出兵攻之，结果双方议和，墓主奉梁为正朔。[5] 而后"镕祖母丧，诸镇皆吊，梁使者见晋使在馆，还言赵王有二志"，梁祖再次伐之，[6] 王、朱正式决裂，此策遂告失败。三，最后墓主与晋王结盟以抗梁，《资治通鉴》载其与义武节度使王处直"共推晋王为盟主，合兵攻梁"，[7] 晋军节节获胜，唐庄宗势力益强，此时"庄宗以镕父友，尊礼之，酒酣为镕歌，拔佩刀断衣而盟"，[8] 结盟之策至此可谓成功。

　　成德游移于梁、晋之间，墓主主要以下列手段以避祸取和。其一，金钱外交，墓主多以重金厚礼笼络外敌，如"武皇出师以逼真定，镕遣使谢罪，出绢二十万匹，及具牛酒犒军，自是与镕修好如初"。其二，幕僚谈判，如梁祖因墓主"朋附并汾，违盟爽信"，而出兵攻打成德，墓主遂派遣与朱温有旧且"有口辩"之判官周式前往协商，他将梁祖比附"唐室之桓、文"，应以"礼义而成霸业"，而非"穷兵黩武"，成功说服梁太祖与王镕达成和议。其三，纳质子，如后梁与成德议和时，幕主之子昭祚，以及大将梁公儒、李弘规之子"各一人往质于汴"。[9] 其四，联姻，如其子昭祚娶梁祖女；其后墓主转为投靠后唐，庄宗"许女妻镕子昭诲"，墓主乃"兹坚附于庄宗矣"。[10]

---

　　[1]　《旧五代史新辑会证》卷54，第1759页。
　　[2]　《新五代史》卷39，第412页。
　　[3]　《旧五代史新辑会证》卷54，第1761页。
　　[4]　《新五代史》卷39，第413页。
　　[5]　《新五代史》卷39，第413页。
　　[6]　《新五代史》卷39，第413页。
　　[7]　《资治通鉴》卷267，第8729页。
　　[8]　《新五代史》卷39，第414页。
　　[9]　《旧五代史新辑会证》卷54，第1761页。
　　[10]　《旧五代史新辑会证》卷54，第1764页。

面对四方危机，墓主武功虽不出色，但灵活的外交手段，加上在梁晋之争中"押对宝"，终能化险为夷。可惜，外患的一时消退，诱发王镕的长期怠惰，最后乐极生悲，身死、家破、国亡。

其母何氏过世后，墓主摆脱严母之约束，乃"始黩货财"，[1] 纵情逸乐。天祐十八年（921）十二月，墓主出游已月余，宦者李弘规劝他应尽速回府，并将导其纵欲之宦官石希蒙处死以定军心，墓主不纳，弘规乃"斩希蒙首抵于前"，[2] 迫使墓主归府。墓主回府后，却族诛尽忠之弘规及其部下偏将，"穷其反状，亲军皆恐"。[3] 养子张文礼借机"诱以为乱"，趁墓主在深夜与"道士焚香受箓"时，率亲军"千余人逾垣而入"，不仅"斩镕首""焚其宫室"，且"屠害全族"，[4] 王氏几灭。

王家从一方强藩落至此番惨景，主因或可归咎于以下诸点。

墓主不以"军变"为戒。唐末五代藩镇内部多"骄兵易帅，强帅易主"之风，成德王氏亦不例外。墓主先祖王廷凑即以兵变起家，墓主之继位亦是"三军推袭父位"。[5] 当时藩主多兴于军变，取得政权多倚赖军力，故军队之支持实为其权力之根基。然墓主却未以自身经验为戒，不亲军政、不得军心，乃至启其猜忌，遂致亲军叛变而家亡国破。

墓主不得军心之主要原因如下：其一，性喜游乐而不亲军政。墓主母亲过世后，愈发纵情逸乐，如"众迷逐末""雕靡第舍，崇饰园池，植奇花异木，递相夸尚"，[6] 藩府之人"皆褒衣博带，高车大盖，以事嬉游，藩府之中，当时为盛"。[7] 墓主甚至"殚供军之租赋，为不急之游盘"，出游日久不归，即使军士已疲惫不堪亦在所不惜。[8] 凡此种种，

---

[1] 《新唐书》卷211，第5965页。
[2] 《旧五代史新辑会证》卷54，第1766。
[3] 《新五代史》卷39，第414页。
[4] 《新五代史》卷39，第414页。
[5] 《旧五代史新辑会证》卷54，第1755—1756页。
[6] 《旧五代史新辑会证》卷54，第1765页。
[7] 《旧五代史新辑会证》卷54，第1765页。
[8] 《旧五代史新辑会证》卷54，第1768页，"军人在外已久，愿从王归"。

当皆埋下日后军士叛变之根。加以墓主又"惑于左道，专求长生之要，常聚缁黄，合炼仙丹，或讲说佛经，亲受符箓"，[1] 所费不赀，更易引人不满。他纵情逸乐如此，内政多委于宦官石希蒙、李弘规，以及其子昭祚与养子张文礼，导致大权旁落，在军士心中自更无威望可言。

其二，仁而不武。幽州李匡威因遭匡筹夺权流亡，墓主收容善待之，却"以镕冲弱，将有窥图之志"，[2] 要挟墓主让位，而墓主竟言"今日之事，本所甘心"，[3] 遂叩头以位与匡威。其后赖镕军抗命杀匡威，墓主才获保其位。由此一事，可以想见墓主在军中威望之尽失。

其三，不善作战与军务。带兵作战是将帅的基本要件，然墓主遇到战事时，却多向外求援，且在重要战役中均未尝亲自统军出征，而是令他将代行。欧阳修《新五代史》即将墓主与其时大将相比，指出"晋王与处存皆自将，而镕未尝临军，遣追风都团练使段亮、翦寇都团练使马珂等，以兵属匡威而已"；[4] 又如墓主与晋王联兵征讨，亦不亲征，而"遣大将王德明（张文礼）率三十七都从庄宗征伐，收燕降魏，皆预其功"。[5] 不仅如此，日常练兵之事亦委诸外人，如墓主接纳李匡威后，将训练之事委诸其手："军中之事，（匡威）皆为训练。"[6] 主臣之间遂难以建立信服关系。

在此背景下，墓主母亲逝世后，由于内政紊乱与不稳定的主臣关系，以致下属倾轧互杀，进而演变成亲军叛变，使成德走向末路。下属之倾轧首先为宦官间的斗争。王镕久游不归，宦官李弘规带兵进谏，"使亲事偏将苏汉衡率兵擐甲遝至镕前"，谏言另一位宦官石希蒙惑君，其罪为大逆，请王镕杀之，镕不听，李弘规遂"命军士聚噪，斩希蒙首抵于前"。

---

[1] 《旧五代史新辑会证》卷 54，第 1765 页。
[2] 《旧五代史新辑会证》卷 54，第 1756 页。
[3] 《旧五代史新辑会证》卷 54，第 1759 页。
[4] 《新五代史》卷 39，第 412 页。
[5] 《旧五代史新辑会证》卷 54，第 1764 页。
[6] 《旧唐书》卷 142，第 3891 页。

其次为宦官与亲军间权力斗争。墓主因惧李弘规与亲军之势力，遂委政于其子昭祚与张文礼，使其"以兵围李弘规及行军司马李蔼宅，并族诛之"；又杀偏将苏汉衡，并"收部下偏将下狱"。[1] 此举引发其他亲军恐慌，相谓曰："王待我如是，我等焉能效忠？"[2] 张文礼趁机"诱以为乱"，[3] 亲军遂起兵杀害墓主并及其族，王氏几灭。其后，张文礼由军校张友顺请为留后。可见五代时期亲军是否效忠其主乃藩镇存亡的关键因素，由此当可进一步追问，主臣关系如何巩固与维系，并延伸讨论五代时期忠的条件。

值得一提的是，墓主举家败亡后，仍有愿为其尽忠者。墓主仅存一子昭诲，乃因军士"有德镕者"助他逃出府第，[4] "置之地穴十余日，乃髡其发，被以僧衣"，[5] 并托付给湖南纲官李震带到南方躲藏，乃得获全。昭诲于南岳寺习业，可能受文化僧之教导，具备一定文识。其后墓主故将符习，"有器度，性忠壮"，[6] 自称"家世事王氏，常效忠义"，[7] 得知昭诲尚在人间，乃以女妻昭诲，并荐之入仕；昭诲亦不负所望，于后周时官至少府监。[8] 王氏之得存与复兴，实有赖其家数代所施之德泽。

王氏家族因兵而兴，亦因兵而亡。然兵或拥戴，或反叛，领导者之统治是否得当乃是关键因素，故成德之衰，墓主需记一大过。其后，叛王氏而自立者为张文礼，亦对后唐叛服无常，遂致成德之亡。从成德之兴亡，或可看见五代的时代缩影。

（执笔者：张庭玙）

（指导者：李宗翰、柳立言）

---

[1] 《旧五代史新辑会证》卷54，第1766页。
[2] 《册府元龟》卷942，第10919页。
[3] 《新五代史》卷39，第414页。
[4] 《新五代史》卷39，第414页。
[5] 《旧五代史新辑会证》卷54，第1768页。
[6] 《册府元龟》卷374，第4240页。
[7] 《册府元龟》卷725，第8354页。
[8] 《旧五代史新辑会证》卷54，第1768页。

参考资料：

一、墓志碑文

1. 卢质：《王镕墓志铭》，董诰等编《全唐文》卷 46，第 10898——10899 页。

2. 卢质：《中书令王镕墓志》，陆增祥《八琼室金石补正》（北京：文物出版社，1985）卷 79，第 35——36 页。

3. 卢质撰，周阿根点校：《王镕墓志》，周阿根《五代墓志汇考》，第 107——109 页。

二、其他资料

4. 王钦若等撰，周勋初等校订：《册府元龟》。

5. 司马光等撰，标点资治通鉴小组点校：《资治通鉴》。

6. 李昉等撰：《太平广记》，北京：中华书局，1961 年。

7. 陈尚君：《旧五代史新辑会证》。

8. 刘昫撰，中华书局编辑部点校：《旧唐书》。

9. 欧阳修撰，徐无党注，华东师范大学等点校：《新五代史》。

10. 欧阳修撰，董家遵等点校：《新唐书》。

万人之敌一条葛

（葛从周）

李宗翰

后梁武官昭义节度使葛从周神道碑铭并序

一、基本资料

1 性质	神道碑
2 题名	新题：后梁武官昭义节度使葛从周神道碑铭并序 首题：梁故昭义军节度□□□□□□□〔泽潞等州观察处〕置等使 开府仪同三司检校太师兼侍中守潞州大都督府长史 □□□□□□□□□□□□□葛公神道碑铭并序
3 时间	死亡、下葬或立石时间 死亡：不详 下葬：十月三日 立石时间：后梁贞明二年（916）十一月十二日
4 地点	死亡、下葬或立石地点 死亡：不详 下葬：偃师县（河南洛阳）亳邑乡林南里之别墅
5 人物	
墓主	葛从周（？—?）
合葬或袝葬	
求文者	

撰者	后梁文官礼部尚书薛廷珪
书丹者	后梁文官张琏
篆额者	有，但不清
立石者	
刻者	后梁沈□
6 关键词	社会流动、文武交流、、业绩、品德、家庭或家族

（责任者：林思吟、林亚璇、刘静宜）

二、释文

梁故昭义军节度□□□□□□□〔泽潞等州观察处〕置等使开府仪同三司检校太师兼侍中守潞州大都督府长史□□□□□□□□□□□□□葛公神道碑铭并序

银青光禄大夫礼部尚书权知贡举□上柱国臣薛廷珪奉□□〔勅撰〕

翰林待诏中大夫检校刑部尚书□左□□卫大将军□□……□□（缺十三字）臣张琏奉□〔勅〕书

□议郎守殿中□□□〔侍御史〕奉御□□□□□徽奉勅篆额

    □□包牺设教画卦□□□□□□□弧矢于焉利用□□二□□□□□。盖殷、周之前，将相共柄；洎秦、汉之后，文武殊途。至若纲纪彝伦，范围庶品，阐扬至理，崇树鸿猷，则用武之□□□独济。若夫拨乱反正，□□□□□卫□□勋济王□则□□□□□□□诸至于大义至公，开物宏务，感召和气，庇育群生，其揆一也。夫物穷则变，否极则通，时虽类于循环，事□□□合□□雕虎□□□□□□□□而□□□□□理□□□□□□方勘定，遂生翦、起、韩、彭，扶丕□以凌霄，翼真人而御极，风云之会，影响无殊□□□□□之期，□□□□□帝应□□……□□（缺十三字）□豕于大田，断修蛇于广陌，则有故昭义军节度泽潞等州观察处置等使开府仪同三司检校太师兼□□□〔侍中守〕潞州大都□□□〔府长史〕……□□（缺二十四字）焉。

（以上是序，305）字）

公讳从周，字通美，其先濮州鄄县秦丘里人也，礼也。
曾祖阮。祖遇贤。父简，赠兵部尚书。

（以上是上三代，33字）

惟公世方管、晏，绪接神仙，负山□□……□□（缺约二十九字）励越石著鞭之志，生知韬略，时合孙、吴。韦弦淡尔而酌中，文武居然而兼备。素业唯观于大略，壮图潜□□……□□（缺三十二字）以腾骧雕鹗在天而□□。自家刑国，鹊文兆忠孝之名；原始要终，血字表公侯之分，实为天纵□□□□□。

（以上是感怀，152字）

自太祖□□……□□（缺二十二字）之锋，于是附凤攀龙，策名委质，伐蔡之役战酣，太祖皇帝□□□□□〔之变〕，时□□□□，公奋□□……□□（缺二十二字）谷之只轮不返，而又青兖三寨，鲸鲵万人，剿戮无遗，辎重皆弃，巩约面缚而授首，□唐魄□□□□□赤□□□□濮□□……□□（缺二十四字）□□〔齐〕山僵尸蔽野。以功□检□〔校〕□部尚书。时溥复统全师，砀山下寨，康村接战，全军□□……□□（缺九字）返。又转检校刑部尚□〔书〕□□……□□（缺二十二字）遏上党蕃戎丧胆□□□□□改授怀州刺史，屡立殊勋，继膺赏典。又假吏部尚□〔书〕□累迁□□□州刺□〔史〕□□□□□使□□……□□（缺约二十四字）落落□□〔领二〕千骑□□□□□马步二千，杀戮殆尽，生擒落落，夺马三千，又杀蕃□□污

□□□□□自□□……□□（缺三十一字）。后寻□□〔授节〕旄，假
□□□□□□昭义两使，留务蕃军，周扬五之众，结寨连营，去□□
……□□（缺十二字）俄而□□……□□（缺二十六字）而身□□〔先
幽〕沧克□□□□□乃授宣义军行军司马。俄代丁会入潞州俘戮□□
……□□（缺四十二字）下凡经八日，纳□□□□□加检校司徒。又入
井陉，攻讨并部，降李洪范已□□□□□□兼加徐州□□□氏□□……
□□（缺二十八字）致力□□……□□（缺九字）中遘沉痾于边上。
明年，青、齐之众，复陷兖州，□□□戎，捐躯济难。太□□……
□□（缺四十字）加太子太师，食邑二千户。□□之念勋劳，乃眷疾
恙，爰降优礼，□□……□□（缺十七字）旌颂之□□□□□别墅
□□□山恩异□□□□□□□代未之有也。

（以上是事迹，721 字）

　俄而美疹滋深，医和弗疗，天□□〔不慭〕□〔遗〕，人之云亡。
恨狼□之□尚存，指为【全：为；章：马；拓：不清】□□……
□□（缺十四字）江淹之□〔笔〕□□……□□（缺十字）勒□□□□
即以□□□□十月三日，归葬于偃师县亳邑乡林南里之□〔别〕墅，赗
赙赠啥，君恩□□……□□（约缺十三字）。

（以上是死亡与葬，105 字）

　□〔太〕尉有□〔子〕五人，
　□□□〔长曰彦〕□，□□□□□夫检校□部尚书□□□□将军同
正，不□〔仕〕。
次曰彦勖，金紫光禄大夫检校兵部尚书前守洪州别驾，不□〔仕〕。
次□〔曰〕□□……□□（缺十一字）尚书刑部员□□〔外郎〕……
□□（缺二十字）尚书守左骁卫将军。
次曰彦浦，殿前受旨银青光禄大夫检校太子宾客□□□……□□（缺十

五字）克□□……□□（缺二十四字）英飞龙使充西京都监银青光禄大夫检校尚书左仆射守左武卫将军□□……□□（缺二十六字）孔循□□……□□（缺约十二字）司徒左威卫上将军。连荣贵戚，迭照闺门，玉镜台前，匪独推于□□……□□（缺二十七字）□〔兼〕□□……□□（缺十二字）礼以竭情，临襄事而衔恤。始终部分熏灼一时，斯又见天□□答之重沓也，皇帝临轩轸悼，撤□废朝。

（以上是子，336字）

伊昔皇唐，运钟百六。兵革□□……□□（缺约二十六字）。其一。
我梁〇〇，授天明命。间生材杰，克靖灾眚。武德孔昭，和□□……□□（缺约十二字）。其二。
□□……□□（缺约十四字）战酣马逸，上失衔勒。下车策之，伤面克敌。其三。
青充三寨，鲸□〔鲵〕□……□□（缺二十六字）。其四。
凡兹大勋，杰出十乱。炳若丹青，著于史传。□外畏威，山□□……□□（缺十一字）。其五。
□□……□□（缺十二字）增□□□。飞蝗越境，猛兽遁去。军食衲服，盈羡厢庾。其六。
统众出师，宽猛相济，□□□□，□□照□，□□……□□（缺十六字）。其七。
悠悠丹旐。轧轧辒车，万人之敌。六尺之躯，瞥如石火，去似隙驹。□□□□，谁其问【章：同】诸？其八。
□□□□□（缺约七字）秋露如珠，洒君□□。平生气豪，命世功夫。金疮犹在，胜肉永枯。其九。
邙山之隅，□□之裔。许国壮心，磨天逸势。威声□□，昏衢迢遰。长辞魏阙，永谢明世。其十。

（以上是铭，约339字）

贞明二年岁次丙子十一月壬子朔十二日丁卯建

镌字沈□

（责任者：林亚璇、刘静宜）

（指导者：李宗翰）

三、个案研究

  墓主是唐末后梁时期朱全忠的大将，他平民出身，以战功位至节度使，并以寿终，是北宋初年获选入祀武庙的三位五代将领之一。他凭何战功达成阶级与阶层之向上流动？又凭何获得时人的敬重？神道碑固有为墓主隐恶扬善之义，未必能作为墓主一生表现之定论，但此种体例的文献，正好可以让我们观察墓主最受时人重视的功绩与能力为何，进而推论五代时期对武将的期望。

  墓主上三代均未仕宦，应只是基层社会一户普通农家。其家向上流动至统治阶级的关键人物就是墓主，主要凭借的是忠心与军功。他早年追随黄巢为乱，不久于王满渡之役败降于朱全忠，从此"附凤攀龙，策名委质"，在朱全忠手下征战四方，以显赫军功逐步攀升至节度使。他最初之所以受朱全忠重用，赤诚效忠是重要因素。他降于朱全忠不久，即追随全忠征讨黄巢乱军，却在蔡州遭遇恶战，朱全忠几至不测，墓主舍命相救，他"扶太祖上马，与贼军格斗，伤面，矢中于肱，身被数枪，奋命以卫太祖"。[1] 朱全忠最后得以幸免于难，墓主立有大功，因此战后被提拔为大校，[2] 从此获得朱全忠的信任与赏识，终生不曾背叛朱全忠。碑文称他"鹊文兆忠孝之名"，其孝行不见实例，然其对朱全忠之效忠则是历历可考，至死不渝。

---

  [1]《旧五代史新辑会证》卷16，第425页。

  [2]《旧五代史新辑会证》卷16，第425—426页。

他此后在军途上持续攀升，凭借的都是货真价实的战功，此也是神道碑的重点所在。如"弧矢于焉利用""拨乱反正""遂生翦、起、韩、彭""（擒封）豕于大田，断修蛇于广陌"等句，都是反复强调墓主的武功表现。由于神道碑残损颇多，无法确知其中所载墓主此后的所有重要战功。《旧五代史新辑会证》之《葛从周传》则列举墓主参与的三十九场战役，其中两役无功而还，一役大败，其他三十六役都是大胜，由此可以想见墓主为朱氏所立下的军功。《册府元龟·将帅部》"褒异类"的目的是褒崇三军之帅的特殊军功，[1] 墓主亦列名其中，其内容则是从上述三十六役中挑出十一役，作为墓主的特殊战功，并列出战后官职升迁，兹列表如下：

	年份	战功	获升实职	获升虚职
1	888	从太祖破魏军。	—	—
2	888	大破并军，解河阳之围。	—	检校工部尚书
3	—	从朱珍讨徐州，败时溥。	—	检校刑部尚书
4	891-895	攻兖州朱瑾，擒其部将孙汉筠。	怀州刺史 曹州刺史 宿州刺史	检校右仆射
5	896	击并军，杀戮殆尽，生擒落落。	—	—
6	896—897	与庞师古击郓，下之。	—	—
7	897	乘胜伐兖，其将朱怀英以城降。	兖州留后	检校司空
8	898	大破并军。	兼领邢州留后	—
9	899	幽州刘仁恭寇魏州，击走之。	宣义军司马	—
10	900	从太祖破并人。	兼徐州两使留后 兖州节度使	检校太保
11	901	青州刘鄩陷兖州，太祖命讨之，鄩举城降。	—	检校太傅

[1] 《册府元龟》卷386，第4246页。

由上表可知，墓主自 884 年归附朱全忠后，在十八年间以十一役彪炳战功升至兖州节度使，场场硬战，毫无侥幸。如早年的青州金岭之役，"青兖三寨，鲸鲵万人，剿戮无遗，辎重皆弃，巩约面缚而授首"，可以想见战事之惊心动魄。这些战役分别使朱全忠得以占领河南、河北、山东等地，并在与山西李克用的对战中暂居上风，打下称帝建国的基础。例如 896 年兖郓之役，墓主大败兖、郓、山东联军，史称"兖、郓由是不振"；[1] 又如 899 年魏博之役，墓主大败刘仁恭军，史称"仁恭自是不振，而全忠益横矣"。[2] 故《册府元龟》将墓主置于后梁佐命功臣之列，可谓实至名归。[3]

他能立下如此赫赫战功，除了本身骁勇善战外，擅长兵法也是重要原因。他出身自一般农家，教育程度可能不高，神道碑称他"生知韬略，时合孙、吴"，强调他的兵法能力乃属天授，殆非虚语。他善用兵法的事迹，在历次战役中不乏其例。如 895 年攻围兖州，朱瑾闭门不出，墓主攻之不下，乃宣称李克用、朱瑄救兵将至而率领精兵撤退，却又在半夜潜归故寨，第二天朱瑾企图乘虚攻寨，却正好被墓主击溃，大将孙汉筠被俘，这场战役被列为墓主褒异十一役中的第四役。他对兵法的精熟，亦可从他教育后梁另一位名将谢彦章的故事看出："梁谢彦章幼事葛从周为养父，从周怜其敏慧，教以兵法，尝以千钱于大盘中，存其行阵偏伍之状，示以出没进退之节，彦章尽得其诀。"[4] 可见他不但能在战场上善用兵法，亦能以兵法教人。

此外，他的战功亦得力于他的勇敢。上述墓主早年冒死拯救朱全忠之事，已可见其勇敢。墓主亦列名《册府元龟·将帅部》之"勇敢类"，获选事迹则是 899 年于魏州抵御幽州刘仁恭之役。墓主时任邢州留后，刘仁恭率领十万大军进攻魏州，墓主得知后，即刻自邢州率八百精骑驰

---

[1] 《资治通鉴》卷 260，第 8489 页。
[2] 《资治通鉴》卷 261，第 8523—8524 页。
[3] 《册府元龟》卷 346，第 3898—9 页。
[4] 《册府元龟》卷 391，第 4418 页。

入魏州赴援。刘仁恭大军兵临城下时，墓主领军正面迎战，行前告诉守门者："前有大敌，不可返顾。"命其闭门不开，率军进行殊死战，结果大败刘仁恭军。应注意的是，《册府元龟》中所谓"勇敢"，固然是指"英果迈众，临敌贾勇，冒矢石而靡惮，衽金革而无厌"者，然同时亦需具备"舍命不渝""率义之谓勇"的条件，[1] 亦即战将同时需具有忠、义等品德，才能称为勇敢。《册府元龟》之编者显然认为墓主符合此一条件。在《册府元龟》中，此事迹亦被收入"赴援"类，可见墓主此役表现所受之肯定。

墓主之成功亦在于能得部下之死力，可见其御下颇有值得称道处。《玉堂闲话》载有一则故事，足见墓主之善待人与善用人。墓主有一军士，"年壮未婚，有神彩，善骑射，胆力出人"，有一次入见墓主，见到随侍在旁的一位爱姬美貌绝伦，竟望之至失魂落魄，连墓主再三问话都不知回答。墓主见状，并未动怒，"但俯首而已"。军士退下后，墓主"微哂之"。有人将此情形告知军士，他自知失态之甚，连墓主当面交代之事亦不复记忆，深恐会遭到不测之罪。墓主得知后，乃"以温颜接之"，消解军士的忧惧。面对长官的宽厚大度，军士遂生感激效死之情，自是可以想见。其后墓主奉命出征，与李克用大军对战，两军对垒，陷入僵局，墓主召来军士，问他是否能为大军作先锋突破李克用之阵地，军士慨然应允，"即揽辔超乘，与数十骑驰赴敌军，斩首数十级。大军继之，唐师大败"。战后墓主召见军士，以丰厚的嫁妆将绝色爱姬许配给军士。军士当然不敢接受，最后在墓主的坚持下，才与其爱姬成婚。作者王仁裕对此评论云："葛公为梁名将，威名著于敌中，河北谚曰'山东一条葛，无事莫撩拨'云。"[2] 可见其威名。

除武功之外，神道碑还称道墓主"韦弦淡尔而酌中，文武居然而兼

---

[1]《册府元龟》卷394，第4442页。
[2] 王仁裕撰，陈尚君点校：《玉堂闲话》卷2，收于傅璇琮、徐海荣、徐吉军主编《五代史书汇编》，杭州：杭州出版社，2004年，第1852页。

备"，亦即指其举止中节，能文能武，且"世方管、晏"，具有经济之才，铭文亦称赞在他治下"飞蝗越境，猛兽遁去。军食衲服，盈美厢庾"，应该并非只是一介武夫，可惜现存史料不见实例，无所印证其言之虚实，不知是否可归咎于碑文之残缺。关于墓主之文治表现，他曾历任怀州、曹州、宿州等地刺史，似曾治民，然史料中不见其治绩优劣之记载，表现可能仅属中等。墓主长年征战四方，牧民之务或许主要交由属下代管。无论如何，现有研究已指出五代武人治民有值得肯定处，墓主以武人位居地方首长而无恶声，当可作为此论点之一旁证。[1]

墓主有子五人，全都任官，除第四子因碑文残缺而官职不明外，其余四子文一武三；若第四子从文，则为文二武三。可见墓主虽以武人出身，但并不排斥子弟学文。同时也可见墓主对第二代的仕宦安排乃文武并进，文官在高级武将家庭中仍被视为是维持统治阶级地位的重要途径，并未受到轻视。此外，墓主五子中，除次子在外地任洪州别驾外，其余至少有三子似乎都在京师任官。长子官职不明，仅知为某将军；三子守左骁卫将军；四子官职不明；五子守武卫将军。此种安排，一方面反映墓主家庭与后梁王室关系密切，故子弟多在中央任职武官，另一方面亦可见墓主对第二代的仕宦安排为内外兼顾，应是试图藉此减轻家族在乱世中因政权更替所可能遭受的冲击。墓主似亦有女儿，其中一人似嫁某左威卫上将军，属武武联姻，可惜因碑文残缺而无法进一步讨论其婚姻网络。

墓主之主要表现固在武功，然这并不表示他从未在战场上失利，如上文提及墓主有二次无功之役与一次大败均是其例。无功之役姑不论，大败指897年的淮南清口之役。是年朱全忠派庞师古与墓主分率军队南攻淮南杨行密，然庞师古因轻敌大败被杀，墓主因而仓促退军，在渡淮北返时遭到截击，"杀溺殆尽，从周走免"，侥幸北渡的军队，辎重尽

---

[1] 柳立言：《五代治乱皆武人——基于宋代文人对"武人"的批评和赞美》，《"中央研究院"历史语言研究所集刊》81. 2（2018），第365—366，391页。

失，"凡四日不食，会大雪，汴卒缘道冻馁死，还者不满千人"。[1] 可见其败之狼狈。然而瑕不掩瑜，墓主的战功远大于失利，且其败无损其忠心与勇敢，亦无害于墓主身为主帅所展现的知人而宽厚之领袖风范。《册府元龟》将墓主事迹分别置于"将帅部"之"佐命""褒异""勇敢""赴援"等类别，都是神道碑强调墓主战功的重点所在。入宋之后，宋太祖曾重新检讨入祀武庙之人，在原有的七十二人名单中更换了二十三人，包括三位五代名将，墓主即列名其中。宋太祖之选择标准，号称是要"取功业始终无瑕者"，[2] 显然太祖并未认为清口之败是墓主的功业之瑕，这自是因为宋初君臣认为此败无损于佐命之功。应该可以说，墓主的战功，加上其忠、勇、善于御下、治民无恶声等表现，共同构成了他的无瑕功业，成为时人尊崇的武将，也反映出他们对武人的期望。

（执笔者：李宗翰）

参考资料：

一、墓志碑文

1. 薛廷珪：《赠太尉葛从周神道碑》，董诰等编《全唐文》卷 838，第 8823—8825 页。

2. 薛廷珪：《赠太尉葛从周神道碑》，董诰编，孙映逵点校：《全唐文》（太原：山西教育出版社，2002 年）卷 838，第 5196—5197 页。

3. 薛廷珪撰，章红梅点校：《葛从周神道碑》，章红梅《五代石刻校注》，第 54—56 页。

4. 薛廷珪：《梁赠尚书右仆射陇西牛公墓志》，傅斯年图书馆藏拓片（01674、08212）。

5. 薛居正等：《葛从周》，陈尚君《旧五代史新辑会证》，第 425—

---

[1]《资治通鉴》卷 261，第 8511 页。
[2]《续资治通鉴长编》卷 4，第 92 页。

433 页。

6. 薛廷珪：《梁故昭义军节度□□□□□□□置等使开府仪同三司检校太师兼侍中守潞州大都督府长史□□□□□□□□□□□葛公神道碑铭》，王昶《金石萃编》卷 119，收入中国东方文化研究会历史文化分会编《历代碑志丛书》（南京：江苏古籍出版社），1998 据清嘉庆十年经训堂刊本影印。

二、其他资料

7. 王仁裕撰，陈尚君点校：《玉堂闲话》，收于傅璇琮、徐海荣、徐吉军主编《五代史书汇编》，杭州：杭州出版社，2004 年。

8. 王钦若等撰，周勋初等校订：《册府元龟》。

9. 司马光等撰，标点资治通鉴小组点校：《资治通鉴》。

10. 李焘撰，上海师范大学古籍整理研究所、华东师范大学古籍研究所点校：《续资治通鉴长编》。

11. 柳立言：《五代治乱皆武人——基于宋代文人对"武人"的批评和赞美》，《"中央研究院"历史语言研究所集刊》81.2（2018），第 339—402 页。

12. 陈尚君：《旧五代史新辑会证》。

13. 欧阳修撰，徐无党注，华东师范大学等点校：《新五代史》。

武人之忠

（刘鄩）

林怡玟、张庭瑀

后梁武官河东道招讨使刘鄩墓志铭

一、基本资料

1 性质	墓志
2 题名	新题：后梁武官河东道招讨使刘鄩墓志铭 首题：无
3 时间	死亡、下葬或立石时间 死亡：后梁贞明六年（920） 下葬：不详
4 地点	死亡、下葬或立石地点 死亡：洛阳（河南洛阳） 下葬：不详
5 人物	
墓主	刘鄩（857—920）
撰者	刘宗□ □押衙韩□〔殷〕都□〔勾〕□〔当〕　□□刘宗□□
6 关键词	社会流动、文武交流、业绩、婚姻、家庭或家族、妇女角色

（责任者：张庭瑀）

二、释文

□……□（前有字）方□……□（前有字）□〔金〕□□……□□（缺十字）□〔念〕□〔医〕□□〔顾〕□〔彼〕□〔浩〕□〔穰〕□□……□□闭□□〔但〕期□〔于〕□〔息〕讼□□并□□……□□服□□〔遂〕□〔致〕□〔逆〕竖□□〔焚〕□□□□□□公□彼□阊阖之□□……□□宁□□……□□〔玄〕□□□□□襟□□……□□（缺十九字）扇□之风□……□。（前有字）

（以上可能为序及感怀，由于残缺严重，难以分段及计算字数，下同）

公□显□□□□诏直□□山。训练甲兵、抚招黎庶，行□〔将〕□〔军〕□之令，峻□秋霜导□……□（前有字）奉命□□十□□……□□（缺九字）关□□□〔招〕□□□令□旗躬□〔披〕铠甲，岂谓大功将□……□（前有字）使左常侍□□□□□部□□朱□□□□□□□赙赠、布帛、粟麦□加旌追□□……□□继勋贤致□追感功高名遂，居将□□□斩□□……□□（缺十八字）清风□□……□□。

（以上可能是事迹）

□……□（前有字）阳节度使□□□女，后娶天□〔下〕□□□中书令魏玉□公□□□□天水赵氏□□□□□□知忠□□气□□□□，□□……□□。

次子□□〔遂雍〕任兖州衙内都指挥使检校工部尚书，娶宣徽使赵氏之□〔女〕□□□□□□□。

次子遂□〔凝〕□……□（前有字）骑常侍，娶郓州节度使中□〔书〕令□公□□幼承凤诰，便戴貂冠□□〔途〕□〔必〕绍□□□□□各驰

□〔于〕爱□亲弟珣少□□……□□友爱，特被□渥恩俾迁□□〔于〕□□〔继〕仍宠升于八座。洎当断手，常吁□酸每□□□之悲□□〔抱〕□怀之痛。

亲侄□……□（前有字），□国夫人□婚天水姜氏□□□□〔夫人〕□□□元勋□□美誉睦娣姒□有节□〔素〕□〔蘋〕□〔藻〕以仍□□□□〔妹〕之□□皆□□□……□□。然言□〔今〕□秋官仍□□□□□□□□俾□英□

（以上是家庭）

　　自揣谀才□〔虽〕□〔润〕。圣□□□□□笔□期幼妇之辞述□勋□曰：

　　□□□□，□□□□。□降□□俾□济世。□□五□，□游六□。遭遇□□，□期□□。□〔股〕□□□，□帝□□。眈眈刘公，标表□□。□□□□，□□□，□□〔建〕□□豪□〔残〕自息。及□龙韬，机谋□□，当统□〔骁〕雄。□□□蒙，心惟感激。义保□终，尺□夜□坚□□□。□归□□，□□□□，□□□□。愈承恩颜。当年丁卯，凤翥夷门。重新日月，再造乾坤。胡□〔尘〕骤起，□〔潞〕□〔师/帅〕□□〔恩〕。俄随□□翠辇□□，□□□□，□□□□，□□□□。复当建□〔牙〕，甄□底绩。屏□〔翰〕□□皇□□□。门施旌旆，风动龙蛇。□〔威〕□远迩，路绝喧□。及□□□，□〔重〕延宾□。□□□□，□□□□，□□□□，洎乎荼蓼，毁瘠过□。□□杨□〔祐〕，□奔蔡宙。先贤登退，□□□□。亲□〔王〕□□，轻干国纪，□□天常，俄当□〔君〕□，遽复金汤。进秩□武，阃境生光，又属鲁郎。暗连并□，屠害忠良。招呼□□，□□□□。□□□〔凋〕弊，渐复流离，实期巨屏。永固□□，丕基□□。□晋兴兵，□〔冈〕蒲拒命。爰整鼓旗，明申号命。

靡惮辛□〔勤〕，必期□定。偶被微灾，□□□□。□□兵符，
公提相印，出遇圣君。兼荷景运，独仗舟□，连平二镇，众仰严
明。时推英□，名光竹□，哲著山□〔河〕，□□□□，
□□□□，自迁哀迷，毕遵典教，悲动□□，血殷丹旒。蓍龟
□〔告〕□〔苦〕，□〔丝〕□〔綍〕□〔旌〕□〔功〕。凤池
应兆，马鬣□□〔崇〕，既安□□，必庆延洪，硕人若□。

（以上可能是撰志原委及铭）

　　□押衙韩□〔殷〕都□〔勾〕□〔当〕　　□□刘宗□□

（责任者：林怡玟、张庭瑀）

（指导者：李宗翰）

三、个案研究

　　墓主刘鄩（857—920）出生于文人家庭，然"幼有大志，好兵略，
涉猎史传"，[1] 其后遂以武功立业。他历仕唐末与后梁，不仅有勇有谋，
亦忠诚事主，故获重用，并成为一代智将。然墓主却因自恃其才等因素，
渐导致梁末帝的猜疑，最终不得善终。不过，跟韩通（见第二册《五代
武人之文》之《尽在不言中》）和谢彦章不同，墓主的两个儿子没被株
连，皆继续仕宦，甚至转仕数朝，"反复以求禄利"。[2] 以下讨论墓主的
武功、忠心、死亡，以及家族的文武发展。由于墓志拓片清晰度不佳，
尚须据《旧五代史》《新五代史》与《资治通鉴》作为补充。

　　三部史书对墓主事迹的描述大体相同，然细节稍有差异。三史皆论
及墓主之能力、品德，与其从见疑到被杀的历程，但《旧五代史》较着
重墓主的功绩与忠诚，《新五代史》较强调墓主的个性对其人生的影响，

---

　　[1] 《旧五代史新辑会证》卷23，第577页。
　　[2] 《资治通鉴》卷280，第9151页。

而《资治通鉴》则综合两者之优点，胡三省注更是发人省思。透过比较三史笔法之异同，可多面向探讨墓主及其家族发展。

墓主历仕唐末与后梁，凭借能力与品德，成为一代智将，并位至使相。对此，《旧五代史》与《资治通鉴》有较详尽的描写：墓主晚成，28 岁为小校，34 岁方以刺杀叛将发迹，其后征战三十年，军功无数，包括先后讨伐五次内乱与朱全忠、李茂贞、李存勖等外藩。其战绩所凭不仅只是武艺，亦由智谋，即胡三省所言"刘鄩用兵，十步九计，以此得名于时"。[1] 墓志记墓主负"龙韬""机谋"，并能运用于实战。如兖州之战，墓主"遣细人诈为鬻油者，觇兖城内虚实"，"请步兵五百，宵自水窦衔枚而入"，智取葛从周辖下的兖州，并善待葛家，即史籍所说"善抚其家，移就外第，供给有礼"，达到缓兵的目的。[2] 墓主因此战一举成名，见知于梁太祖。又如 915 年墓主方与晋王李存勖对阵于洹水，在洹水军垒"结刍为人，缚旗于上，以驴负之，循堞而行"，实则突然驱师袭击晋阳，而数日之后，晋人方才察觉其大军已经撤走。[3] 然而墓主在战场上固然擅长以智取胜，一旦遇到更会算计的对手，就讨不了便宜。他与李存勖对战，胜少败多，即此之故。胡三省对此即曾评论说："鄩取兖州，克潼关，皆以掩袭得之，故云然。然以智遇智，则必有穷者，若鄩之袭晋阳，则智穷矣。"[4]

除武艺与智谋外，墓主亦注意民政与军政。前者如"抚招黎庶""市民无扰"；[5] 后者如"训练甲兵""享士训兵"等，[6] 以及建设军事工事，如"增城垒，浚池隍"等，[7] 这些作为皆使民心安定、军容壮盛。

---

［1］《资治通鉴》卷 271，第 8857 页。
［2］《旧五代史新辑会证》卷 23，第 578 页。
［3］《旧五代史新辑会证》卷 23，第 582 页。
［4］《资治通鉴》卷 269，第 8793 页。
［5］《旧五代史新辑会证》卷 23，第 578 页。
［6］《旧五代史新辑会证》卷 23，第 584 页。
［7］《旧五代史新辑会证》卷 23，第 582 页。

除上述各项能力外，墓主亦因其忠心而获得重用。墓主原效忠王师范，即使王师范军力显然已不能与朱全忠抗衡，墓主仍不离不弃，直到王师范先降，并命墓主投降，墓主方出城听命，其后即一心为梁。[1] 梁太祖"嘉其节概，以为有李英公之风"。[2] 李英公即李勣，他与墓主的共同点，在于同时兼具武艺谋略与忠诚。[3] 然墓主之忠，乃忠于主人，而非忠于国家大义。《资治通鉴》载有墓主所言之事上之理："受王公命守此城，一旦见王公失势，不俟其命而降，非所以事上也。"[4] 编纂于宋初的《册府元龟》却仍将墓主列于"将帅部"之"忠"，或可见五代之忠，乃指忠于主人，而非忠于国家。

除武功之外，墓主亦能文。他本出身文官世家，祖、父均任文官，史称他"幼有大志，好兵略，涉猎史传"，[5]《册府元龟》亦将他置于"将帅部"之"儒学类"，可见有一定儒学素养。他以奇计攻下兖州后，善待敌将葛从周居于城中之家人，"善抚其家，移就外第，供给有礼，升堂拜从周之母"。[6] 当葛从周回军围城、墓主处于窘急之时，葛母甚至还为墓主向葛从周喊话："刘将军待我甚至，不异于儿，新妇已下，并不失所。刘将军与尔各为其主，尔其察之。"从而获得葛从周之礼敬。其后墓主投降，葛从周为墓主安排行装以见朱全忠，墓主辞以待罪之身而不敢闻命，最后以"素服跨驴"归梁。[7] 可见墓主不仅能文，亦能以礼法立身处世，有儒将之风。

墓主能文能武，并善用机谋，为后梁立下累累军功，颇受梁主信任，他亦忠心为主，然最后竟遭皇帝赐死，其故何在？墓主之仕途可分为两阶段。第一阶段是墓主34岁（890）发迹至54岁（910），二十年间平

[1]《旧五代史新辑会证》卷23，第579页。
[2]《旧五代史新辑会证》卷23，第579页。
[3]《旧唐书》卷67，第2484页。
[4]《资治通鉴》卷264，第8620页。
[5]《旧五代史新辑会证》。
[6]《旧五代史新辑会证》。
[7]《旧五代史新辑会证》卷23，第580页。

步青云。在王师范阵营时，为行军司马，相当于副节度使，在后梁太祖时更位至使相。第二阶段是墓主54岁（910）到64岁（920）间，其仕运急转直下。梁末帝913即位后，对他从"尤深倚重"到猜疑，最后下令以毒酒赐死。[1] 此一转变，主要原因有三。其一，墓主未能韬养自敛，导致与皇帝、部将关系不佳。墓主投降梁朝时，太祖"已领四镇，将吏皆功臣旧人，鄩一旦以降将居其上，及诸将见鄩，皆用军礼，鄩居自如"，[2] 对此胡三省言墓主"自知其才之足以当之也"，[3] 难免引起旧部将对他的不满。此外，墓主亦不知避嫌，在部将面前批评末帝"主上深居禁中，与白面儿谋，必败人事"，自然更引起末帝之猜疑。

其二，墓主915年后作战连连失败，终失皇帝信任。当时魏博军乱，晋军乘机占领河北，墓主虽领军力战，仍无力收复失地。此后数年，他与晋军长期对峙于黄河沿岸，但其战略却与末帝不合。末帝希望他速战速决，[4] 而墓主则想"以持久制晋"[5]，引起末帝对他长期拥重兵在外之不安，乃"遣中使督战"。[6] 墓主终被追究丧失河朔之责，左迁亳州团练使。[7]

其三，联姻固可为家族发展带来正面影响，然在瞬息万变的乱世中，原本有利的联姻也可能会因后来的发展而变成负担。墓主原与朱全忠之义子朱友谦联姻，其后920年朱友谦叛梁，末帝以墓主为河东道招讨使讨之。墓主本欲劝降朱友谦，故"遣使移书，谕以祸福；待之月余，友谦不从"，然后才进兵攻伐，但却战败。[8] 墓主部将尹皓、段凝等"素

---

　　[1]《旧五代史新辑会证》卷23，第581页。
　　[2]《新五代史》，卷22，第226页。
　　[3]《资治通鉴》卷264，第8621页。
　　[4]《旧五代史新辑会证》卷23，第583页。
　　[5]《资治通鉴》卷269，第8796页。
　　[6]《旧五代史新辑会证》卷23，第584页。
　　[7]《新五代史》卷22，第227页。
　　[8]《资治通鉴》卷271，第8866页。

恶鄠，乃谮之，以为鄠与友谦亲家，故其逗留以养贼"，[1] 遂向末帝投诉。[2] 末帝信之，将他罢归洛阳，并在路上逼令饮鸩而杀之。

墓主死后，其子辈并未受到连累，继续维持统治阶级地位，并以文武双途同时仕进。墓主至少有两子，即刘遂雍、刘遂凝。遂雍继承乃父衣钵继续从武，曾任"兖州衙内都指挥使"，并娶宣徽使赵氏之女，属武武联姻；遂凝曾任"（散）骑常侍"，娶郓州节度使之女，可能是文武联姻。墓主一家先从文转武，然后又文武并进，至少四代维持统治阶级地位。可见墓主一家虽曾转武，但并未弃文，从墓主自身及其二子的经历看来，文武兼习与文武并进，应该是五代乱世中统治阶级寻求维持自身地位的重要途径。

墓主出身文官世家，在唐末乱世以武功晋身，凭其机谋与忠心，获得朱梁重用，位至使相。然墓主同样能文，并以知礼见重于时，颇有儒将之风。墓主最后遭梁末帝之猜忌而死于非命，应是多重因素所致。他自己未能养晦自敛，致使皇帝及其他旧将与他的关系不佳，应是致怨之始。其后墓主率领梁军与晋人对战却接连失利，后梁丧失河北领土，墓主难辞其咎。对战过程中，墓主主张采取持久战，却引起末帝对他长期拥兵在外的猜疑。墓主与朱友谦结为姻亲，本为巩固自身地位，然其后朱友谦叛梁，此一婚事遂转成负担。墓主受命征讨朱友谦，却遭部属谮以因亲家之故而逗留养寇，终被末帝逼令自杀。然其子辈并未受到牵连，继续以文武双途在五代任官。综观墓主一家四代，先从文转武再文武并进，可见其家始终未放弃学文，亦可见文武兼习与文武并进，对试图维持统治地位的五代家庭是重要策略。

（执笔者：张庭瑀）

（指导者：李宗翰）

---

[1]《新五代史》卷22，第227页。

[2]《资治通鉴》卷271，第8866页。

参考资料：

一、墓志碑文

1. 刘宗□：《后梁河东道招讨使武官刘鄩墓志铭》，傅斯年图书馆藏拓片（01672）。

二、其他资料

2. 司马光等撰，标点资治通鉴小组点校：《资治通鉴》。
3. 陈尚君：《旧五代史新辑会证》。
4. 刘昫撰，中华书局编辑部点校：《旧唐书》。
5. 欧阳修撰，徐无党注，华东师范大学等点校：《新五代史》。

武人子弟抱素含真

（安崇礼）

陈柏予、郑丞良

后周武官前郑州衙内指挥使安崇礼及其妻高氏墓志铭并序

一、基本资料

1 性质	墓志
2 题名	新题：后周武官前郑州衙内指挥使安崇礼及其妻高氏墓志铭并序 首题：大宋故郑州衙内指挥使银青光禄大夫检校工部尚书兼御史大夫上柱国安君墓志铭并序
3 时间	死亡、下葬或立石时间 死亡：北宋开宝四年（971）正月十日 下葬：北宋开宝四年（971）十月二十三日
4 地点	死亡、下葬或立石地点 死亡：洛阳（河南洛阳）延福里私第 下葬：河南县（河南洛阳）平乐乡朱杨村
5 人物	
墓主	安崇礼（915—971）
合葬或祔葬	妻：高氏
撰者	北宋文人乡贡进士李象
6 关键词	社会流动、文武交流、业绩、品德、家庭或家族、墓志笔法与史学方法

（责任者：陈柏予）

二、释文

大宋故郑州衙内指挥使银青光禄大夫检校工部尚书兼御史大夫上柱国安君墓志铭并序

乡贡进士李象撰

　　天地冲虚，散和气于万物；神化无执，钟类聚于百灵。巢莲有十朋之祥，在囿标一角之瑞，羽仪见九包之质，药品丽三秀之奇。总是英华，诞生哲士，故能外积乡曲之誉，内全和睦之称。进不务于矜名，退不至于隐迹，抱中庸之德，合自然之机，善始令终，贻厥无忝者，君实其人。

（以上是序，105 字）

　　君讳崇礼，字同节，其先雁门人也。

银青光禄大夫检校尚书右仆射讳弘璋，君之曾祖也。

金紫光禄大夫检校司空兼御史大夫讳福迁，君之王父也。

推忠致理佐命保国功臣河中护国军节度管内观察处置等使开府仪同三司检校太师兼中书令赠尚书令行河中尹上柱国汧国公食邑二千五百户食实封三百户讳重诲，君之孟父也。

郑州防御使金紫光禄大夫检校司徒兼御史大夫上柱国讳重遇，君之烈考也。

或志与道存，高卧升平之世；或德从后显，恩沾冥寞之魂。或掌密于天枢，或作藩于侯国。世官世禄，则史册具详；乃武乃文，则前志可验。此得略而不书。

（以上是上代直系家属，凡三代，220 字）

　　始者堂序八人，君冠其长。风云未集，咸怀济物之心；羽翼将舒，俱负雄飞之志。然而非奇屈之才，不可以当时用；非特达之选，不可以展大功。藏机在怀，有发必中。居一日，孟父令公于犹子之爱，有择贤之心。君方弱龄，神彩独秀，群弟之伴在右，卓立之情甚高。因谓郑州司徒曰："垂积善之庆，而保问望者，在此子矣。"遂奏充郑州衙内指挥使，加银青光禄大夫检校工部尚书兼御史大夫上柱国。资父事君，自家形国。君严而肃，贞固有干事之能；清而通，临财念苟得之诚。未尝不忖己而度物，舍短而从长。

（以上是仕历，193 字）

　　方欲飞奏天庭，宾于王国，展骥足于东道，运鹏翼于南溟，无何风树兴悲，顿使云衢失路。广顺元年，丁郑州司徒之丧。罔极之哀，仅乎灭性；礼制有节，宦情已阑。遂毓蔬灌园，挂冠不仕。或药圃春暖，竹斋夏凉，或薜径秋吟，桂堂冬燠，莫不履屦拽杖，携友延宾。绿杯盈卮，素琴横膝，俯接襟袂，厕杂缁黄，日居月诸，垂数十载。尝谓僚友曰："夫饰身者文，仲尼不曰遁世无闷？毓德者道，老聃不曰养素全真？吾今袭大《易》之居贞，达玄元之返朴，而今而后，将欲慕大乘义，种未来因，不亦可乎？"

（以上是辞官、家居与潜心三教，184 字）

　　于是闻者知君以三教饰身，百行为则，宜其享高门之庆，垂积世之勋，永践福庭，遐跻寿域。殊不知仙乡素约，内院潜期，天龄昧终吉之言，物理契无坚之喻，宛其而逝，命也何征！于开宝四年正月十日寝疾，终于延福里之私第，享年五十七。呜呼！君生而不群，禀天地之淳粹；长而莅事，冠今古之贤能。晚岁退居，得盈虚之妙理；终年履道，达空寂之玄关。前所谓善始令终，贻厥无忝者，不其然乎！即以其年十月二十三日归葬于河南县平乐乡朱杨村之大茔［茔］，礼也。

（以上是死亡与葬，178 字）

君婚高氏，早岁而亡，今卜祔焉，以尽敬也。琴调绿绮，久闻别鹤之音；剑入平津，再合双龙之气。

有子二人，长曰隐珪，授将仕郎试秘书省秘书郎，婚安陆副车清河张氏之女。

次曰十哥。尺璧寸珠，俱是成家之宝；贞松建木，咸称构厦之材。

孙女一人苏姐，方在襁褓，慧晤之性，骨气已殊。

（以上是妻与子孙，108 字）

庆子谋孙，渐保莫京之緜；牛岗马鬣，爰求无愧之辞。将备变迁，是兹刊勒。象幸因秋赋，泊寄伊川，见托为文，具存实录。谨为铭曰：

天地之精，散为百灵。引而伸之，哲人诞生。

天地之气，畜乎万汇。卷而怀之，哲人云逝。

其生也荣，拖紫垂缨。中道而弃，抱素含贞。

其逝也宁，楸阜松坰。赫矣道业，超然德馨。

总彼徽誉，勒乎斯铭。庶备陵谷，千秋万龄。

（以上是撰志原委及铭，129 字）

（责任者：陈柏予）

（指导者：李宗翰）

三、个案研究

墓主安崇礼（915—971）生于后梁武人世家，祖父为李克用骑将，伯父安重诲（？—931）官至后唐枢密使。由志文来看，墓主承伯父恩荫，历仕后唐至后周，于后周广顺元年（951）开始隐居生活。墓主早年之仕宦有赖于安氏家族之崛起，安氏家族鼎盛阶段则在墓主伯父安重诲之得势，其家族迅速没落亦与安重诲失势被杀直接相关。墓主身为长子，又是高官第二代，在仕时如何帮助维持家族阶级？他选择隐居是否有受到伯父失势的影响？隐居后又如何维持家族地位？安家或可作为五代武人家庭与阶级流动的研究参考。

墓主先世"本北部豪长"，已属统治阶级。[1] 其父祖辈皆担任过武职，祖父安福迁"事晋为将"且"以骁勇知名"，伯父安重诲"为左领军卫大将军、枢密使"，[2] 父亲安重遇（890—951）官至郑州防御使，故统治阶级及武官世家可视为安家崛起的背景。

安家在统治阶层的崛起与安重诲的得势有绝对的关系，因此藉由观察安重诲的个人事迹或可分析出安家崛起的主要条件。安重诲"少事明宗，为人明敏谨恪"，[3] 深受后唐明宗李嗣源的信任，"自为中门使，已见亲信。……处机密之任，事无大小，皆以参决，其势倾动天下"。安重诲亦尽力以回报明宗的信任，"其尽忠劳心，时有补益"，[4] 展现出安重诲的忠。此外，从安重诲死后政敌李从璋查其家产，发现"不及数千缗而已"，[5] 官至枢密使但留下的家产却不多，或可显示其清廉的品德。安重诲的事迹亦展现文武并举的一面，武的业绩方面可从他辅佐明宗登基的角色做观察。在邺都政变中明宗"所与谋议大计，皆重诲与霍彦威决之"，[6] 可见安重诲具有军事谋略的才能。《旧五代史》以其"佐命之功，独居其右"，[7] 突显他在兵变行动中的重要性。他的军事谋略之才，应该与他出身武官世家有一定关系。他也略能通文，"帝（后唐明宗）目不知书，四方奏事皆令安重诲读之"，安重诲虽然"不能尽通"，但至少"今事粗能晓知"。[8] 安重诲于明宗朝任职枢密使长达五年，枢

---

[1]《旧五代史新辑会证》卷66，第2037页。
[2]《新五代史》卷24，第251页。
[3]《新五代史》卷24，第251页。
[4]《新五代史》卷24，第252页。
[5]《新五代史》卷24，第256页。
[6]《新五代史》卷24，第251页。
[7]《旧五代史新辑会证》卷66，第2038页。
[8]《资治通鉴》卷275，第8985页。

密使为后唐时真正的决策机构，权势极大，掌内外大事及军国重任，需兼治文武者方能胜任。可见除了安重诲自身的品德与受明宗信任，文武并举也是安家能够崛起的条件之一。

安重诲在明宗一朝可谓权倾一时，位极人臣，却在短短五年内就失势倒台。其原因首先是他任枢密使期间，专权独断之事时有所闻。《旧五代史》载其"独绾大任，臧否自若"，[1]《新五代史》也说他"恃功矜宠，威福自出"，[2] 权势之大甚至已影响明宗之君权。他在外交政策上的失当措举，损害后唐的国家利益，他"绝钱镠，致孟知祥、董璋反，及议伐吴"[3] 等失策后来都成为明宗降罪的口实。另外他还诬蔑宰相任圜，罗织罪名后将其杀之。以上种种举措失当，再加上安重诲"不能回避权宠，亲礼士大夫"的个性，[4] 使其屡屡受政敌攻击，明宗对其信任程度亦不再如以往。安重诲被罢为河中节度使后，因惧怕而请求致仕，其二子立刻放下宿卫京师的职务来奔，安重诲对此反应先是"骇然"，[5] 随即明白两位儿子是遭受陷害，"此非渠意，为人所使耳"，[6] 乃其政敌要罗织重诲意欲叛变之罪名，当时安家已陷入政治斗争的风暴中。政争的背后，其实是明宗对他日渐增加的猜疑和不信任，这成为他最终倒台的关键。明宗随后派翟光业到河中，行前告诫他说，若发现安重诲"有异志，则与从璋图之"，[7] 安重诲最终果然被李从璋杀害。安家因此顿时失去倚仗，也导致家族阶级向下流动。

墓主安崇礼之事迹，可分为在仕时与不仕后两阶段。在前一阶段，墓主承伯父安重诲之荫，弱龄即充郑州衙内指挥使。据墓主之父《安重遇墓志》记载，安重遇于长兴元年（930）授郑州防御使，故推测崇礼

---

[1]《旧五代史新辑会证》卷66，第2044页。
[2]《新五代史》卷24，第252页。
[3]《新五代史》卷24，第256页。
[4]《旧五代史新辑会证》卷66，第2047页。
[5]《旧五代史新辑会证》卷66，第2047页。
[6]《新五代史》卷24，第256页。
[7]《新五代史》卷24，第256页。

充郑州衙内指挥使应在其父任郑州防御使之后，又必然在长兴二年（931）安重诲被杀之前，故墓主入仕年纪约在十五六岁，与墓志称"君方弱龄"相合。墓主既身为显宦第二代，如何帮助维持家族的阶级？就墓主事迹记载来看，墓主似乎承袭伯父安重诲文武并举的家风而偏文。例如：墓主做事态度"严而肃"；吏治"贞固有干事之能"；与人相处"忖己而度物，舍短而从长"；操守"清而通，临财念苟得之诚"。墓主操守清廉，令人联想安重诲死时"家财不及数千缗"，[1] 墓主或有受伯父影响以维持清廉家风。可以看出墓主虽为武官，但事迹多是与文相关，亦可作为五代时武人之文的案例。

伯父安重诲于后唐长兴二年（931）倒台被杀，明宗"并杀其二子，其余子孙皆免"，[2] 可见安重遇、崇礼一脉并未受到牵连。据《安重遇墓志》可知，在安重诲被杀之后，安重遇仍有一连串仕宦经历："清泰元年（934），命公为武卫将军"，"晋汉二代，名隐十年。历成德、河阳、护国三任行军司马，封武威县开国男，食邑三百户"。虽然安重遇未受安重诲事件直接牵连，但在后唐清泰元年（934）末帝李从珂命安重遇为武卫将军，重遇"以时移事改，志屈道穷。随百谷以朝宗，罢谈泾渭；逐四时而成岁，但慕松乔"，[3] 已无致力仕宦之心；在后晋、后汉二朝亦是"名隐十年"，[4] 后周一朝更无仕宦记录。

究竟安崇礼何时开始淡薄宦情，直接导致家族阶级向下流动？据本篇墓志描述，后周广顺元年（951）墓主是因父丧，"罔极之哀，仅乎灭性；礼制有节，宦情已阑。遂毓蔬灌园，挂冠不仕"。但是可以注意到：自墓主长兴元年（930）得郑州衙内指挥使一官，若至广顺元年（951）方才淡薄宦情，其间二十余年的仕宦经历当有陆续或升或贬之不同官职，不应仅有最初得官一职记录。此外，《安重遇墓志》记录诸子，"长子前

---

[1]《旧五代史新辑会证》卷66，第2047页。
[2]《新五代史》卷24，第256页。
[3] 见本篇末《附件一：安重遇墓志》。
[4] 见本篇末《附件一：安重遇墓志》。

郑州衙内都指挥使银青光禄大夫检校工部尚书兼御史大夫上柱国崇礼等。次子崇□，次侄崇文，次子崇贞，次侄崇勋。次子崇义、崇智"。[1] 不仅安崇礼官职一如最初，且有"前"一字，可知已不在其任；另外，除崇礼之外，安重遇其余子、侄六人皆无官衔，可知应无仕宦经历。经由以上叙述可以清楚看到：除安重遇在安重诲事件之后仍有仕宦变动之外，不仅崇礼官衔职位无任何升降变化，其他安氏成员亦无入仕记录。由此正反映出安重诲事件对安重遇、崇礼一脉仕宦发展的重大影响：在安重诲被杀之前已经入仕者，固然在明宗、末帝治下依旧保有官职，但是此前尚未得官之子侄，却不再涉足政坛，导致家族发展开始向下流动。纵使墓主确如其墓志所言，自其父死后才挂冠不仕，很可能与其父一样早在安重诲被杀之后，已无仕宦之心，保持"名隐"立场，官宦名禄仅是为养家糊口而已。

　　重遇、崇礼父子采取"名隐"似乎亦体现在家族婚姻状况上。《安重遇墓志》所载墓主姐妹婚配情况为："天养侄女，见侍罗氏，前任右骁卫将军延鲁。长女见侍张氏，任棣州团练使延翰。次女见侍王氏，任右屯卫将军继昌。次女见侍康氏，前摄徐州节度推官琳。次侄女先侍李氏，次女见许符氏。"[2] 六位女、侄女婚配记录中，年岁较长的四位女性成员婚配对象有官职，且以武将为主。最年轻的二位女性成员之婚配对象则无官职资料，或许显示安重遇已不以（或不能）以官宦之家考虑女性成员婚配对象。至于墓主之妻高氏，无论在《安重遇墓志》或墓主墓志，皆未见其家世和地望，可能出身不高。可见安重遇为墓主选择婚配对象时亦未（或未能）看重官宦世家背景。

　　墓主身为长子，虽不出仕，仍能维持不错的生活水平。他"竹斋夏凉""桂堂冬燠"；"绿杯盈卮，素琴横膝"，虽然失去俸禄，仍有堪称优渥的经济收入，可惜不知来源为何。墓主晚年追求儒释道三教合一：墓

---

　　[1]　见本篇末《附件一：安重遇墓志》。
　　[2]　见本篇末《附件一：安重遇墓志》。

志记墓主自述曰"夫饰身者文，仲尼不曰遁世无闷"，显示他儒的修为；"毓德者道，老聃不曰养素全真"，显示他道的修为；"将欲慕大乘义，种未来因"，表现出对佛教的追求。所以"闻者知君以三教饰身，百行为则"。又如"俯接襟袂，厕杂缁黄"，与文人、僧侣等人士有密切交往，不知是否有为弥补伯父不能亲礼士大夫的用心，藉此以"外积乡曲之誉，内全和睦之称"。这也显示出墓主虽隐居但仍维持家族的文风，为利于家族之后发展的条件。墓主长子安隐珪"授将仕郎试秘书省秘书郎，婚安陆副车清河张氏之女"，以武传家的安家正式由武转文，阶级再次向上流动。经历重遇、崇礼父子两代"名隐""挂冠不仕"之消极态度之后，到了隐珪一代不仅以文学追寻仕宦，其妻亦挑选门阀之后，显示安家入宋之后，以文途发展出新时代的家族经营策略。

（执笔者：陈柏予、郑丞良）

附件一：安重遇墓志

大周故护国军节度行军司马金紫光禄大夫检校司徒兼御史大夫上柱国武威县开国男食邑三百户安公墓志铭并序
前乡贡进士颖赞撰

　　夫死者，归也，可尚者，手足之无伤；葬者，藏也，所贵者，祭祀不辍。其或遵彼周仪，若双龙之再合；刊诸燕石，备百代之所疑。即知义方垂教子之规，阴德积贻孙之庆，考之今古，惟公有焉。
（以上是序，70字）

　　公讳重遇，字继荣，雁门人也。银青光禄大夫检校尚书右仆射兼御史大夫讳弘璋之孙也。金紫光禄大夫检校司空兼御史大夫讳福迁之子也。推忠致理佐命保国功臣河中护国军节度管内观察处置等使开府仪同三司检校太师兼中书令行河中尹上柱国汧国公食邑二千五百户食实封三百户讳重诲之弟也。生于贵门，少有奇志。文武之道，尹翁标双美之才；然诺之诚，季布擅百金之誉。
（以上是祖父二代与兄，154 字）

同光元年，起家为邢州长史，鸿渐之势，识者知其摩天矣。明宗继统，成务思贤，难兄内举以无疑，圣主搜扬而罔问。
天成元年，加检校尚书右仆射，授安国军节度行军司马。道光初席，德迈列藩。俄辞幕府之中，遂厕诸侯之内。旌别淑忒，何期明哉？天成三年，授洺州团练使加金紫光禄大夫检校司空兼御史大夫上柱国。长兴元年，改授郑州防御使，转检校司徒，余如故。教化风行，似出芝兰之室；歌谣玉振，雅符正始之音。古所谓吏不敢欺民所措者，斯之是也。天子以为良二千石，繇是郁然有拥旌之望耳。无何，明皇有悔，辅臣贻覆餗之殃；宗子承祧，郡守入勾陈之卫。清泰元年，命公为武卫将军，公以时移事改，志屈道穷。随百谷以朝宗，罢谈泾渭；逐四时而成岁，但慕松乔。无耻具臣，自为君子，晋汉二代，名隐十年。历成德、河阳、护国三任行军司马，封武威县开国男，食邑三百户，有以见欲寡其过矣，有以见优游卒岁矣。如斯而已，岂非贤哉？
（以上是仕历与事迹，325 字）

大周受命，先帝好贤，蒲轮将降于九霄，薤露俄悲于一世。于广顺元年九月四日寝疾终于西京福善坊私第，享年六十有一。哀闻洺水，寻兴罢市之悲；信到圃田，即起辍舂之念。若使承国家之枕倚，展胸臆之谟猷，可以踵黄霸之芳踪，继鲁恭之高躅。仰俾圣政，丕变古风，人之云亡，孰不惋□之者乎？
（以上是死亡，115 字）

公婚刘氏，封彭城县君，有德有容，宜家宜室，先公三载殁于舜城。长子前郑州衙内都指挥使银青光禄大夫检校工部尚书兼御史大夫上柱国崇礼等。

次子崇□，

次侄崇文，

次子崇贞，

次侄崇勋。

次子崇义、崇智。

天养侄女，见侍罗氏，前任右骁卫将军延鲁。

长女见侍张氏，任棣州团练使延翰。

次女见侍王氏，任右屯卫将军继昌。

次女见侍康氏，前摄徐州节度推官琳。

次侄女先侍李氏，

次女见许符氏。

（以上是家庭，154 字）

长子、新妇高氏等，奉公理命，敬事无遗，卜宅兆于河南县平乐乡朱阳村，以彭城县君祔焉，即显德元年十一月八日也。经云："孝子之事亲终矣。"此之谓乎？夫显亲扬名，期于不朽，勒石表墓，宜属多才。冀丹青其出处之□，用鼓吹其卷舒之韵，以防为谷，令叹非常。薄才既辱于见知，滞思勉伸于撰述。庶使琮璜发彩，如假石于他山；兰蕙吐芳，若乘风于空穴。敬为陈信，谨为铭云：

> 海边留鳥，赤玉荧煌。宫中割腹，太子元良。神仙胤嗣，义烈晖光。
>
> 爰生英哲，用赞君王。公之祖考，翼佐武庄。有功有德，盟府攸藏。
>
> 公之同气，显位明皇。咎周之际，谋无不臧。伐纣之后，立不

易方。

天下瞻仰，海内称扬。使民向化，致主垂裳。知公有作，内举含章。

爰从上佐，首赞金汤。旋策共理，克奉如伤。洛彼澄湛，郑圃芬芳。

连枝既折，□□乃亡。遂抛郡印，来践朝行。罔求闻达，但务周防。

晋汉二代，出入十霜。樽酹自守，优游不妨。惟周受命，得士者昌。

将随驷骑，夫佐皇纲。天夺其寿，今也则亡。所怀者德，罔念者乡。

牛岗应□，马鬣当阳。有子嗣绩，有孙蒸尝。千秋万代，永宅于邙。

重曰：

公齐体兮县君，公同穴兮良辰。双魂安兮莫分，四维去兮无亲。

（以上是葬、撰志原委及铭，386 字）

镌字人翟玟。

参考资料

一、墓志碑文

1. 李象：《后周武官前郑州衙内指挥使安崇礼及其妻高氏墓志铭并序》，傅斯年图书馆藏拓片（14746、14747）。

2. 李象：《大宋故郑州衙内指挥使银青光禄大夫检校工部尚书兼御史大夫上柱国安君墓志铭并序》，曾枣庄主编《宋代传状碑志集成》卷189，第2870—2871页。

3. 李象撰，黄纯怡注释：《故郑州衙内指挥使银青光禄大夫检校工部尚书兼御史大夫上柱国安君墓志铭》，宋代史料研读会报告，2005.11.12。

4. 李象撰，刁忠民校点：《大宋故郑州衙内指挥使银青光禄大夫检校工部尚书兼御史大夫上柱国安君墓志铭并序》，曾枣庄、刘琳主编《全宋文》卷53，第272页。

5. 颖贽撰，周阿根点校：《安重遇墓志》，周阿根《五代墓志汇考》，第529—532页。

二、其他资料

6. 司马光等撰，标点资治通鉴小组点校：《资治通鉴》。

7. 陈尚君：《旧五代史新辑会证》。

8. 欧阳修撰，徐无党注，华东师范大学等点校：《新五代史》。

轩冕之后克著军功

（西方邺）

杨景尧

后唐武官夔州节度使西方邺墓志铭并序

一、基本资料

1 性质	墓志
2 题名	新题：后唐武官夔州节度使西方邺墓志铭并序 首题：大唐故东南面招讨副使宁江军节度观察处置兼云□〔安〕榷盐制置等使光禄大夫检校太保乐安县开国伯食邑七百户西方公墓志铭并序
3 时间	死亡、下葬或立石时间 死亡：后唐天成四年（929）四月二十二日丑时 下葬：后唐天成四年（929）十月十八日
4 地点	死亡、下葬或立石地点 死亡：夔州（重庆）公署 下葬：河南府河南县（河南洛阳）平洛乡朱阳里
5 人物	
墓主	西方邺（892—929）
撰者	后唐文人前乡贡进士王豹
书丹者	后唐文人前国子监明经王沕
刻工	后唐匠人修镇国桥都料匠阎斌

6 关键词	社会流动、文武交流、业绩、品德、家庭或家族

（责任者：林明）

二、释文

大唐故东南面招讨副使宁江军节度观察处置兼云□〔安〕榷盐制置等使
光禄大夫检校太保乐安县开国伯食邑七百户西方公墓志铭并序

　　公讳邺，字德勤，青州乐安郡人也。案西方氏之裔，其来远矣。本
黄帝之子孙，盖设官于诸国，古人重质，因所居而氏焉，即南宫、北宫、
东门、西门之俦也。世传勋德，门尚雄豪，匡虞舜而赞唐尧，自成周而
及炎汉，逮夫魏晋，以至隋唐，英奇继代以相生，冠冕连襟而不绝。咸
以文经武纬，开国承家，勋庸或载于贞珉，善美或标于信史。
（以上是得姓与家风，125 字）

　　曾祖希颙，海州东海县令，夫人李氏。祖常茂，蓟州玉田县尉，夫
人张氏。父再遇，挺生时杰，克守家风，属以巨寇兴妖，中原版荡，谓
儒雅安能济国，非武艺不足进身；遂掷笔以束书，乃成功而立事，终于
定州都指挥使。
（以上是上三代，82 字）

　　公即都军之第三子也，生而有异，幼而不群，桓温之骨状非凡，相
如之气概弥大。须眉磊浪，将并辔于伏波；宇量弘深，更差肩于叔度。
年七岁，始就乡学，穷小经。十八入大学，览春秋大义及攻文辞，曰：
"书足记姓名而已！"又学击剑，曰："剑，不学一人敌，学万人敌耳。"
（以上是幼年及教育，99 字）

时庄宗皇帝方举义旗，力扶王室，虽河朔巳宁于生聚，而梁园尚阻于化风，莫不淬砺干戈，招延豪俊。是时，公以良家子应慕，庄宗皇帝一睹崚嶒之貌，遽惊奇异之材，遂委雄师，日亲龙驭。夹洪河而对叠［垒］，欲近十年；临巨孽以相驰，俄经百战。公素探经史，宿蕴纵横，每于料敌之谋，常中必成之术。其或两军相望，三鼓未鸣，公乃奋忠节以示威，拥轻袍而掉战，弓开月满，箭发星飞，骑跃追风，剑轮秋水，对敌望尘而骇目，连营效命以争先。奇功既绝于当时，圣泽迥逾于常品，恩旨稠沓，锡赉殷繁。爰自冠貂，以至提剑，皆是众推猛烈，人服公忠。及平荡妖蘖［孽］，以功补奉义指挥使、检校尚书右仆射。抚士而千夫咸悦，莅官而七德恒修。

（以上是庄宗朝仕宦事迹，241 字）

今圣上九五飞腾，百六开泰，嘉之义勇，锡以竹符，时三蜀初降，五州未下，乃诏公为夔州刺史。公以一旅之众，涉万里之程，方展密谋，遂降坚壁；寻加绥抚，显示恩威，三巴之风化大行，九有之声华益振。诏以公为夔州节度使、检校太保，就建旌节焉。公益励壮志，思报国家，兵不黩而民不残，令自行而法自正，吏绝奸滑，盗去萑蒲，和气升而疠气消，冤声寝而颂声作。俄而归峡送款，忠万投诚，施州舆襯［榇］以来庭，蛮徼梯山而入贡。圣上情宽宵旰，义重君臣，优诏连绵，辉华辇毂，实大朝之右臂，乃千里之长城。

（以上是明宗朝仕宦事迹，194 字）

（以上是仕宦事迹，435 字）

公以受国恩深，为治心切，腠理爰滞，膏肓忽临，霜叶将飞，风树难止，以天成四年夏四月二十二日丑时薨于夔州公寝，春秋三十有八。属纩遗命，自国及家，老幼怀悲，道路增感。圣上思慕忠烈，若丧股肱，特辍常朝，俾彰厚礼。以其年十月十八日灵绋自夔州达于京师，将卜葬于河南府河南县平洛乡朱阳里，礼也。

（以上是卒，121 字）

太夫人刘氏，爰禀殊秀，诞生哲人，令子云殂，心焉如疚。

长夫人天水郡伊氏，次夫人陇西郡李氏，并蕴纯和之德，咸彰令淑之名。

梧桐半□〔凋〕，琴瑟不御。

长子王哥，次子吴留，次子荣哥，次子四哥，长女小姐，次女妹妹，并处童雉，将属象贤，天垂不幸之文，奄此凶丧之苦。

长兄元太，次兄元简，次兄元景，弟继恩，早彰令问，克备友于，乍罹手足之悲，俱甚急难之痛。

（以上是母、妻、子、女、兄弟，136 字）

呜呼！天降荼毒，与贤愚而共等；邦失英彦，乃今古以相嗟。况公禀气冲融，操心正直，于家克孝，在国能忠，守信于人，接士以礼，宜其寿考，以安生灵。何期忽遘短期，遽终天禄，悲悼不已，乃作铭云：

轩辕令胤，间世相生。匡尧德具，佐舜功成。

祖宗继踵，轩冕相承。爰有余馨，是生贤德。

立志高强，进身挺特。所谓伊人，邦之楷式。

捐躯事主，克著军□〔功〕。躬当矢石，大播威风。

于家能孝，在国能忠。三峡仗节，五郡临民。教化远□〔布〕，蛮陬率宾。

上天遘祸，歼我良人。寂寂孤魂，杳杳山水。

自秋徂冬，方达帝里。宅兆云卜，丧事合礼。

东岳程遥，北邙霜雕。瀍涧咽咽，松风萧萧。

孤冢欲闭，魂兮是招。长辞圣代，永闭重泉。

奇功有托，贞珉以镌。魂兮一去，千年万年。

（以上是葬及铭，242 字）

当月二十四日巳时续赠太傅

前乡贡进士王豹撰

前国子监明经王沩书

修镇国桥都料阁斌镌

（责任者：王子涵、林明、杨景尧）

（指导者：刘祥光）

三、个案研究

假如只读新旧《五代史》的传记，不但完全看不到墓主西方邺之能文，反而可能会因"父再遇，为州军校"一句，以为他来自武将家庭。[1] 然而根据墓志，他的曾祖父是县令，祖父是县尉，均为基层文官。其父本"克守家风"而从文，然因身处末代乱世，"属以巨寇兴妖，中原版荡，谓儒雅安能济国，非武艺不足进身；遂掷笔以束书，乃成功而立事，终于定州都指挥使"，可见是从文转武，凭刀枪取得功名，位至定州都指挥使，成绩可观。墓志称其家有"文经武纬"之传统，可谓实录。

墓主步踵父亲，文武兼学。他幼即学文，"年七岁，始就乡学，穷小经。十八入大学，览春秋大义及攻文辞"，应是继承其家学文之传统。其后开始习武，先学剑，再学能"万人敌"的兵法谋略，武艺与智谋兼具。

墓主成年后，首先追随朱温，"弱冠归梁，得侍左右"，不知主要是以文还是以武；然却因"岔无权位"，[2] 而改归李存勖。当时李存勖在河东募兵，墓主兼具文武之能，而选择以"良家子应慕"，应是认为末代乱世较易以军功达成向上流动。他在李存勖时期，"每从征伐，每以身

---

[1] 《旧五代史新辑会证》卷61，第1946—1951页；《新五代史》卷25，第274—275页。

[2] 《旧五代史新辑会证》卷61，第1946页。

先"，是一位勇猛的骁将。他得以成功向上流动的主要原因是军功，其中最重要的是后唐明宗时期的伐蜀之役，也是墓志着力描写的墓主功绩。当时明宗攻蜀，两路出兵，只有墓主立下战功，一举攻占夔、忠、万三州，乃获拜节度使，晋身高层武官，凭借的是实实在在的战功。

而根据墓志撰者的说法，墓主之战功，来自其擅长料敌："每于料敌之谋，常中必成之术"；而其料敌之才又是来自于其"素探经史"而能"宿蕴纵横"。虽然此墓志隐恶扬善过于明显，未必能够当真，但由此一论述，亦可见时人认为文武兼习有其优点，能文有助于能武；反之有勇无谋就较难独当一面，也就较难建大功取大名了。

除军功外，墓志亦极力称赞墓主之吏治，如称他在四川"兵不黩而民不残，令自行而法自正，吏绝奸滑，盗去崔蒲，和气升而疠气消，冤声寝而颂声作"，可谓有治民之才。墓志对此无则具体事迹之描述，但可据此推知当时衡量吏治的三个标准：正法令、绝奸吏、去盗贼。而若对读其他史料，却可发现墓主吏治实在不行，此处对其吏治之称颂恐不可信。根据《册府元龟》，墓主"为政贪虐"，其属下判官谭善达"每箴其失"，墓主反而大怒，乃"令左右告善达受人金，下狱拷掠。善达亦刚，词多不逊，遂杀于狱中。无几，寝疾，时见善达入其户，俄卒于治所"。[1] 可见史官认为墓主在地方上作恶多端，自己就是一位大奸吏，又枉法以陷害直谏的部属至死，正好是墓志称颂其吏治的反面，其病卒可谓报应。

另外，墓志特别强调墓主之忠节，全篇共 1240 字，忠字出现六次，其中有五次均为称赞墓主："奋忠节以示威""人服公忠""圣上思慕忠烈""在国能忠"（出现两次）。墓主早年虽曾一次移忠，然其事功均建立于后唐，并未再次经历改朝换代，故可谓忠于后唐之将领。只是他为政贪虐，御下无道，大概最多只能说他忠于后唐统治者，但若说他"在国能忠"，则不免有些扬善太过。

---

[1] 《册府元龟》卷 719，第 8563—1 页。

墓志又说墓主"接士以礼",其中应有霸府内的幕职与宾职文人,是藩镇文治的重要助力。他去世后,明宗为其"特辍常朝,俾彰厚礼",家人不难找到名公大卿制作墓志以配合墓主的身份与殊荣,但正好相反,镌刻者是修镇国桥都料阎斌,书丹者是前国子监明经王汭,最重要的撰者竟是无名小卒前乡贡进士王豹,可能是因为他们跟墓主素有来往和熟络,反映墓主的"接士"。不过,从谭善达的下场来看,这些文人对武人有多少良好的影响,或仅是玩伴甚至同流合污,恐难一概而论。

（执笔者：杨景尧）

（指导者：柳立言）

参考资料：

一、墓志碑文

1. 王豹：《大唐故东南面招讨副使宁江军节度观察处置兼云□榷盐制置等使光禄大夫检校太保乐安县开国伯食邑七百户西方公（邺）墓志铭并序》,吴钢主编《全唐文补遗》第一辑,第439—441页。

2. 王豹撰,周阿根点校：《西方邺墓志》,周阿根《五代墓志汇考》,第201—205页。

3. 王豹：《大唐故东南面招讨副使宁江军节度观察处置兼云□榷盐制置等使光禄大夫检校太保乐安县开国伯食邑七百户西方公邺墓志铭并序》,周绍良主编《全唐文新编》卷848,第10669—10670页。

4. 王豹：《西方邺》,陈尚君《旧五代史新辑会证》卷61,第1949—1951页。

二、其他资料

6. 王钦若等撰,周勋初等校订：《册府元龟》。

7. 陈尚君：《旧五代史新辑会证》。

8. 欧阳修撰，徐无党注，华东师范大学等点校：《新五代史》。

9. 薛居正等：《旧五代史》，北京：中华书局，1976 年。

如此才兼文武：墓志之隐恶扬善

（王守恩）

吴荞安、施天宇

后周武官前西京留守王守恩墓志铭并序

一、基本资料

1 性质	墓志
2 题名	新题：后周武官前西京留守王守恩墓志铭并序 首题：故推诚奉义翊戴功臣开府仪同三司检校太师右金吾卫上将军上 柱国许国公食邑五千户食实封一千三百户赠太子太师太原王公 墓志铭并序
3 时间	死亡、下葬或立石时间 死亡：后周显德二年（955）十二月五日 迁葬：北宋建隆元年（960）二月十四日
4 地点	死亡、下葬或立石地点 迁葬：河南县（河南洛阳）紫宅乡宣武管宋村
5 人物	
墓主	王守恩（902—955）
撰者	北宋文官河南府司录参军杨廷美
6 关键词	文武交流、业绩、品德、墓志笔法与史学方法

（责任者：施天宇）

二、释文

故推诚奉义翊戴功臣开府仪同三司检校太师右金吾卫上将军上柱国许国
公食邑五千户食实封一千三百户赠太子太师太原王公墓志铭并序
朝议大夫检校尚书水部郎中行河南府司录参军兼侍御史杨廷美撰

　　皇周显德二年十二月五日，开府仪同三司右金吾卫上将军检校太师
许国公王公薨于位。皇上废朝，搢绅泫涕，诏赠太子太师。维大宋建隆
元年春二月十四日甲申，迁葬于河南县紫宅乡宣武管宋村，礼也。
（以上是卒与葬，81 字）

　　公之得姓，公之门阀，公之勋庸，公之胤嗣，有国史焉，有家谍焉，
有丰碑焉，有行状焉，此不书。但叙历任官秩，丧葬年辰而已。
（以上是不记门阀、胤嗣的理由，47 字）

　　公讳守恩，字保信。太原人，故明宗皇帝佐命元勋、太师、赠尚书
令韩王之子也。
体貌魁杰，器宇宏深。绍弓冶于德门，建功名于圣代。
当明宗九三潜跃，委质于和门；及九五飞翔，策勋于绛阙。始授东头供
奉官，相次授洛苑、六宅、尚食等使，加金紫光禄大夫、检校尚书左仆
射。戊子岁，上有事于圆丘，升坛之日，诏囗〔以〕与皇孙为夹侍使。
寻授左羽林军将军，未几授宫苑使。
庚寅岁授辽州刺史，俾昼锦于故乡也。秩满授左武卫大将军，爵开国男，
邑三百户。寻进爵开国子，邑五百户。
（以上是后唐仕历，182 字）
晋高祖之有天下也，授检校司空、大内皇城使。未期，再牧于辽。寻转

卫州刺史。

丁先王忧，毁瘠过礼。起复，授右千牛卫大将军，爵开国伯，邑七百户。又转左屯卫、右领军卫、左骁卫大将军。累被宠灵，恪居官次。凡居委任，皆著勤劳。虽居拱极之班，每切奉亲之孝。以太夫人在潞州，上章宁觐。

（以上是后晋仕历，110 字）

适遇犬戎咆哱〔哮〕，晋祚凌夷，天人合发于煞机，星〔皇〕纬谁当于帝座。区区少主，不如归命之侯；嗷嗷苍生，真比在庖之肉。时潞帅相国张公惧兹魁首，奔赴梁园，天假壮图，请公巡警。乘秋雕鹗，方呈天外之姿；得水蛟龙，非复池中之物。公英雄奋发，机略潜生。推戴并汾，扫除凶丑。于是扼天井，控壶关，蕃将惧公而靡旗，汉祖赖公而称帝。境才数舍，众无一旅，六合涂炭而潞民以宁，盖公之雄才庙算也。即授公光禄大夫、检校太保、昭义军节度，泽、潞等州观察处置等使。相次授开国佐命忠节功臣、潞州大都督府长史、特进检校太尉，进爵开国侯，食邑一千户。未几授静难军节度，邠、宁、庆、衍等州观察处置营田押蕃落等使，同中书门下平章事，进封开国公，邑二千户，实封五百户。丁太夫人忧，孝将灭性。寻起复，授镇军大将军、右金吾卫上将军、员外置同正员，夺情之异数也。二年夏授永兴军节度使，寻授检校太师、西京留守，尹正神都，保厘洛邑也。三年秋躬趋象阙，入觐龙颜，授推诚奉义翊戴功臣，进爵莒国公，增邑四千户，实封一千一百户，右领军卫上将军，处明廷而冠环卫也。

（以上是后汉仕历，377 字）

太祖皇帝应天顺人，握图御极，授右金吾卫上将军，进爵许国公，增邑四千五百户，实封一千三百户，隆宠泽也。

世宗嗣位，授开府仪同三司，增邑五千户，彰覃庆也。方将再提虎印，重领雄藩，忽婴二竖之祅，俄梦两楹之奠。即世之日，年五十四。

（以上是后周仕历，93 字）

（以上是仕历，762字）

　　公始从筮仕，迄至归全，
所锡功臣自开国佐命忠节，至推诚奉义翊戴；
所授官自尚书右仆射、司空、太保、太尉，至太师；
所授阶自银青、金紫，历光禄、特进，至开府仪同三司；
所任职自东头供奉官，历洛苑、六宅、尚食、宫苑、皇城等使，至同平
章事；
所受［授］封爵自开国男，历子、伯、侯，至许国公；
所授勋自柱国，至上柱国；
所食封自三百户，历五百、一千、二千、四千、四千五百，至五千户；
实封自五百户，历一千一百，至一千三百户；
所理郡再牧辽，一临卫；
所临镇潞、邠、雍、西京留守；
所授朝班自左羽林军历左武卫、右千牛卫、右屯卫、右领军卫、左骁卫
大将军、右领卫、右金吾卫上将军。
薨赠太子太师。
（以上是功名，224字）

　　呜呼！公才兼文武，智实变通。契协风云，位崇将相。唐朝旧德，
汉室勋贤。既得志而复得时，虽非寿而且非夭。存殁之盛，其谁可侔！
诚间世之伟人也。
（以上是生平总结，56字）

　　嗣子继昌等承家有则，在疚得仪。虞深谷以为陵，刻徽猷而在石。
铭曰：
　　　箕山之精，汾水之英。降我王公，为国之祯。

辉华门阀，煜赫功名。世济其美，莫之与京。

鳞翼早攀，风云玄契。叠掌内司，累登环卫。

幨帷出牧，宽猛相济。展我宏才，宜乎乱世。

天地之否，犬戎猖狂。资我王公，翼于汉皇。

二仪再造，四维重张。三公衮冕［冕］，上将旗常。

节制雄权，保厘重寄。宣□惠和，忠肃恭懿。

卫霍勋业，箫［萧］曹名器。何用不臧，水舟陆骥。

云藏北落，星□中台。□□□□，交亲尽哀。

洛城之西，邙山之隈。斯为玄宅，魂兮归来！

（以上是铭，187 字）

（责任者：施天宇、张庭瑀）

（指导者：山口智哉、李如钧、李宗翰、柳立言、陈韵如、刘祥光）

三、个案研究

从墓志题名"故推诚奉义翊戴功臣开府仪同三司检校太师右金吾卫上将军上柱国许国公食邑五千户食实封一千三百户赠太子太师"来看，墓主王守恩（902—955）位极人臣，他是如何做到的？末段论曰："呜呼！公才兼文武，智实变通，契协风云，位崇将相"，似乎提供了部分的答案，但是否或有多少实情？

先看"智实变通，契协风云"。墓志作者为了表彰墓主的"位崇将相"，索性把他的历任官秩分门别类，大有利于官制研究：

（1）所锡功臣：自开国佐命忠节，至推诚奉义翊戴；

（2）所授官：自尚书右仆射、司空、太保、太尉，至太师；

（3）所授阶：自银青、金紫，历光禄、特进，至开府仪同三司；

（4）所任职：自东头供奉官，历洛苑、六宅、尚食、宫苑、皇城等使，至同平章事；

（5）所授封爵：自开国男，历子、伯、侯，至许国公；

（6）所授勋：自柱国，至上柱国；

（7）所食封：自三百户，历五百、一千、二千、四千、四千五百，至五千户；

（8）实封自五百户，历一千一百，至一千三百户；

（9）所理郡：再牧辽，一临卫；

（10）所临镇：潞、邠、雍、西京留守；

（11）所授朝班：自左羽林军历左武卫、右千牛卫、右屯卫、右领军卫、左骁卫大将军、右领卫、右金吾卫上将军。

（12）薨：赠太子太师。

洋洋洒洒十二项，但有权有责较为重要的工作只有两项：所理郡、所临镇：

时间	中央或地方	职位
后唐	地方	约 930 始，辽州刺史，"俾昼锦于故乡也"，墓主约 29 岁。
后晋	地方	约 937—940 丁父忧起复—946 1 辽州刺史 2 卫州刺史
后汉	地方	1 约 947 始，昭义军节度、泽潞等州观察处置等使 2 约 948 始，静难军节度、邠宁庆衍等州观察处置营田押蕃落等使 3 约 949—950，永兴军节度使，未得赴任，转西京留守
后周		955，墓主 54 岁去世

王守恩是独子，"以（父亲）门荫，幼为内职"，[1] 始终是一位武臣，不是军队将领，但可能懂得武艺。二十九岁左右，他首次出任地方首长，而于晋汉之交飞黄腾达，从后晋的卫州刺史往上流动成为后汉的潞州节度使，时年约四十六岁。父亲王建立（871—940）的墓志也说：

----

[1]《旧五代史新辑会证》卷 125，第 3829 页。

"（守恩）守卫州刺史，即故燕王周太师之子婿也。任卫州，径申省侍（母亲田氏），忽遭艰忧，乃成家之伟器也。"[1] 这段经历，占了守恩本人墓志最实在和最多的篇幅，从"以太夫人（母亲田氏）在潞州，上章宁觐。适遇犬戎咆哮，晋祚凌夷"到"汉祖赖公而称帝。……进爵开国侯，食邑一千户"，共约223字（全文约1300字）。当时守恩到潞州探望母亲，适逢契丹南下灭晋，潞州节度使张从恩投降，到汴梁朝见辽主，乃委派守恩为潞州守臣。守恩与其他遗臣合谋，杀了辽使，以潞州归附后汉高祖，乃成为众多同类的开国功臣之一。墓志没有提到，守恩跟张帅是儿女亲家，才得受重任。他出卖姻亲，一方面是"智实变通"，另一方面也是乱势逼人，自己和合家老少都有被杀的危险，铭文亦说"展我宏才，宜乎乱世"。不过，他把张帅的家财尽数据为己有，就未免贪婪和落井下石了。[2]

由汉入周直至去世（951—955），守恩再无实职，志文也说"方将再提虎印，重领雄藩，忽婴二竖之祆，俄梦两楹之奠"，部分原因是智虑未周。他留守西京时，枢密使郭威率大军经过，守恩自恃为使相（节度使加同中书门下平章事），坐在肩舆出迎，郭威大怒，立即以一位也是使相的部下取而代之。守恩还在等候郭威接见，新任留守已经入据官府，把守恩的家人和家当都撵出来了。再过一年，郭威就代汉成为后周的太祖。欧阳修《新五代史》评论此事说："（守恩）汉大臣也，而周太祖以一枢密使头子（札子）易置之，如更戍卒。……太祖既处之不疑，而汉廷君臣亦置而不问，其上下安然而不怪者，岂非朝廷法制纲纪坏乱相乘，其来也远，既极而至于此欤！"[3] 的确能充分说明五代法制之紊乱和枪

---

［1］ 不著人：《王建立墓志》，第322页。母亲田氏的墓志也说："班资虽列于南衙，定省不离于正党"，王鹏《故秦国太夫人（田氏）墓志铭》，第220—221页。

［2］ 详见《旧五代史新辑会证》卷107，第3230页；《旧五代史新辑会证》卷125，第3829—3834页；《新五代史》卷46，第513页。当时契丹命大将耿崇美反攻潞州，幸得汉军来援才化险为夷，故王守恩弃辽降汉有一定风险。

［3］《新五代史》卷46，第514页。

杆子之蛮横。位至使相的武人尚且如此，文人更是朝不保夕。不过，太祖不用守恩，也许还有其他原因。

王守恩是否"才兼文武"[1]，从墓志实在看不出来，但无疑是当时的理想，期待武人世家兼通文武，或以文济武。可惜守恩父子都不合格，反成为武人不懂文治的坏榜样。父亲王建立"骛猛无检"，出身军旅，妻子田氏也是军人之女。建立凭着忠勇过人，成为后唐明宗的爱将，也位至使相，后以成德军节度使入拜尚书右仆射同中书侍郎平章事充集贤殿大学士，成为"宰臣"，可谓出将入相。[2] 他的主要工作是判盐铁户部度支三司事，但"自言不识文字"[3]。后来他抱怨被另一位宠臣安重诲排挤，明宗说："尔作节度使，不行好事，非重诲谮言，亦宜自省!"[4] 他作的坏事，《旧五代史》说："建立少历军校，职当捕盗，及位居方伯，为政严烈，闾里有恶迹者，必族而诛之，其刑失于入者（误入人以罪），不可胜纪，故当时人目之为'王垛叠'，言杀其人而积其尸也。后闻（后唐）末帝失势，杀副使李彦赟（937）及从事一人，报其私怨，人甚鄙之。"[5] 不过也有特例，一位赃官罪当受死，却是旧部之子和大臣之戚，建立奏请免死，明宗驳回，说："王法无亲，岂可私徇。"[6] 简单说就是无论为公事或为私怨，王建立都非法用刑甚至非法杀人，但遇到利害相关的人则试图法外开恩。

然而，王建立对吏治曾有建言，或是出自手下文人之建议。后唐明宗天成三年（928），他上急务六条："其一，以南北节气有殊，赋税起征无别，请不预定月日，但考其年终殿最；其二，请不令省使差人征督州县，乞明以赏罚，委于长吏；其三，以藩侯郡守频有替移，州县以迎

---

[1]《王建立墓志》，第 320—323 页。

[2]《旧五代史新辑会证》卷 39，第 1211、1213 页；《旧五代史新辑会证》卷 91，第 2800—2807 页。

[3]《新五代史》卷 46，第 512—513 页。

[4]《册府元龟》卷 450，第 5342 页。

[5]《旧五代史新辑会证》卷 91，第 3803 页。

[6]《册府元龟》卷 58，第 654 页。

送为劳，牧伯无化治之意，请立考限；其四，请所在仓场，许每斗加纳三合，为雀鼠之耗；其五，以凡于内班差使臣，请选其凤旧或谙练事体者充，免取笑于四方，实有辱其君命；其六，诸道军职，唯守本处转迁，乞罢宣补之命。"结果除了节度使"若频有除替，何暇辑绥"，任期不宜设限之外，余事依奏。[1] 这些文人对吏治的作用如何，很难概括而论，有时似乎跟王建立是一丘之貉，例如雀鼠之耗，每百合加抽三（一石十斗，一斗十升，一升十合），分明敛财；[2] 有时却似乎是净言难入，例如他们无法阻止他的好杀，反是宗教见效："建立晚年，归心释氏，饭僧营寺，戒杀慎狱，民稍安之。"[3] 其实，武人对文人文化、佛教文化以至各种文化，往往只择其于己有利者，不是全盘接受，甚至没有接受其核心价值，这是我们使用"儒家化""宗教化"和"民主化"等概念时必须小心的。

儿子王守恩没有好杀的纪录，却贪得出奇。除了尽括姻亲张帅家财之外，还苛敛百姓。《资治通鉴》的文字最为传神："西京留守同平章事王守恩，性贪鄙，专事聚敛。丧车非输钱不得出城下，至抒厕行乞之人不免课率，或纵麾下令盗人财。有富室娶妇，守恩与俳优数人往为宾客，得银数铤而返。"简直无孔不入。[4] 他被逐出留守府第时，"百姓莫不聚观，其亦有乘便号叫，索取贷钱物者。高祖（郭威）使吏籍其数，立命偿之，家财为之一空。朝廷悚然，不甚为理"。[5] 作为节度使的第二代，理应有最好的资源接受最好的教育，但守恩言语不甚得体。后汉隐帝诛杀权臣杨邠、史弘肇和王章等人后（950），召群臣上殿慰谕，众皆不

---

[1] 《册府元龟》卷314，第3700页。

[2] 后来减为百抽二，《旧五代史新辑会证》卷107，第3242页："旧制，秋夏苗租，民税一斛〔石〕，别输二升，谓之雀鼠耗。乾祐（948—950）中，输一斛者，别令输二斗，目之为省耗。"

[3] 《旧五代史新辑会证》卷91，第2803页。

[4] 《资治通鉴》卷288，第9412页。

[5] 《旧五代史新辑会证》卷125，第3831页。

语，守恩"越班而扬言曰：'陛下今日始睡觉矣'，其出言鄙俚如此"。[1] 他应说"始得安寝"才稍为像话，但无论说"睡觉"或"安寝"均缺乏政治智慧。让隐帝寝食难安而要诛杀的权臣包括领兵在外的枢密使郭威，郭威返京，隐帝死于乱军之手，随即发生有名的澶州兵变，郭威以御辽为名，领军至澶州，被部下黄袍加身，成为后周开国之君。王守恩还能睡觉实算幸运，可能郭威根本看不起他，省得杀他。

墓志极言守恩对父母尽孝，[2] 但也间接道出他没有服满三年之丧：

对象	对尽孝之形容	起复
父	（卫州刺史）丁先王忧，毁瘠过礼。	起复，授右千牛卫大将军，爵开国伯，邑七百户。
母	1 虽居拱极之班（左骁卫大将军），每切奉亲之孝。以太夫人在潞州，上章宁觐。 2 （静难军节度使）丁太夫人（883—948）忧，孝将灭性。	2 寻起复（仍为静难军节度），授镇军大将军、右金吾卫上将军、员外置同正员，夺情之异数也。

夺情起复是武臣的一般情况，入宋依然，但是否被文人认同则是另一回事。

总之，墓主王守恩靠父荫出身，其跃居节度使多少凭着果敢变通。作为地方最高长官，理应兼顾文治与武功，但目前只看到他聚敛民财。墓志说他才兼文武，大抵只是当时对武人的期待，但愿潜移默化，让武人也以此自期，留意文事。志文第二段说"公之得姓，公之门阀，公之勋庸，公之胤嗣，有国史焉，有家谍焉，有丰碑焉，有行状焉，此不书。但叙历任官秩，丧葬年辰而已"，反映当代仍注重得姓与门阀，武人大抵乐于被同化以自高。没有国史、家牒和丰碑的死者，就把得姓和门阀写

---

[1] 《旧五代史新辑会证》卷125，第3830；卷103，第1369—1370页；《新五代史》卷46，第513页。

[2] 又见其母田氏墓志《故秦国太夫人〔田氏〕墓志铭》，第220—221页。

入行状，化身墓志，当然有许多是为了符合格套，以致附会虚构，跟
"才兼文武"一样，不能一律当真。正如墓志在品德方面盛称墓主之孝
而无实例，究竟是否属实或仅为墓志格套，仍有待印证。五代常见武人
出任藩帅，他们手下自有文人，不乏文武交流之机会，但从墓主父子的
例子看来，文武接触不必然带来正面影响，彼此亦可能共同为恶。武人
容有合乎士人或佛教文化之行为，然其主要目的常只为一己私利，而非
真正接受其价值观，论文武交流者于此亦当留意。

（执笔者：吴荞安、施天宇）

（指导者：柳立言）

参考资料：

一、墓志碑文

1. 杨廷美：《故推诚奉义翊戴功臣开府仪同三司检校太师右金吾卫上将
   军上柱国许国公食邑五千户食实封一千三百户赠太子太师太原王公墓
   志铭并序》，曾枣庄主编《宋代传状碑志集成》卷 188，第 2855—
   2857 页。

2. 杨廷美撰，陈尚君点校：《故推诚奉义翊戴功臣开府仪同三司检校太
   师右金吾卫上将军上柱国许国公食邑五千户食实封一千三百户赠太子
   太师太原王公墓志铭并序》，陈尚君《旧五代史新辑会证》卷 125，
   第 3832—3834 页。

3. 杨廷美撰，刘文刚校点：《故推诚奉义翊戴功臣开府仪同三司检校太
   师右金吾卫上将军上柱国许国公食邑五千户食实封一千三百户赠太子
   太师太原王公墓志铭并序》，曾枣庄、刘琳主编《全宋文》，第 38—
   41 页。

4. 杨廷美：《故推诚奉义翊戴功臣开府仪同三司检校太师右金吾卫上将
   军上柱国许国公食邑五千户食实封一千三百户赠太子太师太原王公墓

志铭并序》，傅斯年图书馆藏拓片（14742、14739）。

5. 不著人撰，周阿根点校：《王建立墓志》，周阿根《五代墓志汇考》，
   第 320—323 页。

二、其他资料

6. 王钦若等撰，周勋初等校订：《册府元龟》。

7. 王鹏：《故秦国太夫人（田氏）墓志铭》，吴钢主编《全唐文补遗》
   第六辑，第 220—221 页。

8. 司马光等撰，标点资治通鉴小组点校：《资治通鉴》。

9. 陈尚君：《旧五代史新辑会证》。

10. 欧阳修撰，徐无党注，华东师范大学等点校：《新五代史》。

掌中白刃， 屏外清风

（商在吉）

王子涵、林明、张仲元、杨景尧

后唐武官冀州刺史商在吉墓志铭

一、基本资料

1 性质	墓志
2 题名	新题：后唐武官冀州刺史商在吉墓志铭 首题：大唐故光禄大夫检校司徒前使持节冀州诸军事冀州刺史兼御史大夫上柱国清河郡商在吉墓志铭
3 时间	死亡、下葬或立石时间 死亡：后唐清泰二年（935）三月二日 立石时间：后唐清泰二年（935）三月二十日
4 地点	死亡、下葬或立石地点 死亡：不详 下葬：不详（河南洛阳冢头村出土）
5 人物	
墓主	商在吉（约 895 前—935）
撰者	
6 关键词	社会流动、文武交流、业绩、品德、婚姻、家庭或家族

（责任者：林明、张仲元）

二、释文

大唐故光禄大夫检校司徒前使持节冀州诸军事冀州刺史兼御史大夫上柱国清河郡商在吉墓志铭

维司徒，北燕蓟门人也。
曾祖讳咸唐，皇曾效职涿州马步使。
祖讳元建，皇守职幽州府节度押衙。
父讳在吉，皇光禄大夫检校司徒前使持节冀州诸军事冀州刺史兼御史大夫上柱国。
（以上是祖、父及墓主之原籍及官职，均不见妻，71字）

况司徒天生异气，神授英姿，芬芳而玉树迎春，莹澈而冰壶向晓。惟忠惟孝，光累代之徽猷；成允成功，播四方之雅誉。几曾齐分旗鼓，大振戈鋋。南过黄河，驱汗马而十年血战；北安紫塞，静胡尘而久镇砂〔沙〕场。既标三覆之名，方授九天之命。
（以上先说品德，后述事功，以武功为主，91字）

蒙庄宗皇帝□〔初〕授兴元都指挥使兼知军州事，莫不训戎有略，抚俗多方，常怀置□之规，每□□〔存履〕冰之诚。
去天成元年十一月内，正授集州刺史。自后以陈仪□□〔中禁〕，献寿丹墀。每蕴赤心，上裨皇化。
去天成二年正月内，伏遇明宗皇帝，无幽不烛，有感皆通，凡抱忠贞，皆荣爵秩，又加检校司空。敢不一心奉国，九□知恩，惟坚冰蘗之心，上荷乾坤之造。又伏遇明宗皇帝思于勤旧，念及班僚，既垂雨露之恩，皆沐云天之施。

至天成四年三月内，又蒙除万州刺史，才临郡政，迥致人谣，远彰去兽之名，别显来苏之化。

至长兴元年四月内，又加检校司徒，便属以蜀川作孽，剑岭屯兵。数州皆陷于贼围，一己独归于□阙。家携万里，恨无缩地之方；夜越千山，坚立朝天之志。既论忠孝，须议奖酬。

至长兴三年二月内，又蒙除授冀州刺史。可为黄陂广润，乐镜高悬，三秋之明月当空，一郡之生民自乐。

至清泰元年七月内，又加光禄阶，一分□〔符〕竹，□历星灰，既考荣名，却归上国。

（以上是后唐仕历，有文有武，322字）

司徒于清泰二年三月二日夜，忽觉心腹有疾，药饵无征，遂乃哭别明时，甘归大夜。旧日之衣冠尚在，太守何之；当时之弓剑空悬，将军已逝。

（以上是卒，54字）

今则聊书德业，岂尽勋名，故勒贞珉，以记他日。赞曰：

忠孝立功，今古难同。一心拱极，万里朝宗。

掌中白刃，屏外清风。天地将变，其名不穷。

（以上是撰志原委及铭，亦先说品德，次说武功与文事，52字）

曾祖讳咸唐，皇涿州马步使；夫人○○郡○氏。

祖讳元建，皇幽州节度押衙；夫人彭城郡刘氏。

父讳在吉，皇光禄大夫检校司徒前使持节冀州诸军事冀州刺史兼御史大夫上柱国；夫人陇西郡李氏，早亡；夫人清河郡县君张氏；夫人彭城郡刘氏。

兄在本，前万州司马。

长男守远，内殿直、银青光禄大夫检校太子宾客兼监察御史武骑尉。

次男守密，前冀州长史。

小男守萼，前任武泰军司马。

侄守殷，六军押衙、银青光禄大夫检校太子宾客兼监察御史武骑尉，充侍卫勾押官。

（以上记墓主及其祖、父，俱见妻子，除墓主三子外，又记兄及侄，兼仕文武，183 字）

大唐清泰二年岁次乙未三月二十日记。

地南北卅四步，东西廿一步。

（以上是墓志与墓地资料，27 字）

（责任者：王子涵、林明、张仲元、杨景尧）

（指导者：柳立言、刘祥光）

三、个案研究

墓主商在吉（约 895 前—935）为河北地区藩镇军官之后，后唐武官兼领文职。墓主官阶超越父、祖，获明宗皇帝信任而向上流动，位至一州之长，子辈亦皆得任官。究此志文，或可观察墓主历仕两主仍得信任的条件、商氏于五代乱世保家不坠的可能原因，以及其他值得探究之处。

以朝廷信任而言，后唐庄宗于同光三年（925）十一月平前蜀后，任墓主为控制四川进出的兴元军"都指挥使兼知军州事"。墓主于明宗天成元年（926），任集州刺史，天成四年（929）任万州刺史，长兴元年（930）受命"剑岭（剑门关）屯兵"，长兴三年（932）除授冀州刺史，皆是得到明宗信任的表现。得有如此结果，依志文所记，可归因于墓主本身文武兼备的能力，以及事上尽忠之个人品德。

墓主武功与文治兼备，受朝廷重用（见本篇末附表一）。武事方面，墓主出身军官世家，可能受过武艺训练，志文有"大振戈鋋""十年血战""久镇沙场"等描述。对外有"北安紫塞，静胡尘而久镇沙场"之功，任兴元都指挥使兼知军州事时更"训戎有略"；对内有"南过黄河，驱汗马而十年血战"之迹，于明宗长兴元年四月亦"以蜀川作孽，剑岭屯兵"。内外征讨皆立战功，为墓主得用的可能原因之一。

文事方面，志文的着墨稍多。以墓志述及之官职来看，性质多为需要文治能力的一州之长。在兴元军任内有"抚俗多方"之誉；治万州时"才临郡政，迥致人谣，远彰去兽之名，别显来苏之化"；后除冀州刺史，则使"一郡之生民自乐"。从这些描述可知墓主具文治能力，在地方上有一定的治绩；从卒、赞中"太守何之""将军已逝""掌中白刃，屏外清风"等形容，就算是墓志扬善或出自僚属功劳，亦看出时人对于武人文治之期望。

墓主尽忠事主的个人品德应是受朝廷信任，在明宗时期向上晋升的主要原因。志文对其军事、文治等事叙述简略，却不断褒其忠诚，直接提到墓主之"忠"凡四次，其中又以明宗长兴元年（930）四月，墓主受命屯兵剑门关被围一事最为重要。当时叛变的西川节度使兼西南面供馈使孟知祥与控有东川的董璋势力极大，"数州皆陷于贼围"。尽管军事失利，墓主却"坚立朝天之志"，和家人千山万水地逃回洛阳。而明宗皇帝一方面念旧，"思于勤旧，念及班僚"，另一方面重视忠诚，"无幽不烛，有感皆通，凡抱忠贞，皆荣爵秩"，"既论忠孝，须议奖酬"，墓主因此而得信赖与提拔，不仅得以出任高官要职，其妻亦受封清河县君。

商氏一族身处乱世仍能维持家业，并走向文武并举（见本篇末附表二），原因有三：（1）父、祖辈已打下任官基础；（2）墓主往上流动，并提供后代文治发展条件；（3）子、侄皆任官，且文武双轨并进，得以保家不坠。就整体发展而言，商氏一族由武臣发迹，墓主之祖咸唐任涿州马步使，父亲元建为藩府牙将，曾守职幽州府节度押衙，为商氏一族打下发展根基。墓主亦从武职，以其文韬武略、忠贞奉上而官至刺史，将家业发扬光大。从墓主屡任州郡之长、其兄担任文职来看，商氏家族在墓主一辈即有文教发端，与后代往文事发展应有关系。墓主之子、侄全数出仕，亦不再只任武职——长男守远为内殿直、侄守殷为六军押衙；次男守密、小男守尊则分别任冀州长史与武泰军司马。年轻一辈虽未任高官，但也维持了商氏一家的地位。

　　除上述要点，志文尚有数处可供探讨。在婚姻方面，志文中女性皆列地望，可看出当时仍重视此一价值。墓主之母为彭城刘氏，三妻分别为陇西李氏、清河张氏、彭城刘氏，祖母之地望也待填入（○○郡○氏），反映时人依然重视地望。在墓志撰写上，亦有不同于他者之处。首先是首题直呼墓主名讳"商在吉"而非"商公在吉"，其次是直称墓主为父，最后则是不像一般墓志格套述上三代，而只叙上两代。此外，本篇墓志详于墓主任官时间，却不详具体事件，未记墓主生年，墓主卒至志文写成仅十八日，皆有异于一般墓志撰写方式，或可再深入探究。

（执笔者：林明、杨景尧）

（指导者：刘祥光）

附表一：墓主仕历表

时间	墓主仕历			性质
	官职	所在地	事件	
疑为庄宗同光三年后（925—926）	兴元都指挥使兼知军州事	汉中（兴元军治所）	训戎有略，抚俗多方	文武
明宗天成元年（926）十一月	正授集州刺史	集州	每蕴赤心，上裨皇化 一心奉国 坚冰蘖之心	文武
明宗天成二年（927）正月	检校司空	×	伏遇明宗皇帝，无幽不烛，有感皆通，凡抱忠贞，皆荣爵秩。	虚衔

时间	墓主仕历			性质
	官职	所在地	事件	
明宗天成四年（929）三月	除万州刺史	万州	伏遇明宗皇帝，思于勤旧，念及班僚，既垂雨露之恩，皆沐云天之施。 才临郡政，迥致人谣，远彰去兽之名，别显来苏之化。	文武
明宗长兴元年（930）四月	加检校司徒	剑门关	剑岭屯兵 数州皆陷于贼围，一己独归于□阙 既论忠孝，须议奖酬。	虚衔
明宗长兴三年（932）二月	除授冀州刺史	冀州	黄陂广润，乐镜高悬，三秋之明月当空，一郡之生民自乐。	文武
末帝清泰元年（934）	光禄大夫	×		虚衔

附表二：墓主家族仕历表

姓名	亲属关系	职官	地点	性质
商咸唐	祖父	涿州马步使	涿州	武
商元建	父	幽州节度使押衙	幽州	武
商在本	兄	万州司马	万州	文
商在吉	本人	兴元都指挥使兼知军州事、集州刺史、万州刺史、冀州刺史	兴元军、集州、万州、冀州	文武
商守远	长子	内殿直	洛阳	武
商守密	次子	冀州长史	冀州	文
商守咢	三子	武泰军司马	黔州（武泰军治所）	文
商守殷	侄	六军押衙 充侍卫勾押官	洛阳	武

参考资料

一、墓志碑文

1. 不著人：《大唐故光禄大夫检校司徒前使持节冀州诸军事冀州刺史兼御史大夫上柱国清河郡商在吉墓志铭》，吴钢主编《全唐文补遗》第五辑，第 584—585 页。

2. 不著人：《大唐故光禄大夫检校司徒前使持节冀州诸军事冀州刺史兼御史大夫上柱国清河郡商在吉墓志铭》，周绍良主编《全唐文新编》卷 997，第 15541—15542 页。

3. 不著人：《大唐故光禄大夫检校司徒前使持节冀州诸军事冀州刺史兼御史大夫上柱国清河郡商在吉墓志铭》，傅斯年图书馆藏拓片（14726）。

4. 不著人撰，周阿根点校：《商在吉墓志》，周阿根《五代墓志汇考》，第 261—263 页。

5. 不著人撰，章红梅点校：《商在吉墓志》，章红梅《五代石刻校注》，第 295—297 页。

6. 不著人撰，陈尚君校点：《大唐故光禄大夫检校司徒前使持节冀州诸军事冀州刺史兼御史大夫上柱国清河郡商在吉墓志铭》，陈尚君辑校《全唐文补编》卷 156，第 1907—1908 页。

以德取胜

（纪丰）

吴荞安、施天宇

唐武官武顺军讨击副使纪丰及其妻牛氏合葬墓志铭并序及盖

一、基本资料

1 性质	墓志
2 题名	新题：唐武官武顺军讨击副使纪丰及其妻牛氏合葬墓志铭并序及盖 首题：□□〔梁故〕武顺军讨击副使侠马将银青光禄大夫检校太子宾客兼殿中□□□〔侍御史□〕阳纪公夫人陇西牛氏合祔墓志铭并序
3 时间	死亡、下葬或立石时间 死亡：唐乾符二年（875）二月十八日 墓主下葬：不详 立石：后梁开平四年（910）十一月四日
4 地点	死亡、下葬或立石地点 墓主死亡：镇府真定县（河北正定）亲事营之官舍 妻死亡：镇府北马军营之官舍
5 人物	
墓主	纪丰（837—875）
合葬或祔葬	妻：唐陇西牛氏（845—906） 弟：唐纪昌 侄：唐纪文建 侄妻：唐天水赵氏

撰者	后梁武官摄镇府参军董鹏
6 关键词	社会流动、品德、家庭或家族、妇女角色

（责任者：张庭珬）

二、释文

□□〔梁故〕武顺军讨击副使侠马将银青光禄大夫检校太子宾客兼殿中侍□□□〔御史□〕阳纪公夫人陇西牛氏合祔墓志铭并序

摄镇府参军董鹏撰

夫代有奇人，世袭荣爵，史册详备，美焕古今者，唯纪氏之有焉。公讳丰，字○○，家世镇府房山人也。昔鲁春秋纪侯以国让弟，携入于齐，子孙因以为氏焉。信立节于汉初，灵振名于汉末，忠烈之道，千古一人。纪氏之先，其来盛矣！

（以上是序，述纪氏之先，85 字）

曾祖讳奏，皇唐镇州讨击副使兼冀州马步虞候。

祖讳晏，皇深州饶阳镇遏都将银青光禄大夫检校太子宾客兼殿中侍御史。

考讳审，皇步军左建武将。

并忠孝传家，谦恭著誉，岁寒之操，时论卓然。

（以上是上三代，76 字）

公即侍御之令子也。

光承家范，显焕门风；才略绝伦，名华出众。

元戎□〔闻〕之，擢授侠马副将。

公恭勤奉上，节操弥高，又加散将知将事。

□〔公〕益弘严谨，慎保初终，又加正将兼讨击副使，奏银青光禄大夫检校太子宾客兼殿中侍御史。

公荣高三命，职重偏裨，遄加奏绪之荣，显列□僚之右。方全壮节，以赞盛时，岂谓吉人，奄斯短寿。以乾符二年二月□□〔十八〕，遘疾终于镇府真定县亲事营之官舍，享年三十有八，时曰惜哉！

（以上是事迹与死亡，158字）

□□〔夫人〕陇西牛氏，四德兼备，三从俨然。内外协和，远迩咸敬。於戏！青松既折，芳□□萎，北堂之爱虽深，大夜之期俄迫。不幸以天祐三年二月十四日，遘疾□□〔终于〕镇府北马军营之官舍，享年六十有二。

（以上是妻，75字）

有子二人：长曰爽，承家以孝，奉□〔国〕以忠，韬钤之数在心，谋勇之奇指掌。上台嘉之，署衙前兵马使左亲骑指挥使银青光禄大夫检校右散骑常侍左武卫上将军兼御史大夫上柱国，试其能也。

次曰琼，谦和保道，游艺依仁；光禀家声，不逾懿范。

（以上是子女，93字）

嗣子等孝资天纵，礼过常情，奉先才免于虑〔庐〕居，哀毁仅招于灭性，以开平四年十一月四日，启先君之玄寝而合祔焉，礼也。恐□□代易，陵变谷迁，故刊贞珉，用期不朽。铭曰：

　　纪公之先，受氏以国。代有英贤，世高勋德。

　　□□〔至〕于公，克承□〔懿〕则。□〔既〕领亲军，荣膺显职。

　　剑镜斯沉，□□难测。令□承家，忠孝为式。

　　年代绵邈，陵谷迁易。□□垂文，风猷不忒。

（以上为妻之祔葬及铭，130字）

公之弟昌，同日葬于甲穴；侄文建、新妇天水赵氏，同日合葬于附甲之穴，故于公之侧，□之云耳。

（以上为祔葬者，包括弟、侄及侄媳，37字）

（责任者：林思吟、林怡玟、施天宇、陈品伶、张庭瑀）

（指导者：李宗翰）

三、个案研究

墓主纪丰（837—875）处于唐末至五代的过渡期，可作为两代的比较。他出自军官世家，主要仕宦不出地方，亦即他的家乡或家族根据地镇府（北宋的河北西路真定府），为成德军王氏家族之地盘，而王镕又与唐末藩镇朱全忠结盟，故墓主亦可谓朱全忠辖下的武将。成德军当时正属四战之地（见本册《仁而不武：国破家亡的成德节度使》），值此乱世，他的官衔超过父祖辈，而他的儿子又超过他，究竟凭什么条件？

纪家五代所得职官及原因如下：

人物	所得职官	墓志所述原因
曾祖纪奏	唐镇州讨击副使兼冀州马步虞候	未明言
祖纪晏	深州饶阳镇遏都将银青光禄大夫检校太子宾客兼殿中侍御史	未明言
父纪审	步军左建武将	未明言
墓主纪丰	1 擢授侠马副将	光承家范，显焕门风，才略绝伦，名华出众。元戎（朱全忠，时为节度使）闻之
	2 又加散将知将事	恭勤奉上，节操弥高
	3 又加正将（侠马将）兼讨击副使、银青光禄大夫检校太子宾客兼殿中侍御史	益弘严谨，慎保初终

人物	所得职官	墓志所述原因
子纪爽	署衙前兵马使左亲骑指挥使银青光禄大夫检校右散骑常侍左武卫上将军兼御史大夫上柱国。 假如父亲已算"既领亲军",则儿子领牙兵又更亲了,但尚非最亲之亲兵。	承家以孝,奉国以忠,韬钤之数在心,谋勇之奇指掌。上台嘉之(朱全忠,时为节度使,故有衙前兵马,但墓志撰于910年,已为梁太祖,故称"上")
子纪琼	未见官职	未明言

实在令人讶异,堂堂武将,向上流动的原因不是战功而是品德。扬善是墓志书法原则,但本志没有发扬任何一件跟军事有关的事迹,却记下大量跟文臣无异的传世条件:

1. 跟家世有关的论述(不管虚实,下同):

1.1 先世:纪氏之先(墓志)、纪氏之先(墓铭)。

1.2 门第、门户传承:家世、传家、家范、承家(墓志);家声、承家(墓铭);门风。

1.3 地望、门当户对:□阳纪公、陇西牛氏(妻)、天水赵氏(侄妻)。

2. 跟忠有关的论述:忠烈之道、忠孝传家、奉国以忠、忠孝为式。

3. 跟孝有关的论述:忠孝传家、承家以孝、孝资天纵、忠孝为式。

4. 跟礼有关的论述:礼过常情,另一句"启先君之玄寝而合祔焉,礼也"属格套语,其意义有待商榷。

最有趣的是,在列举纪氏历史人物如汉代的纪信和纪灵之后,墓志说"忠烈之道,千古一人",以忠烈作为纪氏的特点。在列举墓主祖先三代之后,墓志说"并忠孝传家,谦恭著誉,岁寒之操,时论卓然",即能传承纪氏特点。接着就是墓主"光承家范,显焕门风",妻子牛氏(845—906)"四德兼备,三从俨然。内外协和,远近咸敬",长子"承家以孝,奉国以忠",次子"谦和保道,游艺依仁"。简言之就是以德行传家,尤以忠孝最为重要。墓主三十八岁便去世,遗下二子由寡妻抚养长大,而妻子守寡时已三十一岁,改嫁不易,否则或可于三从四德之中凸显贞节。

假如墓铭可算盖棺论定，那无疑是上述的重复和强调："纪公之先，受氏以国。代有英贤，世高勋德。□至于公，克承懿则。既领亲军，荣膺显职。剑镜斯沉，□□难测。令□承家，忠孝为式。"其中有多少真情又有多少虚构附会，难以一一考究，但无疑告诉我们，时人对武将的期待是什么。武将是否接受这些价值观念，尚待探究。

此外，墓志称墓主次子"谦和保道，游艺依仁"，应受过一定文教，虽未出仕，但亦可见地方武人世家并不反对子弟习文。五代时期统治阶级家庭内部的文武交流，当仍有探讨的空间。

有一趣事，墓志首题为后梁，而新题改为唐，因墓主与妻皆殁于唐末，但妻于梁时祔葬于墓主之墓，墓志乃将墓主视为梁人，或可视为另类的夫死从妻。

（执笔者：吴荠安、施天宇）

（指导者：柳立言）

参考资料：

一、墓志碑文

1. 董鹏：《□故武顺军讨击副使侠马将银青光禄大夫检校太子宾客兼殿中侍御史□阳纪公（丰）夫人陇西牛氏合祔墓志铭并序》，吴钢主编《全唐文补遗》第六辑，第207页。

2. 董鹏：《□故武顺军讨击副使侠马将银青光禄大夫检校太子宾客兼殿中侍御史□阳纪公丰夫人陇西牛氏合祔墓志铭并序》，周绍良主编《全唐文新编》卷892，第10449页。

3. 董鹏：《□□〔梁故〕武顺军讨击副使侠马将银青光禄大夫检校太子宾客兼殿中侍□□□〔御史□〕阳纪公夫人陇西牛氏合祔墓志铭并序》，傅斯年图书馆藏拓片（08208—1、08208—2）。

4. 董鹏:《纪丰及夫人牛氏合祔墓志》,罗振玉辑《京畿冢墓遗文》,国家图书馆善本金石组编《隋唐五代石刻文献全编》第四册(北京:北京图书馆出版社,2003 年),第 728—729 页。

5. 董鹏:《纪丰及夫人牛氏合祔墓志》,罗振玉辑《京畿冢墓遗文》,新文丰出版编辑部《石刻史料新编》第一辑第 18 册(台北:新文丰出版社,1977 年,初版),第 13654—13655 页。

6. 董鹏撰,周阿根点校:《纪丰及妻牛氏合祔墓志》,周阿根《五代墓志汇考》,第 25—27 页。

7. 董鹏撰,章红梅点校:《纪丰及妻牛氏合葬志》,章红梅《五代石刻校注》,第 22—25 页。

刀笔吏以书算立名

（刘光赞）

柳立言

后周武官刘光赞及其妻太原郡君郭氏合葬墓志铭

一、基本资料

1 性质	墓志
2 题名	新题：后周武官刘光赞及其妻太原郡君郭氏合葬墓志铭 首题：大周故金紫光禄大夫检校尚书右仆射左监门卫将军兼御史大夫 　　　上柱国刘公墓志铭文
3 时间	死亡、下葬或立石时间 死亡：后周广顺三年（953）十月十二日 下葬：后周显德元年（954）十一月二十六日
4 地点	死亡、下葬或立石地点 死亡：滑州（河南滑县）荷恩禅院浴室 下葬：洛阳县（河南洛阳）玄象乡南陶里
5 人物	
墓主	刘光赞（888—953）
撰者	后周文官守宗正丞郭圮
6 关键词	阶级流动、文武交流、业绩、品德、婚姻、家庭或家族

（责任者：施天宇）

二、释文

大周故金紫光禄大夫检校尚书右仆射左监门卫将军兼御史大夫上柱国刘公墓志

铭文

朝请大夫守宗正丞柱国郭玘撰

　　刘氏之先，帝尧之后。夏则显御龙之号，殷乃立封豕之名。在秦居侯爵之芳，有晋处纳言之位。洎汉室应运，太守临藩，葵心奉君，蒲鞭示吏。其后，汝南徙居于梁国，肥乡本属于广平。腾芳则代不伐贤，胤族乃世继其美。

（以上是得姓，83 字）

　　公即唐中书舍人林甫之后也。曾祖勤，皇不仕。祖弈，皇不仕。考倚，累赠太常少卿；外李氏，追封本郡太君。

（以上是家系，40 字）

　　公讳光赞，字显国，本大名府冠氏县人也。幼知礼乐，神授聪明。戏则为碑，智过秤象。洎乎成立，爰负变通，有子张爵禄之心，务萧何刀笔之誉，乃入仕于本乡公府也。铿锵立事，谨严奉公，嫉恶若仇，见善必举，名价既高于故里，行藏俄擢于省庭。

（以上是幼年及入仕本乡公府，93 字）

　　自天成年至开运岁，安阳计兵食，白马料军储，邢台兼都窾［核］之权，洛汭总曲蘗之务。虽数历脂膏任，而俱扬冰蘗名，声光渐峻于强能，委寄转资于难重。至戊申岁，授涡口都商税使，职未二年，官加三品，就除右羽林军将军，阶兼金紫。昔縻省署，玉未偶于三朝；今列天庭，鹏已抟于万里。秩满，适洛。周初，复除左监门卫将军，官检右揆。哲后霄［宵］衣旰食，一日万机，念稼穑之艰难，务供输之均济，乃擢干士，遽检疲民。公即奉命南燕也，尽历乡川，普观禾黍。清通是执，绝胥吏之爱憎；舒□［惨］得仪，分农家之苦乐。

（以上是宦游及仕历，192 字）

事将复命，殃出不期，于癸丑年孟冬十有二日，因浴暴卒于滑州荷恩禅院浴室，享年六十六，用甲寅年仲冬二十六日，归葬于洛阳县玄象乡南陶里。

（以上是卒与葬，57 字）

嘻！公之忠孝过人，刚柔莅事，举直措枉，见贤思齐。始以书算立名，加以言行积德，五司繁重，两陟通班，平生不昧于心诚，毕寿果非于疾疹。

（以上是评价，53 字）

公先娶汾阳郭氏，先公而谢，今则同归。次娶太原王氏，初授本县君，次加本郡君。贤和洽下，柔顺睦亲，举按［案］事夫，踵如宾于上古，贞明诚女，可垂法于后人。

（以上是妻，60 字）

有子一人，早任古城尉。晋祚既衰，鬼方恣盛，上国乃胡茄［笳］之地，中原为戎马之郊。郡城有蹂践之忧，士庶负涂炭之苦，乃陷塞外，莫遂生还。

（以上是子之职务以及死亡，53 字）

有女四人：长适曲氏，不幸早亡。次适白氏，次适高氏，皆从三道显，德四光前，孤鸿虽无依，壮志不可夺。其次适曹○〔氏〕，闺闱秉训，令善协仪，在家不怠于女工，出聘无亏于妇节。

有外甥五人：或立身弓剑，或酷志文章，尽疑构厦之材，俱有出囊之锐。

（以上是女及外甥，93 字）

玘屡承请揖，言撰斯文，惭无吐凤之词，直纪如龙之美。铭曰：

巍巍上古，济济贤良。山河孕秀，日月腾芳。

林茂枝本，脉散源长。代继其美，将军道光。

幼负奇才，长修令德。弹冠公府，扬名故国。

一列省庭，五司重职。金石为心，脂膏不惑。

爰升朝籍，行缀勋贤。位居三品，官由两迁。

朝趋北阙，亦〔夕〕使南燕。惟寿有恨，非仙莫延。

膏肓不兆，疾疹不缠。方寸不乱，神魂去焉。

代惟周兮盛矣，岁直寅兮宜然，月建子兮称利，茔卜岗兮光前。

走乌兔兮天长地久，刊贞石兮千年万年。

（以上是铭，176 字）

（责任者：施天宇、杨景尧、萧妤函）

三、个案研究

墓主刘光赞（888—953）出自文人家庭，但一生担任武臣，独子死亡前是县尉，几位外甥兼习文章和武艺，若出为武将，便是能文的武将。由文转武和兼习文武固是五代文人入仕的一个选择，但路途艰难。

刘光赞的曾祖和祖父均是白身，父亲累赠太常少卿，生前或是文官，这也许是光赞"幼知礼乐"的原因。墓志不讳言他"以书算立名"，又说他"爰负变通，有子张爵禄之心，务萧何刀笔之誉，乃入仕于本乡公府也"，用白话说就是世道改易，为人也要变通，乃放下文人的身段，到本乡官府当个刀笔吏，逐步谋取更大的名位和更多的俸禄。他一生的重要仕宦大致如下：

时间	工作和名衔
约后唐明宗天成（926—930）以前	墓主约39岁以前： 本乡（洛阳县）公府刀笔吏
天成（926—930）至后晋出帝开运（944—946）年间约20年	墓主约39—59岁： 安阳计兵食，白马料军储，邢台兼都核之权，洛汭总曲蘖之务。
后晋亡于契丹（946）	独子为县尉，被契丹掳去，下落不明
后汉高祖乾祐元年（948）	墓主61岁： 涡口都商税使。"职未二年，官加三品，就除右羽林军将军，阶兼金紫（光禄大夫，故称'位居三品'）"。 实职（都商税使）不高，但享有一定的俸禄。 秩满，适洛。可能是回到家乡。
后周太祖广顺初（951—952）	墓主约64岁 复除左监门卫将军，官检尚书右仆射 "公即奉命南燕也，尽历乡川，普观禾黍。" 墓志未言所任何职，但说"一列省庭，五司重职（又云'五司繁重'）"，前者是指本乡公府，后者如指安阳、白马、邢台、洛汭、涡口五职司，则滑州无职。
广顺三年（953）	墓主66岁，死于滑州。
显德元年（954）	墓主归葬于洛阳县玄象乡南陶里

由此可知，墓主的重要仕宦有五个特点：（1）所有实职均以武臣的身份出任，墓铭索性因他的"左监门卫将军"头衔而称他"将军"；（2）都在地方任职，不曾入仕中央；（3）从39至66岁约27年之间只有五个实职，中间似有间断，在墓志甚至找不到他最后的实职；（4）墓主的盛年主要在粮草、商税和酒务之中度过，相当于宋代的监当官；（5）职位都不高，且不是亲民官如县令之兼负军民财政等，因此也限制了墓主的阅历。我们一方面看到文人仕途的不易，另一方面看到有些武臣是"幼

知礼乐”的文士。

我们难以知道独子的出身，可能是科举，更可能是父荫。他的县尉是实职，文臣和武臣均可出任，他应是能文的县尉。墓主有四个女儿，一位婚后早亡，两位守寡，一位已婚尚在。夫婿均只记姓氏，可能出身不高。墓主应不懂武术或兵法，但他的五位外甥“或立身弓剑，或酷志文章”，似乎并习文章和武艺，前者是家传，后者应是“爰负变通”，他们若为武将，也是能文的武将。

墓志撰者是后周守宗正丞郭玘，自是文官文人，入宋后为光禄少卿，出守卫州，因赃弃市，应是大贪特贪所致。[1] 在他笔下，墓主“虽数历脂膏任，而俱扬冰蘗名”和“脂膏不惑”，还有“忠孝过人”和“言行积德”，但俱无具体事例。无论如何，武官的品德仍为五代乱世所看重。

在另一些难断虚实的文字里，也可看到乱世的价值观。从首句“刘氏之先，帝尧之后”到“公即唐中书舍人林甫之后也”，反映对家世的缅怀。母亲仅称“李氏”，而己妻郭氏和王氏冠以“汾阳”和“太原”，反映发迹之后对门第或地望的追求。从“绝胥吏之爱憎”与“分农家之苦乐”，看到时人对基层官吏的要求，特别是约束胥吏。

（执笔者：柳立言）

参考资料：

一、墓志碑文

1. 郭玘：《大周故金紫光禄大夫检校尚书右仆射左监门卫将军兼御史大夫上柱国刘公墓志铭文》，傅斯年图书馆藏拓片（12850）。
2. 郭玘：《大周故金紫光禄大夫检校尚书右仆射左监门卫将军兼御史大夫上柱国刘公（光赞）墓志铭文》，吴刚主编《全唐文补遗》第一辑，第451—452页。

---

[1] 《续资治通鉴长编》卷7，第170页。

3. 郭玘撰，周阿根点校：《刘光赞墓志》，周阿根《五代墓志汇考》，第535—537页。

4. 郭玘撰，章红梅点校：《刘光赞墓志》，章红梅《五代石刻校注》，第597—599页。

5. 郭玘撰，陈尚君校点：《大周故金紫光禄大夫检校尚书右仆射左监门卫将军兼御史大夫上柱国刘公（光赞）墓志铭文》，陈尚君辑校《全唐文补编》卷106，第1339—1340页。

二、其他资料

6. 李焘撰，上海师范大学古籍整理研究所、华东师范大学古籍研究所点校：《续资治通鉴长编》。

文武兼通

（王璠）

李如钧、张庭瑀

后唐武官王璠墓志铭

一、基本资料

1 性质	墓志
2 题名	新题：后唐武官王璠墓志铭 首题：唐故金紫光禄大夫检校司空左骁卫大将军兼御史大夫柱国太原郡王公墓志铭并序
3 时间	死亡、下葬或立石时间 死亡：后唐同光二年（924）五月十七日 下葬：后唐同光二年（924）十一月二十六日
4 地点	死亡、下葬或立石地点 死亡：洛阳（河南洛阳）彰善坊私第 下葬：河南县（河南洛阳）平乐乡朱阳里北邙之原
5 人物	
墓主	王璠（844—924）
撰者	后唐文人乡贡进士李瑶
6 关键词	社会流动、品德、业绩、文武交流、家庭或家族

（责任者：张庭瑀）

二、释文

唐故金紫光禄大夫检校司空左骁卫大将军兼御史大夫上柱国太原郡王公墓志铭并序

乡贡进士李瑶撰

公讳璠，字大珪，汴州雍丘人也。秦安平君翦之后。

曾祖讳崇远，皇任工部尚书；皇妣李氏。

祖讳现，皇任邓州别驾；皇妣张氏。

父讳宁，皇任襄州义清县令；皇妣卢氏，公即夫人生也。

（以上是直系亲属，凡三代，68字）

公碧绿传家，簪缨继踵。值中原丧乱，四海沸腾，黄巾窃犯于京城，白马专平于氛浸。英雄奋起，仕族吞声。父子相认于七星，夫妻唯藏于半镜。

（以上是由文转武的时代背景，54字）

公见机而作，顺命承时，遽脱儒冠，俄亲武略。始与河南尹清河公一时相遇，共话丕图。寻破枭巢，依归凤诏，元勋叠膺于旄节，公即累袖于藩宣。况洛汭伤残，久罹兵革，坊肆悉成于瓦砾，宫闱尽变于荆榛。公密副钧情，广开心匠，运工力役，完葺如初。寻升水土之资，复陟飘摇之列。公深怀贞退，高卧云泉，慕陶潜谢秩之风，得潘岳闲歌之理。既谐遐寿，实谓吉人。

（以上是仕历与事迹，138字）

以同光二年五月十七日遘疾终于洛阳彰善坊私第，享年八十一。以其年十一月二十六日择地于河南县平乐乡朱阳里北邙之原，礼也。

（以上是死亡与葬，54字）

婚杨氏，生一子，名延锴，幼而聪敏，长有器能，自校书郎除偃师县主簿，深怀厚雅，颇袭前修。

（以上是家庭，35字）

公丹穴灵姿，紫渊异禀，蕴曼倩三冬之学，传武侯七纵之谋。早展长材，久居剧要，凡于临莅，众悉推能。嗟呼！岁不我与，日月逝矣，白首俄急，黄壤何归。既从筮于蓍龟，遂卜邻于蒿里。

（以上是感怀与葬，69字）

山移海竭，难追英敏之踪；谷变陵迁，须勒贞珉之说。乃为铭曰：
　　既分混沌，始立乾坤。万物变化，皆归此门。其一。
　　红颜孰改，华发谁匀。如川东注，往而不春。其二。
　　□色郁郁，松韵萧萧。狐为邻里，月作朋僚。其三。
　　瑞云入洞，寒玉□□。清名重德，永闭玄关。其四。
　　既刊翠琰，标题不朽。将镇夜台，天长地久。其五。

（以上是撰志原委及铭，114字）

（责任者：林怡玟、施天宇、张庭瑀、杨景尧）

（指导者：李宗翰）

三、个案研究

墓主王璠（844—924）祖先三代于唐末为官，曾祖位至工部尚书，祖父邓州别驾，父亲襄州义清县令，至少后两者因其地点明确和位处低层，可堪取信，属文官世家。本人经历唐亡于后梁、后梁又亡于后唐的易代乱局，最后以武臣的身份于洛阳逝去。墓志说他"见机而作，顺命承时，遽脱儒冠，俄亲武略"，以下就分述他的应变、武功、吏治，及文武流动。

应变指变节。王璠成长于宣宗、懿宗和僖宗（847—888）之纪，内有宦官废立，外有藩镇割据，可谓乱世。875 年前后，王仙芝（？—878）和黄巢（835—884）相继起事，黄巢于 881 年占领长安，建号大齐（881—884）。王璠早年的经历不明，墓志说当时"值中原丧乱，四海沸腾，黄巾窃犯于京城"，墓主遂"见机而作"，虽然墓志并未交代，但可能曾在 881 年（约 38 岁）前进入黄巢麾下。墓志中跟武功有关的只有一句"寻破枭巢，依归凤诏"，应是指大齐于 884 年覆亡，唐僖宗从蜀返京，叛臣贼子亦可重奉唐朝正朔，"依归"两字也许半直笔半曲笔。正史中有一位王璠（偶作王播），曾是黄巢倚重的大将，《新唐书·黄巢传》有三处记载："始，（约中和元年（881）六月）王璠破奉天"；[1] 中和二年（882）五月，"巢亦遣王璠营黑水"；[2] 中和三年二月，"巢命（大将）王璠、林言军居左，赵璋、尚让军居右，众凡十万，与王师（李克用）大战梁田陂。贼败，……璠与黄揆袭华州，据之，遇亡去"。[3]《旧唐书》也有两处记载，指同一件事："中和元年二月，贼将尚让、王璠率众五万，欲攻凤翔"，[4] 及"中和元年（三月），贼将王璠率众三万来攻，（凤翔节度使郑）畋使（唐）弘夫设伏以待。璠内轻畋儒柔，纵步骑鼓而前，（大败）……璠遁去，禽璠子斩之"。[5] 倘若是同一人，则墓主应是位可独当一面的大将，且亦可见乱局之下人民对唐皇室的效忠普遍减弱，文官子弟的伺机选择实与武人不相上下。然此

---

[1]《新唐书》卷 225，第 6459—6460 页。

[2]《新唐书》卷 225，第 6460 页。

[3]《新唐书》卷 225，第 6461 页。"大将"二字据陈尚君《旧五代史新辑会证》卷 25，第 646 页："黄巢大将尚让、林言、王璠、赵璋等引军十五万屯于梁田坡。"

[4]《旧唐书》卷 178，第 4634 页。

[5]《新唐书》卷 185，第 5403—5404 页。

王璠自华州亡去（883）后，在史书中即不知所踪。

无论如何，墓主在黄巢败亡后不久即加入张全义（852—926）麾下，在他任河南尹（约887）时协助他治理洛阳，展开一番吏治事业。墓志用最多篇幅描述王璠协助张全义恢复残破的洛阳（138字），也是全义最被人称颂的鸿图伟业。[1] 墓志说墓主"始与河南尹清河公一时相遇，共话丕图。寻破枭巢，依归凤诏，元勋叠膺于旌节，公即累袖于藩宣"，可能即指两人初因共事黄巢而相识，其后降唐，全义于888年开始获授一连串的节度使，王璠则成为霸府幕宾，但不知所任何职。史称全义"尊儒业而乐善道，家非士族而奖爱衣冠，开幕府辟士，必求望实"，[2] 而正值盛年约45岁的王璠出身文官世家，曾习儒业，颇符全义的要求，而能获全义欣赏与任用，墓主当具一定实际吏才。（见第一册《世变下的五代女性》之《冤家聚头文武合》）墓主的主要功绩，是协助重建洛阳城，亦即墓志所云："洛汭伤残，久罹兵革，坊肆悉成于瓦砾，宫闱尽变于荆榛。公密副钧情，广开心匠，运工力役，完葺如初。"

值得注意的是，墓志只提到王璠协助全义重建洛阳，但未提及其他吏治事迹，应该是因为整体贡献有限。又从墓主题名"金紫光禄大夫检校司空左骁卫大将军兼御史大夫上柱国太原郡"来看，全是虚衔，暗示墓主可能只是全义手下诸多无实职的幕僚群之一。张全义长期治理洛阳，在当地势力盘根错节，直到入后唐地位依旧显赫。若墓主真为张全义心腹，官衔应不仅止于此。

墓主可能是见当时政局不稳，也可能是不受全义重用，故及早急流勇退，"慕陶潜谢秩之风，得潘岳闲歌之理。既谐遐寿，实谓吉人"。墓志虽无标明时间，但按文义来看，他在过世前应该已退休一段时间，故应是在后梁时期。

---

[1]《旧五代史新辑会证》卷63，第1973—1974、1981—1983页。

[2]《旧五代史新辑会证》卷63，第1978页。如张蒙助建洛阳，见《旧五代史新辑会证》卷63，第1974页。

王璠独子延锴之仕历又转为文。他是文臣（校书郎），仅任河南偃师县主簿，不算承受父荫，可惜不知他任官实际表现如何。而王氏数世学文的经验，应该也为墓主子孙再转向文官、吏才发展提供一定助力，主要可分为两点：（1）家传文风：王璠上三代皆为文人，可直接教导儿子各种文事知识。考虑到墓主能在洛阳置产，既有宅第又有墓地，并可闲退十多年而自食其力，家中应有一定资财，可为子弟提供良好的求学环境。（2）仕宦经验：王氏三代仕宦，有丰富的任官经验，例如墓主本人即曾参与恢复洛阳的行政与建设，亦可提供其子仕宦治民的相关知识。

总结来说，王璠本是河南地区的文官家族之一，唐末五代文人在乱世下纷纷向或僭号或割据的藩镇输诚纳忠，说明文人武将对于忠贞之事，并未有太大差异。而墓志说王璠脱儒冠就武略，官阶虽是武臣，但最大成就则是协建洛阳，唯一生存的儿子亦走上文官之途，并从基层官员主簿做起。可见文士在唐末五代虽知此路艰难，但一家五代，由文转武复归文，前后三变，且似以文为主，说明乱世中文人仍有不可忽视的重要性。

（执笔者：柳立言、李如钧、张庭瑀）

参考资料：

一、墓志碑文

1. 李瑶：《唐故金紫光禄大夫检校司空左骁卫大将军兼御史大夫柱国太原郡王公（璠）墓志铭并序》，吴钢主编《全唐文补遗》第五辑，第58—59。

2. 李瑶：《唐故金紫光禄大夫检校司空左骁卫大将军兼御史大夫柱国太原郡王公璠墓志铭并序》，周绍良主编《全唐文新编》卷847，第10644页。

3. 李瑶：《唐故金紫光禄大夫检校司空左骁卫大将军兼御史大夫柱国太原郡王公墓志铭并序》，傅斯年图书馆藏拓片（19755）。

4. 李瑶撰，周阿根点校：《王璠墓志》，周阿根《五代墓志汇考》，第138—140页。

5. 李瑶撰，章红梅校注：《王璠墓志》，章红梅《五代石刻校注》，第150—152页。

二、其他资料

6. 陈尚君：《旧五代史新辑会证》。

7. 刘昫撰，中华书局编辑部点校：《旧唐书》。

8. 欧阳修撰，董家遵等点校：《新唐书》。

文武兼备

（萧符）

林明

后梁武官解县池场使务萧符墓志铭

一、基本资料

1 性质	墓志
2 题名	新题：后梁武官解县池场使务萧符墓志铭 首题：梁故左藏库使右威卫大将军金紫光禄大夫检校尚书右仆射萧府君墓记铭
3 时间	死亡、下葬或立石时间 死亡：后梁龙德二年（922）七月十八日 下葬：后梁龙德三年（923）八月一日
4 地点	死亡、下葬或立石地点 死亡：延福里之私第 下葬：河南县（河南洛阳）金谷乡焦谷村之源
5 人物	
墓主	萧符（859—922）
求文者	子：后梁文官青州博昌县令萧处谦、后梁文官贝州长史萧处钧、后梁文官国子四门博士萧处仁
撰者	从叔：后梁文官左散骑常侍萧蘧
书丹者	长子：后梁文官青州博昌县令萧处谦

| 6 关键词 | 社会流动、文武交流、业绩、婚姻、家庭或家族 |

（责任者：林明）

二、释文

梁故左藏库使右威卫大将军金紫光禄大夫检校尚书右仆射萧府君墓记铭
从叔朝请大夫守左散骑常侍柱国赐紫金鱼袋蘧撰
孤子处谦书

府君讳符，字瑞文，兰陵人也。后徙居咸秦，籍梁代之遐宗，寔圣朝之右族，华轩贵仕，弈叶重□。曾祖沔，皇任御史中丞、彭州刺史。祖濬，皇任饶州刺史。父元，皇任苏州别驾。
（以上是家世背景、三代直系父祖的任官职务，65 字）

府君即苏台之长子也。弱不好玩，长实多才。洎总角从师，抠衣就业，儒术优柔之学，戎韬秘妙之方，咸若生知，悉由天授。
庚子岁，碓〔雄〕杰辅会，贤俊遭逢，认白水之真人，识紫云之异状。寻从太祖皇帝赴镇浚郊，特荷奖期，而继奉委遇，遂奏授银青光禄大夫、检校国子祭酒兼御史大夫，充马射两军判官。其后，每从征营，联下壁垒。太祖以府君器度详敏，经度无差，奏加右散骑常侍，充滑州都粮料使，才逾星岁，俄却召归。奏转左常侍，充诸军都指挥判官兼行营都粮料及赏设等使。因出征河朔，攻下镇定幽沧，奏加检校工部尚书，依前充职，盖畴庸之殊特也。后进讨并汾，收克泽潞，奏加刑部尚书、充昭义都粮料使，检辖帑藏，绵历星灰。俄授宿卫判官，盖唐襄帝内难之后也。旋则迎扈辇辂，巡幸伊渥，因授洛京都粮料使。三历岁序，备显恪勤。后以宋、亳诸仓积年败事，军储所切，委用良难，因授都粮料使。

于是校覆整理约贰拾余万，既著厥效，奏加兵部尚书。在宋五年，职任弥著。

爰遇太祖皇帝受禅，西幸洛阳，禁卫六师，千乘万骑，随驾勘给，尤难其人。既及神京，即授在京都粮料使。星纪六换，绩效明彰，乃授以河北都招讨判官兼行营都粮料使，寒暑四载，奉诏追还。

凤历岁，欲制置解县池场，委以使务，招商纳榷，将及期年。

今上龙飞，奖用勋旧，降征诏除授右卫将军。既陟通班，俄逾再岁。

后以国朝实录，初议纂修，下诏百司，各令编纪。府君以壮岁效用，迄于耆年，征伐事机，无不目睹，矧以赡敏之性，叙述罔遗，吮笔修词，既精且备。乃纪述三轴，应命进呈，圣旨称奖，宣付史馆。旋降优诏，授右威卫大将军、检校右仆射。寻又除左藏库使。且乎武经既达，文笔仍修，可谓全才，雅资其昌运也。晋大夫以壶飧从径，尚得论功；汉丞相以漕挽应期，孰能比德。若兹懿绩，宜奉殊恩，杖钺登坛，当在宸旨。

俄以疾恙，枕席七年，药饵无征，迫于危愒。然而忧国之旨，报主之心，言发涕流，神迁业著。俄以龙德二年岁在壬午七月十八日启手足于延福里之私第，享年六十有四，识与不识，痛惜咸同。以癸未年八月一日窆于河南县金谷乡焦谷村之源，礼也。

（以上是生平事迹，709 字）

　　夫人王氏，封琅琊县君，宜家之誉，焕于九族。

有子四人：伯曰处谦，前任青州博昌县令，字人之政闻于众多，承家之规播在遐迩；仲曰处珪，凤历军变之际，殁于京师；叔曰处钧，前贝州长史；季曰处仁，前国子四门博士。皆义方禀训，孝友立身，各抱器能，用谐宠禄，可谓芝兰麒骥也。

女四人，皆以贤淑之称播于姻亲，勋贵之家来委羔雁。长女适故郓州牛太师长子知业；第二女适故龙骧军使梁司空长子昭演；第三女适故景州刺史卫司空长子崇远；第四女适魏王外侄孙孟仁浦。皆高门之嘉婿也。

（以上是妻、子、女、女婿之婚嫁及任官情形，192字）

　　府君自入仕，迄于季年，四十四载矣，备历繁重，咸著勤劳，忠孝之规，庆祚当在。迭享贵仕，其惟后昆，令嗣三人，继荣斯在。洎闻自经家祸，尤迫孝思，将显前修，愿刊贞石。乃号泣相诉曰："奉事有日矣，希述遗芳焉。"蘧以宗派无疏，情卷有异，敢违来请，聊抒斐词。乃为铭曰：

　　忠孝懿范，文武全才。君臣相遇，委任难偕。甄奖之命，宠禄斯来。其一。

　　赞画任重，飞挽功高。从于征伐，著此勤劳。履历崇秩，践扬大朝。其二。

　　贤妻处内，令嗣承家。孝慈有裕，□□□〔庆祚无〕涯。百福钟集，千载辉华。其三。

　　洛汭神都，邙□□□〔峻嵃〕。卜用于兹，□□□□〔哀礼俱备〕。不朽之芳，载于斯记。其四。

（以上是撰志原委及铭，206字）

（责任者：王子涵、林明）

（指导者：刘祥光）

三、个案研究

　　墓主萧符（859—922）为晚唐至后梁时期中下级武官，墓志铭开篇即强调墓主亦文亦武的双轨才能，之后详述其仕宦历程，或可作为晚唐五代文官世家面临乱世，转由武阶入仕时，在文、武双途表现之研究参考。

　　本文着墨最多者为墓主之仕宦历程。墓主或因身处乱世，选择"认白水之真人，识紫云之异状"，跟随朱温的军队从事武职，而之所以能够如此选择，从撰者不断强调墓主"弱不好玩，长实多才""儒术优柔之学，戎韬秘妙之方，咸若生知，悉由天授""武经既达，文笔仍修，可谓全才""文武全才"等叙述来看，可能与其亦文亦武的个人能力有关。值得注意的是，墓志在武事方面除了提到墓主曾习"戎韬秘妙之方"等兵书之事外，并无叙述墓主的实战事迹。其一生职掌，多需要法律才能及军饷补给能力，如判官、粮料使等——墓志中列出的粮料使职有七次，判官经历则有四次。他达到事业巅峰，却靠文士能力。当皇帝下诏编纂《国朝实录》时，墓主更因"征伐事机，无不目睹，矧以赡敏之性，叙述周遗，吮笔修词，既精且备"，乃"纪述三轴，应命进呈"而获得"圣旨称奖，宣付史馆"。由此见得墓主虽任武职，但其职务、经历实和文事能力有着密切关联。

墓主身为武官，却在文事上表现较为突出，可能因为墓主出身于文官世家。墓主"洎总角从师，抠衣就业"，应跟墓主的文官世家背景密切相关，其曾祖父萧沔曾任御史中丞、彭州刺史；祖父萧濬曾任饶州刺史；父亲萧元曾任苏州别驾，文官背景不仅有助于培养墓主能文能武的个人学养，也影响其日后的职务走向，不限于墓主本人，也扩及日后诸子的仕途选择——四子除次子殁于凤历军变外，余三子皆入仕，分别为博昌县令、贝州长史、国子四门博士，可见得墓主本人及其四子萧处仁虽然转武发展，但毕竟是文人家庭，整个家族完全转从武阶入仕的可能性较低。虽无法明确看出家族整体在仕宦地位上的流动情形，但从"洎总角从师，抠衣就业"，可看出墓主的文官世家背景应提供其一定程度的教育资源，不仅有助于培养墓主能文能武的个人学养，也影响其日后的职务走向。

墓主的武事，在墓志只有能解兵书与担任粮料使，并无实际的武艺和战功。虽然墓主官阶并不算高，但其武官身份不失为有利条件，促使与武人互动、累积人脉，进而与之缔结姻亲。墓主出身文官世家，妻为琅琊王氏，替四女所择之婿皆有功名，当中至少两名来自武官世家，另两名来自武官世家之可能性亦高，可以见得门第声望或功名实利仍是官宦之家缔结姻亲的重要考虑，这可能也是墓主选择与武官世家缔结姻亲的重要原因。墓主文武兼备的特性虽未能使之在官场上飞黄腾达，却成为诸子在文武仕途选择、女儿与武官世家联姻时重要的家庭资本，不仅是墓主在乱世得以保家的条件，更是墓主家族整体向上流动的基石。

（执笔者：林明）

（指导者：山口智哉、李如钧、李宗翰、柳立言、陈韵如、刘祥光）

参考资料：

一、墓志碑文

1. 萧蘧：《梁故左藏库使右威卫大将军金紫光禄大夫检校尚书右仆射萧府君（符）墓记铭》，吴钢主编《全唐文补遗》第一辑，第436—438页。

2. 萧蘧撰，周阿根点校：《萧符墓志》，周阿根《五代墓志汇考》，第124—127页。

3. 萧蘧：《梁故左藏库使右威卫大将军金紫（光）禄大夫检校尚书右仆射萧府君符墓记铭》，周绍良主编《全唐文新编》卷844，第10613—10614页。

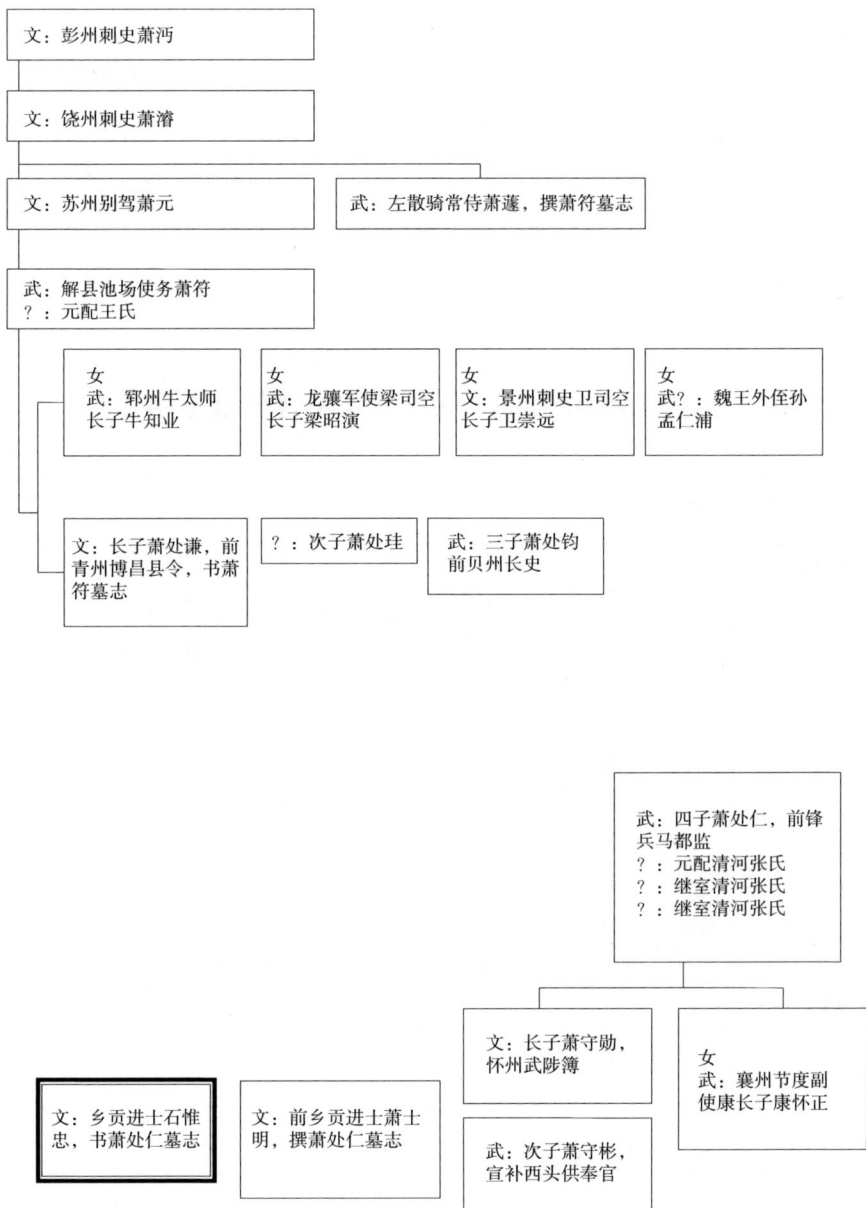

萧氏婚姻表

文：彭州刺史萧沔

文：饶州刺史萧潜

文：苏州别驾萧元

武：左散骑常侍萧蓬，撰萧符墓志

武：解县池场使务萧符
？：元配王氏

女 武：郓州牛太师 长子牛知业	女 武：龙骧军使梁司空 长子梁昭演	女 文：景州刺史卫司空 长子卫崇远	女 武？：魏王外甥孙 孟仁浦

文：长子萧处谦，前 青州博昌县令，书萧 符墓志	？：次子萧处珪	武：三子萧处钧 前贝州长史

武：四子萧处仁，前锋
兵马都监
？：元配清河张氏
？：继室清河张氏
？：继室清河张氏

文：长子萧守勋， 怀州武陟簿	女 武：襄州节度副 使康长子康怀正
武：次子萧守彬， 宣补西头供奉官	

文：乡贡进士石惟 忠，书萧处仁墓志	文：前乡贡进士萧士 明，撰萧处仁墓志

以庶务起家

（邢汴）

唐武官前深州饶阳镇遏使邢汴及其妻周氏合葬墓志铭并序

一、基本资料

1 性质	墓志	
2 题名	新题：唐武官前深州饶阳镇遏使邢汴及其妻周氏合葬墓志铭并序 首题：唐故成德军衙前兵马使深州饶阳镇遏使银青光禄检校国子祭酒兼殿中侍御史上柱国河间郡邢公夫人汝南周氏合祔墓志铭并序	
3 时间	死亡、下葬或立石时间 死亡：唐天祐九年（后梁乾化二年）（912）九月二十九日 下葬：唐天祐十年（后梁乾化三年）（913）十月廿二日	
4 地点	死亡、下葬或立石地点 死亡：镇府真定县（河北正定）北常安坊之私第 下葬：镇府平山县（河北平山）望仙乡之北原先茔	
5 人物		
墓主	邢汴（834—912）	
合葬或祔葬	妻：唐汝南周氏（？—909）	
6 关键词	社会流动、文武交流、品德、婚姻	

（责任者：萧妤函）

二、释文

唐故成德军衙前兵马使深州饶阳镇遏使银青光禄大夫检校国子祭酒兼殿
中侍御史上柱国河间郡邢公夫人汝南周氏合祔墓志铭并序

夫生著徽猷，殁垂遗范，死而不朽，道贯于斯。
（以上是序，17 字）

公姓邢氏，讳汴，字迥派，其先□〔河〕间人也。
（以上是名讳与郡望，15 字）

昔周文王之子封为邢侯，子孙因为氏焉。代有英贤，世荣轩冕，青
□备载，故简于兹，其后因官逐封，今为赵国镇阳人也。
（以上是得姓与先世，45 字）

曾祖讳佚，字适□，□不仕。门传清德，代播薰风，放志遗荣，超
然自适。
祖讳仪，字光表，皇摄冀州枣强县令。才高济俗，业茂经邦，政成言偃
之琴，功盖尹何之锦。
考讳谅，字秉之，皇不仕。英声远布，令问孤标，雅遵高尚之风，大享
期颐之寿。
（以上是上三代直系亲属，87 字）

公即显考之令子也。敦儒履行，好古多奇，俄属时艰，早膺公举，
始署镇府逐要，兼山场务判官，试其才也。公荣膺仕进，妙达公方，殊
精夙夜之心，颇得强能之誉。又迁山场将，寻加经略副使。公以恭勤庶

事，迥异常伦，凡所经心，克著成□。又迁山场务都知官。公服勤职业，益效公忠，居身唯严，莅下唯简。又迁深州饶阳镇遏使，加衙前兵马使。公自膺美命，累积忠劳，式兹防遏之方，愈协戒严之道。奏授银青光禄大夫检校国子祭酒兼殿中侍御史上柱国，酬其劳也。公渐高禄秩，允称雄才，忠于主而利于民，功既高而名益振。爰以从公之年已至，匪懈之力难加，俄遵致仕之文，乃具乞骸之请，上以允兹诚意，遂以优闲，直谓古人见于今日。

（以上是事迹，245 字）

既臻上寿，□迫大期，两楹之梦俄兴，二竖之灾已结。以天祐九年九月廿日遘疾，终于镇府真定县北常安坊之私第，享年七十有九。

（以上是死亡，53 字）

夫人汝南周氏，徽柔立性，令淑凝姿，阃则闺风，远迩咸敬，不幸以天祐六年四月十八日遘疾，先公而殁焉。

（以上是妻室，41 字）

有子四人：

长曰琼。

次曰震，节度驱使官兼都盐仓专知官，早亡。

三曰辇，才机敏达，风鉴超群，孝行忠规，早振乡闾之誉，公才令望，光符卿相之知，上闻之，署使院驱使官知职员事。

四曰岩。

女三人：长适陇西李氏，次适靳氏，三适清河张氏。

（以上是子女，90 字）

嗣子等号天罔极，哀毁异常，营先才免于庐居，酌事克遵于古制，爰以送终之义，礼葬为宜，虔□青乌，敬迁玄寝，以天祐十年十月廿二日合葬于镇府平山县望仙乡之北原先茔，礼也。

（以上是葬，70字）

　　恐年代遐邈，陵谷变更，敬刊贞珉，以表休烈。铭曰：
　　　周文之子，启国于邢。因封命氏，代播芳馨。
　　　降生于公，世敦清德。尽孝于家，全忠于国。
　　　玄穹不吊，早丧令人。镜沉剑坠，难问苍旻。
　　　盛矣承家，贤哉令子。咸重公才，方膺贵仕。
　　　礼从大葬，义□〔重〕送终。□眠吉兆，龟卜协从。
　　　陵谷屡更，松楸何有。贞石刊铭，光昭不□。

（以上是铭文，113字）

（责任者：施天宇、萧妤函）

（指导者：山口智哉）

三、个案研究

　　墓主一生在成德军担任地方官员，墓志主要篇幅在记载墓主的仕宦经历。以下先回顾墓主的仕历，再讨论影响其仕途进退的因素，并分析墓主子辈的发展，最后综论墓主家族的特色。

　　墓志撰者清楚记述了墓主的历任官职，却完全没有提及任职的年代，似是刻意模糊相关时代变动。墓志撰者叙述墓主仕历的重点，在于突出其忠、勤、能（办事才干）。墓主年轻时"早膺公举"，担任镇府逐要，为方镇幕职。又兼山场务判官，协助处理山场事务。墓主勤于职务，"殊精夙夜之心"，办事有成，"颇得强能之誉"，升为山场将。可说是以吏才升迁。"寻加经略副使"，不久加官至经略使的副使官阶。之后因异于常人的"恭勤庶事"和极高的办事成效（"凡所经心，克著成□"），迁山场务都知官。墓主"服勤职业",愈效其忠,"居身唯严,莅下唯简",管理属下有方,又升为深州饶阳镇遏使,加官至衙前兵马使。镇遏使为武职,负责防守军镇。在任上,"式兹防遏之方,愈协戒严之道",应是防御军阵有成。因其"忠劳",墓主加朝宪衔至银青光禄大夫检校国子祭酒兼殿中侍御史上柱国。之后以年老致仕,病逝于私宅。

除了忠、勤、能(办事才能)外,家世也是有助墓主仕途的因素。家世包括家学与地方声望:墓主曾祖不仕,墓志言其"门传清德",或颇注重家中的道德教育。墓主祖父邢仪曾任冀州枣强县令,墓志称他"才高济俗,业茂经邦",亦即有治理之才,并以"政成言偃之琴"的典故来形容邢仪政绩,则邢仪或有文治的能力,邢仪的文识和行政经验可能有留传给子孙辈。这些家学,如道德教育和文识,呼应了墓志对墓主年轻时"敦儒履行"的描述。而墓主父亲虽然不仕,仍保留邢家的地方声望,"英声远布"。墓主祖父的政绩和父辈的地方声望,有助解释为何墓主在年少时可以受到有权者的推荐,担任幕职。

墓主三女皆已嫁人,其中二人有提及郡望。这些郡望纵然有攀附的嫌疑,但仍显示10世纪初时,郡望依然值得标榜。墓志也对墓主郡望多有着墨,先记墓主先世为河间郡人,又言"其后因官逐封,今为赵国镇阳人也"。如此提到联姻对象的郡望,或许有暗示门当户对之意。

综观墓志,撰志者多次强调墓主一家之忠,却未明言墓主一家究竟忠于何人。撰志者共四次用"忠"字称赞墓主:"益效公忠""累积忠劳""忠于主而利于民""全忠于国",并称赞三子邢辇"孝行忠规"。撰志者未明言墓主何时开始担任镇府逐要,从"早膺公举"一语可推测不晚于唐末,墓志乍看下似言墓主忠于唐朝,但其实自晚唐以来,到墓主夫妻合葬的天祐十年间(913,成德军沿用唐年号,于后梁则是乾化三年),成德节度使便长期由王氏家族担任。从墓主生存的时间看来,墓主更应似忠于王家。期间经历的重大战乱包括后梁开平四年(910)冬,后梁因欲尽取河北,遣供奉官杜廷隐监魏博兵袭深、冀二州。镇州武顺军节度使王镕与义武军节度使王处直合兵叛梁,自此镇州、定州复称唐天祐年号，武顺军复名为成德军。[1] 910年墓主已达七十六岁高龄，应该已经致仕。墓主三子邢辇若已任幕职，则应有经历此场动乱，或许便是忠于王镕一方。[2]

墓志整体还反映了邢家的地方色彩。墓主祖父邢仪任职的冀州枣强县，属于成德军。墓主前三任官职应该都是在镇州的山场中迁转，之后任职于深州饶阳县，都是在成德军的辖区。墓主私宅在镇州真定县，乃成德军节度使的治所，先人坟墓和墓主葬地也在镇州。墓主子辈任官亦似未脱成德军的地方幕职格局。墓主有四子，其中次子和三子所任官皆为幕职僚佐。墓志未言二人在何节度使下任官，不过考虑到墓主及其祖父皆在成德军节度使辖下任职，次子和三子应该也是于成德军中担任幕职。墓主祖父到墓主子辈四代的仕宦经历、私宅与坟墓所在，皆显示邢家数代一直是在成德军境内发展的地方家庭。

墓主一家兼具文职和武职：墓主祖父所任县令为文职，墓志也称赞其文治，算是文人家族。墓主所任的逐要、山场务判官、山场将、山场务都知官，似为文职。之后担任的镇遏使明确为武职。但墓志未记述墓主是否懂武艺，或能否领兵作战，只知其防御军镇有功。不知是否因为没有实际军功，墓主无法得到更好的升迁机会。这或许是文人任武职的局限。墓主的次子曾任节度驱使官兼都盐仓专知官，应为文职，可惜早亡。墓主长子和四子皆未任官，邢家的发展遂系于三子。三子邢辇任使院驱使官知职员事，也算文职。墓志称赞邢辇的"才机敏达"（可能指文史才识，也可能指机敏聪慧）、孝行、忠、与其"早振乡闾之誉"的声望，许多优点和墓主与墓主父辈相同。这些赞语并未提及武事，显示墓主对子辈的教育仍以文事为主。邢家五代的发展，反映了地方殷实户如何在唐末五代战乱中，以文职和方镇幕职传家。

（执笔者：萧妤函）

（指导者：山口智哉）

---

[1] 《新五代史》卷39，第413—414页；《旧五代史新辑会证》卷6，第204页。

[2] 王镕事迹可参见本册《仁而不武：国破家亡的成德节度使》。

参考资料：

一、墓志碑文

1. 不著人撰：《唐武官前深州饶阳镇遏使邢汴及其妻周氏合葬墓志铭并序》，傅斯年图书馆藏拓片（16591）。

2. 不著人撰，周阿根点校：《邢汴及妻周氏合葬墓志》，周阿根《五代墓志汇考》，第40—42页。

3. 不著人撰，陈尚君点校：《唐故成德军衙前兵马使深州饶阳镇遏使银青光禄检校国子祭酒兼殿中侍御史上柱国河间郡邢公夫人汝南周氏合祔墓志铭并序》，陈尚君辑校《全唐文补编》卷156，第1904—1905页。

4. 不著人撰，章红梅点校：《邢汴及妻周氏合葬志》，章红梅《五代石刻校注》，第106—109页。

二、其他资料

5. 陈尚君：《旧五代史新辑会证》。

6. 欧阳修撰，徐无党注，华东师范大学等点校：《新五代史》。

弃武从文两代四官

（梁瓛）

张庭瑀、柳立言

后唐文官知华州进奏梁瓛及其妻王氏合葬墓志铭并序

一、基本资料

1 性质	墓志
2 题名	新题：后唐文官知华州进奏梁瓛及其妻王氏合葬墓志铭并序 首题：晋故商州长史安定梁府君墓志铭并序
3 时间	死亡、下葬或立石时间 死亡：后唐同光二年（924）七月一日（梁瓛） 后晋天福五年（940）正月一日（王氏） 下葬：后唐同光二年（924）十一月十三日 合葬：后晋天福五年（940）三月十八日
4 地点	死亡、下葬或立石地点 死亡：洛京（河南洛阳）中州私第 下葬：河南县（河南洛阳）平洛乡杜翟村 合葬：河南县（河南洛阳）平洛乡杜翟村
5 人物	
墓主	梁瓛（876—924）
合葬或祔葬者	妻：琅琊王氏

撰者	后唐文官前摄河南府文学李芝
书丹者	前摄弘文馆校书郎李□□
6 关键词	社会流动、文武交流、品德、婚姻、家庭或家族、丧与葬、妇女角色

（责任者：张庭瑀）

二、释文

晋故商州长史安定梁府君墓志铭并序

前摄河南府文学李芝撰

　　府君讳瓛，字楚臣，泾州安定人。

自昔因封立氏，食菜承宗，古往今来，非唯一姓。后汉大将军竦，则府君之三十代祖也，迨后门传阀阅，世继轩裳，青史具标，此难备载。

（以上是籍贯与得姓，63 字）

　　王父讳实，高尚不仕。祖母天水赵氏，皆早即世。

列考讳庆，弱冠从军，壮年陷敌。五兵未戢，方谋授柄之权；二竖皆藏，俄促下泉之魄；遽染疾而终。

先妣太原王氏，亦相次而没。

（以上是上二代，66 字）

　　府君即先君之第五子也。少而好古，长乃披书，移孝资忠，克扬家谍，有隐无犯，雅有父风。

始在梁朝，知华州进奏。及衔命远藩，宣谕称旨，特授银青阶检校工部尚书守商州长史，余如故，朝庭赏功也。

粤自贞明初，迄于同光末，为一方耳目，勾千里梯航。至后唐甲申岁七月一日终于洛京中州私第，享年四十九，用其年十一月十三日归窆于河南县平洛乡杜翟村。

（以上是事功及死亡，140字）

　　夫人琅琊王氏，前秦丞相猛之良族也。松萝久附，方论偕老之期；麻苎兴悲，俄□半凋之恨。三子皆泣泪成血，绝浆改容。亲戚勉之曰："毁不灭性，谓无后也。"遂渐抑哀摧，迨至服阕。

长子德浚，显荷基构，爰袭弓裘，尝充陕虢进奏官，又迁邠宁□院使，历银青阶级，假兵部尚书。每谓通材，咸闻立事。娶沛国朱氏，前晋襄阳太守序之源流也，为君子之室，有淑女之风。孙儿铁牛。

次子德昭，银青光禄大夫检校国子祭酒前安州进奏。公忠奉上，友爱承家，淹留暂滞于鹏飞，拏鼍终期于豹变。娶弘农杨氏，汉楼船将军仆之枝派也，早亡。孙儿妹哥。

第三子德义，见充三司通引官银青光禄大夫检校太子宾客，列脂膏之务，作喉舌之司，待陟亨衢，无词屈迹。

（以上是妻与子，248字）

　　噫！先夫人以府君未及中年，俄随朝露，目视诸子，益加抚焉，朝出晚归，每动倚闾之念；断机择里，深劳劝学之慈。暑往寒来，仅二十载。

一日，忽有言曰："吾年六十四，不为无寿，子孙五人，不为无后。"时天福五年正月一日，寝疾而终，用其年三月十八日启府君之茔合葬焉。

（以上是妻子事功及死亡，103字）

　　诸子等榯［拊］膺擗地，停喘言情，思陟岵陟屺之诗，痛罔极劬劳之感。请为纪述，用载年华。芝艺实荒虚，才非敏赡。灰中藏火，曾无比昼之勤；沙里淘金，粗有一专之苦。勉辱来命，谨作铭云：

人生一世，乎不百年。有遐有夭，何后何先。若言祸促，若以福延。颜回何折？盗跖何绵？其一。

钦哉梁公，君不恨死。有职有官，有妻有子。寿虽不长，后还昌祀。鲁国臧孙，无过于此。其二。

英雄胄胤，卓荦仪形。生知礼乐，长习书经。于家尽孝，为官毕清。勿为无福，夫贵妻贞。其三。

儿孙雨泪，亲戚云奔。闪闪丹旐，邙邙古原。夫人王氏，□□玄门。贞珉是勒，垂誉后昆。

从表侄前摄弘文馆校书郎李□□书

（以上是撰志原委与铭，205 字）

（责任者：张庭瑀）

（指导者：李宗翰）

三、个案研究

有谓五代轻文重武，但墓主梁璟的家庭由武转文，且颇有所成。父子四人均有官有职，在洛阳有私第有坟垄，对此贡献良多者，夫妻各半。有趣的是，夫死下葬而子辈暂不请志，待妻死才一起合志。

梁璟的祖父不仕和早逝；父亲弱冠便从军，壮年冲锋陷阵，最后染疾而卒。墓志不记任何职位，可能连小校都不是。梁璟是第五子，兄弟是文是武，有何业绩，一概不知，但应属被统治阶级。

梁璟（876—924）在墓志的第一份官职是后梁（907—923）的知华州（陕西）进奏，似乎很早就踏入文途。他如何进入官场，应该不是靠父母或妻子；他能够担任进奏官员，应跟他"生知礼乐，长习书经"和"少而好古，长乃披书"有关，因为进奏院官员派驻京师，作为地方与朝廷的桥梁，需熟悉礼节，知所应对，并快速和准确地掌握消息，既为喉舌，也作耳目。他四十岁左右获授从三品的银青光禄大夫官阶和守商州（陕西）长史，也正因为传达中央的政令时，能够"称旨"。从此直到死去，最主要的工作，还是如故地"为一方耳目，勾千里梯航"。所谓守商州长史，可能仅是虚授，没有真的出任一州之上佐，那跟知进奏院实有一段距离。他没有死于任所，而在洛阳的私第，并在短短四个月内便归葬于河南县，也许早在该地置有祖墓，不然就是临时购买，都反映家境之不俗。

四十九岁的梁璘留下一妻三子。十七年后，寡母王氏（877—940）去世，长子和次子各有一子，仅有乳名铁牛和妹哥。以此反推，三子在父亲去世时可能在二十上下，他们的前途相当依赖寡母。墓志对王氏的描述，全部如下：

> 夫人琅琊王氏，前秦丞相猛之良族也。松萝久附，方论偕老之期；麻苎兴悲，俄□半凋之恨。……噫！先夫人以府君未及中年，俄随朝露，目视诸子，益加抚焉，朝出晚归，每动倚闾之念；断机择里，深劳劝学之慈。暑往寒来，仅二十载。一日，忽有言曰："吾年六十四，不为无寿，子孙五人，不为无后。"时天福五年正月一日，寝疾而终，用其年三月十八日启府君之堂合葬焉。

她所凭借的，应该不是家世，而是善于持家，并督责三子勤学。让她死而无憾的最大成就，亦在"不为无后"，应指让梁家的事业后继有人，三子都有官有职。

四十八岁的寡妇王氏如何让三子踏上仕途已不可知，可能的条件有三：（1）财富。（2）先夫的专业知识（甚至秘密）和人脉，让三子名副其实地"爰袭弓裘"。长子曾任陕虢节度使进奏官（河南、陕西），迁邠宁□院使（陕西）；次子曾任安州进奏（湖北）；三子更能进入中央，出任三司通引官，"作喉舌之司"。他们均位至银青光禄大夫，与亡父同阶

级。（3）亲戚的帮忙，前后出现三次。首次在梁瓛身故时，"亲戚勉之
（三子）曰：'毁不灭性，谓无后也'"。墓志记下亲戚，至少表示他们
值得一记，没有对孤儿寡妇不利。其言出自《礼记·檀弓》："丧不虑
居，毁不危身。丧不虑居，为无庙也；毁不危身，为无后也。"如真是出
自亲戚之口，即使只是从参考书如科考课本读得，仍反映亲戚有一定的
文化水平。[1] 第二次出现在王氏的丧礼，"亲戚云奔"，大抵不少。第三
次较为实在，梁氏夫妻的合志由从表侄前摄弘文馆校书郎李某书丹。不
知是从（内）还是表（外），既姓李不姓梁和王，只有两种可能，一是
丈夫梁瓛姐妹的儿子，二是妻子王氏姐妹的儿子，大抵是前者，反映亲
戚之中有文人，且曾在中央任官，愿意替从表叔父母尽一些力。

　　墓主三子的上进，似乎靠自己多于妻子妻家。长子"每谓通材，咸
闻立事"，重点在能力；次子"公忠奉上，友爱承家"，三子"待陟亨
衢，无词屈迹"，重点在品德或品格。自墓主任官到其子辈，历经后梁到
后晋三个朝代的改易，子辈不但仍在任官（虽然是中下级官员），而且
第三子还于中央任职，实属难能可贵，故谓"鲁国臧孙，无过于此"。

　　由武转文之后，如何"克扬家谍"，标榜门风或缔造形象？除了上
述较实际的学问和事功之外，或有五点可言：（1）墓志提到家世源流凡
四次："后汉大将军竦，则府君（梁瓛）之三十代祖也，迩后门传阀阅，
世继轩裳"，梁瓛妻子"前秦丞相猛之良族也"，长媳"前晋襄阳太守序
之源流也"，次媳"汉楼船将军仆之枝派也"。（2）提到地望五次：梁瓛
的祖母是"天水赵氏"，母亲是"太原王氏"，妻子是"琅琊王氏"，长
媳是"沛国朱氏"，次媳是"弘农杨氏"。（3）直接和间接提到礼三次：
直接是梁瓛"生知礼乐"，间接是两次丧葬。（4）提到品德多次，如梁
瓛是"移孝资忠"，"于家尽孝，为官毕清"，且为诸子继承。（5）交结
官员，如撰志者李芝曾在河南府为官，或于此时与梁家结识。所谓欲观
其人先观其友，后者的身份和学养，有时充分反映在志文。本志引用典

---

　　[1]《礼记》，收入中华书局编辑部编《汉魏古注十三经》卷3，第126页。

故既巧且众，尤多出自《礼记》，或可反映李氏之专长与梁家之文化圈。

五代重武，但从唐末开始，在陕西重武之地，便有弃武从文之家庭，而且两代四男全有官职，家境亦算不俗，虽未必能攀上高层，但从文仍是进入统治阶级之要途。进入和维持不向下流的条件包括：（1）父亲的专业甚至世代相承的机密知识；（2）寡母的持家和投资教育；（3）财富；（4）亲戚的互助；（5）品德或品格；（6）打造品牌，如标榜家世源流、地望、礼仪；（7）人脉，如交结官员；（8）个人能力和阅历：父亲担任进奏官时，负责联络外地的范围不出陕西；长子和次子担任进奏官时，负责联络的范围已广及陕西、河南、湖北。墓主及其子二代皆担任负责联络陕西的进奏官，暗示其在陕西可能有深厚的人脉。另外，墓主第三子能在中央担任三司通引官，应有部分得益于其父和二位兄长于京畿任官时所积累的人脉和阅历。更进一步推测，墓主一家从文可能是家族整体的发展策略。墓主之父从武，墓主为第五子，墓主的其他四位兄长或许有从武者，而文武多途发展，亦是五代时维持家族不衰的方法之一。

（执笔者：张庭瑀）

（指导者：柳立言）

参考资料：

一、墓志碑文

1. 李芝撰：《后晋文官商州长史梁瓛及其妻王氏合葬墓志铭并序》，傅斯年图书馆藏拓片（18810）。

2. 李芝撰，周阿根点校：《梁瓛及妻王氏合葬墓志》，周阿根《五代墓志汇考》，第316—319页。

3. 李芝撰，陈尚君点校：《晋故商州长史安定梁府君墓志铭并序》，陈尚君辑校《全唐文补编》卷100，第31—34页。

4. 李芝撰，章红梅点校：《梁瓖及妻王氏墓志》，章红梅《五代石刻校注》，第 376—378 页。

二、其他资料

5.《礼记》，收入中华书局编辑部编《汉魏古注十三经》，北京：中华书局，1998 年。

第四编
平民之社会流动

虽然平民在历史上任何时期都占人口总数比例最多数，然而受限于史料，我们对这群人所知却相对有限。幸运的是，平民墓志可提供关于这群人的珍贵讯息。虽然当时能够留下墓志的平民多属中产以上之家，在平民中已非多数，但至少可让我们对这群人有较清楚的认识。我们同样利用"历史六问"对史料进行诘问，首先该厘清的就是，他们是谁（Who）？按其家庭背景，大致可分三类：（1）本身为平民，但父祖辈曾为官；（2）本身为平民，然子孙辈为官；（3）纯粹平民，家庭成员中无人任官。前二类有助于从不同的面向了解当时的跨代阶级流动及相关因素，亦即向下流为平民，以及向上流为统治阶级的因素；第三类则又可细分为寻求向上流动失败者、未曾寻求上流者。纯就史料而言，第三类最为珍贵，因为它们可让我们窥见当时基层社会生活的诸多面向，并有助于我们评估五代的社会概况，是否真如一般所认识的紊乱败坏。简言之，研究对象既明，接下来就是继续对史料施以历史六问的其他五问（What、Why、Which、When、How），并进行"五鬼搬运"，以理性的方式尽可能榨干墓志中的所有信息，以免辜负撰者的苦心。

世家中落

（崔崇素）

林明

后梁平民文人崔崇素墓志铭并序

一、基本资料

1 性质	墓志
2 题名	新题：后梁平民文人崔崇素墓志铭并序 首题：梁故清河崔府君墓铭并序
3 时间	死亡、下葬或立石时间 死亡：后梁贞明六年（920）二月十日 初葬：后梁龙德二年（922）十一月二十日
4 地点	死亡、下葬或立石地点 死亡：东京（河南开封）利仁里之官舍 初葬：河南府寿安县（河南宜阳）连理村
5 人物	
墓主	崔崇素（900—920）
合葬或祔葬	嫡母：后梁陇西郡君李氏（864—918）
撰者	外兄：后梁文官前许州舞阳县令李专美（884—946）
6 关键词	品德、婚姻、家庭或家族、丧与葬、妇女角色、墓志笔法与史学方法

（责任者：王子涵）

二、释文

梁故清河崔府君墓铭并序

外兄将仕郎前守许州舞阳县令李专美撰

府君讳崇素，字遵礼，即今工部尚书西都留守副使清河公之别子也。

曾祖从，唐淮南节度使检校尚书右仆射，谥曰贞。

祖安潜，太子太师赠太尉，谥曰贞孝。

若夫高门华胄，世德家声，凛然清风，有自来矣。

尚书娶诸舅唐故弘文馆校书郎黉之女，累封陇西郡君，亦以鼎甲传芳，居四族之盛。

（以上是上三代，缺祖母、母，111字）

府君幼彰岐嶷，长实端贞，丽冠王之姿，挺得毛之秀，俊迈明敏，众谓奇童。洎弱冠则教禀义方，性弘孝悌。虽时处困约，好问之道逾坚；或迹履艰危，视膳之勤弥笃。李夫人钟爱之，念若己生之子，立身事亲之行备矣，观国荣家之誉振矣。

（以上是事迹，90字）

何戬谷之不验，寻丁先夫人之忧，以是怀均养之恩，逾毁伤之制。俄缠微恙，遂构沉疴。即以大梁岁在庚辰二月十日卒于东京利仁里之官舍，春秋二十有一。凡搢绅亲戚，闻者莫不悲痛焉。时以年月未良，尚在权窆。府君弥留之际，谓所亲杨氏曰："唯恨履戴有亏，天不我寿，固此夭折，今不得为尚书子矣。他后若先夫人迁奉，愿归骨于大茔。"方寸闷绝，言终而逝。

复以龙德二年十一月二十日侍先夫人之丧，归祔于河南府寿安县连理村先域，礼也。於戏！生恨短折，不得尽人子之忠，孝之大也；殁愿归骨，不敢忘祖宗松楸，礼之至也。向非吉人君子，孰能臻此？

（以上是死亡与葬，216 字）

专美与府君情敦内外，分契平生，切感宁家育孤之恩，深慕羊氏让封之义；愿言匪报，存亡遽乖。既叹逝以思人，欲效愚而颂美，将旌懿德，俾勒贞珉，执笔衔酸，乃为铭曰：

> 惟我外族，昭宣搢绅。积善垂庆，实生令人。
> 博闻强记，温故知新。肃肃令仪，蓁蓁孝友。
> 无禄早终，彼苍寡祐。居丧过制，寝疾弥留。
> 恨恋人子，愿归松楸。有孝有礼，贤哲所优。
> 自古之人，其谁不死。丧我舅氏，情钟令子。
> 珠碎缠悲，兰凋殒思。有生之苦，孰甚于此。
> 玄扃掩恨，翠琰流芳。呜呼永诀，难问穹苍。

（以上是撰志原委及铭，177 字）

（责任者：王子涵）

（指导者：刘祥光）

三、个案研究

墓主崔崇素（900—920）出身清河高门，父祖三代皆任高官，家族亦有一定规模，仅与贵胄联姻，是唐代知名文学世家。崔家嫡子皆亡，墓主为家中庶长子，虽有文才却未得荫即卒。崔家自此向下流动，再不见于史籍。

崔氏为高门显宦，乃颇具规模之家族，可由四点观之：其一，地望显赫。志文称崔氏至五代仍为"高门华胄"，依然维持其"世德家声，凛然清风"。墓志撰者为墓主外兄李专美，其家"远祖本出姑臧大房，与清河小房崔氏、北祖第二房卢氏、昭国郑氏为四望族，皆不以才行相尚，不以轩冕为贵，虽布衣徒步，视公卿蔑如也。男女婚嫁，不杂他姓"。[1] 考墓主家系，姻亲确不出崔、卢、李、郑四姓，可知专美应所言不假——崔氏地望乃为实事而非附会。其二，三代任官。墓主祖先多任高官，史册有传，至曾祖从为淮南节度使，祖安潜为太子太师，父椲为现任西都留守副使，皆为高级文官，其中曾祖与父似兼掌武事，可谓职任显赫，确是"昭宣播绅"。其三，子嗣排字辈。墓主三位嫡兄弟虽不知长幼及名讳，但从其名"崇素"、庶弟名唤"崇吉"，可知崔氏应为依辈分定名之家族。其四，归葬族墓。从志文三次提到"归骨于大茔""归祔于……先域""殁愿归骨"，且由"祖宗松楸"来看，崔氏应有得以归葬之族墓。

崔家婚配首重门当户对，如上所述，崔、卢、李、郑本为唐时四大望族，至五代仍彼此联姻而不杂他姓，故崔家当时仅与卢、李、郑等华胄联姻，墓主嫡母李珩，出身陇西姑臧李氏，乃崔椲"诸舅唐故弘文馆校书郎（李）賨之女"。李珩曾祖幼公为杭州刺史，祖元裔任京兆府奉天县令，父賨是弘文馆校书郎，母亲则是光州刺史范阳卢铎之女，墓志称李家"门胄之来，甲于当代；史氏攸述，推为冠族"，[2] 并非虚美，李、崔二家确实门第相当。再从墓主一辈之婚姻观之，墓主一嫡姊妹适中书舍人范阳卢麟，一庶姊妹适故怀州判官赵郡李颖之子，依然符合崔氏仅与高门文官联姻之传统。可以想见，若墓主能稍长寿，其婚配对象应该同样是这几家门第的女性。

崔氏为维持显赫高门，当是尽力栽培子辈，以使家族维持于统治阶层与文学传家。志文称墓主"洎弱冠则教禀义方"，可知应有家庭教育，族中亦不乏文官亲戚，或有助其学文。如墓主外兄李专美（884—946）以陆浑尉入仕（至迟于920，约37岁）前居于崔家，不仅感念其"宁家

---

[1] 《旧五代史新辑会证》卷93，第2866页。
[2] 见本篇末《附件一：崔椲妻李珩墓志》。

育孤之恩"，与墓主更"情敦内外，分契平生"。考虑两人年龄差距（墓主15岁时专美31岁），专美或可协助教育墓主。墓主本身亦有天资，又努力为学而颇有文才。志文称其幼时即"丽冠王之姿，挺得毛之秀，俊迈明敏，众谓奇童"，长成之后"虽时处困约，好问之道逾坚"。既"博闻强记"，又肯"温故知新"，正可谓"观国荣家之誉振矣"，然却未荫即卒，时年二十一。

墓主既是家中庶长子，本身又具文才，过世时已值可出仕之年纪，当时其父为户部侍郎以上的高级文官，应能荫及子弟。他本可得荫却"无禄早终"，虽无法确知荫不及墓主的原因，但从墓主年少病卒来看，其父或虑其体弱，可能将荫额留给另一庶子崇吉。而崇吉亦不见于正史，不知是官位不显，或未得荫，或亦早亡。由此可知，对崔家地位延续造成重大影响的因素之一，应是子嗣之年寿。崔栀嫡子有二，却都早亡；庶子亦有二，至少其一早亡，崔家之希望只能寄托于一子，若崔崇吉稍不争气，崔家就只能面临向下流的命运。另一方面，梁末帝贞明二年（916），"河北诸州悉入于晋"，[1] 居于劣势的后梁可能需要更加倚重武将，不知是否曾对以文传家的崔家仕途造成影响。无论如何，崔氏虽为显赫高门，然至此遂消失于史册。

撰者或因墓主之"别子"身份，特别强调其孝顺嫡母之品德，以及母子两人的良好关系，反几未见有关生母之叙述。墓主"长实端贞，……性弘孝悌"，平生最恨短折而"不得尽人子之忠"，认为此乃"孝之大也"。墓志仅述其对嫡母之尽孝，不知其对生母如何。根据墓志，墓主之孝具体表现于两方面：其一为侍养，墓主平时对嫡母"视膳之勤弥笃"；其二为尽哀逾节，墓主丁嫡母之忧时"怀均养之恩，逾毁伤之制"，但因"居丧过制"而致"寝疾弥留"，母丧两年之后亦卒于东京利仁里之官舍。对应于墓主之孝，志文强调李氏之"均养"，称其十分钟爱墓主、"念若己生之子"。墓志通篇未提墓主生母，仅出现身份不明、

---

[1]《旧五代史新辑会证》卷8，第275页。

未记家世与地望之"所亲杨氏"，也是墓主"弥留之际"交代遗言的对象，两人关系并不一般，杨氏之身份不知是否为平民出身之妾室、墓主生母。

墓主死时或考虑风水，"以年月未良，尚在权窆"，两年之后，因其父调任西京留守副使而至洛阳任官，才随嫡母迁回位于洛阳的崔氏族墓，成其心愿。

崔、卢、李、郑等唐时高门入五代后，依然谨守门第，即使"布衣徒步"，仍视公卿蔑如，婚嫁亦不杂他姓，而其成员仍可担任高官。由此可知，唐代门第世家至唐末、五代初期仍有一定势力，他们消亡的具体过程，五代墓志当可提供更丰富的线索。另一方面，当时门阀已不再是入仕的万灵丹，名门后代且具学识者已非时局所急需。如墓主表兄与墓志撰者李专美亦为高门子弟，他从基层官员做起，"性廉谨，大著政声"。[1] 之后又为地方幕僚，再获后唐末帝重用出任高官，可见此时以名族之后受擢之人，需具实务能力与现实功绩，加上机运配合，方是确保不向下流动的关键。但如此多才之人，却也不免承受末帝"卿士人子弟，常言有才术，今致我至此，不能度运以济时事，留才术何施"未算公允的责难，[2] 多少亦反映出世家子弟在乱世下的尴尬处境。

（执笔者：林明）

（指导者：李如钧、刘祥光）

附件一：崔柅妻李珩墓志

梁故陇西郡君故臧李氏夫人墓志铭并序
四房弟将仕郎前守秘书省校书郎充集贤殿校理慎仪撰

春秋叔孙穆子对范宣子，以世禄非不朽之义，盖有谓之辞也。夫以

---

[1] 《旧五代史新辑会证》卷93，第2864页。
[2] 《旧五代史新辑会证》卷93，第2865页。

立德、立功、立言为不朽，则世禄之设抑其次焉。何则？积善余庆，所以绵长也。承先祖，供祭祀，所以风咏也。具兹道者其有属欤？

（以上是序，74字）

夫人讳珩，字垂则，陇西成纪人也。门胄之来，甲于当代；史氏攸述，推为冠族。

曾祖幼公，皇唐杭州刺史。

祖元裔，京兆府奉天县令。

父黉，弘文馆校书郎，累赠秘书少监，娶唐故光州刺史范阳卢公铎之女，生夫人。

（以上是直系亲属，凡三代，80字）

夫人识禀柔婉，言行昭宣，逮乎工容，动遵典法。

初笄二岁，室于今工部尚书、西都留守副使清河崔公枇。清河公藏器蹈仁，含华挺秀，诗言礼立，自得先规，行古居今，实光上地。

夫人事舅姑勤于夙夜，睦娣姒尚于谦冲，妇礼孔修，家道允正。

清河公唐景福二年癸丑，掌纶诰之重，以因爵之贵，封陇西县君。梁乾化三年癸酉，拜户部侍郎，进封郡君。

（以上是墓主与丈夫事迹，132字）

衣缨之盛，琴瑟之谐，咸期考祥，用叶偕老，而漏□何急，半桐已凋。以贞明四年戊寅冬十有二月十有四日遘疾终于东京利仁坊之官舍，春秋五十有五。

（以上是死亡，59字）

有子三人，幼而不育。

一女，适范阳卢麟，故中书舍人，赐紫金鱼袋，顷岁先夫人而逝。

别子二人：长曰崇素，后夫人二岁卒于东京；次曰崇吉。

女一人，适故怀州判官赵郡李颖之子。

(以上是子女，并记二别子，68 字)

噫！以夫人之德配清河公之贞，宜有享矣。其德也，肃雍均养之称焉；其贞也，恭默聿修之节焉。和鸣徒叶于载占，能敬俄悲于举食，率是道也，何期不融。先以未偶通年，权厝于开封府浚仪县黄沟乡之赵村，至龙德二年壬午十有一月二十日清河公以贰职居守，遂命崇吉奉夫人之丧，祔于河南府寿安县甘泉乡连理村先茔，礼也。

(以上是感怀及葬，128 字)

祖述芬芳，其在通博，承命实录，固谢当仁。虽言无愧容，而词不宣美，谨为铭曰：

　　姿彼懿范，昭哉德音。典礼是则，人伦所钦。

　　好合敬待，映古荣今。式尔侯族，光乎士林。

　　莱妇鸿妻，见称前史。率行可偕，配位非拟。

　　将穷石窃，旋归蒿里。盛美遗芳，岂能刊纪。

(以上是撰志原委及铭，94 字)

附件二：墓主直系亲属上六代

辈分	姓名	官职
烈祖	崔融（653-706）	中书舍人、国子司业、修国史，谥曰文
元祖	崔翘（683-751）	礼部尚书、东都留守，赠太子太傅，谥曰成
高祖	崔异	京兆府金城县尉、尚书水部员外郎、渠州刺史，赠太子太保
曾祖	崔从（761-832）	检校尚书右仆射兼扬州大都督府长史、御史大夫、充淮南节度使、封清河伯，赠太师，谥曰贞

辈分	姓名	官职
祖	崔安潜（？－898）	太子太师、赠太尉，谥曰贞孝。
父	崔柅	工部尚书、西都留守副使

参考资料

一、墓志碑文

1. 李专美：《梁故清和崔府君（崇素）墓铭并序》，吴钢主编《全唐文补遗》第五辑，第57—58页。

2. 李专美：《梁故清和崔府君墓志铭并序》，陈尚君辑校《全唐文补编》卷102，第1277—1278页。

3. 李专美：《崔崇素墓志》，周阿根《五代墓志汇考》，第113—115页。

4. 李专美：《梁故清和崔府君墓志铭并序》，傅斯年图书馆藏拓片（08402）。

5. 李专美撰，章红梅点校：《崔崇素墓志》，章红梅《五代石刻校注》，第90—91页。

6. 慎仪：《崔柅妻李珩墓志》，周阿根《五代墓志汇考》，第115—117页。

7. 慎仪撰，章红梅点校：《崔柅妻李珩墓志》，章红梅《五代石刻校注》，第87—88页。

二、其他资料：

8. 陈尚君：《旧五代史新辑会证》。

9. 胡可先：《新出石刻与唐代文学家族研究》，北京：北京大学出版社，2017。

纨绔武三代幡然向道

（宋可度）

李宗翰

北宋平民宋可度墓志铭并序

一、基本资料

1 性质	墓志
2 题名	新题：北宋平民宋可度墓志铭并序 首题：大宋故广平宋公墓铭并序
3 时间	死亡、下葬或立石时间 死亡：北宋大中祥符元年（1008）五月下弦日 下葬：北宋大中祥符元年（1008）十一月十五日
4 地点	死亡、下葬或立石地点 死亡：归仁坊新第 下葬：洛水（今河南洛阳）之阳、邙山之麓
5 人物	
墓主	宋可度（954—1008）
撰者	北宋平民商敦古
书丹者	北宋平民相里及
篆盖者	北宋平民刘策
刻者	北宋平民翟文翰

6 关键词	社会流动、文武交流、业绩、品德、家庭或家族、婚姻、丧与葬、墓志笔法与史学方法

（责任者：王子涵）

二、释文

大宋故广平宋公墓铭并序
汝南商敦古撰
沛国刘策篆盖
相里及书

  公讳可度，字遵圣，周故太师侍中之季孙，累赠诸卫大将军之少子也。祖祢勋烈，丰碑嵬然，兹不复书。
（以上是父祖二代，39 字）

  公性尚素履，乐赍丘园。视绂冕若桎梏，轻利禄如咳唾。自始冠止乎不惑，乐酒好逸，遂天真之性，几二十禩［祀］，未尝有忝祖败度之失焉。盖良玉镠金，虽韬瘗泥壤，终弗能污玷者，其真性本洁故也。
洎年将知命，忽于中夜独步庭庑而自谓曰："伯玉至是知非，吾亦其人也。"自尔唯事廉隅，踵子渊之不二，仍复耽尚释老，研核精微。谓释以无相绝念为心，复遣于心；谓道以杳冥冲邃为用，亦泯乎用。所谓妙达一乘，洞入玄极者也。虽耆艾荟刍、宿旧羽流，莫不例咸心伏。嘁！凡及易箦之夕，孰不大怖而昏惑者乎？公至是如入三昧，恬然自安，亲属无恐，不其深究释老之妙乎？
（以上是事迹，217 字）

  以大中祥符纪号之初，蕤宾月下弦日示疾，溘然顺化于归仁坊新第，享寿艾服有五。是岁冬十一月魄望日，归葬于洛水之阳、邙山之麓，附[袝]先将军宅兆而窆之。

（以上是死亡与葬，62 字）

公娶沛国朱氏，乃有梁皇裔落雁之曾孙也。令淑有闻，兰芬蔼誉。自钟酷罚，苟存亲息，但曰未亡。

有子文宝者，业隶进士，哀毁过礼。文学推能，朋执交贤，动息师古。

女三人：长适圣宋故团练使张侯之令子鼎，文齐贾马，行蕴曾颜，诚君子儒也；次许故观察副使李公之少子曰继忠；其次尚雉[稚]。

（以上是家庭，111 字）

呜呼！人生到此，翻谓返真。以天地为庭区，以春秋为昼夜，以日月为膏炬，以众籁为听闻，以寒暑为吹煦者，孰不然乎？安足悼哉！惜乎公之天寿不享，家政未成，颓然任化，斯可哀矣。中馈以终天之抉无以追报，以予素熟景行，请志贞珉，乃抽毫而铭：

公寓大块，贵而弗贱。衣锦食珍，丰然有羡。

寿不及耆，奄忽而变。生前日月，倏焉若电。

公其达理，洒然无□。□□亲属，缠哀眷眷。

置□墓石，终天宁见。

（以上是感怀、撰志原委及铭，151 字）

浔阳翟文翰刻字

（责任者：王子涵、林亚璇）

（指导者：刘祥光）

三、个案研究

墓主虽为北宋初平民，然生于权贵之家。他来自五代武人家庭，祖父宋彦筠出身布衣，以军功达到最重要的向上流动，位至后晋节度使与后周左卫上将军（见第二册《五代武人之文》之《布衣将相杀妇佞佛》）；父亲宋崇义受彦筠之荫入仕，继承其武人衣钵，于后周显德年间随军征讨南唐，"仍被甲兵，首临矢石，俄以力敌，殁于军行"，[1] 是一位能披坚执锐且战死沙场的武人。墓主作为武三代，却尽失武人之风，年轻时颇染纨绔习气，五十岁后幡然向道并精研佛老，俨然一彬彬文士。与此相对，长兄宋可言则继承武人之风，并使宋家之第四代、第五代仍得以武途维持统治阶级身份。墓主与其长兄的生平，正可观察五代武人家庭入宋之后的转型与延续，以及北宋初期的文武关系。

身为五代高级武将的第三代，墓主却毫无武人之风，甚至颇有纨绔子弟习气。他"性尚素履，乐贵丘园。视绂冕若桎梏，轻利禄如咳唾"，对于仕宦并无兴趣。他的日常生活"衣锦食珍，丰然有美"，可谓奢豪。不仅如此，自二十至四十岁，他还颇纵情饮酒逸乐，故墓志说他"自始冠止乎不惑，乐酒好逸，遂天真之性，几二十祀，未尝有忝祖败度之失焉"。此处特别强调他在纵情逸乐的二十年间并无忝祖败度的大过失，不免令人怀疑墓主是否其实不乏小德出入的瑕疵，言外之意引人遐想。此外，他能享受如此纵乐的生活，一生锦衣玉食，经济条件应该相当不错。其经济来源除依赖祖业庇荫外，不知是否还别有治生之方，可惜史料有限，已无可详论。

墓主五十岁左右经历了人生的重大转变，痛悟前非，转向佛道寻求精神超脱。他"洎年将知命，忽于中夜独步庭庑而自谓曰：'伯玉至是知非，吾亦其人也。'自尔唯事廉隅，蹑子渊之不二"。耐人寻味的是，墓志一方面强调墓主四十岁前没犯重大过失，一方面叙事直接跳到墓主五十岁的幡然悔悟，而对墓主四十至五十岁的经历只字不提，再加上墓志此处所用的蘧伯玉与颜渊两个典故，都与改过有关，应是刻意隐去墓主在这十年间不足为外人道的一段经历，而此番经历应该与他对佛道的

---

[1] 见本篇末《附件：宋文质墓志》。

兴趣有密切关系，可惜今日已不可得其详矣。

他对佛道的兴趣，并不仅止于消灾祈福式的信仰，同时对两教义理也颇有造诣。墓志不过 580 字，描写其钻研佛道义理之段落即达 103 字，可见此事在墓主人生的重要性。他"耽尚释老，研核精微"，并"谓释以无相绝念为心，复遣于心；谓道以杳冥冲邃为用，亦泯乎用"。对两教义理用功颇深，且有个人独到的见解。他似乎常与佛僧、道士往来论道，可能也获得一定尊重，故"耆艾苾刍、宿旧羽流，莫不例咸心伏"。他对佛道义理的造诣，最终表现在面对死亡的坦然顺化。墓志共享 39 字描述他死前之平静，作为墓主悟道之具体事例："凡及易箦之夕，孰不大怖而昏惑者乎？公至是如入三昧，恬然自安，亲属无恐，不其深究释老之妙乎？"墓志虽常见溢美夸饰之词，然所载具体事迹，却少见无中生有之例。我们固不必相信墓主对佛道之体悟已臻超凡入圣之化境，但也不应轻易否定他对佛道义理具有一定造诣。

由此亦可推知，墓主应该受过良好教育。墓志虽未明言，但可以想见墓主必然研读过不少佛道经典，并对其玄思奥义有一定的掌握。他所具备的阅读经典与哲学思辨能力，除了来自个人天赋与努力外，应当也与家庭所提供的良好教育有关。故知出身五代武人的宋家，对子弟教育应该颇为重视。另一例是墓主次兄宋可升，他以父亲宋崇义之故荫授秘书省正字，显然能文；而其性格"志含高洁，性禀淳和"，[1] 看来应是一位能文不武的文士，同样反映了宋家对教育的重视。由此可见五代宋初的武人世家，并不忽略子弟的文事教育。

墓主本人虽无志庙堂，但也同样重视子辈的教育。其子宋文宝，其名即已反映墓主对子辈的期许。宋文宝"业隶进士"，墓主过世时正在准备进士科考试，他"文学推能，朋执交贤，动息师古"，是位彬彬有礼的文士，早无祖辈执戈跃马的武勇之风。然查《宋代登科总录》，[2]

---

[1] 见本篇末《附件：宋文质墓志》。
[2] 龚延明、祖慧：《宋代登科总录》。

并不见其名，可能最终并未中举。墓志也说"惜乎公之天寿不享，家政未成，颓然任化，斯可哀矣"，可能就是哀叹墓主未能及身培养文宝考中进士。墓主之家尝试重返统治阶级之努力，似乎并未成功。宋家以武起家，到墓主父子两代则已转为文人之家，与自五代入宋的大时代变迁正相互呼应。

除宋文宝外，墓主还有三位女儿，两位已出嫁或许配，对象都是文人。长女嫁给张鼎，他"文齐贾马，行蕴曾颜，诚君子儒也"，是一位研习儒家经典而有文学才华的文士，与墓主之家为文文联姻。张鼎的父亲曾任宋代团练使，可能是武人出身，若然，则张家亦是在宋初由武转文。次女许配给李继忠，是"故观察副使李公之少子"，应该是文人家庭出身。幼女尚未成年，仍无婚嫁安排。墓主对女儿的婚姻策略，同样是单走文途。

墓主虽未出仕，然在当时仍"贵而弗贱"，在社会上享有尊贵地位，自是来自祖父宋彦筠的遗荫。他本身并无功名，却能娶后梁皇室后裔朱氏为妻，应该与其家庭之尊贵地位有关。墓主生于954年，宋彦筠卒于958年，宋崇义卒年不详，但必早于958年，故此桩婚事应非出自祖父或父亲之安排，可惜不知主婚者为谁。故知无论是否拥有功名，亦无论是否仍为当权皇室，宋、朱两家直到宋初仍均被视为尊贵之家，由此或可进一步探讨时人之门第观。

根据志文之叙事，亦可用来探讨墓志笔法之相关问题。整体而言，撰者虽不脱隐恶扬善之套路，但下笔极有分寸。有些称誉之词在志文中并无提供可资佐证之实例，看似夸饰，然只要稍查相关历史背景，即可明白志文所言不虚。如志文解释文中不载墓主之祖、父事迹之因，乃曰："祖祢勋烈，丰碑岿然，兹不复书。"所言虽似浮夸，但读者若熟悉其祖宋彦筠与其父宋崇义的事迹（见第二册《五代武人之文》之《布衣将相杀妇佞佛》），自知此段叙事似虚而实（外证）。又如志文通篇未言墓主之过失，但亦未虚美其人为毫无瑕疵之完人，故叙墓主四十岁前之事迹，仅称其无大过，又刻意隐去四十至五十岁之作为，属于隐恶之笔法，由此可见撰者下笔之谨慎（内证）。墓志虽受限于隐恶扬善之体例，使其所载内容有一定局限，然透过适当的外证与内证分析，读者当可从其字里行间找到更趋近历史实相之曲径。

其实宋彦筠之后代在宋初并未完全弃武从文。宋可度还有二兄，长兄宋可言，朝廷为旌其父宋崇义战死之功而授与殿直（见第二册《五代武人之文》之《布衣将相杀妇佞佛》），由此踏上武途，入宋后位至右千牛卫将军，为从四品环卫官。次兄宋可升，亦以宋崇义战死之故获荫官职，任秘书省正字，自是文士。可言、可升都在后周获荫，一文一武，反映五代末期宋家对子弟的仕途安排，仍走文武兼仕之路。其后可升早逝，其子文质"婴提之际，偏丧严君"，[1] 遂由宋可言抚养成人。而在宋可言的刻意栽培下，宋文质乃以武职入仕，将宋家的统治阶级地位延续到第五代乃至第六代。

宋文质"幼而聪敏，长而干能，静守廉隅，动遵礼法"，不但聪慧守礼，而且又有干能，同时"武勇之艺，弧矢惟精；儒墨之功，诗礼尤妙"，显然受过文武兼习的良好家庭教育。[2] 他对宋可言备尽孝道，墓志称他"奉养之道，无忝厥志"。他以其干能与孝行获得宋可言赏识，"以是举家之务，悉而委之"，宋文质也不负所托，"克谨修藏，愈加忠笃"，竭心尽力为宋可言掌管家务，也因此益加获得宋可言钟爱。[3] 墓志称他具备干事之能，当非虚语。宋可言于999年以荫补宋文质为三班奉职，以武职入仕，当时他已27岁。

宋文质的仕宦生涯明显可分两期，前期负责理财粮料，后期则负责军事治安，正好各四任，列表如下：

---

［1］　见本篇末《附件：宋文质墓志》。
［2］　见本篇末《附件：宋文质墓志》。
［3］　见本篇末《附件：宋文质墓志》。

财务			军事		
年代	阶官	差遣	年代	阶官	差遣
999	三班奉职	监汝南榷酤	？		权本州（同州）护戎
1001		就移颍上	1009		在京城北巡检
1004		监纳天厩左坊粮草之储	1010		信阳军兵马监押兼在城巡检→司法
1006	右班殿直	同州□监市赋职□□→司法	1014	左班殿直	南雄州兵马监押

由上表可知数点：第一，宋文质自 999 年入仕，至 1017 年过世，仕宦生涯共 19 年，全任武职，藉此使宋家维持统治阶级地位。第二，他在长达 19 年的宦涯中，不过自 51 阶的三班奉职升至 49 阶的左班殿直，终生仅为低阶武官，显然并未受朝廷太多器重，仕宦成绩明显不如上三代。第三，他的八任官职以外任为主，约 16 年，其中有两任 6 年在边区（同州、南雄州）；在京仅二任，约 3 年。他距离权力核心始终有一段距离。第四，他的前四任官职都与财务有关，应有一定理财能力。第五，他在后四任军职上均有治绩，如权同州护戎时"奉职而来，军城愈肃"，任京城北巡检则"寇盗迹除，奸诡胆碎"，在南雄州则使当地"戎士居民，罔不受赐"，墓志虽无具体事例，然应可反映他的治理风格偏向严整，不但有治军捕贼之才，同时也能治民。[1] 第六，他有司法才能。他在同州时，曾处理人民缴税争议案件，"推诘公事二十余条，各获辩明，顿绝冤枉，清通之术，播在人口"。[2] 此外，他刚抵信阳军就任时，当地正好发生一起盗贼杀害居民赵进一家数口之命案，由于当地军民杂处，不易厘清案情、确认凶手，初就任的宋文质乃"密行智略"，查获元凶并缉捕到案，其后审狱结果也证实他的判断正确。[3] 作为一位新任官员即能

---

[1] 见本篇末《附件：宋文质墓志》。
[2] 见本篇末《附件：宋文质墓志》。
[3] 见本篇末《附件：宋文质墓志》。

有此表现，实属不易，由是"干局之誉，翕然惊人，暴乱之徒，无所措手"。[1] 他在此案中，同时展现了过人的判案与智谋能力，显然并非仅是一介武夫。易言之，他虽为武人出身，并以武入仕，但他所受的家庭教育乃为文武兼习，其能力也是文武兼备。由此或可提醒学者，论及宋代武人时，不应先入为主的视之为无文莽夫。

宋文质本人以武职维持统治阶级地位，那他如何为下一代做安排？从墓志看来，他应该仍试图维持文武并进之路，而较偏于武。他共有八子，其中二人在他过世时已均以武职出仕：长子世安以右班殿直监在京供庖务，六子世宁则以东西班殿侍任皇太子□祗候。而次子世卿则"蕴□□之气，□温润之姿，继显□宗，谅当匪日"，应是准备以文入仕。[2] 以上三子一文二武，由此或可窥见宋文质之家庭发展策略。

而从婚姻来看，宋文质娶左藏库副使之女，属武武联姻，应是出自伯父宋可言之安排，符合以武入仕的家庭发展策略。较出人意外的是，虽然宋文质本人仕途不显，而长子宋世安乃得获宋真宗青睐，故"圣上亲继国姻，俾升朝列"，[3] 竟能与北宋皇室联姻，不知是否与宋家在北宋初期仍享有尊贵地位有关。宋文质尚有四女，当时均尚未出嫁，无法讨论其联姻策略。

宋文质虽未获显宦，但生活颇为优越，应有可观的经济基础。墓志说他好客善施："素敦高义，俯重名流，洞启闌闳，广延冠盖。设俎豆□荐，醉以为期；施金帛之赠，来者靡间。是使四方之内，不远千里，仰慕而求知者，略无虚日。"可以想见其交游广阔，家中门庭若市，日常开销应该不小。[4] 作为低阶武官，却能享有如此优渥之生活，恐怕主要还是依赖父祖留下的家业。宋家拥有哪些家业？可惜史料阙如，无可详论，

---

[1] 见本篇末《附件：宋文质墓志》。
[2] 见本篇末《附件：宋文质墓志》。
[3] 见本篇末《附件：宋文质墓志》。
[4] 见本篇末《附件：宋文质墓志》。

然从第一代宋彦筠，到第三代宋可度，乃至第四代宋文质，凡史料所及见者，似乎都享有不错的经济条件。宋家自五代至北宋初，可谓既贵且富。

宋彦筠以军功自布衣起家，位至节度使、左卫上将军，其子宋崇义继承武人衣钵，至墓主已是第三代，而在宋家内部已出现分途发展的现象。宋崇义有三子，长子与次子分别一武一文，亦即采取文武并进之策略，以求家庭得以持续统治阶级之地位。墓主为第三子，而全无武人之风。他应受过良好教育，年轻时沾染纨绔子弟之习，不乐仕进，而锦衣玉食、乐酒好逸，可能还不时犯些小过。五十岁左右幡然悔悟，潜心佛道，精研二教义理而有独到体悟，反映作为武三代的文化修养。墓主同样重视子辈的教育，培养其子宋文宝参加进士考试，并安排两位女儿与文士联姻，试图以文途重返统治阶级。

墓主长兄宋可言一家则展现宋初以武入仕的可能性。宋可言本人受父荫而以武入仕，然他抚养二弟宋可升之子宋文质，则采文武并习之教育，他又为宋文质安排武职入仕，采取文武并进而偏武的策略。宋文质对子辈也采取相同的策略：文武并进而偏武。而就墓志所见，这支宋家成员中，成功维持统治阶级之身份者，都是以武职入仕。特别是宋文质长子宋世安，已是宋家第五代，也是入宋后的第二代，而仍以武职入仕，更得皇恩眷顾而与皇室联姻，前途似乎一片光明。同样为宋家第四代，宋文宝致力科举却以失败收场，宋文质则成功以武途入仕，甚至也以相同的途径，将统治阶级的身份延续到下一代。文武二途对于宋代社会流动之影响，值得进一步深入探讨。

此外，从宋可度墓志亦可看到，墓志虽有隐恶扬善之原则，但不少撰者下笔相当谨慎，尽量不予墓主过度浮夸的虚美之词。而对墓主的过失，也会以暗示或留空的方式处理，细心的读者自能从字里行间读出撰者的言外之意。简言之，许多墓志之可信度其实不低，其史料价值仍有待学者进一步开发。

（执笔者：李宗翰）

附件：宋文质墓志

大宋故左班殿直银青光禄大夫检校国子祭酒兼监察御史武骑尉宋公墓志铭并序（天禧五年十月）
馆客国学进士蔡宗道撰

　　夫深渊巨□〔派〕，产必珠玑；广岫长林，生惟杞梓。实灵源之浸远，故袤址而弥崇也。即有广平宋公，讳文质，字□〔希〕古。其先商纣乱常，武王受命，洎以微子，封为宋公，嗣守厥都，因而为氏。故振振之麟趾，绵绵之瓜瓞，轩冕相继，以迄于□今。

（以上是序，88字）

　　曾祖彦筠，初当五代，历仕数朝，每勠力于干戈，属荣勋于社稷，隼旗七建，虎节六持。寻以高年，用期纳禄，于是罢之征镇，授以宫师。俄染沉疴，至于即世，舆人为之而殒泪，时君为之而废朝，追赠侍中。其在殊勋，不可具纪。
祖崇义，以侍中之贵，为周朝供奉官。显德中，淮甸未平，王师亲讨，乃从銮辂，冀立勋劳。仍被甲兵，首临矢石，俄以力敌，殁于军行。世宗感其忠勤，惜之勇武，追赠左骁卫将军。
父可升，以将军之故，授秘书省正字。志含高洁，性禀淳和。悲上露之易晞，痛直木之先折，爰从早世，俄遂逝波。母琅琊王氏，乃周朝枢密使朴之侄女也。育庆高门，推华令族，即今见存。

（以上是直系亲属，凡三代，220字）

　　公其次子也。幼而聪敏，长而干能，静守廉隅，动遵礼法。早亡厥考，而事于伯父故右千牛卫将军可言，奉养之道，无□〔忝〕厥志。以是举家之务，悉而委之，克谨修藏，愈加忠笃。故将军弥甚钟爱，而于咸平二年，以皇上诞圣之辰奏授三班奉职，监汝南榷酤。越明年，就移颍上。

至景德初，受代归阙。当年秋九月，监纳天厩左坊粮草之储。益著公勤，殊无凝滞，暨于给散，各获衍余。懋德懋官，赐无虚受，于景德三年冬十二月，转右班殿直，领命同州□□〔监〕市赋职□□。旋奉转输之请，推诘公事二十余条，各获辩明，顿绝冤枉，清通之术，播在人口。次权本州护戎，奉职而来，军城愈肃。于祥符改号之二祀，官满归阙。当年秋八月，奉密札，权在京城北巡检，寇盗迹除，奸讹胆碎。至三年夏四月，充信阳军兵马监押兼在城巡捡〔检〕。尝谓亲友曰："方今天子英威，戎夷款服，边疆宁谧，武勇何施？恨无畴劳，以报宠禄。"下车之日，会有贼人杀并居人赵进一家数口。是时，民庶混并，杳难窥测。公乃密行智略，淆用追寻，果获元凶，故无窜失，乃本军保定指挥都头王守一及长行兵士等全火一十三人。寻下狱勘鞫，罪状分明，其贼首准宣凌持〔迟〕，余孽一并就戮。以是干局之誉，翕然惊人，暴乱之徒，无所措手。会皇上有事汾阴，颂祇雎上，溥率之内，恩宥毕临，而转左班殿直银青光禄大夫检校国子祭酒兼监察御史武骑尉。六年冬，得替归朝。明年夏四月，充南雄州兵马监押。去京万里，守任三年，戎士居民，罔不受赐。

（以上是仕历与事迹，495字）

至天禧元年春，罢秩以归，日奉朝请，践乎显位，期于匪朝。无何，二竖构灾，两楹入梦，遽婴沉痼，俄谢亨衢，于当年秋八月二十有七日捐馆于东京望春门外春明坊之私第，享年四十有五。

长子右班殿直世安等，以年月未便，乃侍灵柩，权窆于京城北隅智度精舍。今兹卜先远之晨，金云协吉。以天禧五年冬十月初七日归葬于西京洛阳县，祔先侍中之茔，礼也。

（以上是死亡与葬，139字）

呜呼！公婴提之际，偏丧严君，弱冠之年，爰事真主，故箕裘之克绍，而堂构之无亏。繇是事国以忠，事亲以孝，而又素敦高义，俯重名流，洞启闱阃，广延冠盖。设□〔俎〕豆□□〔荐〕，醉以为期；施金帛之赠，来者靡间。是使四方之内，不远千里，仰慕而求知者，略无虚日，其好士也，□□□□。武勇之艺，弧矢惟精；儒墨之功，诗札尤妙。其居位也，幸无愧焉。虽颜子之少亡，且臧孙之有后。

（以上是感怀，142字）

公娶□河□氏，故左藏库副使继旻之次女也，淑德贤行，为众所称。有子八人：
长曰世安，器宇□□，识□渊冲，遇圣上亲继国姻，俾升朝列，见任右班殿直，监在京供庖务。
次曰世卿，蕴□□之气，□温润之姿，继□□□〔显□宗〕，谅当匪日。
次曰世昌，
次曰世范，
次曰世则，
次曰世宁，充东西班殿侍，皇太子□□□〔祗候〕。
次曰世永，次曰世隆，年□各幼，骨气皆奇，奋振亨衢，良未可测。
女四人，各尚幼。
兄文懿，利名息心，高□□□，见隐□〔于〕汝上之别墅。
《易》云："积善之家，必有余庆。"此则子孙盈庭，垂于有后，宋氏之庆，其征也哉！

（以上是家庭成员，195字）

长子世安，□□匪□□宗道振□□墉，备闻□□，谓良晨俯迩，葬事式临，俾勒贞珉，用志其事。宗道牢让无□〔由〕，谨为铭云：

伟欤吉人，自天而祐。

万石不衰，臧孙有后，公之世胄。

逸少云崩，张芝锦段，公之逸翰。

宋暹〔纤〕人龙，高昂岸虎，公之勇武。

天不愁遗，藏壑生悲。梁木斯坏，哲人其萎。

佳城郁郁，幽草萋萋。夜台永隔，终天恨违。

百身非赎，于死何追。□□□□，痛黯焚芝。

魂返太素，魄瘗□〔穷〕祇。想高岸之为谷，志其实于丰碑。

（以上是撰志原委与铭，158 字）

秘阁守选楷书李天锡书，御书院祗候沈政刻字。

参考资料

一、墓志碑文

1. 商敦古撰，郭恩秀注释：《宋可度墓志》，宋代史料研读会报告，2006.
   2. 25。

2. 商敦古撰，刁忠民校点：《大宋故广平宋公墓铭并序》，曾枣庄、刘琳
   主编《全宋文》卷 267，第 264—265 页。

3. 商敦古：《大宋故广平宋公墓铭并序》，曾枣庄主编《宋代传状碑志集
   成》卷 192，第 2926—2927 页。

4. 商敦古：《北宋武人平民宋可度墓志铭并序》，傅斯年图书馆藏拓片
   （14766、14794）。

5. 蔡宗道撰，徐维里注释：《宋文质墓志》，宋代史料研读会报告，
   2006. 3. 11

6. 蔡宗道撰，刁忠民校点：《大宋故左班殿直银青光禄大夫检校国子祭

酒兼监察御史武骑尉宋公墓志铭并序》，曾枣庄、刘琳主编《全宋文》卷 327，第 135—136 页。

7. 蔡宗道：《大宋故左班殿直银青光禄大夫检校国子祭酒兼监察御史武骑尉宋公（文质）墓志铭并序》，河南省洛阳地区文管处、河南省文物研究所编《千唐志斋藏志》（北京：文物出版社，1984 年），第 1263 页。

二、其他资料：

9. 龚延明、祖慧：《宋代登科总录》，桂林：广西师范大学出版社，2014 年。

平民乱世兴家

（李悔）

邱敬、林明、张庭瑀

北宋平民李悔墓志铭并序

一、基本资料

1 性质	墓志
2 题名	新题：北宋平民李悔墓志铭并序 首题：大宋故陇西李公墓志铭并序
3 时间	死亡、下葬或立石时间 死亡：北宋开宝五年（972）十一月十九日 下葬：不详
4 地点	死亡、下葬或立石地点 死亡：上党（山西长治） 下葬：郓州阳谷县（山东郓城）来化乡涡村
5 人物	
墓主	李悔（898—972）
求文者	李彦珂
撰者	北宋文人平民刘龟从
6 关键词	社会流动、文武交流、品德、婚姻、家庭或家族、丧与葬、墓志笔法与史学方法

（责任者：王子涵）

二、释文

大宋故陇西李公墓志铭并序

刘龟从撰

　　公讳悔，字守正，本东平阳谷县人也。其先颛顼高阳氏，当唐尧之世，高阳氏有才子曰廷坚，为大理，以官族为理氏。后裔孙乾娶于益寿氏，因攀李而生子聃，后为李氏焉。神仙广被，道德弥高，历八十岁而始生，演五千言而设教，因而立姓，以传后昆。其于累代，为王为相者，不可具述也。其生即孝悌，殁有佳声者，其公之谓乎！

（以上是先世与得姓，124 字）

　　曾祖早亡，名讳不记，不仕。

先祖讳知远，字化元，不仕。

考讳寿，字审光，不仕；妣张氏。

（以上是上三代亲属，31 字）

　　公幼而敏惠，长乃多能，常怀三畏之心，每有九思之志。岂谓缠疴忽染，药石无征，至易箦以将危，乃逝川而不息。○○○○日终于上党，享年七十有五。于开宝五年十一月十九日终，○○○○日祔公而葬焉。

（以上是生平与死亡，72 字）

　　娶陈氏，既多妇礼，堪重母仪，恒训子以无养，每侍夫而不阙，何期大限，亦已早亡。

公有子六人：

长曰彦成，在衙守职，至讨击副使，为王者之腹心，作诸侯之耳目。德行则常传于乡党，谦光则迥播于家门。不幸身亡，子孙哀切。先娶彭城刘氏，亦已亡矣；其再娶曹氏，贞贤有备，孝道无亏，每截发以待宾，先酝醪而为子。

次曰彦珂，情怀广博，义路和深，勒行克己之心，恒守见贤之道。先娶萨氏，今亦亡矣；今再娶得袁氏，三从广被，四德常修，为琴瑟以同欢，与松鹤而等寿。

次曰彦贞，娶邱氏，亦归逝焉，再娶索氏。

次曰彦元，娶宋氏。

次曰彦琪，娶魏氏。

次曰彦铢，娶□□〔蔡氏〕。

公有孙男九人：

长曰□□……□□〔廷赞，先娶尹氏，再娶谭氏〕。

□□□□〔次曰廷朗〕，今已亡矣。

次曰廷咨，见在衙守，职至散将。心唯急义，性乃宽能，言则必得于三思，□□□〔行则定〕谐于众美。先娶□〔冯〕氏，再娶赵氏。

次曰廷□，娶琅琊王氏。

次曰廷珪，不幸短命，今也则亡，□〔娶〕彭城刘氏。

次曰世□□〔昌，见〕应三传举，积学弥广，荣禄须升，行藏则曾见于一人，名姓已达于四海，娶琅琊王氏。

次曰廷樵，娶□□〔张氏〕。次曰廷信，娶清河张氏。次曰廷玉，娶贾氏。

公有孙女九人：

长曰二姐，适贾氏。次曰三姐，适张氏。次曰四姐，□□□〔适谷氏〕。次曰五姐，适蔺氏。次曰七姐，适周氏。次曰八姐，适徐氏。次曰闰姐，在室。次曰蕊姐，在室。次曰细姐，在室。

□□〔公有〕重孙男十人：

长曰伴哥，次曰大郑，次曰小郑，次曰张公留，次曰郭留，次曰神佛留，次曰神敢留，次曰□□□〔菩萨留〕，次曰闹儿，次曰神得。

公有重孙女一人：江姐。

（以上是家庭成员，494字）

今则彦珂等发哀尽礼，情倍于初，实此日之□□□□〔痛心，叹何〕时之再面。既卜家宅之势，仍择吉地之方，已遇良辰，用陈安葬。于郓州阳谷县来化乡涡村，买□□□〔到地玖〕亩，造墓九所，各依位而葬焉。切唯告毕，福亦弥昌，播后代以崇高，庶千年之不朽。

（以上是葬，91字）

龟从谬承见托，□〔退〕避不遑，强述斯文，止陈实录。谨为铭曰：

> 爰封命氏，颛顼高唐。以官为族，历夏殷汤。后为法则，永效伯阳。
>
> 今我高士，寔人中宝。施及宗枝，必传规矩。倐谢浮生，实当痛□〔苦〕。
>
> 悲声感切，祥云忽睹。悠悠苍天，哀哀父母。公葬之处，来化之乡。
>
> 既安鹤兆，须卜牛罡。佳城永闩，地久天长。子孙贻庆，名誉益彰。

（以上是撰志原委及铭文，118字）

（责任者：王子涵）

（指导者：刘祥光）

三、个案研究

墓志全文约一千字，扣除铭文，直接提到墓主的不到一百字，最多篇幅用于罗列子女的婚与宦，藉此衬托墓主在乱世下白手兴家，不但累积一定财富，而且使子辈与孙辈均得上升为统治阶级，文武并进，从五代之重武，迎接宋代之重文。

墓志明言墓主李悔之曾祖、祖和父均"不仕"，是平民家庭，不过从祖及父之名与字（知远/化元，寿/审光）来看，似非农工阶层。墓志无法写上曾祖之名、曾祖母及祖母之姓氏，又不记曾祖、祖和父之事功，虽不坦言原因，应是因为家世低微，没有家牒、墓志或墓碑之类，直到墓主才光大门楣，最终得以子孙满堂，其子并有能力由上党（今山西）归葬于故乡郓州阳谷县（今山东），买下九亩的墓地作为族墓，雇人撰作墓志，让家人姓名和事功永垂不朽。

（一）事功

墓志共 858 字，记载墓主之事功本为题中应有之义，然而记载墓主生平仅 72 字（约 8%），且无一言及于墓主生平之事业。就篇幅而言，远不及记载家庭成员的 494 字（约 58%）。难道墓主真的是无事可记或男无外事？由于墓志语焉不详，只有一句"幼而敏惠，长乃多能"，因此关于墓主实际生平事迹，只能由墓志中的蛛丝马迹去推敲。墓主是东平人，长子彦成、次孙廷咨都在本地担任武职，死后又大费周章的归葬家乡，应是在当地有一定势力的地方家族。而没有仕宦经历的墓主却是在山西上党过世，颇令人感到好奇，不知其实际职业是否为运贩各地的商人。无论如何，墓志不载墓主事迹，应是受限于格套，而不写仕宦以外的事迹。

相对于此，墓主共有十五位男性子孙（六位儿子和九位孙男），记下事迹者只有长子、次子、三孙和六孙共四人（约27%），其中三人均与仕宦功名有关。记下长子和三孙，当是因为二人已经入仕，让李家从被统治阶级上升为统治阶级；记下六孙，自是因为他曾应举，大有前程。次子虽无功名，但"情怀广博，义路和深，勒行克己之心，恒守见贤之道"，颇有儒家风范，可能受过一定教育，又在长子去世后成为一家之长，并为这次归葬的主持人，因此受到重视。其余四子七孙，当然不至于无功无德可记，但既已有二子二孙事迹可载，实不需要所有人都在墓志中扮演配角。此外，子辈按"彦"字，孙辈按"廷"字排行，反映已是文化家庭。六孙名世昌不名廷昌，有诸多可能，如收养子、私生子、妾生子等。

那么，墓志记下他们什么事功？对家庭之提升有何作用？就具体业绩来说，真是空多于实，实事如修桥筑路、捐款赈灾等造福乡里之事，一应俱无。但就德行而论，几乎人人有份，符合传统或儒家的伦理要求，根本分不出文人和武人，甚至连武人都注重"乡党"之舆论和"众美"之公评，但俱难考证其虚实。既缺乏直接证据，只有用逻辑推论其上升之条件。

表面看来，阶级上升应归功于长子，但凭其一份不算丰厚的薪资，恐怕难以支持父亲与诸弟的一再生育和一再续弦，故在长子入仕之前，家资应已富足，当归功于墓主，惟不知凭何条件，或许是往来商贩。既富之后，难免考虑家庭之前途。墓主之大计，似为传统之由富求贵，以当官作为荫庇。从墓志内容来看，墓主子孙辈之追求仕宦似非家中故业而是新猷，其中以武入仕则是平民家庭在五代上升的主要途径，且为第三代所继承。李家追求仕宦功名者二代三人，其中已有功名的二人（一子一孙）均从武，可能习文者一人（一子），尚待在文途努力者一人（一孙），反映出李家采取文武兼习的策略，这显示五代（尤其是后期）并不轻文。同时，墓主亦不轻视以文入仕之途。六孙之应举虽不知在五代抑或宋初，但其习文应早在五代，反映五代（尤其是后期）并不轻文。

无论如何,凭着墓主所打下的基础,李家先富后贵,打算让子孙文武并举、两途入仕;而无论文武,时人均希望他们能够兼顾品德。武人如有德行,应不受轻视;甚至可以说,武人如在官职上乏善可陈,可靠品德作为弥补。

墓主共有一位妻子、九位儿媳和十位孙媳,但记下事功者只有妻子和两位子媳。妻子事迹较为笼统,真假难辨。对长子之妻则称"每截发以待宾,先酝醪而为子",固然可能是虚赞,但也可能反映她曾勠力协助李家建立人脉,对李氏家业有一定贡献。次子之妻则称"三从广被,四德常修",可能来自有一定文化素养的文人家庭,对提升李家地位有一定帮助。

(二)婚姻

志中与李氏联姻者共计二十一姓,反映姻家之众,并有世婚之可能,统计数字请见本篇末附录。其中刘氏重复两次,皆为彭城刘氏;王氏两次,皆为琅琊王氏;张氏三次,其一为清河张氏;贾氏两次。刘、王、张三姓为大姓,或非一家续结婚缘;贾姓较小,或与李氏世婚,但仅能推测,无法断定。

志中不少联姻对象均标示地望,虚实难辨,但表示时人依旧重门第。婚配对象有地望者,在比例上呈现世代差异:第一代无(0%);第二代九人中有一人(11%);第三代则男女有别,孙婿有地望者无(0%)、孙媳九人中有四人带地望(40%),配偶有地望者共四人(25%)。

墓主子、孙之妻带地望者共五位,占总数三分之一,其中仅两位与已入仕或有望入仕者联姻(长子首妻彭城刘氏、六孙妻琅琊王氏)。然妻带地望者中,"未入仕"与"已入仕或有望入仕"比例为3:2。由此而论,能否与条件较好的家族联姻,与入仕与否似无绝对关联。但仕途有所发展的三位子孙中,有两位的配偶冠有地望,占整体的五分之二,可能反映因入仕或有望入仕者较易与上层阶级联姻。其次，能否与条件较好的家族联姻，可能与单一子孙的发展无直接关联，但与家族整体发展有关。李家已入仕或有望入仕者众，且跨文武两途，家族前景应佳，或因此吸引上层阶级与之联姻。

由上可知地望虽不一定表示出身世族，但仍具标示身份地位的意义。墓志旨在记载墓主及其家可书之迹，若有能彰显墓主身份的地望，多会记载其中，墓主亦带陇西地望。另外，从重复记载的地望与姓氏中，或可推测墓主与哪些有名望的家族有世婚关系，亦可进一步观察其社会地位与人际网络。

（三）家庭

李家凭借经济、事功与婚姻，先富后贵，传承四代，子孙数十人。家族规模之大，有何利与不利维系之条件？

首先，资产丰厚使墓主家族得以存续，可从三方面观之：（1）可观的养育费用。墓主七十五岁便家传四代，子六人，孙十八人，曾孙为十人，具一定生育率（孙辈年纪尚轻，曾孙人数可能会再增加），而唯有财富充足，方能生养后代无虞。（2）丰厚的续弦费用。李氏家族女性成员似有早逝倾向，如墓主妻早亡；子媳六人，三位早逝，约占二分之一；孙媳九人，两位早逝，几占三分之一。或因繁衍子嗣考虑，长子、二子、三子，以及长孙、二孙皆续弦，其聘金支出当不在话下。（3）大手笔的丧葬费用。次子彦珂主持墓主之葬，并回乡"造墓九所"，应是祖一、父一、墓主一，六子共九所，且重视风水，特"择吉地之方，已遇良辰，用陈安葬"。以上皆反映墓主家族当具一定经济基础。

人际网络或有助于家族从文或仕宦发展，主要有二：（1）乡里文士。墓主次子延请刘龟从为其父撰写墓志。较为特别的是，撰主并未标明身份，推断应为一般文士。而墓主家族结识文人，对其家之学文或有所帮助。（2）官场宾僚。长子彦成与三孙廷咨皆"在衙守职"，前者为讨击副使，后者位至散将。墓志用典描述长子妻"每截发以待宾"，或可推测长子与职场同事、幕僚有一定互动，有助于家族发展。

晋身官场乃向上流动主要条件。从墓主家族入仕人数来看，六子仅有长子为官；孙男九人仅三孙为官，六孙仍在应举。其家男性人数不少，但似未汲汲于仕宦。但另一方面，其家长子早逝，成年男性子孙五分之一已亡，或影响家族宦途发展。

墓主家族仕宦文武并举，信仰亦丰富多元。就曾孙之名来看，"长曰伴哥，次曰大郑，次曰小郑，次曰张公留，次曰郭留，次曰神佛留，次曰神敢留，次曰菩萨留，次曰闹儿，次曰神得"，或反映李家儒、释、道三教皆信。儒学用于举业与品德等；释、道和民间信仰则是为家人求福取平安。于此或可说明不同信仰在家庭中的不同功用。

墓主一生横跨唐末、五代到宋初，在朝代不断易替，政权快速更迭，入宋时已六十三岁，却能子孙满堂，并得以善终，可见外界时局动荡不见得对地方殷实之家造成绝对影响。从家庭事业也似乎反映时代之转变：一子一孙之武职，应是五代平民入仕，从被统治变为统治阶级之主要途径；一孙之举业，似反映五代尤其是后期并不轻文。一家之中文人与武人并存，朋僚姻家亦应文武俱有，应有助于文武交流，入宋以后是否与何时变成重文轻武，则有待进一步研究。志中各种价值观念，包括地望、归葬和宗教信仰，似同时适用于文人和武人。墓志直接提及墓主者不满百字，最多篇幅用于罗列子女的婚宦，藉此衬托墓主之白手兴家。如墓主是凭商致富，那一家之中，文人、武人、商人并存，或为当时平民家族生存之道。

（执笔者：邱敬、林明、张庭瑀）

（指导者：李如钧、柳立言、刘祥光）

附录：李氏家族联姻之地望与事功表

（标注＊者为已入仕或有望入仕者）

妻	地望	事功
妻陈氏		既多妇礼，堪重母仪，恒训子以无养，每侍夫而不阙
	0%	
＊长子首妻刘氏	彭城	
＊长子次妻曹氏		贞贤有备，孝道无亏，每截发以待宾，先酳醪而为子
次子首妻萨氏		
次子次妻袁氏		三从广被，四德常修，为琴瑟以同欢，与松鹤而等寿
三子首妻邱氏		
三子次妻索氏		
四子妻宋氏		
五子妻魏氏		
六子妻蔡氏		
	11%	
长孙首妻尹氏		
长孙次妻谭氏		
＊三孙首妻冯氏		
＊三孙次妻赵氏		
四孙妻王氏	琅琊	
五孙妻刘氏	彭城	
＊六孙妻王氏	琅琊	
七孙妻张氏		
八孙妻张氏	清河	
九孙妻贾氏		

妻	地望	事功
	40%	
孙女婿	地望	事功
长孙婿贾氏		
二孙婿张氏		
三孙婿谷氏		
四孙婿蔺氏		
五孙婿周氏		
六孙婿徐氏		
	0%	
	合计 25%	

参考资料

一、墓志碑文

1. 刘龟从：《北宋平民李悔墓志铭并序》，傅斯年图书馆藏拓片（02354）。

2. 刘龟从：《李悔墓志》，北京图书馆金石组《北京图书馆藏中国历代石刻拓本汇编》（郑州：中州古籍出版社，1989 年）37，第 31 页。

3. 刘龟从著、黄纯怡注释：《大宋故陇西李公墓志铭并序》，宋代史料研读会报告，2005.11.12。

积善其昌

（温仁朗）

李宗翰

北宋平民温仁朗墓志铭并序及盖

一、基本资料

1 性质	墓志
2 题名	新题：北宋平民温仁朗墓志铭并序及盖 首题：大宋赠左赞善大夫温府君墓志铭并序
3 时间	死亡、下葬或立石地点 死亡：北宋太平兴国二年（977）六月八日 合葬：北宋淳化元年（990）十二月一日
4 地点	死亡、下葬或立石地点 死亡：虢州（河南灵宝）之旅馆 合葬：西京（河南洛阳）祖茔
5 人物	
墓主	温仁朗（918—977）
合葬或祔葬	妻：北宋西河县太君任氏（926—983）
撰者	北宋枢密直学士文官魏庠
书丹者	北宋承奉郎守殿中丞文官张幹
篆额者	北宋左散骑常侍文官徐铉（916—991）

| 6 关键词 | 社会流动、文武交流、品德、丧与葬 |

（责任者：王子涵、廖品谊）

二、释文

大宋赠左赞善大夫温府君墓志铭并序
枢密直学士朝散大夫尚书吏部郎中柱国赐紫金鱼袋魏庠撰
金紫光禄大夫左散骑常侍上柱国徐铉篆额

施人勿念之谓仁，存诚勿幕之谓义，养正利贞之谓智，积善有终之谓德。举四行之聿修，致清族之必大，盖得之于温府君矣。
（以上是序，48 字）

公讳仁朗，字昭裔，大名府成安人也。其先唐叔虞之后，食菜于温，因为氏焉。痴□则驰名于汉代，峤则振誉于晋朝，崇德建名，世有其士。
（以上是得姓与先世，52 字）

曾祖曾光远、祖怀义、考廷晖，皆道足长人，名不立世。
（以上是上三代，20 字）

公庆缠三代，誉高一乡，礼乐混成，孝悌天至。非禀过庭之训、鼓箧之术，而能彰察研《系》，变动希《易》。沉潜下邑，有志于四方；慷慨一身，拟足于亨路。洎明宗之御宇也，遂徙家于西洛焉。
公动不违时，器藏待用，考四营而干禄，善弦木而取□〔睽〕。咸谓公射虎之妙，待时之杰者也。而又希言敦行，崇实去华，性协地山，动规木雁。于是乡党载穆，朋友乃孚。

会偶禅宗，适悟玄旨，然后委怀任运，与道无名，寄情于渊深，迈心于贞遁，不求闻达，与世浮沉。

（以上是生平，167字）

生也有涯，忽动藏舟之叹；魂兮不返，空留易箦之言。公于太平兴国二年六月八日寝疾，终于虢州之旅馆，春秋六十，赠左赞善大夫。

（以上是死亡，51字）

夫人赠西河县太君任氏，仪表秀整，进止详闲；事君子而著家风，训诸孤而成全器。孟轲之母断织，美于前书；冀缺之妻如宾，光乎令范。享年五十有八，太平兴国八年二月十四日终于东京之私第，权殡于开封县汴阳乡。至淳化元年十二月一日，合葬于西京祖茔，礼也。

（以上是妻之事迹与夫妻合葬，104字）

有男五人，女二人。

长男枢密直学士仲舒，儒行生知，时才夙著。洎紫庭较艺，卓荦动圣主之知；江外分忧，贞固慰远民之望。陟明载举，通籍斯荣。致君之术略未伸，动主之襟怀尚郁。遽飞长策，果沃天心；召顾于赤墀之下，升致于青云之上，实先人德行圣善贤和之所及也。

次男仲素，四方有志，陟退不还。

仲连、仲宝，女二人，俱秀贞仪，尽沦短景。仲连、仲宝今祔葬于先茔。

次男澄沼，幼而多惠，长乃不群。洎缠陟岵之悲，遂发辞家之愿，年二十二，落发于蔡州深沙院，报罔极也。

（以上是子女，181字）

庠序预同年，叨联密地，承顾而殊非面友，定交而别契心知。不以非才，见托为志，壘空徒愧，大泽安知。澄神虽构于荒芜，洒翰尤孤于精爽。无平不陂，感迁变之垂文；罔极难追，痛劬劳之未报。铭曰：

堂堂温公，柔外刚中。谨身无玷，好德有终。

藏器待用，磊落称雄。猿空堕树，隼浸高墉。

道不偶时，消长一致。知命不忧，和光在世。

坦然无思，深穷不二。勿念生涯，恒优布施。

积善其昌，臧孙会祥。令子端策，合葬云良。

伊洛之涘，山秀河长。泉室一闭，德行弥芳。

（以上是撰志原委及铭，171 字）

承奉郎守殿中丞张幹书

（责任者：王子涵、廖品谊）

（指导者：刘祥光）

三、个案研究

墓主（918—977）出身自文化程度不高的平民家庭，有志向上流动，文武兼学，虽未及身成功，但终能培养长子温仲舒高中进士，在仕宦生涯大放异彩，荣耀及于父母与子孙。温家的故事或可让我们窥见，哪些条件对五代末、北宋初寻求向上流动的平民家庭较为有利。

墓主为大名府成安县人，曾祖、祖、父三代均为平民，墓志只用九字概括三人的一生："皆道足长人，名不立世"，显然并无足以称道的表现，文化水平应该也不高。墓志只字未提上三代女性，可能反映温家出身之低微。但此时温家应已累积一定经济基础，故不但能让墓主有较多空暇研《易》，也能支持温家迁居洛阳，并让墓主在洛阳行善施舍，更能在墓主长子温仲舒飞黄腾达前即于北宋首都开封购置私第。

温家似是直到墓主才有志透过文武兼学寻求向上流动，且更偏重在武的一面，故墓志说他"非禀过庭之训、鼓箧之术，而能彰察研《系》，变动希《易》"，俨然一位洞卓时变之儒士；又说他"考四营而干禄，善弦木而取睽。咸谓公射虎之妙，待时之杰者也”，先引《易·系辞传上》“四营而成易”，说墓主在乱世中以《易》占卜决定个人出处进退，再用《易·系辞传下》“弦木为弧，剡木为矢，弧矢之利以威天下，盖取诸睽”的典故，称他欲以武功见用于世。[1] 而“射虎之妙”当是引李广射虎之故事，称赞墓主之武艺。“弦木”“射虎”等两个典故都与射箭有关，应该也是暗示墓主长于射箭。墓主似乎长期为晋身统治阶级而准备，不但对《易》有一定造诣，且在弓弦武艺上也表现不错，并试图以此自售。墓主在文武两方面的能力从何而来？根据墓志，墓主“非禀过庭之训、鼓箧之术”，对《易》的造诣全赖自学，温家并未提供墓主太多帮助，或可推知墓主当颇聪慧。另一方面，墓志则未强调其武艺亦由个人自学，不知是否意味与家学有关？

为谋求仕进机会，除文武兼学外，由于家乡成安地处偏远，机会有限，墓主在后唐明宗时代（926—933）迁至洛阳，其时约10—17岁，应是出自父亲的安排。故墓志说他“沉潜下邑，有志于四方；慷慨一身，拟足于亨路。洎明宗之御宇也，遂徙家于西洛焉”。此时洛阳经过张全义四十年经营，在五代时期渐从唐末战乱的荒残中回复往日繁盛（参见第一册《世变下的五代女性》之《冤家聚头文武合》），直到北宋仍具重要政治文化地位，也是达官贵人乐居之地。[2] 墓主一家选择到洛阳发展，应是看中洛阳的丰富资源，以及伴随而来的更多向上流动之机会。

然而洛阳优渥的环境并未给墓主带来直接的好处。他虽兼具文武才能，“动不违时，器藏待用”，却始终未曾遇到赏识他的伯乐，无法达成向上流动的愿望，可见环境的助力仍有一定限制。他应该经过再三努力，均无所成，后来偶然接触到禅宗，遂放下对名利的执着，故墓志称他

---

[1] 以《易·系辞传》此一典故称赞墓主之能武，亦见于葛从周墓志“弧矢于焉利用”（本册《万人之敌一条葛》），以及宋文质墓志“武勇之艺，弧矢惟精”（本册《纨绔武三代幡然向道》）。

[2] 参周宝珠《北宋时期的西京洛阳》，第114—115页；李国威《北宋洛阳文化地位演变研究》，第15—23页。

"会偶禅宗，适悟玄旨，然后委怀任运，与道无名"。墓志对他的旷达再三致意，志文称赞他"委怀任运，与道无名"，又说他"希言敦行，崇实去华，性协地山，动规木雁"，铭文亦曰"道不偶时，消长一致。知命不忧，和光在世"，又说他"坦然无思，深穷不二"，虽无实据，然似非虚美之词。他放下世俗名利之羁绊，"寄情于渊深，迈心于贞遁，不求闻达，与世浮沉"。太平兴国二年（977），墓主在旅途中卒于赣州，时年六十。

在上三代建立的经济条件上，虽然墓主寻求向上流动的努力并未成功，但经过他"考四营而干禄"，谨慎地长期耕耘，则为其子温仲舒的发展进一步奠定良好基础，加上仲舒本人确也够争气，遂使温家在第二代即成功进入统治阶级，甚至跻身高层文官。墓主所奠定的基础可分述如下：

1. 文事教育：墓主出身自文化程度不高的平民家庭，依靠自学获得一定文化水平。在此基础上，可以推见他应能为其子安排比自身更优质的教育，长子温仲舒也果然不负所望，"儒行生知，时才夙著"，并考中进士，成功进入统治阶级。这种跨代流动，应是当时平民家庭力争上游的普遍通则。

2. 乡里声誉：墓主在乡里享有不错的声誉，墓志称他"庆缠三代，誉高一乡"，又说他"乡党载穆，朋友乃孚"，可知他在洛阳拥有良好的人际关系，可惜墓志并无提供具体事例，故无法了解进一步详情。然虽无直接证据，读者应可想象，在宋初延续唐五代之公荐与公卷之风气下，墓主建立的社会关系当曾为其子之科举提供一定助力。而根据墓志，墓主之所以能赢得友朋的敬重，主要是依赖其品德。墓志共 794 字，却用六处共 102 字称颂其德，可谓是墓主最受看重的表现。墓志开首即称赞墓主拥有仁义智德之德行："施人勿念之谓仁，存诚勿幕之谓义，养正利贞之谓智，积善有终之谓德"，若所言可信，则他的品德主要表现在四方面：乐于助人；为人诚恳；守正保身；始终如一。铭文又称他"柔外刚中。谨身无玷，好德有终"，应是一位身段柔软又有坚确操守的平民。墓志又说他"希言敦行，崇实去华，性协地山，动规木雁"，则是不务虚言、崇尚实行，而又谦冲自牧的隐士。墓志用许多不同词汇形容墓主品德，所描绘出的形象则相当一致。此外，墓主的好名声，除了来自品德外，应也与他的好善乐施有关。墓志共两次提及他的乐施，虽无实例，当非空穴来风。墓志开宗明义称赞墓主的品德，排名第一的是"施人勿念之谓仁"，亦即以施善于人作为仁的定义，由此表明墓主立身为人的一项重要内容。铭文也说墓主"坦然无思，深穷不二。勿念生涯，恒优布施"，称赞墓主看破个人世俗成就的羁绊后，皈依佛教，并常行布施，虽未明言其布施对象，但合并前引"施人勿念之谓仁"来看，应非仅限于僧徒，同时也包括一般平民。由此亦可推知，墓主当有一定经济基础，可以支持他施舍为善。正因他谦退随和、有节操而乐于助人的品德，"于是乡党载穆，朋友乃孚"。由此或可推论，品德虽似虚名，然在五代时期仍可为个人与家庭带来一定帮助。此外，墓志又称他"孝悌天至"，指出墓主亦孝友持家，但通篇墓志论及孝悌仅此一处，且无实例，似非墓志所要强调的重点。

读者或许会心生疑问，墓志隐恶扬善的作法众所周知，我们对墓志中的赞美之词岂能毫无批判地接受。然而从五代妇女墓志可以看到，墓志中许多乍看似为虚语的赞美，实则并非墓志题中应有之义，不记之时可能确无其事，记下之时可能实有其事（参见第一册《世变下的五代女性》之《总论》）。而对在同篇墓志中反复出现的品德，全然无中生有的可能性应该不高，当具一定可信性；只是在缺乏其他史料实证的情况下，我们自亦应对其所描述的程度保有警惕。

3. 迁居洛阳：如上文所述，墓主因看上洛阳的资源与人脉而迁居，虽然并未使墓主及身完成向上流动，但此举绝非徒劳。读者可以想象，在公卷风气仍然盛行的宋初，洛阳为高官贵人聚居之地，居住在此地对温仲舒通过乡试甚至省试，当曾发挥一定作用；[1] 我们也将会看到，温仲舒在洛阳时期所建立的人脉对他后来的仕途发展确曾产生重要影响。

温家至仲舒即达成向上流动，仲舒不但以平民之子高中进士，且位至参知政事，果真平步青云，可谓荣显。墓志花了 97 字描述其事迹，自是第二男主角。他凭借哪些条件达成如此成就呢？仲舒本自聪慧，再加上墓主提供他的上述三大基础，当是温仲舒成功的重要因素。

在诸多因素中，温仲舒（944—1010）成功的首要因素是儒学。墓志称他"儒行生知，时才凤著"，自小即以儒学立身，单走文途，与其父之允文允武已有不同。在父亲的培养下，他在太平兴国二年（977）一月中举，是温家第一位成功进入统治阶级者，为温家带来无比荣耀，读者当可想见其一家雀跃之情。然墓主随即于同年六月过世。仲舒事业初始，却不及回报父亲，不难想象仲舒当时心中的悲戚。但身为长子，他至少已让墓主看到自己的成功，或可稍慰其心。

墓主过世后，温仲舒当曾守丧三年，并于太平兴国五年（980）再次出仕。然官场路歧，温仲舒的仕途并非一帆风顺。他在仕宦初期即曾因过被除籍为民，幸赖洛阳时期结交的好友吕蒙正大力援助才得以重返官场。《续资治通鉴长编》载道："初，温仲舒与蒙正同年登第，情契笃密。仲舒前知汾州，坐私监军家婢，除籍为民，穷栖京师者屡年，蒙正在中书，极力援引，遂复籍。"[2] 吕蒙正出身吕氏家族，但早年生活颇为崎岖，父亲吕龟图与蒙正生母感情不睦，乃至分居，吕龟图长年在外任官，吕蒙正则与母亲居住洛阳，生活窘乏。正是在这段时期，他与温仲舒结为好友，两人"情契笃密"，又同年考中进士，关系更加密切。其后两人的仕途各有不同际遇。吕蒙正为太平兴国二年（977）进士第一，深受宋太宗器重，三年后（980）任知制诰，再三年（983）即为参

---

[1]　参金滢坤《中晚唐五代科举与社会变迁》（北京：人民出版社，2009 年），第 13—44 页；宋初之公卷风气可参高津孝《科举与诗艺：宋代文学与士人社会》（上海：上海古籍出版社，2005 年），第 1—24 页。

[2]　《续资治通鉴长编》卷 32，第 720 页。

知政事，可谓皇恩隆重。相反的，温仲舒入仕之初则未受到特别眷顾，反而不久即因犯罪遭到除籍，确切时间不详，但大约就是983—987年之间。此时吕蒙正位居参知政事，应该为温仲舒出了不少力，终于使他得以恢复官籍，重新展开仕宦生涯。由此可知，洛阳的环境可为温仲舒开拓人脉，这些关系有时可为仕途带来重要助力，对此墓主在洛阳的经营不无贡献。

温仲舒在统治阶级内的阶层上流，主要则是依赖自身的才识。复籍后数年间，温仲舒表现平稳，于端拱元年（988）升为右正言、直史馆。同年九月，宋辽战事再起：辽圣宗亲率大军进攻北宋，双方交战近一年，直到二年（989）辽军方才败退。战事方酣的二年元月，宋太宗下诏要文武群臣上备边御戎之策，温仲舒"章独先上"，[1] 他对边防之识见受到太宗赏识，明年（990）越次升任正三品的枢密直学士，班位在诸阁直学士之上，晋身高层官员，达到仕宦生涯第一个高峰。同年秋天，彗星现，仲舒又提醒太宗河北因兵祸导致户口凋残，而劝太宗"推恩宥以绥民庶"，深得太宗之心，遂赦河北。[2] 再明年（991）升任枢密副使、同知枢密院事。墓志称美这段经历曰："遽飞长策，果沃天心；召顾于赤墀之下，升致于青云之上"，虽似虚词，实皆有据。而墓主与妻子此时分别获得封赠左赞善大夫与西河县太君，自然也是来自温仲舒的仕宦成就。

正是在获任枢密直学士之时，温仲舒决定将七年前（983）过世并葬于开封的母亲，迁到洛阳祖茔与墓主合葬。由此读者也就明白为何墓主虽为一介平民，其墓志却能由枢密直学士魏庠撰文，并由左散骑常侍（正三品下）徐铉篆额，以及守殿中丞（从五品上）张幹书写了。撰者魏庠与温仲舒不但是进士同年，当时也同任枢密直学士，交情颇密，故魏庠说自己"忝预同年，叨联密地，承顾而殊非面友，定交而别契心知"，正因两人同年、同事、密友的三层关系，他才接下撰写墓志的工

---

[1]《续资治通鉴长编》卷30，第666页。
[2]《宋史》卷266，第9182页。

作。可以想见，徐铉与张幹也都是因温仲舒的关系而分别为墓志篆额与书字。仲舒其后仕途表现不凡，历任参知政事、礼部尚书、知开封府、刑部尚书、户部尚书等职，成功晋身高层文官。合而观之，本墓志撰写的另一个目的，应该也是彰显温仲舒向上流动成功，为温家做出重要贡献，不愧为第二男主角。而墓志说温仲舒的成就，"实先人德行圣善贤和之所及也"，铭文亦说墓主"积善其昌，臧孙会祥"，虽似称扬墓主的套语，但亦非全属空言：若无墓主之奠基，温仲舒未必能单凭个人才能达成两种向上流动。

墓志用104字描述墓主之妻任氏，称她"事君子而著家风，训诸孤而成全器。孟轲之母断织，美于前书；冀缺之妻如宾，光乎令范"，亦即是一位贤妻良母，虽无法判断真伪，但可知这两者确是时人对女性角色的期待。她于太平兴国八年（983）在开封私第过世时，可能正值温仲舒失官困顿之时，故无法归葬洛阳，只能权殡于开封，直到八年后温仲舒功成名就，才得以归葬温家祖茔。

墓主共有五子二女，其中二子二女"尽沦短景"。剩下三子中，长男温仲舒已简述如上；次男仲素离家出走，不知所终；幺男澄沼"幼而多惠，长乃不群"，墓主过世之后，竟看破红尘，落发为僧，不知是否有受到墓主好禅之影响。墓主虽有七位子女，最后能维系温家发展的，居然只有仲舒一人。仲舒共有四子，仕途表现均不佳，仲舒死后，宋真宗"悯其孤弱，并禄以官"，[1] 勉强维持住统治阶级的地位。但他们的仕宦成就仍然有限，不足荫子，仲舒之孙希颜，有赖宋仁宗因仲舒曾任参知政事而推恩，才得试将作监主簿。[2] 易言之，仲舒之后，温家虽仍能两代维持统治阶级之身份，但实际上都是靠温仲舒曾任宰执之遗泽，可见当时要维持统治阶级之身份并非易事。

墓主生于五代乱世，出身于有一定经济条件但无文化的平民家庭，

---

[1] 《宋史》卷266，第9183页。
[2] 《续资治通鉴长编》卷103，第2375页。

有志向上流动，文武兼学，却终身不遇。他为温家打下的三个基础：文事教育、乡里声誉、移居洛阳，则为长子温仲舒的发展，奠立良好根基。值得注意的是，墓主的品德与施善，均是他乡里声誉的主要来源，可见五代虽是乱世，品德与善行仍可为平民家庭累积重要资本。温仲舒单走文途，以儒学中举，并以对边防问题之才识获得宋太宗青睐与不次拔擢，同时达成阶级流动与阶层流动。墓志反复强调，正因墓主的长期积累，才有温家子孙的昌盛。温家的故事让我们看到，五代宋初的平民家庭，若要追求社会流动，恐怕需要两代以上的努力。温仲舒一人同时完成阶级上流与阶层上流，并为父母获取封赠，对温家有重要贡献，他成为墓志的第二男主角，确为实至名归。然而进入统治阶级后，即使如温仲舒能够跻身高层官僚，要单靠一家之力长期维持统治阶级之身份，实亦非易事，其他更多的中下层官僚之处境，亦可推想而知。北宋中期兴起的家族建构运动，应该与此社会背景有关。

（执笔者：李宗翰）

参考资料：

一、墓志碑文

1. 魏庠：《北宋平民温仁朗墓志铭并序及盖》，傅斯年图书馆藏拓片（02357、18280、18283）。

2. 魏庠撰，刁忠民点校：《大宋赠左赞善大夫温府君墓志铭并序》，曾枣庄、刘琳主编《全宋文》卷134，第93—95页。

3. 魏庠撰，雷家圣注释：《温仁朗墓志》，宋代史料研读会报告，2005.11.26。

二、其他资料：

4. 李国威：《北宋洛阳文化地位演变研究》，湖北：华中师范大学硕士论文，2017。

5. 李焘撰，上海师范大学古籍整理研究所、华东师范大学古籍研究所点校：《续资治通鉴长编》。

6. 周宝珠：《北宋时期的西京洛阳》，《史学月刊》4（2001），第109—116页。

7. 金滢坤：《中晚唐五代科举与社会变迁》，北京：人民出版社，2009年。

8. 高津孝：《科举与诗艺：宋代文学与士人社会》，上海：上海古籍出版社，2005年。

9. 脱脱等撰，中华书局点校：《宋史》。

乱世布衣以武立家

（牛孝恭）

聂雯、林怡玫

唐平民牛孝恭墓志铭并序

一、基本资料

1 性质	墓志
2 题名	新题：唐平民牛孝恭墓志铭并序 首题：梁赠尚书右仆射陇西牛公墓志
3 时间	死亡、下葬或立石时间 死亡：不详 改葬：北宋开宝三年（970）十月五日
4 地点	死亡、下葬或立石地点 下葬：郑州荥泽县（河南郑州）广武原 改葬或立石：西都河南县（河南洛阳）平乐乡杜翟村原
5 人物	
墓主	牛孝恭（？—？）
立石者	曾孙：北宋武官彰武军节度副使牛宗德
6 关键词	社会流动、文武交流、品德、家庭或家族、丧与葬、墓志笔法与史学方法

（责任者：林怡玫）

二、释文

梁赠尚书右仆射陇西牛公墓志

　　唐季版荡，君子道消，故有道之士，清以自洁，贞以自正，谦以自牧，信以自持；遁以全其身，晦以藏其誉。及其乱之已静，怀此行者始用显明。是故我牛公讳孝恭，于梁有尚书右仆射之赠。

（以上是序，71 字）

　　仆射之先，彪炳简牍，此不复书。仆射生郓帅太师，讳存节。居于青社垂数十年，常以黄老之道，淆汩其迹，怡怡自得，有箕颍之操，是以乱世诸侯不识其为贤人也。

尝抚太师背，谓之曰："治世吾不得见矣，吾老矣，无能为也，尔有成家大门之志，当及其时。吾观朱公气宇，虽不能大致和平，真定乱主也，尔盍依之以取富贵？"太师曰："大人年尊，我不忍去。"后数年，仆射终，太师遂归于梁祖，果如其言。呜戏！达识玄鉴，通于神明，何如是欤！

（以上是生平和远见，164 字）

　　葬于郑州荥泽县广武原，后以草窃凌犯，穴其玄宫，曾孙彰武军戎副，夙夜惕厉，上乞改卜。躬扶灵柩，窆于西都河南县平乐乡杜翟村原。实大宋开宝三载十月五日也。谨纪其一二，而为铭云：

　　　居乱世，知鹿死。

　　　全其道，贻其子。

　　　懿多仆射，玄鉴如是。

（以上是葬与铭，94 字）

（责任者：林怡玟、张庭瑀）

（指导者：李宗翰）

三、个案研究

（一）第一代乡居布衣：牛孝恭

墓主身处唐末，与其父居青州数十年，均为一介平民，并无向上流动迹象。墓主在世时的牛家概况，包括其子牛存节早年跟随河阳节度使诸葛爽（827—886）的岁月，因史料不足而无法详论，只能藉史籍和墓志所透露的线索推论。墓志言墓主在家乡过着隐居生活，连地方官员都不识其人，应该确是无所表现。墓主唯一的具体事迹，是劝其子存节投靠朱温（852—912）"以取富贵"，表现出墓主的识见与追求。朱温877年加入黄巢叛军，不久降唐，转为割据一方的军阀，最后在907年篡唐，开启五代政局。牛存节即跟随朱全忠，在乱世中以军功使牛氏家族达成向上流动。墓主此一事迹虽不知是否确为历史事实，但或可用来讨论五代宋初之忠节观。此事几乎一字不差的见于同撰于970年的牛存节墓志，不知是否为由牛存节口述而流传于子孙的祖先故事。

（二）第二代以武崛起：牛存节

牛家原为基层平民，其崛起在于墓主儿子牛存节跟随朱全忠后，屡建战功而一路攀升，不但得以进入统治阶级，甚至升至使相。（见第二册《五代武人之文》之《六代婚宦书与剑》）他成功的要素，是能以武勇与智谋建立军功，且尽忠于其主，终成一路向上流动的名将。

牛存节生于唐末乱世的青州，此地在唐末已为地方势力割据，不听朝廷号令，如节度使王敬武（830—889）死后，三军推其子王师范（874—908）为留后。家乡之社会网络为存节之兴起提供了一定帮助，他

"少以雄勇自负",[1] 先依附同乡河阳节度使诸葛爽，迈出投身军旅的第一步，诸葛爽死后投靠其时尚为节度使的朱温，正式获授官职，跃升统治阶级。存节自此鞍前马后，随朱温之得势而声望日隆。

而他能够在武官系统中位至使相，主要凭借的则是个人才能。作为武官，最为基本的才能当属武功。存节武艺高超，年轻时便自负勇猛威武，在战场上更是勇往直前，尤擅与敌正面作战。如他初为小将即力斗蔡州叛军，迎战二十余次，"每往必执俘而还"。[2] 再如天祐元年（904），他以邢州团练使率二百州兵成功力抗来犯的晋国大军，使其无功而还。[3] 又如开平二年（908）朱温军队于上党败北，张全义（852—926）召存节出兵前往上党应援，存节却在途中临时决定绕去支持同样遭受晋军围攻的泽州，因其地为"要害之地，不可致失"，经过十三日恶战，终于成功为后梁守住泽州。[4] 上述事迹均可见存节之武艺与胆识。

存节有勇亦有谋，充分体现在领军作战与战备中。他机智过人、应变能力极强。如乾宁五年（898）与淮兵对战时，从整体战局作判断，认为宿州安全而徐州（彭城）有危，遂连夜发兵支援徐州，乃得以先发制敌。[5] 上述泽州之役的恶战中，存节面对晋人强攻，随机应变，先后以隧道、劲弩迎战，使晋人无功而还。[6] 又如909年存节任同州节度使，州中井水咸苦，人不能饮，存节却能正确择地凿井，成功解决守军饮用水问题。[7] 正是凭借其勇武与智谋，存节得以立下赫赫军功，攻濮州、破郓众、讨李罕之（842—889）、讨时溥（834—893），与葛从周下兖州，从康怀英攻潞州，与刘鄩（？—920）共讨同州刘知俊（？—

---

[1] 《旧五代史新辑会证》卷22，第565页。
[2] 《旧五代史新辑会证》卷22，第565页。
[3] 《旧五代史新辑会证》卷22，第568—569页。
[4] 《旧五代史新辑会证》卷22，第569页。
[5] 《新五代史》卷22，第229页。
[6] 《旧五代史新辑会证》卷22，第569页。
[7] 《旧五代史新辑会证》卷22，第570页。

918）之叛，控扼淮濆、安定边境，与刘鄩同讨徐州蒋殷，[1] 多次得到朱温的奖赏、称赞。

此外，存节治军严整，重视军队纪律，亦是他能屡立战功的重要原因。他平时"戒严军旅，常若敌至"，[2] 直到死前仍"料敌治戎，旦夕愈厉"，可见其治军风格。[3] 具体实例，则有897年伐淮之役，梁军失利，撤退时无复队伍，有赖存节整军殿后，"训励部分，以御追寇"，[4] 梁军才不致一败涂地。此外，文德元年（888）讨李罕之时正值荒年，军队乏粮，在艰困的条件下，他仍未放任军队劫掠百姓，而是"以金帛易干葚以饷军"，其后遂破李罕之，亦可见其军纪之严整。[5]

存节似乎亦颇擅治民，如902年他任潞州马步军都指挥使，史称其"法令严整，士庶安之"。不久调任，当时"士卒泣送者不绝于道"，[6] 可惜现存史料并无治民具体实例。然从他讨李罕之时以金帛向百姓易干葚之事观之，他应确是爱护百姓的长官，治民成绩大概不会太差。

在存节的武官生涯中，品德是重要加分项，其中最突出的是忠节。存节自追随朱温后，仅事后梁一朝，深受太祖朱温和末帝朱友贞信任，末帝称赞他"木强忠厚，有贾复之风"。[7] 贾复是东汉光武帝云台二十八将之一，骁勇善战而忠谨自谦。从存节的行事来看，这一评价并不过誉。如朱温败于上党时，存节主动率军接应；[8] 开平三年（909）刘知俊叛奔凤翔、朱友谦叛附晋，同州东西受敌，时任同州节度使的存节坚守退敌；[9] 乾化四年（914），存节病中遵从末帝命令率军屯守阳留，且

---

[1] 《旧五代史新辑会证》卷22，第571页；《新五代史》卷22，第229页。
[2] 《旧五代史新辑会证》卷22，第570页。
[3] 《旧五代史新辑会证》卷22，第571页。
[4] 《旧五代史新辑会证》卷22，第567页。
[5] 不著人：《牛存节墓志》，第67页。
[6] 《旧五代史新辑会证》卷22，第568页。
[7] 《旧五代史新辑会证》卷22，第572页。
[8] 《旧五代史新辑会证》卷22，第569页。
[9] 《新五代史》卷22，第230页。

"忠愤弥笃，未尝言病"，[1] 之后病情愈重，临终时唯以"忠孝"二字叮嘱儿子，可谓为后梁鞠躬尽瘁，死而后已。[2] 至于私德，存节临终前既以忠孝教子，当亦颇重孝道，可惜史乏实例。牛孝恭墓志与牛存节墓志均称他早年因父亲年迈而不愿离家，或有一定可信度。

（三）第三代文武并仕：牛知业、牛知让

墓主及其父牛崇皆不仕，儿子牛存节则跃升为一代名将，其后代子孙又如何选择自己的生涯事业？牛存节其下子孙的仕途发展，见于三方墓志及宁州县衙碑，分别为：（1）柱国牛公新筑州城创建公署记；（2）牛知业墓志；（3）牛知让墓志；（4）牛宗谏墓志。从其中可知，第三代已文武并进，如墓主长孙牛知业克绍箕裘续为武将，次孙牛知让则转仕新朝从事文职，第四代亦文武分途发展，可见五代武将家庭教育并不轻文事。

长孙知业所受教育应是文武兼习。他"素禀父风，早师家范"，[3] 以武入仕，显然曾经习武，但同时也"敦诗书，说礼乐"，具备一定的文才修养。[4] 牛存节在世时，知业的仕途发展与父亲息息相关。他最初以父荫获殿头官之衔入仕，早期曾随其父出征有功，不久被朱温调至京师，先任马前第三都头，后转任控鹤都虞候，一方面固是奖励牛知业，一方面当亦有牵制牛存节之意。909 年存节调任同州节度使，地处梁晋交战前线，朱温将知业调回存节身边，让他与父亲团聚。他对知业言："朕闻孝于家则忠于国，尔常在我左右，我备谙尔忠勤。以尔父子久别，想多郁恋，朕欲成孝敬而厚人伦，俾尔奉温凊而居职位，今授尔同州马

---

[1]《旧五代史新辑会证》卷 22，第 571 页。
[2]《旧五代史新辑会证》卷 22，第 571 页。
[3] 李明启：《牛知业板筑新子州墙记》，第 84 页。
[4]《牛知业板筑新子州墙记》，第 84 页。

步军都指挥使。"[1] 勉励他以孝作忠。此时牛存节次子牛知让被留在中央约已两年，既然手边还有一位人质，梁太祖自可放知业回存节身边，此举当有笼络牛存节的用意。其后存节移镇汶阳，知业亦随之前往，转补为郓州衙内都指挥使，并在父亲出兵征讨时留统州事。知业本人亦有一定军事才能，例如存节刚过世，当时有衙兵欲趁机作乱，尚在服丧的知业便能独当一面，"脱衰裳披金革，号令而攻，逆党尽戮"。成功平息衙兵叛乱。[2]

存节过世后，知业先后任房州刺史、右羽林统军、关西行营步军都指挥使、宁州刺史等职，在武功与治民均有所表现。武功方面，他任关西行营步军都指挥使时，独率千名衙兵攻下宁州，[3] 立下战功，因此获任宁州刺史。治民方面，于房州刺史任上，"布六条之政，治千乘之赋，草上之风自偃"，[4] 应是在法治与赋税方面均有所建树。其后又取缔境内淫祠，根据祀典判断地方神祠是否合法，试图导正地方民俗。这些例子都说明知业对法制有一定了解与重视。[5] 他任宁州刺史之初，地方初经战火，"居人荡空，遗堵废墟，岿然在目"，[6] 知业尽心治理，重视人才，选贤任能，吏治清明，并重修毁于战火的衙署等建筑，官民皆受益，[7] 表现似乎不差，可惜不久即过世。

与兄长知业不同，次孙知让一直担任文官，然宦途不如父兄辉煌。知让比知业年幼约二十岁，他出生时存节已在朱温麾下身居高位，大概凭此而有条件从小习文。因"好读书，性敏悟"，[8] 八岁时便被父亲派

---

[1]　参见第二册《五代武人之文》之《六代婚宦书与剑》；本篇末《附件一：后梁武官宁州刺史牛知业墓志》。

[2]　见本篇末《附件一：后梁武官宁州刺史牛知业墓志》。

[3]　见本篇末《附件一：后梁武官宁州刺史牛知业墓志》。

[4]　《牛知业板筑新子州墙记》，第84页。

[5]　《牛知业板筑新子州墙记》，第84页。

[6]　《牛知业板筑新子州墙记》，第84页。

[7]　《牛知业板筑新子州墙记》，第85页；参见第二册《五代武人之文》之《六代婚宦书与剑》。

[8]　见本篇末《附件三：后晋文官［成德军］节度判官牛知让墓志》。

遣入贡，梁太祖授为太子春坊舍人，将他留在中央，亦算依靠父亲之力入仕。之后父兄相继去世，知让继续从文，经历两次改朝换代：后唐庄宗朝授观察支使，明宗朝为汴州支使，后为太常丞；后晋太祖朝授孟怀观察判官，后除尚书职方员外郎，复为承德军节度判官，秩满，授度支郎中。知让历仕梁、唐、晋三朝，似均无突出表现。[1]

（四）第四代家业稍衰：牛宗嗣、牛宗德、牛宗谏；牛宗道、牛宗辩

牛家第四代的仕宦生涯自五代跨入北宋，至少有五人入仕，三人从文，一人从武，一人文武兼仕，[2] 可见时代风气已变。然五子中仅一人晋身中高阶官员，其余四人都在基层，牛家入宋后逐渐走向下坡。

第三代的知业于 923 年过世，共有三子，他们在五代的仕历不详，然至宋代仍均为官，一人从文，一人从武，一人文武兼仕：长子宗嗣任东头供奉官（属小使臣），次子宗德为彰武军节度副使，三子宗谏则历任县令。[3] 其中以次子宗德仕宦成就最高，宋初节度副使仍为实职，属中高阶之任，多置于军事要地，[4] 有时亦用于优奖官员，其地位受时人尊敬。[5] 宗德的仕宦成就使他成为牛氏家务的主要负责人，如牛氏诸坟被盗后，即是由宗德主持迁葬。然而若与其父的仕宦成就相较，毕竟已稍有不如，遑论其祖。宗谏有墓志传世，但关于宦途亦着墨不多，仅知大体仕历，最初为太仆寺丞，因谨慎、能干而被举荐，授太仆寺主簿，考满后除郑州荥泽县令，秩满改授邓州淅川县令。除此之外未提及他任

---

[1] 参见第二册《五代武人之文》之《六代婚宦书与剑》；本篇末《附件二：北宋文官邓州淅川县令牛宗谏墓志》。

[2] 次子牛宗德文武兼仕，参见第二册《五代武人之文》之《六代婚宦书与剑》。

[3] 见本篇末《附件一：后梁武官宁州刺史牛知业墓志》。

[4] 如 988 年米信知沧州，朝廷因其不习吏事，另任命何承矩知节度副使，实专郡治。见《宋史》卷 273，第 9326 页。

[5] 如 994 年宋太宗特任命时年已七十八岁的武允成为成都节度副使以优奖之。见《宋会要辑稿》职官 48，第 6 页。

官的具体业绩，可能中规中矩。不过墓志强调了他的品德，尤其是孝。[1] 知让共有五子，其中二人宗道、宗辩走上仕途，均承父亲衣钵从文。宗道早逝，官至北宋郑州原武县主簿，宗辩时任北宋蓬州户掾次，都是低级文官。[2] 牛氏可能也曾寄望于外力之助以振兴家业，如知业娶萧符之女为妻，但姻家是否有助家业维持，作用未明。

牛家渐衰，应是多种因素导致的。第一，父子年纪差距不小。仕宦成就最高的存节得子稍晚，二十七岁才有长子知业，年过四十五方得次子知让，不及为后代提供充足的恩荫。知业尚能早师家范，有一定基础；知让早年即丧父，后又丧长兄，较无依靠。第二，知业、知让均壮年早逝，宦业尚未完全开展。第三，入宋之后，以武起家的牛家虽尝试转型向文，但除宗德外均不太成功，多数子孙只能谋得基层职位。故至第四代，虽仍能勉力维持统治阶级之地位，但已开始逐步走向下坡。

(五) 结论

风起云涌的五代，平民家族如何在混乱中维系生存、甚至谋求上升？创业艰辛，守业亦难，牛氏四代的故事为读者呈现了一种可能性。

墓主与其父皆为平民，墓志认为墓主的德行见识为其子存节的发迹指明了道路。墓志极力赞扬墓主清、贞、谦、信之德，及隐遁、待静、达识之行，虽不一定是事实，但所表达的价值观，应为墓志撰写之时（即宋初，也许含五代）所推崇的价值观。

五代平民较易以武途达成阶级流动，[3] 如存节之得以跃升统治阶级，即是凭借显赫武功。他在战场上有勇有谋，又以其忠节获得后梁太祖朱温的信任和重用，在军中担任要职，屡屡参与关键战役，始终忠于

---

[1] 参见第二册《五代武人之文》之《六代婚宦书与剑》；本篇末《附件三：后晋文官[成德军]节度判官牛知让墓志》。

[2] 见本篇末《附件三：后晋文官[成德军]节度判官牛知让墓志》。

[3] 参见第二册《五代武人之文》之《六代婚宦书与剑》。

梁室，可谓鞠躬尽瘁。然而后代子孙若要维持统治阶级地位，最好能文武兼仕。武人出身的知业既能作战也能治民，其弟则从小习文，均有不错的发展势头。由此可见五代时期，即如骁勇善战如存节者，亦试图培养子孙文武并进，并不轻文，这应是五代时期统治阶级普遍实行的策略。

牛家后代仕宦有成者如知业却英年早逝，加上进入宋代后，牛家转型文途并不成功，到第四代虽然仍能维持统治阶级的身份，家业不至于完全衰落，但已开始走向下坡。

（执笔者：聂雯、林怡玟）

（指导者：李宗翰）

附件一：后梁武官宁州刺史牛知业墓志

梁故金紫光禄大夫检校司空使持节宁州诸军事宁州刺史兼御史大夫上柱国汉赠右卫上将军牛公墓志

公讳知业，字子英。
曾祖讳崇，力行不仕；
祖讳孝（恭），梁赠右仆射；
烈考讳存节，字赞臣，梁天平军帅，赠太师。
（以上是曾祖父三代，均不记妻子，39 字）

公即太师之长子也。公始以父任为殿头，以从太师征伐有功，时初立马前都，充马前第三都头，稍转控鹤都虞候。
太师授同州节度使，太祖召公谓曰："朕闻孝于家则忠于国，尔常在我左右，我备谙尔忠勤。以尔父子久别，想多郁恋，朕欲成孝敬而厚人伦，俾尔奉温清而居职位，今授尔同州马步军都指挥使。"公于是舞蹈称谢，感恩泣下。太祖抚背而遣之。

太师移镇汶阳，转补郓州衙内都指挥使。

太师招讨东南，诏公留统州事。

无何，屯兵阳留，复命太师为招讨，忽以疽发于背，数日而终。时衙兵有青衫子都，窃图不轨，欲陷府城，公脱衰裳披金革，号令而攻，逆党尽戮。飞奏上闻，优诏褒饰，授起复［起复，授］云麾将军使持节房州诸军事房州刺史。

越二年，授右羽林统军，俄充关西行营步军都指挥使，独领衙队千人，首下宁州，幕府上功，授宁州刺史。当贼兵势挫，城将不守，逆魁命其徒纵火焚□，衙署略尽，公之始至，出家财而构焉。

（以上是后梁仕历，以武功为主，319字）

未几，以脚疮请退，诏许归阙。肩舆即路，至于灞桥，渐觉赢顿，以其日终于公馆。时龙德三年四月六日也，享年四十四。

（以上是死亡，45字）

初娶孟氏，早逝，生子曰宗嗣，东头供奉官。

后娶萧氏，封兰陵县君，生子曰宗德，累官至阁门使，出为永兴军节度副使，今为彰武军节度副使；次曰宗谏，累为令长。

（以上是家庭，62字）

公以戎副在内职日，赠右卫上将军。始葬于郑州荥泽县广武原，今以先坟为盗所发，戎副敬卜吉地，迁而厝之，故公之坟亦随而移，二夫人并用祔焉。地则为西都河南县平乐乡杜翟村，时大宋开宝三年十月五日也，铭曰：

太师之兆，左次之域。

宁州府君，归全之宅。

馥馥令铭，绵绵殊绩。

陵谷有变，斯文不易。

（以上是葬与铭，118 字）

附件二：北宋文官邓州浙川县令牛宗谏墓志

开宝二年四月二十日，前邓州浙［淅］川县令陇西牛公讳宗谏，终于延州仲兄贰车之第，享年五十四。越明年，十月五日，嗣子继昌扶护，归葬于洛京河南县平乐乡杜翟村原，烈考宣州府君兆域之左次。公先娶史氏，继室李氏，并先公卒，今并祔之。

（以上是死亡、归葬及两亡妻，94 字）

宣州府君讳知业；

梁天平军帅赠太师讳存节，公之祖也；

梁赠尚书右仆射讳孝恭，曾祖也。

（以上是曾祖父三代，35 字）

公即宣州府君第三子也。

始公之遭悯也，年甫婴孺，先妣兰陵郡太君萧氏手自抚教，未尝暂辍。

至于成人，克树全德，定省温清，能尽养道。

始假太仆寺丞，本司以恪干上举，遂授本寺主簿。

考满，除郑州荥泽县令，鞭扑不施，民悦而化，且曰自三五十年，未有此长也，遂连状举白，特赐绯袍银鱼，以旌善政。

秩满，改授邓州浙［淅］川县令，化导之政，一如荥泽。

（以上是尽孝与出仕，134 字）

未几，丁太君忧，居丧之制，哭泣过节，气伤其明，遂至昏盲。

服阕，仲兄授延州副使，将别，谓曰："洛阳神都，天下辐凑，苟有名医，亦觊可遇，无自忧患，以重其疾。"居三四载，虽医工溃之以药，攻之以针，竟无微效，卒至无睹，块然坐废，以俟乎终。虽有智略，无所能为，扬名显亲之志，穷于此矣。

仲兄遂令命驾归于延安，教导二子，俾各有成，既无身后之忧，但怡怡自遣，知命委兮，未尝以此为恨也。俄而风恙忽作，遽至捐馆。

（以上是居丧失明，治之无效、兄弟之情与逝世，158字）

　二子，曰继昌、继勋。三女，一适玉氏而卒，二在室尚幼。

（以上是子女，20字）

　铭曰：

　　生民之道，可尚唯孝；

　　丧亲丧明，心乎难效；

　　哀哉斯人，而无善报。

（以上是铭文，26字）

附件三：后晋文官［成德军］节度判官牛知让墓志

晋故度支郎中牛公墓志

公讳知让，梁赠右仆射讳孝恭之孙梁天平军节度使赠太师讳存节之第二子也。

公幼好读书，性敏悟，年方八岁，太师遣公入贡。

梁祖惜其俊迈，除太子春坊舍人，仍赐之朱绂。

洎唐庄宗朝，授孟怀等州观察支使。唐明宗帅汴，公为汴州支使，赐紫。

明宗龙飞，授太常丞。后晋祖镇河阳军，公授孟怀观察判官。

晋祖统运，除尚书职方员外郎，复为成德军节度判官。秩满，授度支郎中，将命汶阳，终于公馆，享年四十三。

（以上是才能、仕历与死亡，历仕梁唐晋三朝，均为文官，159 字）

公禀五行之粹灵，佐二皇之圣治，得其时而不用，怀其才而不伸，苟不推于命，则将何谓欤？积德有征，后当昌矣。

（以上是撰者总评，43 字）

公始娶霍氏东平中令之犹女也，继室以夫人堂妹焉。

有子五人：

长曰宗道，终郑州原武县主簿；

次曰宗愍，未仕而卒；

次曰宗辩，蓬州户掾；

次曰小椿，早卒；

次曰三椿，未仕。

女二人：

长适登州丁使君之子，卒。

次许嫁而卒。

（以上是二妻、子女及婿，俱文官，不见媳，83 字）

公先以二夫人祔而葬于郑州荥泽县广武原。大宋开宝三年十月五日从先茔移窆于西京河南县平乐乡杜翟村原，铭曰：

古人有言，有其才无其命，时也。

呜呼！牛公有其才有其时，不获其用，抑亦命欤。

虽不在其身，将光于后欤。

（以上是葬与铭，88 字）

附件四：牛氏仕历与事功表

时间	地点	牛存节事迹	牛存节官职	牛知业、牛知让、牛宗谏	墓葬
唐宣宗大中六年（852）	青州	出生			
唐乾符末（879）		（28）从河阳节度使诸葛爽		牛知业出生	
光启二年（886）冬		（35）河阳节度使诸葛爽去世，返家			
未几		父亲牛孝恭去世			牛孝恭去世
		牛存节服满，归梁祖	宣武军小将		
		与诸将于濮州南刘桥、范县大破郓众			
文德元年（888）		（37）率军救张宗奭于河阳，大破。又讨徐、宿。及讨河北，存节前锋下黎阳，收临河，至内黄西。			
大顺元年（890）		（39）与诸将讨时溥，累破贼军。	滑州左右厢牢城使		
大顺二年（891）		（40）	宋州都教练使		
景福元年（892）		（41）攻濮之役，领军先登。	遏后都指挥使		
景福二年四月（893）		（42）下徐州，枭时溥，存节力战，其功居多。			
乾宁元年（894）		（43）	检校工部尚书		

时间	地点	牛存节事迹	牛存节官职	牛知业、牛知让、牛宗谏	墓葬
乾宁三年夏（896）		(45) 梁祖东讨郓州，领军次故乐亭，扼其要路。十二月，存节独率伏军破其西瓮城，夺其濠桥，诸军俱进。			
乾宁四年四月（897）		(46) 与葛从周降下兖州	加检校右仆射		
乾宁四年秋（897）		(46) 伐淮南，至濠州东，闻前军失利于清口，诸军退至淠河，无复队伍。存节遇其后，以御追寇，遂得旋师。		牛知让出生	
乾宁五年（898）		(47)	亳州刺史，总领宣武军左衙步军，改宿州刺史		
光化元年（898）		(47) 淮贼至彭城，存节夜发部兵，淮人讶其神速，震恐而退，诸将服其智识。			
光化二年（899）		(48)	左衙都将兼马步教练使		
天复元年（901）		(50)	潞州都指挥使，改滑州左衙步军指挥使，知邢州军州事		
天祐元年（904）		(53) 晋人以大军来寇。太祖有邺，发长直兵二千人赴援，存节率壮健出斗，以家财赏激战士，并军急攻，七日不能克而去。	邢州团练使后加检校司徒		

时间	地点	牛存节事迹	牛存节官职	牛知业、牛知让、牛宗谏	墓葬
天祐元年冬（904）		（53）	属元帅府左都押衙		
天祐四年（907）		（56）朱全忠建后梁	右千牛卫上将军		
天祐四年秋（907）		（56）攻潞州	行营马步军都排阵使		
开平二年二月（908）		（57）驻留洛下。 晋人乘胜进迫泽州。 河南留守张全义召存节谋，遂应接上党。（不奉诏旨） 晋军开地道以入城，存节亦以隧道应之，又以劲弩射之，经十三日，晋军退，郡以获全，太祖屡叹赏之。	春自右监门卫上将军改右龙虎统军		
开平二年五月（908）		（57）	迁左龙虎统军充六军马步都指挥使		
开平二年十月			绛州刺史		
开平三年四月（909）		（58）	鄜州留后		
开平三年六月		（58）刘知俊以同州叛，	同州留后，加检校太保、同州节度使。	（31）牛知业任同州马步军都指挥使	
乾化二年（912）至三年春末		（61）及并人、岐人来迫州城，兵士渴乏，陷在旦夕。乃肃拜虔祝，择地凿井，其味皆甘淡。人马未尝释甲，以至寇退。	检校太傅，进封开国公。天平军帅同平章事		

时间	地点	牛存节事迹	牛存节官职	牛知业、牛知让、牛宗谏	墓葬
乾化三年（913）十一月		（62）	郓州节度使。	（35）牛知业转补郓州衙内都指挥使	
乾化四年（914）		（63）	淮南西北面招讨使	（36）牛知业留统郓州州事	
乾化四年冬	颍州徐州	（63）方以大众戍颍州，奉诏与刘鄩同讨蒋殷，平徐州。			
		末帝令率军屯阳留，以张刘鄩之势。			
乾化五年（915）六月十九日	郓州	（64）牛存节去世		（37）牛知业讨衙兵有青衫子。起复□将军使持节房州诸军事房州刺史牛宗谏出生	牛存节去世
贞明二年（916）七月二十四日	郑州荥泽县广武原				牛存节葬

时间	地点	牛存节事迹	牛存节官职	牛知业、牛知让、牛宗谏	墓葬
贞明三年（917）				（39）牛知业授右羽林统军 俄充开西行营部军都指挥使 宁州刺史，收宁州	
贞明四年（918）				（40）牛知业右羽林军统军	
龙德三年（923）四月六日				（45）牛知业去世	牛知业去世
后晋高祖（936—942）				（43）牛知让去世	
北宋开宝二年（969）四月二十日				（55）牛宗谏去世	牛宗谏去世
北宋开宝三年（970）十月五日	河南县平乐乡	迁葬		牛知业、牛知让迁葬 牛宗谏下葬	牛氏族墓迁葬，牛宗谏下葬

附件五：牛氏族谱

```
?：唐平民牛崇
    │
?：唐平民墓主牛孝恭 ═══ 妾：李氏
    │
武：后梁淮南西北面招讨使牛存节 ─── 妾：郑国夫人薛氏
    │                                    │
    ├───────────────┬──────────┬──────────┬──────────┐
    │               │          │          │          │
武：后梁宁州刺史    女：        ?：牛知谦  ?：牛知训   女：尼姑   女：张汉绍
牛知业            后晋度支郎中
                  牛知让
    │               │
    │               │
武：东头供奉官    文武兼仕：北                       女：北末郑州原        ?：牛知训
牛崇嗣          末彰武军节度                        武县主簿牛崇                │
(元配孟氏所     副使牛崇德                           道                        │
出)            (继室兰陵萧                                                    │
              氏所出)          女：北末邓州浙                              女：北末邓州户
                              川县令牛崇谦                                橡次牛崇辩
                              (继室兰陵萧                    ?：    ?：
                              氏所出)                      三棒   小棒
    │                                                              │
?：牛继昌    ?：牛继勋    女：玉氏                        ?：      女：
                          │                            登
              ┌─────┬─────┐                             州
              女     女    女                            丁
                                                        使
                                                        君
                                                        之
                                                        子
```

参考资料

一、墓志碑文

1. 不著人撰，张瑞芳注释：《牛孝恭墓志》，宋代史料研读会，2005.
   10. 29。

2. 不著人：《梁赠尚书右仆射陇西牛公墓志》，傅斯年图书馆藏拓片
   （13153、14745）。

3. 不著人撰，周阿根点校：《牛存节墓志》，周阿根《五代墓志汇考》，
   第 65 页。

4. 毛阳光、郑盼：《洛阳新出五代《牛存节墓志》考释》，《洛阳师范学
   院学报》29. 6（2010），第 20—26 页。

5. 不著人：《牛宗谏墓志》，罗振玉辑《芒洛冢墓遗文》卷下，新文丰
   出版编辑部《石刻史料新编》第一辑第 19 册（台北：新文丰出版社，
   1977 年），第 14033—14034 页。

6. 不著人：《牛知让墓志》，罗振玉辑《芒洛冢墓遗文》卷下，新文丰
   出版编辑部《石刻史料新编》第一辑第 19 册，第 14033 页。

7. 不著人：《梁故金紫光禄大夫检校司空使持节宁州诸军事宁州刺史兼
   御史大夫上柱国汉赠右卫上将军牛公墓志》，李献奇、郭引强编注
   《洛阳新获墓志》（北京：文物出版社，1996 年），第 137 页（图版）、
   320—322 页（释文）。

二、其他资料

9. 李明启：《柱国牛公（知业）新筑州城创建公署记》，董诰等编《全
   唐文》卷 829，第 8732—8734 页。

10. 李明启撰，章红梅点校：《牛知业板筑新子州墙记》，章红梅《五代
    石刻校注》，第 83—86 页。

11. 徐松辑：《宋会要辑稿》。

12. 脱脱等撰，中华书局点校：《宋史》。

13. 陈尚君：《旧五代史新辑会证》。

14. 欧阳修撰，徐无党注，华东师范大学等点校：《新五代史》。

从平民到乡绅

（孙公瞻）

王子涵、张仲元

后梁平民孙公瞻墓志铭并序及盖

一、基本资料

1 性质	墓志
2 题名	新题：后梁平民孙公瞻墓志铭并序及盖 首题：梁故乐安孙府君墓志铭并序
3 时间	死亡、下葬或立石时间 死亡：后梁乾化元年（911）四月十三日 下葬：后梁乾化二年（912）十一月四日
4 地点	死亡、下葬或立石地点 死亡：齐州（山东济南）历山县南招贤坊私舍 下葬：齐州历山县奉高乡
5 人物	
墓主	孙公瞻（847—911）
6 关键词	社会流动、品德、家庭或家族

（责任者：王子涵）

二、释文

梁故乐安孙府君墓志铭并序

孙氏之先，本乐安人也。历祀继世，以武以文，济济锵锵，从宦居职，垂于令范，蔼有厥声。或霸业于金陵，或立朝于盛晋，咸为茂族，于今显焉，即君之胤绪也。其为昌远赫奕，不可备书，是以绵邈古今矣。（以上是序，76字）

祖讳继昌，祖妣侯氏。
皇考讳莒，皇妣刘氏。
（以上是上二代，不载第三代，16字）

府君讳公瞻，字○，即先君长子也。
自丱龆之立，以庭训捡〔检〕身，家法修德，温恭是负，节操不渝。每持孝悌之名，夙蕴洁廉之行，为乡里瞻敬，知友钦依，所谓俭素，亦古人君子矣。
（以上是家教和乡里声誉，65字）

由是早逢昌运，果契平生，乐道适时，雍容而处，放逸情抱，无污襟灵。既丰家徒，宁构名利，则开罇风月，设席林亭，挦思浩歌，俾昼作夜。但克逍遥之福，罔滋系滞之心，一绍向来，当言达士。噫乎！能弘于物，必贻其美；能宽于量，须保其真。何子玉之铭，用为鉴戒，故织苴祐祚，以在兹焉，咸公之志度也。
（以上是事迹，113字）

岂意穹旻，不富眉寿，俄臻疾恙，乃致问命求医，竟非征效。奄从游岱，莫返幽泉。落落之材一摧，冥冥之魂永谢。九族哀恸，四邻追伤，岂知形影之难留，遽指桑榆之可惜。以乾化元年四月十三日殁于齐州历山县南招贤坊之私舍，享年六十有五。

（以上是死亡，94 字）

夫人魏氏。

有子三人：长男知密，新妇王氏；次男防御同押衙充副知客延祚，新妇许氏；次延福。

女二人：出适王全武；次出适弭彦乡。

孙男一人，招哥。

女三人：娲娘子，二姐，三姐。

（以上是妻与下二代，合计 14 人，66 字）

夫人自公殁世之后，以主祭肥家，无违礼制，能垂诲，用保家嗣，使在仕者恪勤守职，谦和约己。既多德义，须立昌荣，而况敏俊之才，为时推仰，伫期宠遇，必高于门。所谓积善之家，固臻余庆矣。

（以上是寡妻与次子事迹，73 字）

公自弃命，久在堂仪，今以岁道云通，日月斯吉，敬卜宅兆，特创松楸，则玄堂一扃，幽泉永閟。指山河于旧国，得岗阜于新茔，可谓龙蟠，乃封马鬣。即以乾化二年壬申岁冬十一月四日启葬于齐州历山县奉高乡，去州西南五里平原，礼也。悲夫！古之不封不树，今则坟焉。

（以上是葬与风水，103 字）

虑年祀绵远，陵谷迁变，故刊贞石，而作铭曰：

乐安府君，行义有闻；能修礼乐，不杂不□。

出处动静，无挠无纷；固谓享寿，岂意遗魂。

厥迹永断，其名空存；南山北河，千古崇坟。

（以上是撰文理由及铭，65 字）

（责任者：王子涵、张仲元）

（指导者：刘祥光）

三、个案研究

　　墓主孙公瞻先世不详，父祖只见名讳，并未写下一官半职，妻与媳妇也没有地望，应为庶民出身。本为齐州历山县平民的孙家，却在父子两代经历两次向上流动，首先是墓主兴家致富，使孙家从一般平民成为富民，其次是次子孙延祚得任"防御同押衙充副知客"，使孙家从被统治阶级踏入统治阶级。身处唐末至五代初期的乱世，三代无官的孙家究竟如何能逐步在基层社会向上流动？

　　品德是墓志极力着墨的重点，亦是撰者强调孙家得以向上流动的主要因素。首先，从客观的篇幅来看，墓志对墓主一家的品德描述有 230 字，占墓志总字数 671 字的三成，可见撰者特别强调孙家的品德表现。其次，墓志提到的三位重要人物（一位主角即墓主，两位配角为妻与次子），不分男女及世代，都提及其品德。第三，从墓志内容来看，品德的议题不断重复，可说是撰者反复致意的重点。

　　先看墓主。若加以分门别类，墓主的品德包括温恭、孝悌、廉洁、俭素、弘物、宽量、义行，是理想中的"古人君子"。他的品德来自家教，不但为人温良有礼（"温恭是负"），待家人有孝悌之行（"每持孝悌之名"），处世亦贞洁清廉（"凤蕴洁廉之行"），由此获得乡里声誉，而为"乡里瞻敬，知友钦依"。墓主因此"早逢昌运"，而得以"既丰家徒"，达成在平民阶级内的向上流动。可惜墓志大概受限于格套，而对墓主从事之职业只字未提。

根据墓志的描述，兴家致富后，他一方面尽情享受丰厚物资，随时在园亭中大开筵席，"开鳟风月，设席林亭，挼思浩歌，俾昼作夜"，饮酒诵诗却不失风雅；一方面又能不执滞于外物，"但克逍遥之福，罔滋系滞之心"，未因财富而迷失自我，仍保有本然之性灵，故能"乐道适时，雍容而处"，撰者因此誉之为能"宽于量"而"保其真"的"达士"。

墓主在乡里间亦不吝于助人济物，故称他"能弘于物，必贻其美"，铭文亦赞美他"行义有闻"，当指墓主对其丰厚家产，除用于个人享受外，同时亦求能惠及他人。可惜墓志所载过于简略，今日已不得而知他在乡里间"行"了哪些"义"。这些行为固然反映他家产富饶，但更重要的是同时反映其乐于助人的品德。世间为富不仁者大有人在，墓主家境富裕，然而无私的品德才是他赢得乡里美誉的主要因素。墓志称墓主死后，"九族哀恸，四邻追伤"，可能并非虚语，而是一定程度反映了他在乡里的名望。

墓志称墓主以"子玉之铭"作为"鉴戒"。"子玉之铭"当指东汉崔瑗《座右铭》："无道人之短，无说己之长。施人慎勿念，受施慎勿忘。世誉不足慕，唯仁为纪纲。隐心而后动，谤议庸何伤？无使名过实，守愚圣所臧。在涅贵不淄，暧暧内含光。柔弱生之徒，老氏诫刚强。行行鄙夫志，悠悠故难量。慎言节饮食，知足胜不祥。行之苟有恒，久久自芬芳。"[1] 铭中所自箴者正符合墓志描述墓主温恭、廉洁、俭素、乐道、雍容、宽量、保真、行义等品德，可谓是墓主本人的"志度"。此志描绘的墓主形象前后相当一致，隐恶扬善固是墓志题中应有之义，虽然其中难免有溢美之辞，但应非全然凭空捏造。

墓志还有两位配角，亦即墓主之妻魏氏与次子延祚，志中所述均集中强调其品德。墓志称魏氏在墓主死后"以主祭肥家，无违礼制"，亦即能以礼法治家，维系门风，并"能垂诲，用保家嗣"，亦即能以墓主所立下的品德典范训诲子辈，从而造就延祚的仕宦事业，达成阶级流动。

---

[1]　萧统编：《文选》卷56，第2409—2410页。

肥家可指治家，亦可指发家致富，此处主要当指前者，但墓志特别强调魏氏事迹，也可能同时兼指魏氏能主持家业于不坠。在魏氏的努力下，子辈中表现最好的为次子延祚，他是墓主三子中唯一出仕者，是使孙家得以晋身统治阶级的关键人物。墓志称延祚因魏氏的训诲而知"恪勤守职，谦和约己"，大概不脱墓主立下的内敛家风，长期积累个人品德与义行，"既多德义，须立昌荣"，因此未来前途应当一片光明。撰者总结孙家得以兴旺的原因，归因于长期积善而得的福报："所谓积善之家，固臻余庆矣"。

除品德之外，孙家得以向上流动的主要条件，还有乡里关系。品德为孙家赢得乡里声誉已如上述，而乡里声誉则有助于建立乡里关系。墓主得以兴家致富的原因不详，但不论具体方式为何，均应有赖于墓主之乡里关系，乃至更广阔的人际网络。墓志对此虽无明言，但仍可由一些细节推知。如墓主喜好宴会，"开罇风月，设席林亭，搆思浩歌，俾昼作夜"，可以想见家中宾客如流水的盛况，及其乡里关系的深厚。不仅如此，墓主次子延祚晋身统治阶级之途径，是在地方政府任官，而押衙一职由军政长官自行辟署，乃亲信之任，他又同时兼充副知客，亦属亲要职任。[1] 故防御州长官应该与孙延祚相当熟识，否则不太可能让他担任这些职务。延祚的乡里关系，不知与其父亲的经营有多少程度的关系。无论如何，可以想见，身处唐末五代之乱世，在地方上入仕尤需乡里关系的连结，孙家两代的人脉经营，应该都对延祚的仕途有所帮助。

习文对孙家的两次向上流动亦应均有一定帮助。就墓主而言，虽然他的致富之途不明，然不论其职业为何，能文应该都有利无弊。墓主本人应该已经能文，铭文说墓主"能修礼乐"，墓志亦称他幼年即"庭训检身，家法修德"，似乎自小即已接受礼法教育；且他在宴席间能"搆思浩歌"，当具相当程度的文学造诣；他又知以崔瑗之铭为鉴戒，更可见其具备一定的文史知识。第二代的次子延祚亦能文，墓志称他"敏俊之

---

[1]　严耕望：《唐代方镇使府僚佐考》，严耕望《唐史研究丛稿》，第230—233页。

才，为时推仰，仁期宠遇，必高于门"，所看重的即是他的文事能力，并期待他能以此继续向上流动，光大门楣。他虽以武途入仕，在防御州担任同押衙，然同时担任副知客，应该具备一定礼仪应对能力，并非只是一介武夫。故从墓志看来，孙家至少两代习文。由此亦可见，在唐末五代初期，文武兼习可增加仕宦机会，时人不必轻文。

此外，财富亦成为孙家向上流动的资本。如墓主兴家致富后，能以其财力为义行而赢得乡里声誉，亦能广开盛宴以建立乡里关系，又能为子辈提供良好教育以入仕，凡此种种，均可为孙家的向上流动创造更多机会。

孙家没有父祖官荫，亦无姻亲奥援，却能在两代之内达成两次向上流动，其主要凭借是品德、乡里关系、习文，以及财富。其中较特别的是，在时人观念中，品德可在社会流动中发挥重要功能。由此线索，或可进一步探讨五代时期的品德观及其社会实践。其次，墓主次子延祚虽以武途迈入统治阶级，却又同时具备一定文事能力，时人亦期待他能继续以文事向上流动，可见五代不少人并不轻文。五代时期文事与文士所扮演的角色，以及文武之间的关系，亦有重新检视的必要。

（执笔者：王子涵、张仲元）

（指导者：刘祥光、李宗翰）

参考资料：

一、墓志碑文

1. 不著人：《梁故乐安孙府君（公瞻）墓志铭并序》，吴钢主编《全唐文补遗》第七辑，第432页。

2. 不著人：《孙公瞻墓志》，孙兰风、胡海帆主编《隋唐五代墓志汇编·北京大学卷》第二册（天津：天津古籍出版社，1992年），第177页。

3. 不著人：《后梁平民孙公瞻墓志并序及盖》，傅斯年图书馆藏拓片

（24790-1、24790-2）。

4. 不著人撰，周阿根点校：《孙公瞻墓志》，周阿根《五代墓志汇考》，第31—33页。

5. 不著人撰，章红梅点校：《孙公瞻墓志》，章红梅《五代石刻校注》，第32—34页。

二、其他资料

6. 萧统编，李善注：《文选》，上海：上海古籍出版社，1986年。

7. 严耕望：《唐代方镇使府僚佐考》，严耕望《唐史研究丛稿》，第177—236页。

乡荐贡士习儒行义

（刘旦）

李宗翰、柳立言

北宋文人贡士平民刘旦墓志铭

一、基本资料

1 性质	墓志
2 题名	新题：北宋文人贡士平民刘旦墓志铭 首题：大宋故彭城贡士刘公墓志铭并序
3 时间	死亡、下葬或立石时间 死亡：北宋天圣初年（1023）六月十三日 下葬：北宋天圣初年（1023）十一月六日
4 地点	死亡、下葬或立石地点 死亡：寝疾终于家 下葬：洛阳县（河南洛阳）积闰里
5 人物	
墓主	刘旦（948—1023）
求文者	长子：北宋平民刘世则
撰者	北宋平民应□山人
刻者	北宋平民翟文翰
6 关键词	社会流动、品德、家庭或家族型态、婚姻、墓志笔法与史学方法

（责任者：王子涵）

二、释文

大宋故彭城贡士刘公墓志铭并序

应□山人□□□□

    洛阳贡士彭城刘公天圣初六月十三日寝疾终于家,享年七十有六。嗣子世则□□〔等以〕予于公□□□〔深接友〕契,请志其墓。予素熟公事迹,弗敢为让,得实而纪之。

(以上是死亡与请志,59 字)

    刘氏某,先尧之后。至汉祖有天下,封异母弟□元王交,就国于彭城,后世因其郡焉。

(以上是序,32 字)

    曾祖讳范,字令□,□唐季有乡里之誉。值世艰尚武,乃嘉遁不仕。

祖讳式,字达规,有才能称世,养素不仕。

□考讳谦,字损之,值五代之际,奸雄得以禄仕,君子宜其家食,因尔不仕。

(以上是上三代,68 字)

    公讳旦,字启明。幼而聪悟,有岐嶷之性,在童稚间不为儿戏。

自龆龀之岁,好诵诗书,从天纵也。

洎就傅之年,渐识义方,顺师训也。

成冠之后,乡党称孝,朋友称义。文学高誉,时最为盛。

年三十而举进士。是时搜贤诏下,虽蕴石之玉、披沙之金不可隐也,乃随乡荐,较艺于大宗伯,斯乃公之始进也。

值以四海宾王，万辐凑□，国家以恩先遐方，虽精选之士，必谦于远人，由是再上不利，俱败垂成，非战之罪，斯乃公之期退也。

李广不侯，□名岂坠；相如誓槁，节操终存。乃闲居遂性，完葺园亭，会必文友，乐必雅音，与乡贤亲道味、行义风，斯见公之知道也。

（以上是事迹，209字）

始娶虢略杨氏。

再娶太山史氏。

生子二人：长曰世长，娶魏氏，生孙女二人，未长；次曰十一哥。俱早亡。

生女二人：长适常山董氏，祖习门风，敦修儒业，由水鉴之澄澈，知玉润之温清；次女在室，早亡。

庶子二人：长曰世则，次曰世安。

庶女二人，未笄。

（以上是妻与子女，92字）

嗣子等遵承治命，以十一月六日归葬于洛阳县积闰里，以杨氏□□焉，礼也。再以公有才行，故可得而铭焉：

西洛之人兮，金玉其堂；北邙之原兮，松柏其乡。

昔夏侯相兮，佳城郁郁；今彭城公兮，蒿里苍苍。

其生也避禄而肥遁，其没也垂庆而含章。

四水之义风兮孰继，千年之野史兮流芳。

（以上是葬与铭，110字）

翟文翰刻

（责任者：王子涵、林明）

（指导者：李宗翰）

三、个案研究

一个有志出仕的基层文人家庭，从唐末至五代苦守待变，入宋后一再应考科举，虽然失利，但仍能维持甚至加强乡绅的地位，它所凭借之条件为何？所反映的时代变迁又为何？

（一）研究重点（概述）

1. 从三代不仕，看五代的地方基层势力

墓主前三代"不仕"，原因是碍于唐末和五代的"尚武"和"奸雄"，接着的问题便是史学六问：

六问	墓志提供的讯息或初步答案
Who 尚武者和奸雄是谁？	在地方基层，他们应包括豪强、由他们转来的武装力量如镇将，以及藩镇派来的爪牙如押衙等。
Why 为何有此情况？	动乱时应运而生，藩镇要扩大和稳固地方统治。
When 发生于何时？	唐末五代
Where 何地？全国性或地域性？	只需针对墓主所在之洛阳便可。
What/Which 他们在做些什么（地方治理）？哪些最重要？	史书多谓他们鱼肉乡民，是五代致乱之源。
How 他们如何维持势力	军绅合作、文武合作等
Whom 他们的竞争对手是谁？	据墓志：享有"乡里之誉"和"才能"的人、"君子"。

2. 从第四代寻求出仕，看五代至宋初地方基层势力的转变

尚武和奸雄应随尚文和中央权力的扩大而消减，逐渐被竞争对手如"君子"等人所取代，后者成为地方基层的主要势力。接着应重复史学六问，为免烦琐重复，仅列出重要问题及初步答案（下同）：

（1）时代之转变为何？宋代抑武与尚文。

（2）局势变了，"君子"等人凭什么竞起，取代尚武和奸雄？科举。

（3）科举对地方基层势力或社会阶层的转变有何作用？

A. 取得门票（乡荐）的条件为何？

B. 诸条件之中，何者较为重要？它们与"地方主义"的形成有何关系？

C."文学高誉"或尚文，能否成为一个独立的条件，或是形成"士人阶层"的最重要条件？

3. 从一再落第，看新兴士人所受到的挑战

墓主一再落第，归咎于"国家以恩先遐方，虽精选之士，必谦于远人"，引发的问题是科场上的南胜于北发生于何时，以及它是否为墓主失败的较重要原因。

4. 落第之后，如何维持家庭的地方势力？

哪些条件是较为重要或一以贯之的？从它们来看，五代至宋代的转变真的那样大吗？

有了上述四个问题为骨架，便可逐渐附上血肉和灵魂。

（二）乡绅家庭三世不仕的原因：受阻于地方基层旧势力

墓志没有明显记述墓主刘旦（948—1023）的家庭背景，但从刘旦"自龆龀之岁，好诵诗书"来看，家中能够让子弟自幼便多读诗书，应属尚文或重视文教，且条件不错。

墓志记述曾祖、祖和父三代共68字，而"不仕"出现三次，正足以说明有志出仕。有利出仕的条件有三：曾祖"有乡里之誉"，享有一定的地方名望，但未明获得之方法。祖父"有才能称世"，亦享有一定的名声，但未明何种才能。父亲被称"君子"，似乎以道德得到称誉。三者合计，可属乡绅。

三世未能出仕的原因，于曾祖是唐代末年"世艰尚武，乃嘉遁不仕"，反映文人家庭不愿转武或未能成功转武。祖父"养素不仕"，似乎

456　　五代的文武僧庶

也有不愿转移文人本质之意。父亲身处五代，当时"奸雄得以禄仕，君子宜其家食，因尔不仕"，似乎是不愿与奸雄同流合污，有君子自清之意。要言之，不仕的原因是不合两种时宜或时代风气：阶级流动多凭武功、阶层流动多不讲道义，两者被认为是地方基层旧势力的特征，也许可以简化为"尚武和奸雄 vs 尚文和君子"。

然而，刘氏宅第和族墓均位于洛阳，从唐末至五代中期由张全义（852—926）统治，颇能保境安民，刘氏亦当受益。全义起自黄巢，以军功起家，却非一味尚武，反是助长文武交流，善用文人。他"尊儒业而乐善道，家非士族而奖爱衣冠"，[1] 最重视三种文人：第一，善于治道者，即有吏才。第二，士族中人，最好有门第背景，不然也有仕宦背景，具有人脉和行政经验。第三，儒业中的文学。三者之中，似以吏才尤其是理财最为重要，有时更是保命求生的护身符（见第一册《世变下的五代女性》之《冤家聚头文武合》）。所以，刘氏在此期间未能仕进，可能是没有拥有这些条件，或乏人引荐。

另一方面，全义也属奸雄，除了一再移忠之外，也谋害异己。众所周知，值唐末五代之乱，地方基层为求自保，有些豪强组成私人武装力量，后来部分被官方吸纳，如成为镇将，而藩镇为加强对地盘的控制，也派出心腹如押衙等人，与州县官吏分庭抗体，他们常有鱼肉百姓的恶名。[2] 全义曾为了维护不法的爪牙，冤杀耿直的文人知县罗贯，"露尸于府门，冤枉之声闻于远近"，[3] 也可能让很多文人不敢出仕。此外，作为五代重要政治中心，洛阳又常遭遇政治动荡，如后唐庄宗时洛阳发生郭从谦之乱，庄宗被弑，洛阳大乱，直到李嗣源入洛即位为帝乃歇。

---

[1] 《旧五代史新辑会证》卷 63，第 1978 页。

[2] 日野开三郎：《五代镇将考》，刘俊文主编《日本学者研究中国史论著选译第五卷·五代宋元》，北京：中华书局，1993 年，第 75 页。

[3] 《旧五代史新辑会证》卷 63，第 1979 页；《新五代史》卷 45，第 249 页。

此类政治风险当亦曾使一些文人对于出仕感到却步。[1]

无论如何，刘氏似在等候时代的改变，让家世、乡誉、文才和道德等条件派上用场，取代尚武和奸雄，成为新的地方势力或阶层。

（三）第四代应考科举的条件：形成地方基层新势力

刘旦十三岁时，五代转变为宋代，跟本文相关的重要转变有二：一是抑武，逐步消减武人在地方上的势力，举其要者，如以文臣知州以钳制方镇，削夺节度使财权与镇将之权，令节镇所领支郡皆直属京师，收地方精兵等；二是众所周知的尚文，对刘家尤其有利。虽然统一南方和收复燕云都靠尚武，但藉历史后见之明，我们知道宋代是一个提倡文教的时代，而当时士人从举办科举之频仍、参考人数之剧增，以及录取人数的增加，也应感受得到这种风气的转变。五代每年参加贡举的人数不明，仅知后汉时期每年约 2，000—3，000 人；[2] 而五代每年平均授予33 个学衔，12. 5 名进士。宋太宗即位后，大量扩增科举录取人数，考生人数也马上随之增长，977 年参加贡举人数已达 5，200 人，983 年增至 10，260 人；[3] 此后两宋（977—1271）每年平均授予 192 个学衔，进士 141 名。[4] 墓主"年三十而举进士"，正是 977 年。针对科举对地方基层势力或社会阶层的转变作用，墓志明白指出，"是时搜贤诏下，虽蕴石之玉、披沙之金不可隐也，（刘旦）乃随乡荐，较艺于大宗伯，斯乃公之始进也"。当时如刘旦般起而响应宋太宗新政策的地方士人，显然不在少数。

---

[1] 参考刘连香《张全义与五代洛阳城》，《洛阳工学院学报（社会科学版）》20. 2 (2002)，第 9—12 页；吴涛《唐"安史之乱"至五代时期的洛阳》，《郑州大学学报（哲学社会科学版）》5（1988），第 87—92 页。

[2] 关于五代每年参加贡举人数，目前仅见一条来自五代的纪录。汉乾祐二年，刑部侍郎边归谠上言："臣窃见每年贡举人数甚众，动引五举、六举，多至二千、三千，既事业不精，即人文何取。"见《旧五代史新辑会证》卷 148，第 4535 页。

[3] 贾志扬撰，佚名译：《宋代科举》，台北：东大图书公司，1995 年，第 54 页。

[4] 贾志扬撰，佚名译：《宋代科举》，第 75 页。

始进的关键在乡荐，取得这张门票（应考资格）的有利条件为何？幼习诗书的刘旦，"洎就傅之年，渐识义方，顺师训也。成冠之后，乡党称孝，朋友称义。文学高誉，时最为盛"。将之分门别类，共得五方面：

（1）家庭背景：有余力聘请私人老师或送至学堂就读，并负担至少两次应举的费用，应属上三代的余荫和至少是中产之家。

（2）人脉或人际关系：来自老师、学友、乡党、朋友，当然包括上三代的累积。

（3）品德：孝、义，虽较属个人条件，也应来自家庭教育。

（4）才能：诗书、文学，虽属个人条件，也应来自家庭教育。

（5）地方名声：应是（1）—（4）项的总合结果。墓志谓来自乡党和朋友之称誉，也可能来自老师和同学，更有上三代的累积。

与张全义所重视的三个条件比较，"文学高誉"异军突起，似乎成为一个独立或较重要的条件，本身便能赚取宋代"乡绅"或"士人"的身份和在基层社会的地位。当然，要更上一层楼，从地方上升至国家层级，需要更多的条件，如不同阶段对文学水平也有不同的要求。

（四）一再落第的可能原因：人脉关系之局限

不知何故，可能是个人因素如父丧之类，也可能是大环境改变如宋太宗之扩大取士，刘旦到了三十岁左右（977—978）才第一次应考，皇帝也变成允文允武且极好书法的太宗。刘旦通过了地方解试，成为乡贡进士，来到开封参加尚书省礼部的省试，但未中举。之后再考，次数不详，均名落孙山，"斯乃公之期退也"，从此退出棘闱。

一再失败的原因，墓志说是"国家以恩先遐方，虽精选之士，必谦于远人"，应指太宗完成南方的统一，优待南方文人。众所周知，科场上的南盛北衰确有其事，但时间点似在北宋中后期而非前期。[1] 我们只考察977、978、980三次刘旦可能参加的考试，发现此时朝廷对南人似无

---

[1] 贾志扬撰，佚名译：《宋代科举》，第180页。

特别优待。根据龚延明《宋登科记考》，可得统计结果如附件一。考虑到北宋初年的历史局势，表中所指的南方，包括北宋建国后新征服的四川。由于其所录资料并不完整，[1] 故此数字仅能作为科举发展大势之参考，而不可太过执着于具体数字。太平兴国二年（977）可知名籍的进士共 34 人，当中北人 19 名，南人 15 名，北方略多于南方；太平兴国三年（978）可知名籍者共 19 名，北人 14 名，南人 5 名，北方远多于南方；太平兴国五年（980），可知名籍者 38 人，北方 18 人，南方 20 人，两者大致相等。考虑到现存资料的缺陷，单凭这三年的数字实难以推论此时朝廷确有优待南方考生之举。且宋太宗即位后纳入版图之南方疆域仅有吴越（978 年入宋），太宗是否会在 980 年为此地大幅增加南人科举名额，颇为可疑。墓志所言或为托辞，并非刘旦未能中举的真正原因。

宋初科举继承五代公荐与公卷的风气，考生于考试前向朝廷高官投文求赏识，朝廷高官再将该考生推荐给知贡举官，因此拥有首都高官的人脉对考进士有帮助。[2] 墓志曾数度强调刘家数代在地方上均享有声誉，如曾祖"有乡里之誉"，祖父有"才能称世"，墓主则"乡党称孝，朋友称义"，然由此亦可推见刘家四代的人脉似乎主要局限于洛阳，此一人脉网络虽足以让墓主晋身"乡荐"之列，但仍不足以让他在京师获得足够支持，这应亦是墓主未能中举的原因之一。

（五）维持乡绅地位的条件

墓主再试不第后，放弃仕进，将注意力放在经营地方。他如何维持刘家在地方上的地位？根据墓志的描述，可分身份、财富、人际关系、社会活动、婚姻、长寿、家庭等七方面讨论。

第一，身份：墓主取得贡士身份，使他在宋代社会享有一定特权。

---

[1] 一是榜单资料不完整，可知姓名者不及实际登科人数的一半；二是即使有姓有名，也不一定能知其籍贯。

[2] 五代科举中的行卷、投刺，可参金滢坤《中晚唐五代科举与社会变迁》，第 221—222 页。

政治上，虽然贡士一般不能授官，但若得名卿推荐，则仍有任官机会；而累试不第的贡士，也可取得特奏名的入仕优惠。法律上，贡士所享待遇虽然仍与品官有重大差异，但已较一般平民优厚。赋役上，贡士可免部分差役。社会上，贡士常与地方官员及其他地方精英合作，共同参与地方公共事务。[1] 故贡士身份可以带给刘旦社会层面的无形资本，有利提高其社会地位。

第二，财富：墓志称其家"金玉其堂"，可见家财颇丰，刘氏必另有营生之道，惜不得详论，然其财富当亦来自上三代的积累。墓主放弃科举后乃利用其财富"完葺园亭"，一方面享受优渥雅致的生活，同时也作为自身建立地方人脉的场域，可将经济资本转化为社会资本。

第三，人际关系：墓主在地方广建人脉，他"会必文友"，又"与乡贤亲道味"，前者自是具备文学修养的文士，后者则是地方上知道达理的贤达，故知其交游性质以文为主。他在自家园亭举办的文会、雅乐，往来者应当就是这群文人雅士。墓志撰者"应□山人"自称"于公深接友契"，应是其文会雅乐之一员。

第四，社会活动：墓主应该颇喜参与地方公共事务，故墓志称他常与乡贤"行义风"，惜无实例，不知是何等仁义之事。然读者当可想见，这些义行自应有助提升墓主在地方上的名声与地位。

第五，婚姻：墓主与文人之家联姻，藉以维持其乡绅地位。其长女婿董氏"祖习门风，敦修儒业"，一方面可见其家尚文，另一方面女婿未来有可能中举入仕，晋身统治阶级，由此可见墓主之联姻策略。

第六，长寿：墓主本人七十六岁，故能在上述诸方面长期经营与维持，有利于其家族地位之维持。

第七，家庭：刘家至墓主为第四代，余下一位继室史氏，应有侧室，但数目及生死不详。第五代余下已婚之嫡出长女一人、嫡长子之寡妻魏

[1] 王曾瑜：《宋朝的贡士——兼评士大夫群体精英论》，《首都师范大学学报（社会科学版）》1（2014），第10—15页。

氏一人，及庶出之二子二女，其中庶长子世则成为嗣子。第六代暂时全卒。第五代关系复杂，是否分家与否，难以预料，可能不利刘氏维持其家族地位。

结　论

　　有谓五代重武轻文，但在地方基层，有些家庭仍然一代接一代地重视文化教育，如墓主十三岁前的基础教育是在五代完成，可见五代之文教未断。这些文人家庭退居不出，主要受阻于"尚武"和"奸雄"，两者可称地方基层旧势力。

　　宋代带来转机，一方面抑武，消减武人的地方势力，另一方面崇文，以科举大量取士。不但武人家庭可藉此转型，文人家庭亦得乘时而起，凭家世、人脉、文才、品德和乡誉等条件取得乡荐，参加地方考试，有望成为新的地方势力。有三点值得注意：（1）乡荐本身促使"地方主义"的形成，因为乡誉是得到乡荐和应考资格的前提，而取得乡誉的前提不外是"人"和"事"，前者包括地方人脉的建立，后者包括修桥筑路等事功和支持宗教活动等功德。（2）与五代张全义所重视的三种文人条件相较，文学而非吏才脱颖而出，似乎成为形成地方新势力或新阶层的最重要条件。（3）诚如郝-韩（Hartwell-Hymes）论说所言，有些考生在中举之前已是精英。

　　然而，要鱼跃龙门，从地方变为国家层级的精英，需要更多的条件。对北方士人来说，主要的挑战有二：一在中央的考场，面对擅长诗文的南方士人。二在中央的人脉场，需要取得名公大卿的推举。也就是说，无论是文才和人脉，单凭地方水平并不足够，必须找出连结地方与中央的交汇站：地点如洛阳和开封等大都会，教育如有名公大卿讲学的书院和学派，人脉如首都圈的高官推荐，这些都要踏出地方，四出游学和游历。

　　未能进入较高的阶层，回归地方作乡绅，也得具备不少条件。与不同阶段的条件比较：

条件	上三代	本人科举前	落第	退休
财富	不详，应有一定条件	教育经费充裕，可负担幼年读书及长大后酬师成本	有能力一再应考	没有官俸等收入而能完葺园亭
身份	庶民	庶民	乡荐之士	通过地方解试、贡士
品德	君子	孝、义		义风
文才	有才能，应含文才	诗书、文学	可能不敌南方文人	文会、雅乐
人脉（人际关系）		师、友、乡党		文友、乡贤
乡里之誉	乡里之誉	乡党称赞、朋友称赞		与乡贤亲道味
婚姻				长婿之家似乎世代为儒
社会活动				行义风

由上表可知，对于试图在地方社会维持其乡绅地位的士人而言，重要的有利条件有五。第一，贡士身份可使其在既有资源之外，获得更多特权与人脉，可谓如虎添翼。第二，由于还需透过文会等方式广建人脉并参与地方义行，此时财富较前更为重要，假如以前只需中产阶级的财力，现在必须是中产以上。第三，人脉重要性不减，其基础为墓主一家的品德、乡誉及本人的文才。第四，婚姻或有助墓主一家的日后发展。虽无法确知墓主与文人家庭联姻的时间，然上述各项条件应产生一定作用。第五，社会活动之参与，如"行义风"，有助维持与提升其声望地位。由此看来，五代至宋初维持家庭之地方势力的条件，主要改变可能只在贡士身份一项，主因为宋太宗的扩大取士，使得更多地方士人得以取得贡士身份，其他条件则可能大同小异。易言之，两个时代地方社会的差异性可能并不如想象的大。

（执笔者：李宗翰、柳立言）

附件一：公元977、978和980年三次考试之南北人比例[1]

1 太平兴国二年（977），登进士第者共109人

序号	府、州、军	登进士第者	人数	北	南
		《宋登科记考》			
1	河南府	吕蒙正、吕龟祥、李康、温仲舒	4	V	
2	京兆府	宋泌	1	V	
3	济州	吕祐之、夏侯峤、桑光辅	3	V	
4	镇州	王化基、李至	2	V	
5	青州	张宏	1	V	
6	相州	韩国华	1	V	
7	曹州	张贤齐	1	V	
8	涿州	张郁	1	V	
9	齐州	王沔	1	V	
10	澶州	赵昂、臧丙	2	V	
11	濮州	徐休复	1	V	
12	蓟州	许骧	1	V	
13	建州	李寅、陈应期、章衮、詹垂宪、詹寰	5		V
14	洪州	陈恕	1		V
15	福州	张蔚、郑浮	2		V
16	太平州	李灯	1		V
17	南建州	廖如埙	1		V
18	处州	陈宗道	1		V
19	筠州	丁纲	1		V
20	潮州	谢言	1		V
21	泸州	李义载	1		V

---

[1] 统计数据出自龚延明等《宋登科记考》，第13—19页。

		《宋登科记考》			
22	兴化军	郑元龟	1		V
		总数	34	19	15

2 太平兴国三年（978），登进士第者共 74 人

		《宋登科记考》			
序号	府、州、军	登进士第者	人数	北	南
1	河南府	董俨	1	V	
2	京兆府	田锡	1	V	
3	涿州	张鉴、赵曦、赵睃	3	V	
4	宋州	李昌龄	1	V	
5	汾州	赵昌言	1	V	
6	孟州	冯拯	1	V	
7	徐州	牛冕	1	V	
8	华州	韩丕	1	V	
9	郑州	李及	1	V	
10	泽州	宋太初	1	V	
11	济州	张肃	1	V	
12	耀州	焦晟	1	V	
13	成都府	薛映	1		V
14	汀州	罗彧	1		V
15	连州	邵奕	1		V
16	福州	李蕤	1		V
17	潭州	王利用	1		V
		总数	19	14	5

3 太平兴国五年（980），登进士第者共 121 人

序号	府、州、军	登进士第者	《宋登科记考》		
			人数	北	南
1	大名府	马诰、王旦、范垣、魏廷式	4	V	
2	应天府	王砺、张峤、张嵩	3	V	
3	京兆府	宋沆、宋湜	2	V	
4	开封府	向敏中	1	V	
5	齐州	王淮	1	V	
6	濮州	张咏	1	V	
7	祁州	卢之翰	1	V	
8	幽州	陈若拙	1	V	
9	洺州	李沆	1	V	
10	华州	寇准	1	V	
11	郓州	张九思	1	V	
12	澶州	晁迥	1	V	
13	江陵府	夏侯嘉正	1		V
14	梓州	苏易简、税挺、谢全	3		V
15	宣州	李含章、蒯鳌	2		V
16	歙州	张秉、谢泌	2		V
17	永州	陶岳	1		V
18	吉州	刘伯雍	1		V
19	南剑州	康亚之	1		V
20	洪州	何蒙	1		V
21	福州	吕奉天	1		V
22	绵州	王仲华	1		V
23	蓬州	何士宗	1		V

		《宋登科记考》		
24	抚州	乐史	1	V
25	庐州	马亮	1	V
26	饶州	周缮	1	V
27	兴化军	薛峦	1	V
28	蜀	严储	1	V
29	高丽	康戬	不计	
		总数	38	18	20

参考资料

一、墓志碑文

1. 应□山人□□□□：《大宋故彭城贡士刘公墓志铭并序》，傅斯年图书馆藏拓片（16857-2）。

2. 应□山人□□□□撰，刁忠民校点：《大宋故彭城贡士刘公墓志铭》，曾枣庄、刘琳主编《全宋文》卷197，第39—40页。

二、其他资料：

3. 日野开三郎：《五代镇将考》，刘俊文主编《日本学者研究中国史论著选译第五卷·五代宋元》（北京：中华书局，1993年），第72—104页。

4. 王曾瑜：《宋朝的贡士——兼评士大夫群体精英论》，《首都师范大学学报（社会科学版）》1（2014），第1—22页。

5. 吴涛：《唐"安史之乱"至五代时期的洛阳》，《郑州大学学报（哲学社会科学版）》5（1988），第87—92页。

6. 金滢坤：《中晚唐五代科举与社会变迁》。

7. 陈尚君：《旧五代史新辑会证》。

8. 贾志扬撰，佚名译：《宋代科举》，台北：东大图书公司，1995 年。

9. 刘连香：《张全义与五代洛阳城》，《洛阳工学院学报（社会科学版）》20. 2（2002），第 9—12 页。

10. 欧阳修撰，徐无党注，华东师范大学等点校：《新五代史》。

总

论

本册收录五代墓志近五十篇，范围包括文武僧庶，希望能从更宽的角度，观察五代的历史面貌。目前对五代的一般性认识，多谓五代乱世，武人掌权而斯文扫地，政治败坏，民生疾苦日甚。（参见第二册《五代武人之文》前言）而从墓志却可发现，其实当时不论文武官员都不乏为致治付出心力者。即如道德，五代表现也不如一般所想象得糟糕。不论墓志或史传，都可看到，无论真心与否，当时的人仍颇重道德，即使纯从功利角度而言，在外表现为有德者也都可为自身与家庭带来不少好处。当然，我们的目的并非完全否定前人的论点，更无意将五代描述成一个理想治世。相反地，我们认为前人研究都展现了五代历史的实相，但只是部分，而非全部。若过于强调五代乱的一面，则不免失于一偏，而可能忽略历史发展的延续性及其意义。近来已有一些学者从政治的角度，指出五代至宋的延续发展。透过这批墓志所展现的五代众生相，我们希望能从政治、社会、文化等角度，提供更多元的视角，在旧有的基础上，为五代史增添或补充新的认识。

一、墓志格套

　　墓志文化发展至五代，已形成一套相对固定的撰写格套，主要项目包括序言、先世、上三代、事迹、死亡与葬、家庭、撰志原委及铭，撰者需要根据这些项目为死者填入资料。由于墓志源自文人统治阶级之精英文化，每个项目的具体内容，亦以此精英文化为核心，最重要的包括仕宦经历、儒家价值观、婚姻、子女等，同时也可包容佛、道两种宗教。这种墓志格套也为武人所接纳，例如中层武官纪丰，其墓志格套即模仿文人。（见本册《以德取胜》）由此论之，五代武人乐于为文人大传统所同化，亦可作为当时文武交流之一例。在这种大体固定的主流格套之下，一旦有墓志出现异于常格的安排，读者就要提醒自己，留意撰者是否有特殊用心。（见本册《男女有别？》）

格套的建立有其优点，但同时也带来限制。其优点为撰者需按项目填入资料，保障死者作为主角的地位，不论男女长幼。其缺点则为记载内容受到限制，不符此格套架构与价值观之内容，即不易被写入墓志。例如拥有墓志的平民自无仕宦事迹可记，他们多属中产以上，其中不乏经济条件优渥者，按理经济活动至少应为其生平从事的主要事迹之一，然而受限于墓志格套，他们这方面的活动通常却无法出现在墓志。（见本册《从平民到乡绅》）只有极少数的例外，墓志才会记载平民的经济活动，（见本册《唐末晋北商人》）因此墓志中的平民多数职业不详。其实不仅平民，统治阶级也是如此。高阶官员姑不论，从墓志中可以看到不少生活优渥的中低阶文武官员，单凭俸禄很难支撑他们的经济开销，显然他们另有财源，然而墓志对此往往都只字不提，（见本册《纨绔武三代幡然向道》）或仅留下诸如拥有"庄园"之类的模糊线索。此外，志文中所载墓志人物的价值观或宗教信仰，主要只局限于已成为精英文化一部分的儒释道，除此之外，墓志很少透露他们的其他宗教信仰与活动，然而读者自然也不应据此推论当时精英阶层的信仰只有儒释道。

某些我们视为常识的传统价值观，如男尊女卑、长幼有序，未必会如我们所预期的反映在墓志中。例如墓志中出场人物所占篇幅多寡，在许多情况下，最重要的决定因素不是男女长幼或尊卑贵贱，而是其成员对维持家庭的贡献，贡献大者篇幅多，反之亦然。决定贡献程度大小的标准不少，其中一项重要指标为社会流动。若对家庭带来重大荣耀，女儿的篇幅可以长过父亲与儿子，儿子的篇幅也可以长过父亲。（见本册《男女有别?》）易言之，在墓志中，家庭的地位高于个人，即使是称述死者也需要服从此一原则。

众所周知，隐恶扬善本是墓志题中应有之义，因此对死者多有溢美之处，自无待言，应该不会有人想要反驳。然而这是否意味着墓志对死者的称颂多不可信呢？有些出人意料之外的，细读五代墓志会发现，许多墓志中看似虚笔之处，其实字字有来历。例如宋可度墓志不载其祖父，只说"祖祢勋烈，丰碑岿然，兹不复书"，看似虚美，然而只要稍查史传，便可发现他的祖父为宋彦筠，位至后晋节度使与后周左卫上将军，墓志所言一点都不虚。（见本册《纨绔武三代幡然向道》）这类例子颇多，不再列举。此外，不少墓志撰者下笔其实相当有分寸，在隐恶扬善的前提下，字斟句酌，尽可能维持公正。同样以宋可度墓志为例，撰者称他四十岁以前无大过，近五十岁时乃"至是知非"，从此潜心佛道。其文虽无一字批评死者，且用许多历史典故称扬他，实则暗指宋可度四十岁前可能细行不谨，且在五十岁前曾犯大过。若再仔细分析，还会发现，墓志中许多看似虚美的赞词，其实并非墓志题中应有之义，不记时可能确无其事，而记下时则可能实有其事，例如才兼文武。（见第二册《五代武人之文》之《才兼文武是否墓志应有之义》）同样的，在同一篇墓志中，若有反复出现的品德，全然为无中生有的可能性应该不高，即使别无其他史料可以佐证，读者仍应谨慎处理。（见本册《积善其昌》）墓志内容的实与虚，在一定程度上，或可用今日学者为学术界同行写的讣告（obituary）来比拟。

二、文官群体

（一）文官阶层之组成

五代时期文官群体之构成，与唐代相较，有延续也有新血。首先，有些文官乃唐代门第世家之延续，他们仍尝试维持门第传统，不但以文传家，同时也只与固定门第通婚。如五代初期的崔家，至少自唐末入五代连续三代持续担任高级文官，并培养子弟从文，且只与卢、李、郑等冠族联姻。（见本册《世家中落》）学者已指出唐代门第在安史之乱后骤衰，从此未能恢复其地位，然而对其自五代至宋初的衰亡过程，尚乏更具体的论述，[1] 而五代墓志正可为此议题提供珍贵的史料。以崔家为例，子嗣年寿普遍不长应该也扮演了很重要的因素。

当时也有一群家世较不显赫的文官世家，至少自唐末以来即长期担任文官，即使进入五代，他们仍维持此一传统，致力于培养子弟以文入仕。如源家自唐末至宋初，至少六代担任高、中、低阶不等的文官，他们以文传家，始终如一。（见本册《飘泊于家乡》）又如石家，自唐末至宋初至少四代担任文官，反映出以文入仕在五代末年已是贵途，其成员入宋后更凭借其才学晋身高阶文官。（见本册《五代宋初洛阳石氏的兴起》）再如贾家，在唐末至五代时期也是至少五代担任文官，即使在统治阶层中逐步向下流至低阶文官，仍未改变以文入仕的传统。（见本册《宦海浮沉望故乡》）

除了上述两类自唐延续至五代的文官世家，当时也有一批起自布衣的新兴士人，凭借文事晋身统治阶级。庞令图上三代很可能都是平民，他本人在后梁时期以文入仕，一路攀升至高阶文官，子侄三人均担任文官，出嫁六女，女婿三文一武（另二人不详），虽保持一点文武并进之势，但终究是以文为主。（见本册《庶姓家庭的崛起与衰落》）马家上三代不仕，在五代却成为文化甚高、藏书甚富的文人家庭。马测兄弟三人均以文入仕，马测本人更是在后周献书朝廷，获授比学究出身，宋初又获国子四门助教之衔。马家聚族而居，凭借其经济资源教育子弟，至宋初多人均以文入仕，可谓五代新兴文人世家之一例。（见本册《抱团

[1]　Nicholas Tackett, *The Destruction of the Medieval Chinese Aristocracy* (Cambridge, Mass.: Harvard University Asia Center, 2014), pp. 240-242.

是力量》）祖奉时出身寒微，他在唐末五代以担任真定府衙推进入统治阶级，其子仲宣宦游四方，在各地地方政府担任文职僚佐。入宋之后，其孙祖岳持续以文途升至中层官员，达到祖家仕宦的高峰。（见本册《魂归异乡》）

也有一些原本试图以武入仕的平民家庭，从武之路受挫后，遂转以文途入仕。例如梁瓛之父梁庆，原本以平民从军，却不幸染疫而卒；梁瓛成年之后，遂改以担任进奏官入仕，甚至发展为家庭专业。（见本册《弃武从文两代四官》）

从以上诸例可以看到，五代文官之构成包含旧族与新血，其中有一群体始终采取以文入仕的发展策略。从文不但可使旧世家保持其地位，也足以使新士人加入统治阶级。学者多谓五代重武轻文，然从墓志观之，从文在五代仍扮演相当重要的角色。士人精英文化在五代的延续与发展，值得进一步深入探讨。

(二) 文官阶层流动之要素

五代去唐不远，尊尚门第之余风犹存，例如起自布衣的张全义"家非士族，而奖爱衣冠"，[1] 传统世家以其名声在五代仍享有一定仕宦优势。然五代乱世，诸事纷繁，想要以文在官场立身并非易事。综合本册与前二册墓志所见，此期文官得以维持在官僚体系上流的主要因素，盖有以下五点。

第一，吏治能力：亦即治民能力。当时文官，除了能文，更需有能够治民的真才实学方易获得拔擢。例如祖仲宣与其子祖岳，都以其吏治表现而获得升迁。（见本册《魂归异乡》）景范亦是因其勤洁强干的吏治表现，屡获拔擢。（见本册《财与才不可兼得?》）而吏才中又以理财最为重要（见第一册《世变下的五代女性》之《冤家聚头文武合》）。第二，司法能力：文官若能在司法表现上获得嘉评，则易受上司赏识。

---

[1] 《旧五代史新辑会证》卷63，第1978页。

如景范在后汉从地方调入中央担任大理正，随后出任邺都留守推官，自是因其司法能力受到上司肯定。祖仲宣历任多种与司法相关之职任，并屡获升迁，显然与其司法表现有直接关系。第三，联姻关系：文官与其他士人利用联姻结成的社会网络，也能为仕途带来一定帮助。祖仲宣与同乡李昉之姐结婚，其后李昉仕途顺遂，入宋后位至宰相，他曾利用权位提拔乡人之子，很可能也提拔过外甥祖岳。第四，社会网络：文官若拥有良好的社会网络，就能有更好的机会在官僚体系中获得奥援，例如祖仲宣获得上司杜光范赏识，而得到数次升迁。他们的社会网络，常与家乡或所居地有关；这种乡里关系的重要性，对中低阶官员特别明显，例如祖奉时任职真定府衙推，即是在家乡深州附近，应该与乡里关系有关。第五，品德：士人若具良好品德，常可赢得佳誉，帮助其仕途。如孙拙即以正直的品德赢得御史中丞裴贽的欣赏，受荐为监察御史。（见本册《八世文官家族的余晖》）石熙载亦是以其忠节公正，屡获宋太宗重用。（见本册《五代宋初洛阳石氏的兴起》）易言之，即使以功利角度言之，品德在乱世仍非迂腐无用之论，当时人物不可能全然蔑弃品德，即使武人亦不例外。五代人物之品德表现，当是另一值得探讨之议题。

三、武官群体

由于第二册《五代武人之文》已对五代武人做过不少讨论，凡其已论及者，本节即不再赘述，而将重点放在以下两点：第一，高层武将维持地位之方法，特别是藩镇二代；第二，补充说明武人得以阶层流动之因素。

（一）高层武将维持地位之方法

唐末以来割据地方的藩镇，常试图将其权位传给后代。这群高层武将的第一代，多是能征善战的将领，凭借货真价实的军功取得地位。他们以武力为主要后盾，配合各种策略来巩固自身权位，诸如与藩镇进行军事联盟，以及纳质子于朝廷等。然而他们的继任者却常不擅武功，如中山王处直、成德王镕、魏博罗绍威等人都是如此。他们武功不行，只好着重于采用其他方式来维持自身地位，主要有以下四点：

1. 政治军事联盟：学者已指出，建立政治军事联盟是唐末以来藩镇得以长期维持势力的重要方法。[1] 对于军事能力较差的藩镇继任者而言，这种方式更是维持其地位的重要途径。例如中山王氏，王处存时代即已注重与河东李克用结盟；其弟王处直继位后，由于自身不擅军事，更加依赖以结盟方式寻求外力支持，先归朱全忠，其后投靠李克用，随着时局的变化而调整结盟对象。（见本册《同源异路：中山王家两支后代的不同命运》）又如成德王氏，作为掌控成德王氏第五代的王镕仁而不武，周围有幽州、河东、河南三大势力环绕，他先后游移于三者之间以避战取和，利用灵活的外交手段，在强邻觊觎的环境下长保势力。（见本册《仁而不武：国破家亡的成德节度使》）

2. 送纳质子：若藩镇实力不足以自存，常会遣送质子至同盟以示效忠。如成德王镕与朱全忠结盟时，即将一子与两位大将之子各一人，送至开封作为人质。（见本册《仁而不武：国破家亡的成德节度使》）反过来说，独立性愈强的藩镇，遣送质子的可能性就愈低。

3. 相互联姻：除了质子之外，联姻也是藩镇之间常用来强化同盟关系的手段。例如成德王镕后来转而投靠李克用，李克用许以女儿嫁给王镕之子，从此王镕依附李克用之心遂更加坚定。（见本册《仁而不武：国破家亡的成德节度使》）除了藩镇，联姻也是统治者用来笼络其他高层武将的方法。例如后梁大将刘鄩即与朱全忠义子朱友谦联姻。（见本册《武人之忠》）但利用联姻所建立的紧密人际联系，在瞬息万变的乱世

---

[1] Wang Gungwu, *The Structure of Power in North China During the Five Dynasties* (Kuala Lumpur: University of Malaya Press, 1963), pp. 119-120；张国刚《唐代藩镇研究（增订版）》（北京：中国人民大学出版社，2010年），第73—74页。

中，也可能因后来的政局发展而转为负担。如后来朱友谦叛梁，刘鄩即因其与朱友谦之联姻关系而受到怀疑与陷害，最后被逼自杀。

4. 金钱外交：面对强敌压境时，藩镇常以财货换取和平。如李克用出师成德，王镕自知不敌，乃以厚礼求和。（见本册《仁而不武：国破家亡的成德节度使》）而藩镇也常会透过供输财物的方式，向主盟者效忠输诚，以获得军事保护。如魏博至罗绍威时代，军力已衰，只能透过结好朱全忠的方式以谋自存，其主要方式包括供应军饷、协助营造等。（见本册《魏博的黄昏》）

（二）武官阶层流动之要素

关于有助武官阶层流动之因素，第二册《五代武人之文》已指出，五代武人寻求个人与家庭最大利益的方式，主要包括以下七项：（1）文武并进；（2）恩荫；（3）兼仕中央与地方；（4）理财能力；（5）姻亲；（6）财富；（7）品德。除此之外，从本册墓志中还可看到，影响武人阶层流动的因素还有兵法谋略、乡里关系、吏治能力，以及与中央之关系。

要以武上流，需凭战功。然而骁勇善战的武人，固然可以达成一定程度的社会流动，但也无可避免地有其局限。进入统治阶级后，若还想要持续上流，武将同时也需具备其他条件，才能突破限制。其中最重要的是需具备兵法谋略，如葛从周，墓志称他"生知韬略，时合孙、吴"，他的十一场特殊军功，除了本人的武艺出众外，大概都与兵法谋略有一定关系。观其战场上的表现，此赞语确实受之无愧。（见本册《万人之敌一条葛》）

不少在地方任官的五代武人，其仕进与乡里关系有密切关联。如邢汴，其家至少已四代居于成德军治下的镇州，祖父曾摄冀州枣强县令（同属成德军），其父不仕，然在地方有令名，邢汴本人仕宦都在成德军治下的镇州、深州等地，四子中有二人亦都在地方任武职，其中三子邢辇更"早振乡闾之誉"，可见邢家与家乡有深厚的地缘关系。（见本册

《以庶务起家》）诸如邢汴等人的地方中低阶武官，人数众多，却多为传统史籍所不载，若能善用墓志提供的信息，当能对此一群体的社会网络及其功能有更清楚的认识，进而观察当时地方精英与地方政权乃至国家体制的互动。

学界对五代武人吏治之印象多以负面居多，这种认识反映了一定历史实情。从史料观之，五代武人吏治之表现，确实多有值得批评之处，如西方邺以军功获得重用，吏治表现却颇有恶声，即是一例。（见本册《轩冕之后克著军功》）然而另一方面，从史料中亦可看到，自唐末至五代，武将在吏治的整体表现应该也不算太差，至少高层武官是如此。[1] 而从五代墓志所见，高层武官不乏治民有佳绩者，如平民出身的牛存节，不但治军严整，治民也颇有成绩。（见本册《乱世布衣以武立家》）与此同时，当时中低阶层武官也为吏治做出一定贡献。如以武入仕的王璠，在张全义手下担任幕僚，协助他重建洛阳有功，可谓能吏治的武人，这也是张全义任用他的主要原因。以此而论，武人若能在吏治上有所表现，亦不失为上流的一种途径。（见本册《文武兼通》）

而若朝中有人，也可以是武人寻求上流的一种机会。例如生于武人世家的安崇礼，由于伯父安重海在后唐任枢密使，他即以伯父之故而得以担任郑州衙内指挥使。（见本册《武人子弟抱素含真》）然而五代政局多变，一旦朝中发生变故，循此途径入仕者很容易就会受到影响。如安重晦倒台后，安崇礼的仕途发展随即受到重挫。五代时期，接近政治权力核心固然是谋取富贵之快捷方式，但也有可能是一场豪赌，胜负都在翻手之间。

---

[1] 参见张国刚《唐代藩镇研究（增订版）》，第72—77页；张庭珧《从宋初武庙配享看五代高层武官的实际表现》（台湾师范大学硕士论文，2021），第145—147页。五代高层武官能吏治的例子，亦见本册《同源异路：中山王家两支后代的不同命运》。

四、平民

　　五代墓志中也可见一些平民墓志，可让我们略窥当时平民生活的样貌。然而墓志在当时毕竟主要仍属统治阶级的精英文化，且需具备一定财力之家庭方能备置，因此从中所见五代平民群体，仍局限于一定范围内，主要可分两类：（1）后辈晋身统治阶级后，为其先人撰写墓志；这类平民墓志较常见，撰写格式也常符合一般墓志格套。（2）真正的平民墓志，亦即墓主的先人与后辈均无人为官，但经济上多属中上阶层。这类墓志的撰写，大体模仿一般统治阶级的墓志格套，但有时也会出现打破格套的书写方式，从而使得更多元的平民生活面貌得以呈现于墓志中。以下分两个重点讨论五代之平民。

（一）平民阶级流动之要素
　　所谓阶级流动，指由被统治阶级向上攀升至统治阶级，或由统治阶级向下流至被统治阶级。五代平民晋升统治阶级的方式，主要有三：从文、从武、文武兼学。其中平民以文入仕之例，在第一节已经列举数例，同时也讨论了当时较受重视的文事能力，此处不再重复。但可稍做补充的是，这些能够以文入仕的平民家庭，应该都已经具备一定的经济条件。例如马测一门之内聚食五十余口，又收有不少藏书，显然经济资源俱足。（见本册《抱团是力量》）易言之，以文入仕虽较安全，但却具有一定经济门坎，若无两三代以上的积累，不易跨越。
　　从武是平民达成阶级流动较快的方式，然需在刀光剑影中杀敌建功，具有较高的危险性，葛从周即为其中的代表人物。他出身唐末普通农家，最初从黄巢为乱，其后转从朱全忠，在其手下征战四方，以显赫军功一路升至节度使，场场血战，毫无侥幸，且不乏面临生死存亡的关头。他的富与贵，可说都是用命换来的。（见本册《万人之敌一条葛》）再如另一位后梁大将牛存节，同样也是平民出身，自唐末追随朱全忠打天下，凭借战功，一路位至使相。（见本册《乱世布衣以武立家》）五代乱世，以武功晋身统治阶级的平民固然所在多有，然而可以想见，当时欲在沙场上讨富贵却尸横荒野者，更是不计其数。平民以武入仕虽似快捷方式，但需要承担的风险却也不小。

文武兼习不失为平民另一条上流之路的选择，可以增加仕宦机会。从墓志的材料看来，当时应该有一定数量的家庭，采取文武兼习的策略。如如孙公瞻之子以武途入仕，又具备一定文事能力，故得以在家乡防御同押衙同副知客。他能武亦能文，才能多元，对其向上流动当有一定帮助。（见本册《从平民到乡绅》）

除了文、武能力以及经济条件外，影响平民之阶层与阶级上流的主要因素，还有乡里关系、品德以及义行。墓志中所见的五代平民，多拥有不错的乡里关系。如孙公瞻为乡里所钦敬、张敬德为邻里所推称、刘旦为乡党朋友所称许，都是其例。这些论述固然可能只是墓志之虚赞，但它们又常与宴会交游、乡里行义等描述相伴出现，我们恐怕不能轻易否定其可能性。前文已稍论及乡里关系对寻求仕宦者的重要性，即使对只求在家乡社会发挥影响力的平民，乡里关系仍然同样重要，虽然史料中缺乏实证可资深入讨论，但其中道理应不难推见。而获得良好乡里关系的主要因素，首先是品德，其中又以孝悌、廉洁、谦恭、忠信等项目较为常见。由此看来，五代平民亦非不重品德，即使墓志之描述难逃溢美之嫌，至少仍可见具备品德者仍是当时平民的理想典型。此外，拥有良好乡里关系的平民，在地方上亦多有义行之表现。所谓义行，乃指造福他人与乡里之事。虽然现存平民墓志中，多无列举义行的实例，不免会有人怀疑真实的程度，但至少其中有些可信度应该是不低的。简言之，若要在地方上建立良好声誉与关系，需赖实行，包括自身的德行与对外的善举，这应该也是古今不变的通则。

（二）平民之生活样貌

五代平民构成当时人口的主体，虽然人数众多，然而由于史料有限，不易描绘其全貌。幸运的是，五代墓志中存有一定的相关史料，可以让我们一窥当时的平民生活。虽然受限于格套，墓志中关于平民生活的描述多有固定项目，而且平民视角下的重要大事，被删去的可能远比留下的更多，即使这样，这批资料也弥足珍贵，值得深入分析。

一般平民的日常生活大都缺乏波澜壮阔的篇章，没有能够传颂千古的丰功伟业，但若能利用有限的史料对其生计模式勾勒出一个初步轮廓，仍然具有重要意义。从墓志中所见的五代平民，大都具有一定经济水平，甚至可称生活优渥。如宋可度，他是武三代，终生未仕，却能一生锦衣玉食，显然家境富裕，固然主要应是来自祖父宋彦筠的余泽，但也应另有生业作为经济收入，可惜墓志对此仍一字不提。（见本册《纨绔武三代幡然向道》）再如孙公瞻，至少上二代均为平民，他本人也未有一官半职，在白手起家并积累丰厚产业后，以逍遥的宴乐生活终其一生。可惜受限于格套，墓志中并未记载他赖以发家致富的生业。（见本册《从平民到乡绅》）又如张敬德，其先世与后代都不见仕宦记载，纯属平民，即使纯属农家，应该也有一定经济基础。（见本册《中层平民的墓志与丧葬》）

偶而我们也会惊喜地发现，有些平民墓志打破了统治阶级的墓志格套，虽然数量不多，但可使我们得以窥见当时更多元的时代面貌，以及墓志文化在地方社会向下渗透的痕迹。以张宗谏墓志为例，他生活于唐末至五代初期（852—913）的山西朔州，数代不仕，属平民阶级。从墓志看来，其父不像仅是普通农民，可能为地方富户，但较早过世，家业可能是在墓主手上扩增。此墓志的特点，在于记录了墓主的非仕宦事业，所载虽仍嫌过于简略，但已在一定程度上突破了墓志格套的限制。根据墓志所述，墓主应是经商致富，最后在商贩旅途中染病而亡，时年六十二岁。值得注意的是，墓主商贩活动地区主要在山西至四川、湖北一带，跨越了梁、晋的边界。墓主经历唐末战乱与五代初期梁晋对抗的时代，然始终居于相对稳定的晋北地区，并成为能够跨越敌对政权之间的商贩，由此兴家致富，其具体活动实在引人遐想。无论如何，时局动荡并未对张家的发展造成太大影响，甚至政权的对立还可能正是张家得以经商致富的条件。他的儿子继承他的经商事业，长年在外地奔波，家庭与家业则由其妻赵氏主持，这种家庭分工可能也反映了当时北方商贩家庭的一般状况，或许也可由此进一步探究当时北方民间中上层妇女的家庭角色与地位。（见本册《唐末晋北商人》）若能细心搜寻，类似跨越政治边界的平民史料应该还可以发现更多。[1] 总之，政治力量对地理空间所做的人为割裂，对于基层百姓究竟有何影响，还有多少人如同张宗谏一般，在当时其实仍能相对自由的往来于诸政权之间以谋生，应是值得进一步探讨的议题。

类似的格套破口此后不时出现，使我们得以窥见过去更多元的面貌。例如宋初生活于开封的平民刘再思，墓志所载，几乎完全跳脱墓志格套，而如讲述一则惊悚的神异故事。（见第二册《五代武人之文》之《不远鬼神文武皆然》）

五、僧人

本册所见三位僧人，地理分布包括外国（朗空）、北方（智坚）、南方（玄寂），层级分布包括顶级（朗空）、高级（玄寂）、中级（智坚），人数虽然相当有限，但应该仍可对五代时人们理想的中高阶僧人形象，勾勒基本的轮廓。

---

[1] 至少还有一个宋初定州的例子，见山根直生《狼山の孫氏：河北定州之史料から見る宋遼境界の担い手》，千葉正史主编《歷史資料と中国華北地域：游牧・農耕の交錯とその影響》（東京：東洋大学アジア文化研究所，2021年）。

三位僧人的塔文都与统治阶级之墓志相若，大体遵守相同的格套，只是其中一些项目所载重点稍有不同。例如俗人墓志所重的家世与后代，并非僧人塔文所重，因为僧人本无妻与后代可记，但有些僧人墓志仍会记载先世（朗空），不知反映的是墓志书写传统所受的儒家影响，还是中国与新罗的文化差异，有待进一步探讨。相对于俗世的亲属关系，僧人则改以法眷为重（朗空、智坚、玄寂），在一定程度上反映僧人团体的重要性。其次，俗人墓志记载业绩，重点在仕宦成就，僧人塔文则改为修行与弘教成就。从佛教的角度而言，这两点调整自然都是可以理解的。但特别的是，部分塔文强调弘教成就大于修行，例如三僧中地位最高的朗空，塔文所述以弘教业绩为主，特别是与皇帝之关系，而其所悟之禅机则全不见于塔文，反映当时佛教向政权之靠拢。同样的，智坚塔记也多言俗世价值而少谈佛法修行。这两篇塔文，前者由俗人所撰，后者应由僧人所撰，可见这种写法与作者之僧俗身份无关，应是与当时墓志撰写格套传统有关。然而也有塔文特别着重叙述佛法修行者，如玄寂即是如此。由此可见，墓志格套虽然在一定程度上限制了内容的书写，但仍具备一定弹性，可让撰者根据需要或偏好去发挥。

　　简言之，五代僧人塔文，同样受俗世墓志格套影响，呈现出时人理想的僧人形象，其中僧人团体、佛法修行、弘教成就是书写的三个重点。僧人与政权的关系，也被视为弘教成就的重要项目。塔记所呈现的僧人形象，既有超俗的一面，也有入世的一面。

　　在五代墓志中，我们可以见到当时文武僧庶诸人之众生相，包括传统史料中较不易见到的政治权力在中央与地方层次运作的一些侧面，以及时人寻求社会流动的种种努力与方法，乃至僧庶生活的吉光片羽，都有助于补充并深化我们对五代历史的认识。虽然墓志受限于格套，能够记录下来的信息类型有一定的局限，然而这些按格套保留的信息已经弥足珍贵。在本书中，我们采用传统深入阅读（close reading）的方法，从最基本的标点分段做起，利用"历史六问"整理资料，以"数馒头法"找出重点，再用"五鬼搬运法"集中资料，发现了不少能够补充前人观点的地方，例如武人之文、文武交流、社会流动、乡里关系、品德等议题。然而受限于时间与能力，我们仍未能穷尽墓志史料所提供的可能性，还有不少议题尚待探索。从宏观的角度而言，格套化的信息还有另一优点，亦即等于是当时人已经整理好他们看重的信息类别，后人按图索骥，即可了解时人生活的重要面向，而在今日数字工具的辅助下，同时也可从群体传记学（Prosopography）的角度，对当时的政治、社会、文化等面向进行整体观察。[1] 今日已有学者从此一角度对唐史做出重要贡献，[2] 利用墓志研究五代乃至其他时代则大有开发的空间。总而言之，墓志的宝藏无穷，仍有待未来的开采。

---

［1］ Lawrence Stone, "Prosopography", in *Daedalus* 100. 1 (1971), pp. 46-71; Franco Moretti, *Distant Reading* (London: Verso, 2013).

［2］ Nicholas Tackett, *The Destruction of the Medieval Chinese Aristocracy* (Cambridge, Mass.: Harvard University Asia Center, 2014).